Milton Keynes UK
Ingram Content Group UK Ltd.
UKHW021401011124
450401UK00036B/243/J

9 781778 922053

به نام خدای کارآفرین

سریال کتاب: H٢٤٤٥١٢٠٢٤٤
عنوان: بیزینس مستری
زیرنویس عنوان: خلق تسلط کسب وکار
نویسنده: حسین طاهری
صفحه‌آرایی: مهدی قاسمی، مهنوش جوادی
شابک:ISBN: ٩٧٨-١-٧٧٨٩٢-٢٠٤-٦
موضوع: کارآفرینی، کسب وکار، مدیریت
مشخصات کتاب: جلدگالینگور، سایز وزیری
تعداد صفحات: ٦٤٠
تاریخ نشر ادیشن فارسی: اکتبر ٢٠٢٤
انتشارات در کانادا: انتشارات بین‌المللی کیدزوکادو

هر گونه کپی و استفاده غیرقانونی شامل پیگرد قانونی است.
تمامی حقوق چاپ و انتشار در خارج از کشور ایران محفوظ و متعلق به انتشارات و صاحب اثر می‌باشد.

Copyright @ US Copyright©
٢٠٢٤
All Rights Reserved, including the right of production in whole or in part in any form.

KIDSOCADO PUBLISHING HOUSE
VANCOUVER, CANADA

تلفن: ۱+ (۸۲۳) ۳۳۳ ۷۲٤۸
واتس آپ: ۱+ (۲۳٦) ۳۳۳ ۷۲٤۸
ایمیل: info@kidsocado.com
وب‌سایت: https://www.kidsocado.com

بیزنِس مَستِری

خلقِ تَسلُّطِ کَسب‌وکار | حسین طاهری

تقدیم به کارآفرینانِ پُرتلاشِ وطنم، ایران

فهرست

فصل ۱: درکِ پتانسیل‌ها

درک پتانسیل برای تولید انرژی و فعالیت ۲۳
راه‌کارهای کشف و افزایش پتانسیل ۳۲
گام اول: خلق روحیهٔ رقابتی ۳۵
گام دوم: انتقادها، بازخوردند ۴۰
گام سوم: پرورش ذهنی با ریسک‌پذیری بالا ۴۶
گام چهارم: افزایش سطح آگاهی از طریق یادگیری عمیق و مستمر ... ۴۶
گام پنجم: ذهنیت سازگار ۴۷
گام ششم: ترس‌های‌تان را از بین ببرید ۵۰

فصل ۲: خلقِ سیستم

ویژگی‌های یک سیستم ۵۹
اهداف سیستم‌سازی چیست؟ ۶۲
چه جاهایی می‌شود سیستم‌سازی کرد؟ ۶۴
پنج مرحله سیستم‌سازی .... [illegible]
بهینه‌سازی و اهرم‌سازی .... ۷[illegible]
چهار اهرم اصلی در کسب‌وکار ۷۸
نکات مهم در اهرم‌سازی ۸۵

فصل ۳: خلقِ ارزش

پنج گام برای ساخت ارزش پیشنهادی ۹۱
ارزش چیست؟ ۹۳
ارزش درک‌شده توسط مشتری (CPV) ۹۷
ارزش طول عمر مشتری (CLV) ۹۸
طراحی ارزش‌های مهم کسب‌وکار ۱۰۶
ارزش مورد انتظار از محصولات ۱۰۶
ارزش مورد انتظار از خدمات ۱۱۵
چابکی سازمانی ۱۱۶
چگونه یک سازمان چابک بسازیم؟ ۱۲۶
ارزش مورد انتظار از فرایندها ۱۳۶
ارزش مورد انتظار از کارمندان ۱۳۷
ارزش مورد انتظار از کانال‌های ارتباطی ۱۳۷
ارزش مورد انتظار از سخاوت ۱۳۸
ارزش مورد انتظار از انصاف ۱۳۸
ارزش مورد انتظار از نوآوری ۱۴۰
چهار دستهٔ اساسی در خلق ارزش برای مشتری ۱۴۱
ساخت ارزش پیشنهادی در پنج گام ۱۴۲

فصل ۴: برتریِ استراتژی

برتری استراتژی چیست؟ ۱۵۵
استراتژیست کیست؟ ۱۵۶
تفکّر استراتژیک ۱۶۷
تفاوت استراتژی و تاکتیک ۱۶۸
مهارت‌های تفکّر استراتژیک ۱۶۹
اقدام استراتژیک ۱۷۵
تام: «تفکّر»، «اقدام» و از همه مهم‌تر «محصول» ۱۸۱
محصول استراتژیک ۱۸۱
نکات مهم برتری استراتژی ۱۸۳
طراحی محصول استراتژیک ۱۹۰

فصل ۵: برندسازی

سه عنصر اصلی در برندسازی بیزنس مستری ۱۹۷
چگونه فلسفهٔ وجودی را خلق کنیم ۲۰۰
چشم‌انداز برند ۲۰۱
ارزش برند ۲۰۷
وعدهٔ برند ۲۱۰
جایگاه‌سازی برند ۲۱۱
ارزیابی جایگاه برند ۲۱۳
سند جایگاه‌سازی برند ۲۱۶
نام برند ۲۲۰
شخصیت برند (آرکتایپ) ۲۲۶
هویّت بصری ۲۳۸
هویّت کلامی برند ۲۵۸
چک لیست طراحی شعار تبلیغاتی ۲۶۳
داستان برند ۲۶۷
ارتباطات ۲۸۳
دلایل باور کردن ۲۸۵
سی عنصر اصلی برندینگ ۲۸۶
چک لیست برندینگ ۲۸۷
چک لیست هویّت برند ۲۸۸

فصل ۶: بازاریابی

بازار دنبال ما بیاید یا ما دنبال بازار برویم؟ ۲۹۴
قول سه جمله‌ای ۲۹۶
اهمیّت بازاریابی برای کسب‌وکارها ۲۹۷
سندروم نزدیک بینی ۲۹۷
سندروم آنتون ۲۹۷
چهار اصل تسلّط بر کسب‌وکار ۲۹۹
به حداکثررسانی ۳۰۷
بازاریابی از چه چیزی به‌وجود می‌آید؟ ۳۱۰
چرا می‌گوییم تقاضا مهم است؟ ۳۱۳
هفت عنصر تعیین‌کنندهٔ بازاریابی ۳۱۹
چگونه می‌توانید بازاریابی یا فروش محصولات یا خدمات خود را بهینه‌تر کنید؟ ۳۴۲
هفت مورد بازاریابی در سازمان چگونه اجرا خواهند شد؟ ۳۵۳
قیف CATT در بازاریابی دیجیتال ۳۵۴
بازاریابی محتوا ۳۵۵
چک لیست مارکتینگ ۳۶۳
استراتژی بازاریابی محتوا چیست و چگونه انجام می‌شود؟ ۳۶۴
چک لیست تقویم تولید محتوا ۳۶۵
محتوا راه اصلی تعامل با مخاطبان کسب‌وکار ۳۶۷

فصل ۷: فروش

بخش اول: مشتری ۳۷۳
هر مشتری پرداخت‌کننده، مشتری شما نیست ۳۷۴
اسکنرها چه چیزهایی هستند؟ ۳۷۵
چه کسی «مشتری اصلی» است؟ ۳۷۶
مشتری‌یابی ۳۷۶
چه کسی در پی چه کسی است؟ ۳۷۷
چرا فروش هم در مشتری‌یابی نقش دارد؟ ۳۷۸
سفر مشتری ۳۸۷
آیا هم‌سفر خوبی هستیم؟ ۳۸۷
نقشهٔ سفر مشتری ۳۸۷
بوم سفر مشتری ۳۹۰
حفظ مشتری ۳۹۴
نگهداری، نتیجهٔ مراقبت است ۳۹۴
مدل کسب‌وکار انسان‌محور ۴۰۴
اصل غافل‌گیری ۴۰۵
اصل جبران ۴۰۸
نرخ حفظ مشتری را چه‌طور اندازه بگیریم؟ ۴۱۱
بخش دوم: فروشنده ۴۱۱
آمادگی و نگرش ۴۱۱
همهٔ ما فروشنده هستیم ۴۱۵

فهرست

بوم توسعه و تسلّط توانایی‌های فروشندهٔ حرفه‌ای 416
گوش دادن مؤثر 417
سؤال کردن 419
ارتباط مؤثر 425
زبان بدن 425
ارائهٔ مؤثر 428
داستان‌سرایی 431
هوش هیجانی 433
مهندسی مالی 436
تفکّر انتقادی 437
مذاکره 442
متقاعدسازی 446
قطعی کردن فروش 450
بخش سوم: فروش 450
سیستم فروش 450

فصل ۸: جذب، مصاحبه و استخدام

همهٔ سازمان‌ها به یک اندازه جذّاب نیستند ۴۵۹
بازاریابی استخدام سه مرحله دارد: ۴۶۰
طراحی شغل ۴۶۸
استخدام ۴۷۵
چه طور یک آگهی استخدام متقاعدکننده بنویسیم؟ ۴۸۳
مصاحبهٔ شغلی ۴۸۵
چرا اشتباه استخدام می‌کنیم؟ ۴۸۶
نکات مهم در مصاحبه ۴۹۸
بعد از مصاحبه ۴۹۹
ارسال نامهٔ تشکر و پیگیری ۴۹۹
آزمون ۵۰۰
پاسخنامه ۵۰۷

◄ فهرست

فصل ۹: تیم‌سازی

چرا باید تیم‌سازی کرد؟ ۵۱۱
مهارت یا موقعیت؟ ۵۱۹
از هم‌افزایی تا هم‌آفرینی ۵۲۰
آن چه برای ساخت تیم نیاز دارید: ۵۲۳
تربیت ۵۲۳
یکپارچگی ۵۲۷
مشارکت ۵۲۸
پرسش‌نامه بلودورن ۵۳۲
چه تیم‌هایی باید بسازید؟ ۵۳۵
تیم‌سازی ۵۴۲
تست روحیه فردی ۵۵۰

فصل ۱۰: مالی و سود

نرم‌افزار مالی برای غلبه بر سوابق دستی ۵۶۳

آیا نرم‌افزارهای مالی فقط ابزاری برای ذخیره‌سازی داده‌ها هستند؟ ۵۶۵

نقش نرم‌افزار در حسابداری و حسابرسی ۵۶۶

تأثیر امکانات نرم‌افزار مالی روی گزارش‌گیری مدیران ۵۶۷

شرایط موردنیاز برای راه‌اندازی نرم‌افزار ۵۶۸

تفکّر مالی ۵۷۴

فرهنگ لغات بیزنس مستری در حسابداری مالی و مالیاتی ۵۷۴

بوم ۳ ت TDA/ حسین طاهری در کسب‌وکار ۵۷۸

الگوهای مالی ۵۷۹

پیش‌بینی فروش ۵۸۸

سایر موضوعات عملیاتی ۶۰۸

هزینه‌های راه‌اندازی اولیه ۶۱۰

بودجه فناوری ۶۱۲

مدیرانی که باید اضافه شوند ۶۱۸

بودجه نیروی انسانی ۶۲۰

پیش‌بینی درآمد نقدی ماهانه ۶۲۴

نسبت‌های مالی ترازنامه ۶۲۶

نسبت‌های نقدینگی ۶۲۸

نسبت‌های فعالیت ۶۲۹

نسبت‌های سودآوری ۶۳۱

۱۶ ◀ فهرست

نسبت‌های اهرمی ۶۳۳

نکات مهم در مدیریت مالی و سودآوری ۶۳۶

پیش‌بینی ۶۳۹

مقدمه

نوشتن کتاب بیزنس مستری با دغدغه‌ی همیشگی‌ام که همراهی با کسب‌وکارهای ایرانی در هر مختصاتی از جهان بود، آغاز شد. سال‌هاست بدون اینکه توقفی در یادگیری و کسبِ تجربه‌ام ایجاد کنم، کتاب‌ها، بازارها، صنعت‌ها و سازمان‌های بسیاری را مورد مطالعه قرار داده‌ام. با هرکدام از آن‌ها هم مسیر و هم قدم شدم تا بتوانم از دل تجارت‌هایشان، تجارتی سودآور نشانشان دهم که ثمره‌ی تفکر و بینشی نو، از خودشان بود. در این زمان هر آنچه از تجربه و دانش در سر داشتم را در رسانه‌های شخصی‌ام به اشتراک گذاشتم چراکه بر این باور بودم که این زکاتِ علم، و بدهیِ من به جامعه‌ی معصوم و عزیزی‌ست که برای قدرت بخشیدن به اقتصاد وطنش هر روز می‌کوشد. اما با گذر زمان، در حالی که همیشه فکر می‌کردم چطور می‌توانم تاثیرگذارتر باشم، تصمیم گرفتم بیشتر از رسانه بر تالیف و رساله تمرکز کنم. جایی که برعکس رسانه، تقریبا خالی مانده و کم‌تر توجهی به آن می‌شود. تالیفِ کتاب‌هایی که تسلطِ مردمم را در تجارت‌هایشان قدرت ببخشند و آن‌ها را به سبب کوشش‌هایی که دارند غنی‌تر کنند.

کتاب بیزنس مستری، **هنر تسلط بر مهارت‌ها، استراتژی‌ها، منابع و موقعیت‌های لازم برای پیشرفتِ یک کسب‌وکار در هر اقتصادی‌ست**. تسلطی که شامل درک جنبه‌های

مختلف یک کسب‌وکار مانند درک پتانسیل‌های سازمان و بازار، خلقِ سیستم‌های موثر، ارزش‌آفرینی، برتری استراتژی، خلقِ برندی قدرتمند، چگونگی بازاریابیِ نتیجه بخش، فروش و مهارت‌های آن، تیم‌های برنده و در نهایت امور مالی و سوددهی برای کسبِ دانایی در پیمودن مسیر تا دستیابی به موفقیت‌هاست.

این کتاب نوشته شد که نتیجه‌اش بازتابی از موفقیت‌ها، سودآوری‌ها و تاثیرگذاری‌های یک کسب‌وکار برای جامعه‌ی مشتریانش باشد. نوشته شد که آن‌ها هرآنچه را که باعث از کار افتادن علائم حیاتی سازمانشان می‌شود، شناسایی و رفع کنند تا بتوانند در هر اقتصادی به حرکت خود ادامه دهند. نوشته شد تا تیم‌های سازمانی بتوانند تغییراتِ بازار و اقتصاد را به فرصت‌ها و سکوی پرتاب اقتصادی تبدیل کنند. کتاب بیزنس مستری را از آن جهت نوشتم که چشم‌اندازهای بزرگ قابل دسترسی و مسیرهای مبهم تا جای ممکن قابل پیش‌بینی باشند. کتاب بیزنس مستری نوشته شد نه برای آنکه من به آن افتخار کنم، برای آنکه مردم جامعه‌ام از آن بهره ببرند و من به آن‌ها و ایران عزیزم افتخار کنم.
در پایان از تلاش‌های همراهانم مهدی خلیلی، افسانه رضایت و هانیه دانش که با آگاهی و تجربه‌های خود برای نگارش این کتاب یاریم نمودند، صمیمانه تشکر می‌کنم.

حسین طاهری | ۱۴۰۲

درکِ پتانسیل‌ها

فصل اول
درکِ پتانسیل ها

این ترس است که نمی گذارد شما بر کسب و کارتان مسلّط شوید.

حسین طاهری

بعد از مطالعه این فصل شما مسلط خواهید بود بر:

- چهار عنصر رشد و تسلط بر کسب‌وکار (منابع، فرصت، افراد، مشارکت)
- اهمیت تمرکز بر داشته های پنهان
- چگونگی رهایی از روزمرگی های کسب‌وکار
- اهمیت و چگونگی خلق شایستگی
- مهارت انتقادپذیری و افزایش سطح آگاهی

هر فردی دوست دارد کسب‌وکار خودش را رونق بخشد و آن‌را بهبود دهد و زمینهٔ رشد آن را مهیا کند؛ امّا وقتی شروع می‌کنیم، هر چه تلاش کنیم نمی‌شود که نمی‌شود. وقتی گرفتار می‌شویم و یک جای کارمان می‌لنگد، برای رفع آن مشکل اقدام می‌کنیم؛ امّا پس از حل شدن و رفع آن مانع، دوباره بخش دیگری از کسب‌وکار ما با مشکل روبه‌رو می‌شود. مثل یک نشتی پیچیده منزل که هر جا را ترمیم می‌کنیم از جایی دیگر آب می‌زند بیرون.

به‌عنوان مثال، وقتی میزان فروش کاهش یافته است، بلافاصله دست به‌کار می‌شویم و با اقدامات گوناگون و استراتژی های متفاوت، برای افزایش میزان فروش اقدام می‌کنیم: با مشتریان سابق ارتباط می‌گیریم، تبلیغات می‌کنیم، تولید محتوا انجام می‌دهیم، به‌دنبال ایجاد و خلق سرنخ‌ها و مشتریان بالقوهٔ جدید می‌رویم، در نمایشگاه‌های گوناگون شرکت می‌کنیم، همایش ترتیب می‌دهیم و موارد بسیار دیگری انجام می‌دهیم تا بتوانیم میزان فروش خود را افزایش دهیم. خوشبختانه تلاش ما ثمر می‌دهد و میزان فروش سامان می‌گیرد. امّا خبر می‌رسد در سیستم مالی یا منابع انسانی با یک مشکل

جدّی روبه‌رو شده‌ایم. همواره پس از جشن سامان‌دهی یک بخش، خبر خرابی بخشی دیگر حال و روزمان را نابسامان می‌کند. طعم موفقیت هیچ‌گاه به کام ما نمی‌ماند و رشد کسب و کارمان با ایست‌های ناگهانی کند و نامحسوس و غیرجذّاب می‌شود. بسیاری از کسب‌وکارها به مرحلهٔ موفقیت می‌رسند، امّا موفق باقی نمی‌مانند، چون مسلّط به امور و فرایندهای کسب و کار خود نیستند. با توجه به تجربیات خودم در طی ۲۱ سال گذشته، به این نتیجه رسیده‌ام که **یک کسب‌وکار مسلّط بر اوضاع، بیش از سایر کسب‌وکارها می‌تواند رشد کند.** درواقع تسلّط شما بر همه اوضاع باعث رشد یک کسب‌وکار می‌شود، نه صرفاً رسیدن به موفقیت‌های تصادفی. ما باید یک طرح جامع خبرگی و تسلّط بر کسب‌وکار داشته باشیم تا **در طول مسیر رشد بتوانیم فرصت‌ها را براساس منابع موجود خَلق کنیم.** اگر بخواهم دانش رشد و تسلّط بر کسب‌وکار را در دو واژه خلاصه کنم، آن دو، «**منابع**» و «**فرصت‌ها**» هستند. امّا نکتهٔ کلیدی این است که چه ایده‌ها و برنامه‌هایی برای خلق فرصت‌ها درنظر می‌گیریم تا منابع‌مان را صرف آن‌ها کنیم؟

زمانی‌که تمام منابع خود را برای تسلّط روی یک بخش از کسب‌وکار خود متمرکز کرده‌ایم، و گمان می‌کنیم هیچ منبع دیگری برای‌مان باقی نمانده است، اگر بر کسب و کار خود مسلّط باشیم، می‌بینیم باز هم در همان لحظه، ظرفیت عظیمی در اختیار داریم که می‌توانیم با آن بخش‌های دیگر سازمان خود را سامان دهیم و این همان خلق فرصت است. در این جا باید به عنصر سوم، یعنی افراد، اشاره کنم. چه افرادی می‌خواهند برنامه‌ها را اجرا کنند و آیا برنامه‌هایی که ما به عنوان یک صاحب کسب‌وکار ایجاد می‌کنیم، توسط نیروها و کارکنان و ذی‌نفعان ما قابلیت اجرایی دارند؟ پس از افراد به چهارمین عنصر که «تمایل به مشارکت» است، نیاز داریم تا بتوانیم منابع، فرصت‌ها، برنامه‌ها و افراد را در قالب یک برنامهٔ مشارکت به نتیجه برسانیم. مجموع این چهار عنصرِ رشد و تسلّط بر کسب‌وکار (منابع، فرصت، افراد و تمایل به مشارکت) ابزاری جامع است که به شما کمک می‌کند تا بدون توجه به شرایط اقتصادی موجود، تولید بیشتری داشته باشید و کسب‌وکار خود را توسعه دهید. حقیقت این است که الگوهای خاصی وجود دارند که باعث می‌شوند تا افراد در کسب‌وکار و زندگی خود موفق شوند و همه را به سمت رشد و تسلّط بیشتر سوق دهند. زمانی‌که یاد می‌گیرید چگونه استراتژی‌ها و اصولی را که برای دیگران مؤثر بوده‌اند به‌کار ببرید، خود را مجبور می‌کنید تا در مسیر این افراد حرکت

کنید. ما از بهترین افراد در کسب‌وکارهای گوناگون درس گرفته‌ایم و تمامی این موارد را به بخش‌های کوچکی تقسیم کرده‌ایم که می‌توانید آن‌ها را با «نتایج قابل اندازه‌گیری» در کسب‌وکار خود پیاده‌سازی کنید.

◀ درک پتانسیل برای تولید انرژی و فعالیت

همیشه از مفاهیم فیزیک برای توسعهٔ کسب‌وکار خود استفاده کرده‌ام. بسیار شنیده‌ایم که همه چیز در جهان به انرژی ربط دارد. انرژی را می‌توانیم به‌عنوان «کار ذخیره‌شده» یا «توانایی انجام کار» تعریف کنیم. به عبارت دیگر، وقتی صحبت از انرژی یک ماده می‌شود، منظور ظرفیت توانایی آن ماده در انجام کار است. به زبان ساده‌تر، هرگاه کاری انجام می‌شود، پای «تبدیل انرژی» درمیان است. زندگی، بدون انرژی معنایی ندارد. در بسیاری از موارد - چه در زندگی و چه در کسب‌وکار- ما انرژی زیادی صرف می‌کنیم، امّا کارها و فعالیت‌های ما به نتیجه نمی‌رسد. اگر شما برای جابه‌جایی یک جسم، انرژی زیادی صرف کنید؛ امّا آن جسم هیچ حرکت و جنبش و جهشی نکند، شما فقط منابع انرژی خود را هدر داده‌اید، **بنابراین همواره صرف انرژی، عامل حرکت نیست.** در هر کسب و کاری انرژی‌های پنهان زیادی وجود دارد که می‌توان آن‌ها را آزاد کرد. با آزادسازی انرژی‌های پنهان در کسب‌وکارمان، می‌توانیم حرکت و فعالیت خود را سرعت ببخشیم.

۲۴ ◀ فصل اول: **درکِ پتانسیل‌ها**

انرژی
پتانسیل
کار (فعالیت)
حرکت

با توجه به اصل **«بقای انرژی»** که اشاره می‌کند: «انرژی از بین نمی‌رود، بلکه فقط می‌تواند از یک صورت به صورتی دیگر تبدیل شده یا بین مواد انتقال پیدا کند»، باید روش طراحی حرکت‌های اصولی و نتیجه‌بخش ما براساس کشف پتانسیل‌های پنهان برای استفاده از انرژی‌های آزادنشده به‌منظور ایجاد فعالیت‌های اثربخش در سازمان باشد. هر فرد، یا یک سازمان یا یک کسب‌وکار، **دارای استعداد رشد** است. «استعداد رشد» همان چیزی است که وقتی به‌عنوان کوچ وارد یک سازمان می‌شوم، دنبال آن می‌گردم. درواقع من بیشتر به‌جای اضافه کردن هزینه و وظایف در سازمان، به‌دنبال پتانسیل‌های پنهانی می‌گردم که در آن سازمان وجود دارد، امّا بدون استفاده مانده است. این یعنی منابع، بدون مصرف ما، قدرت خلق فرصت را ندارند و کشف همین منابع پنهان می‌تواند عامل حرکت و انگیزهٔ سازمان شود. پتانسیل شما یا کسب‌وکارتان، براساس مهارت‌ها و دانشی که دارید مشخص می‌شود.

◀ پتانسیل یعنی تمرکز روی داشته‌های پنهان

پتانسیل، به توانایی‌هایی که درحال حاضر تحقق نیافته‌اند اشاره دارد. مطالعات «هاروارد بیزنس ریویو» نشان می‌دهد که براساس نظرسنجی‌های صورت‌گرفته، ۹۸ درصد شرکت‌ها مدّعی این هستند که پتانسیل‌های خود را می‌شناسند. امّا بررسی‌های عملی صورت‌گرفته نشان می‌دهند که بسیاری از پتانسیل‌های موجود در سازمان‌ها بلااستفاده مانده‌اند و هیچ استفاده‌ای از آن‌ها نمی‌شود. مثل این است که شما به‌عنوان یک تیرانداز ماهر که بهترین تیروکمان را هم در اختیار دارید و می‌دانید که چه هدفی را باید نشانه بگیرید، تیری پرتاب نمی‌کنید، امّا دلخوش به این هستید که تمامی امکانات لازم را دارید. برای همین است که کارآیی بالا لزوماً به معنای پتانسیل بالا نیست. **مهم، ایجاد عملکرد و مسلّط شدن به آن عملکرد است** و خبرگی در کسب‌وکار به میزان تسلّط عالی و همه جانبهٔ شما بستگی دارد، نه‌فقط دانستن و شناختن. بسیاری از شرکت‌ها لیست بلندبالایی از مشتریانی دارند که دیگر با آن‌ها کار نمی‌کنند و حتی یک بار هم سراغ‌شان را نگرفته‌اند. این می‌تواند نمونه‌ای از پتانسیل پنهان فروش و بازاریابی باشد. بسیاری از نیروهای ما دانش و مهارت‌هایی دارند که از آن‌ها بی‌خبریم و حتی خود آن‌ها نمی‌دانند که چقدر مهارت‌های به‌ظاهر بدیهی‌شان می‌تواند برای حرکت‌های اثربخش سازمان مؤثر باشد. این می‌تواند نمونه‌ای از بهره‌مندی از پتانسیل منابع انسانی باشد.

در یکی از سازمان‌ها، نیرویی داشتم که بسیار آرام، ساکت و درون‌گرا بود و حرف زدن و تعامل با او برای من سخت بود. سرش به کار خودش گرم بود و حاشیه‌ای نداشت. یک روز برای طراحی فایل پاورپوینت سخنرانی‌ام، نیاز داشتم تا داده‌های آماری اکسل را به نمودار تبدیل کنم. از خانم امیرخانی، یکی از همکارانم، پرسیدم که کسی از همکاران مسلّط به اکسل هست؟ می‌خواهم یک نمودار برای ارائه‌ام طراحی کنم. او گفت همین الان این کار را برای‌تان انجام می‌دهم و در کم‌تر از یک دقیقه، آن کار را برای من انجام داد. او بر اکسل و بسیاری از فرمول‌ها و توابعش که برای ادارهٔ امور مالی یک سازمان لازم و ضروری‌اند، مانند محاسبهٔ حقوق و دستمزد، حسابداری هزینهٔ تمام‌شده، حاشیهٔ سود و بسیاری موارد دیگر، مسلّط بود و ما نمی‌دانستیم. **درواقع نه او از نیاز ما آگاه بود و نه ما از مهارت او.**

فصل اول: درکِ پتانسیل‌ها

این یک مثال ساده در رابطه با کشف پتانسیل پنهان است. پتانسیل پنهان می‌تواند یک مهارت، یک ارتباط، یا دانشی باشد که فرد دیگری در اطراف یا سازمان شما دارد و نسبت به آن بی‌اطلاع است، امّا شناخت و استفاده از آن در پیشبرد امور سازمان نقش به‌سزایی می‌تواند داشته باشد. شما می‌توانید از تجربیات دیگران بیشتر از تجربیات خود یاد بگیرید.

از شما و همکاران‌تان می‌خواهم که جدول زیر را تکمیل کنید و پتانسیل‌های مخفی خودتان و سازمان‌تان را شناسایی کنید. برای این کار وقت بگذارید. از مشتریان خود، شرکای کلیدی و از هر فردی که تاکنون با شما تجربهٔ همکاری داشته است، کمک بگیرید.

پتانسیل‌های فردی

دانش و مهارت‌ها:

مهارت کار تیمی:

انگیزه‌ها:

علاقه‌ها:

فصل اول: **درکِ پتانسیل‌ها**

آرزوها:

تخصص و تجربه:

خدمات اجتماعی:

پتانسیل‌های سازمانی

ارتباطات برون سازمانی:

منابع مالی و دارایی‌ها:

منابع غیرمالی:

پاسخ‌گویی و وفاداری مشتریان:

فصل اول: درکِ پتانسیل‌ها

ابزار و رسانه‌های بازاریابی:

مشارکت و روابط سازمانی:

مستندسازی سوابق:

قدرت برند:

هرچه پتانسیل‌های بیشتری را کشف و درک کنید، سرعت رشد و تسلّط خود را افزایش داده‌اید. این‌گونه شما به نقاط قوّتی پی خواهید برد که تاکنون از آن غافل بوده‌اید و با کشف و درک آن‌ها، خود و تیم‌تان را از روزمرگی‌های کسب‌وکار خلاص خواهید کرد. همواره باید درپی کشف پتانسیل‌های موجود برای استفاده از آن‌ها و اتخاذ بهترین تصمیم‌ها باشیم. **حال می‌خواهیم بدانیم مهم‌ترین عاملی که پتانسیل‌ها را پنهان و محدود می‌کند و از رشد و موفقیت و تسلّط ما بر کسب‌وکار جلوگیری می‌کند، چیست؟ اشتباهات و رویدادهای تکرارشونده.**

اگر برای دقایقی این شهامت و جرئت را پیدا کنید که جایی بنشینید و نگاهی سطحی و جزئی به کسب‌وکار خود بیندازید، به‌وضوح خواهید دید که چه‌قدر حس‌های تکراری، فکرهای تکراری، و مهم‌تر از همه، اشتباهات و آسیب‌های تکراری در آن دیده می‌شود. به‌عنوان یک قانون کلی و البته دقیق، هرچه این تکرارها بیشتر باشند، نشان‌دهندهٔ عدم رشد یک سیستم کسب‌وکار است. **آیا کسب‌وکارتان به شکل زجرآوری گرفتار تکرار است؟** افراد معمولاً این شهامت را ندارند که گام‌های بزرگ بردارند تا به تکرارهای فاجعه‌بار در زندگی خودشان پایان دهند. باید از این تکرار فراری باشید و آن را حتی برای یک روز هم نپذیرید. هرکجا که دیدید تکرار در کسب‌وکارتان پررنگ شده یا بحث‌ها و مشکلات تکراری رخ داده، باید به این توجه کنید که چه چیزی را باید فراگرفته و به‌کار بگیرید که تاکنون نکرده‌اید. اصولاً آن‌چه می‌تواند به تکرار پایان دهد، فقط‌وفقط هوشیاری بیشتر و افزایش آگاهی نسبت به وضعیت فعلی‌مان است. مسلماً بارها با تمام وجودتان حس کرده‌اید که برای تحقق رؤیاهای‌تان، پتانسیل لازم را دارید و می‌دانید که برای رسیدن به آن‌ها چه کارهایی باید انجام دهید، امّا هیچ حرکتی نمی‌کنید و به‌نوعی خود را از حرکت در این مسیر بازمی‌دارید. شاید موانعی وجود دارند که سبب می‌شوند از تمام پتانسیل‌های‌تان برای بهبود کیفیت زندگی خود استفاده نکنید. بسیاری از مردم می‌دانند که می‌خواهند چه کاری انجام دهند، امّا وارد مسیر موردنظرشان نمی‌شوند. درواقع، آن‌ها اقدامات لازم برای رسیدن به نتایج موردنظر خود را انجام نمی‌دهند. این امر به این خاطر است که تسلّط بر هر چیزی، به شرایط ذهنی و طراحی تفکّر شما بستگی دارد. بنابراین، هرچه بیشتر بتوانید خود را درک کنید، بیشتر می‌توانید روی فروش،

مدیریت، بازاریابی، امور مالی، منابع انسانی، برند و استراتژی‌های کسب‌وکار تسلّط داشته باشید تا روش مدیریت و تعامل با مشتریان و کارمندان‌تان را نیز بهبود دهید.

◀ راه‌کارهای کشف و افزایش پتانسیل

همه چیز در گرو نتیجه است، امّا برای دستیابی به نتیجهٔ بهتر، پیش از هر چیزی باید تغییراتی در خود به وجود آوریم، چون بهبود مهارت‌ها و توانایی‌های‌مان لازمهٔ تغییر کردن است. **آزادسازی پتانسیل‌ها، رابطهٔ مستقیمی با خلق شایستگی‌ها دارد.** مسیری که با ایجاد آن می‌توانیم به جایگاه‌های بالاتر دست یابیم. توصیه‌ام به شما این است که ابتدا ببینید که چه جایگاهی دارید و به عبارتی در کجای زندگی‌تان ایستاده‌اید؟ سپس هدف و جایگاهی را که می‌خواهید به آن برسید، مشخص کنید و در نهایت برنامه‌ای را که برای رسیدن به هدف‌تان مؤثر خواهد بود، تدوین کنید. این هدف نیز با توجه به موقعیت کسب‌وکارتان، هر چیزی می‌تواند باشد. برای مثال، ممکن است لیاقت و توانایی دریافت سهم بازار بیشتری را در خود ببینید و بخواهید برندتان را به جایگاه بالاتری برسانید، یا احساس کنید این پتانسیل در کسب‌وکارتان وجود دارد که به سودآوری بیشتری دست یابید. برای این کار، با خودتان صادق باشید.

> چه‌طور می‌توانم با استفاده از پتانسیل‌هایم، به نتیجه و بازدهی بهتری دست یابم؟

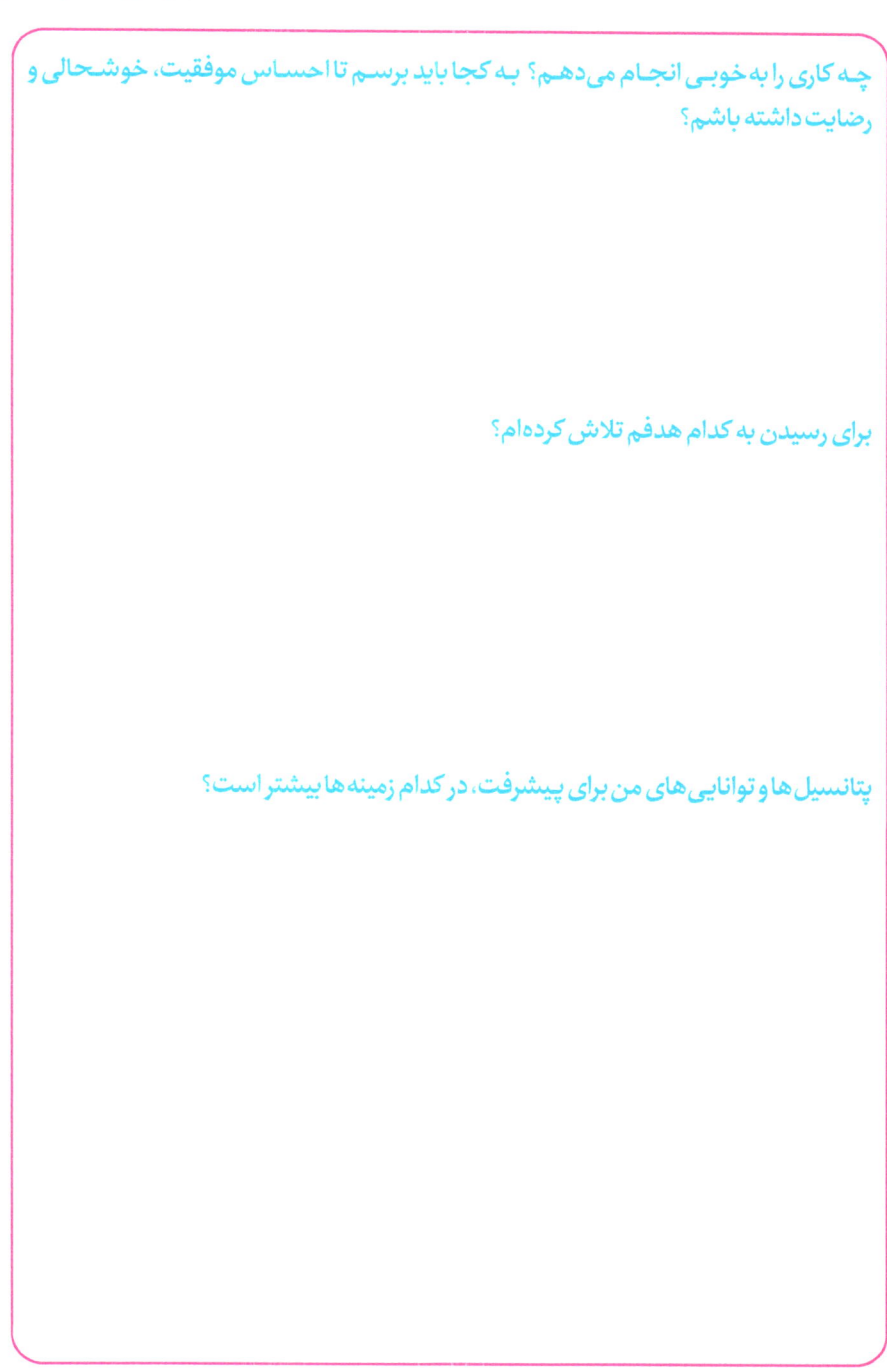

چه کاری را به خوبی انجام می‌دهم؟ به کجا باید برسم تا احساس موفقیت، خوشحالی و رضایت داشته باشم؟

برای رسیدن به کدام هدفم تلاش کرده‌ام؟

پتانسیل‌ها و توانایی‌های من برای پیشرفت، در کدام زمینه‌ها بیشتر است؟

فصل اول: درکِ پتانسیل‌ها

تلاش‌ها و فعالیت‌های روزانهٔ من چه کیفیتی دارند؟

نسبت به جایگاه فعلی‌ام چه احساسی دارم و تاکنون به چه چیزهایی دست پیدا کرده‌ام؟

اکنون در کجای زندگی قرار دارم و به چه اهدافی می‌خواهم دست یابم؟

گام اول: خلق روحیهٔ رقابتی

یک کودک به دلیل داشتن روحیهٔ رقابت جویی، به هرچه که می خواهد می رسد. در این مسیر تمامی پتانسیل های پنهانش کشف می شود و همین عاملِ رسیدن به خواسته هایش است. **رقابت، حقیقت زندگی است و به هر طرف که نگاه کنید، اثر آن را می بینید؛** بین ورزشکاران، در کسب وکارها، در مدرسه و دانشگاه، بین احزاب سیاسی و بسیاری موارد دیگر. ما دائماً درحال رقابت هستیم. **رقابت، امری ذاتی است و به اندازهٔ تاریخ هستی موجودات زنده قدمت دارد.** می دانم که شما کودک نیستید، امّا باید همچون کودکانِ مبارزه طلب روحیهٔ رقابتی خود و سازمان تان را افزایش دهید و تا به آن چه که می خواهید نرسیده اید، آرام نگیرید. اگر رقابت جویی را در خود نمی بینید، پس سعی کنید آن را در خودتان به وجود آورید. هر روز خود را به چالش بکشید تا امکان حرکت رو به جلو و نزدیک شدن به اهداف تان میسر شود. اگر نتوانید خود را به چالش بکشید، هیچ پیشرفتی در انتظارتان نخواهد بود و وقتی پیشرفت نکنید، امکان تغییر کردن هم وجود نخواهد داشت.

ورزشکاران حرفه ای یا قهرمانان المپیک، تا روحیهٔ رقابت جویی خود را بالا نبرند، نمی توانند پتانسیل های نهان خود را کشف و آزاد کنند. رقابت همیشه تلاش برای بردن و پیروز شدن نیست، بلکه برای بهتر شدن نسبت به قبل در انجام کارها و تبدیل شدن به بهترین نسخه از خودتان و ارتقای استانداردهای تان است. یک موضوع مهم که باید به خاطر بسپارید، این است که نباید هرگز در دام ذهنیت کمبود بیفتید، **رقابت جویی، برای شفافیت منابع مان برای خلق فرصت ها و کشف داشته های پنهان است، نه برای کوبیدن بر طبل نداشته های مان.** مسیر رشد و تسلّط پایانی ندارد. همهٔ ما درون خود به یک منبع انرژی تمام نشدنی نیاز داریم تا ما را وادار به حرکت کند و کارهای مان را به سرانجام برسانیم. این نیروی توانمند از درون مان می آید و باعث می شود همهٔ چیزهایی که ما را از هدف مان دور می کند، بررسی کنیم. این همان نیروی رقابت جویی و مبارزه طلبی است. **رقابت جویی باعث می شود کارهایی را انجام دهیم که از آن ها می ترسیم.** گاهی مجبوریم کارهایی انجام دهیم که تمایلی به آن ها نداریم، چراکه می دانیم زمان بر هستند. تماس با یک غریبه، شب بیداری برای گرفتن نسخهٔ پشتیبان از سرور شرکت و یا شروع دوبارهٔ یک پروژه، همگی نیازمند تلاش در بلندمدّت هستند. موفق ترین افراد می دانند که در چنین

فصل اول: درکِ پتانسیل‌ها

مواقعی، بهترین کاری که می‌توانند انجام دهند این است که از همان لحظه، شروع به کار کنند. هر لحظه‌ای که با ترس بگذرد، یک قدم شما را از رسیدن به موفقیت دور می‌کند. **گذر از ترس‌های کاذب، کشف پتانسیل‌ها را تسهیل می‌کند.** طبق تحقیقات دان و براد اِستریت، دو محقق برجسته، **بهره‌وری سازمانی، کمبود دانش بازاریابی و نداشتن روحیۀ جنگندگی و رقابت در رهبران یک شرکت، دلیل اصلی بیش از هشتاد درصد از شکست‌های تجاری است.** این آمار به خوبی نشان می‌دهد که داشتن روحیۀ رقابت با سایر شرکت‌ها، در دنیایی که رقابت در آن روز به روز افزایش می‌یابد، مهم‌ترین جنبۀ رهبری تجاری است. تلاش برای شناخت نیازها، خواسته‌ها، مشکلات، چالش‌ها، اهداف و آرزوهای مشتریان به طور سریع‌تر، عمیق‌تر و بهتر از سایر رقبا، بهترین برنامه‌ای است که می‌توانید برای کشف پتانسیل‌های سازمان‌تان اجرا کنید. ترویج این روحیه به شما کمک می‌کند تا محصولات بیشتری را با قیمت بالاتر از رقبا به مشتریان‌تان بفروشید و در نتیجه، برای سالیان سال رشد کنید و در بازار باقی بمانید.

رهبران موفق، علاوه بر رقبای کنونی‌شان، روی رقبای بالقوه‌شان هم تمرکز می‌کنند، چون به خوبی می‌دانند که اکثر شرکت‌های موفق دیروزی به دلیل کم‌توجهی به رقبای بالقوه‌شان شکست خورده‌اند، نه به دلیل عقب ماندن از رقبای امروزی‌شان. برای مثال، شرکت نوکیا که زمانی رهبر بلامنازع بازار گوشی موبایل بود، از رقبایی مثل آلکاتل، زیمنس و غیره شکست نخورد، بلکه از رقبای بالقوه‌ای مثل سامسونگ و اپل شکست خورد که برخلاف نوکیا، روی عرضۀ گوشی‌های هوشمند تمرکز کردند و توانستند نوکیا را که روی گوشی‌های ساده متمرکز بود، از بازار کنار بزنند. به همین دلیل است که رهبران بزرگ همواره به این سؤال مهم فکر می‌کنند: در پنج سال آینده، چه رقبایی ممکن است وارد بازار شوند و با عرضۀ محصولات یا تکنولوژی‌هایی کاملاً متفاوت نسبت به محصولات و تکنولوژی‌های امروزی، محصولات ما را کاملاً از رده خارج کنند؟

برای این منظور باید به این سؤالات کلیدی زیر پاسخ بدهیم:

رقبای ما چه کسانی هستند؟

کدام‌یک از آن‌ها رقیب مستقیم و کدام‌یک رقیب غیرمستقیم ما هستند؟

مهم‌ترین نقاط قوّت و ضعف هرکدام از رقبای‌مان چیست؟

برای پیروزی بر رقبای‌مان به چه مهارت‌ها، منابع و ابزارهایی نیاز داریم؟

این موارد را از چه روش‌هایی می‌توانیم تأمین کنیم؟

رقبای‌مان چه‌طور می‌توانند به ما آسیب برسانند؟

برای رفع نقاط ضعف خود چه اقداماتی می‌توانیم انجام دهیم؟

چرا مشتریان‌مان باید به جای رقبا از ما خرید کنند؟

آیا این دلایل به قدر کافی قانع‌کننده هستند؟

آیا می‌توانیم در بلندمدّت به این دلایل تکیه کنیم؟

مشتریان چه انتظاراتی از رقبا دارند که آن‌ها نتوانسته‌اند پاسخ بدهند؟

ما چگونه می‌توانیم این انتظارات را برآورده کنیم؟

رهبران موفق، علاوه بر رقبای کنونی‌شان، روی رقبای بالقوه‌شان هم تمرکز می‌کنند، چون به خوبی می‌دانند که اکثر شرکت‌های موفق دیروزی به‌دلیل کم‌توجهی به رقبای بالقوه‌شان شکست خوردند، نه به‌دلیل عقب ماندن از رقبای امروزی‌شان.

برای مثال، شرکت نوکیا که زمانی رهبر بلامنازع بازار گوشی موبایل بود، از رقبایی مثل آلکاتل، زیمنس و غیره شکست نخورد، بلکه از رقبای بالقوه‌ای مثل سامسونگ و اپل شکست خورد که برخلاف نوکیا، روی عرضهٔ گوشی‌های هوشمند تمرکز کردند و توانستند نوکیا را که روی گوشی‌های ساده متمرکز بود، از بازار کنار بزنند. به همین دلیل است که رهبران بزرگ همواره به این سؤال مهم فکر می‌کنند:

در پنج سال آینده، چه رقبایی ممکن است وارد بازار شوند و با عرضهٔ محصولات یا تکنولوژی‌هایی کاملاً متفاوت نسبت به محصولات و تکنولوژی‌های امروزی، محصولات ما را کاملاً از رده خارج کنند؟

شما توانایی کامل خود را درک نخواهید کرد، مگر این‌که مرزهای خود را بشکنید و جلو بروید، یک چالش جدید را انتخاب کنید و کاری را که قبلاً انجام نداده‌اید، کشف کنید. وقتی کار جدیدی را شروع می‌کنید، چالش سخت‌تر می‌شود و این زمانی است که به توانایی‌های واقعی خود پی می‌برید.

ضعف قوی است. من باید قوی‌تر باشم.
جوکوویلینک

گام دوم: انتقادها، بازخوردند
برای استفاده از تمام پتانسیل‌ها، باید به یک نکتهٔ دیگر توجه کرد و آن هم چیزی نیست جز اهمیّت دادن به انتقادها و بازخوردهای دیگران. شما می‌توانید از این بازخوردها برای بهبود شرایط‌تان استفاده کنید. حتی خودتان باید سخت‌گیرترین منتقد خود باشید. انتقادهای منفی و حسدورزانه نیز خود عامل انگیزه هستند. ما تصور نادرستی از انتقاد داریم. **انتقاد در فرهنگ لغت به‌معنای عیب‌جویی و سرزنش کردن نیست، بلکه به‌معنای**

جدا کردن خوب از بد یا برشمردن محاسن و معایب است. امّا در طول زمان، ذهنیت غالب ما بر این اساس شکل گرفته که انتقاد تنها بیان نکات منفی و نامطلوب است. نقد به‌معنای جدا کردن نقاط قوّت و ضعف است که **نتیجهٔ آن، بهره‌مندی از یک پشتوانهٔ فکری رایگان است.** انتقاد چه سازنده باشد چه مخرّب، باعث هوشیاری و حواس جمعی می‌شود و می‌تواند عامل حفاظت و مراقبت ما از منابع‌مان باشد. **از مهم‌ترین نتایج انتقاد، کم شدن خطاهای انسانی است.**

انتقادپذیری، عامل تغییر موقعیت است و فرصت‌های واقعی، در همین تغییر موقعیت‌ها خود را نمایان می‌کنند. **انتقاد، نوعی بازخورد است** که در محیط‌های کاری برای بهبود عملکرد افراد به‌کار می‌رود. معمولاً افراد از یکدیگر انتقاد می‌کنند تا به آن‌ها در رسیدن به نتایج بهتر کمک کنند. اگر بدانید که انتقادپذیری چیست، نسبت به بازخوردهای دیگران احساس منفی نخواهید داشت و آن‌ها را فرصت‌هایی برای پیشرفت خود به حساب می‌آورید.

همهٔ ما به طور طبیعی در روابط با افراد جامعه به‌دنبال تأیید و قدردانی هستیم. حتی برخی از ما نسبت به این‌که دیگران درمورد ما چه فکری می‌کنند، وسواس زیادی به خرج می‌دهیم. به همین دلیل است که وقتی فردی از ما انتقاد می‌کند یا بازخوردی دریافت می‌کنیم که از نظر ما مطلوب نیست، مدت‌ها درمورد علت آن و این‌که این بازخورد چه حسی را در فرد ایجاد کرده است، فکر خواهیم کرد. این افکار که حاصل انتقادناپذیری ماست، باعث می‌شوند احساسات اشتباهی نسبت به خود و دیگران پیدا کنیم و گاهی دست از تلاش برداریم. امّا آیا راهی برای جلوگیری از این حس وجود دارد؟ اصلاً چرا از انتقاد هراس داریم و چه‌طور باید به فرد انتقادپذیری تبدیل شویم؟

انتقاد برای نشان دادن شایستگی یا عدم شایستگی و قضاوت براساس آن به‌کار برده می‌شود. انتقاد نوعی ارزیابی برای پیدا کردن خطا یا مشکلات موجود در یک رفتار و عملکرد است. این درحالی است که بازخورد، انتقال اطلاعات ارزشمند درمورد یک اقدام، فرایند و رویداد، به منبع اصلی یا کنترل‌کنندهٔ آن است. انتقاد، نوعی مهارت برقراری ارتباط نیز هست و بازخوردها باعث تقویت عملکرد شما می‌شوند. **اگر همواره از عملکرد خودتان**

۴۲ ◀ فصل اول: درکِ پتانسیل‌ها

راضی باشید و هیچ‌کس دربارهٔ آن نظری نداده باشد، نمی‌توانید از خوب بودن آن مطمئن باشید، زیرا این فقط نظر شما ست و شخص دیگری افکار خود را درخصوص عملکردتان با شما درمیان نگذاشته است.

فارغ از این‌که در اکثر مواقع انتقاد امری ناراحت‌کننده است، باید این را نیز بدانیم که بسیاری از این نظرات، در صورتی که به شکل سازنده و درست بیان شوند، می‌توانند پیشنهادی برای پیشرفت حرفه‌ای، اجتماعی و اخلاقی باشند و عدم پذیرش آن‌ها شانس شنیدن انتقادهای سازندهٔ دیگر را نیز از ما دریغ می‌کند.

افراد انتقادناپذیر، علاوه‌بر این‌که نمی‌توانند از این نظرات در جهت مثبت استفاده کنند، به‌طور مداوم احساساتی مانند افسردگی، اضطراب، خشم، شرم، نفرت، حالت تدافعی و کاهش اعتمادبه‌نفس را تجربه می‌کنند. همچنین، افراد انتقادناپذیر گاهی دچار وسواس فکری شده و سعی می‌کنند پی‌درپی عملکرد خود را بررسی کنند، از خود انتقاد کرده و برای هر چیزی خود را سرزنش کنند.

◀ انتقاد مخرّب چیست؟

اگر منتقد به‌دنبال تخریب شخصیت و کوچک شمردن عملکرد شما باشد و نخواهد پیشرفتی در شرایط به‌وجود بیاورد، از این شیوهٔ انتقاد استفاده می‌کند. افرادی که می‌دانند انتقادپذیری چیست، در برابر این رفتار خودشان را کنترل می‌کنند و اجازه نمی‌دهند که اظهارنظرهای فاقد دلایل متقن و مستدل، روی انگیزه‌های آن‌ها تأثیر منفی بگذارند. بنابراین، با تفکیک درست یک انتقاد سازنده از یک انتقاد مخرّب می‌توانیم زمان خود را بهتر مدیریت کنیم. **صرف وقت و زمان برای یک انتقاد مخرّب کاری بیهوده است که فقط به احساس ارزشمندی ما آسیب می‌زند.**

پس ما می‌توانیم با تشخیص یک انتقاد مخرّب و تفکیک آن از یک انتقاد سازنده، روحیهٔ انتقادپذیری خود را افزایش بدهیم. **امّا چه‌طور فرد انتقادپذیری باشیم؟** در ادامه، نکات مهمی در رابطه با انتقادپذیری ارائه می‌کنم که تمرین و تمرکز روی آن‌ها می‌تواند شنیدن انتقاد را برای شما راحت‌تر کند.

◀ انتقاد را نوعی ویتامین ببینید

به این فکر کنید که شما هم مانند سایر انسان‌ها کامل نیستید و نواقصی دارید. همچنین، کشف نقاط قوّت و ضعف‌تان می‌تواند به شما کمک کند تا با ذهنی بازتر به‌سوی پیشرفت قدم بردارید. یکی از راه‌های شناخت پتانسیل‌های پنهان، نظرات دیگران است. بنابراین، **بهتر است درک کنید که فرد منتقد، علیه شما نیست.** همیشه این فرض را درنظر بگیرید که فرد منتقد نسبت به شما حُسن نیّت دارد و می‌خواهد با ارائۀ نقد سازنده، کمک کند و قصد او، ناراحت کردن شما نیست. می‌توانید نقد را همچون مکمل ویتامینی بدانید که شاید از طعم و مزۀ آن خوش‌تان نمی‌آید، امّا در نهایت استفاده از آن به نفع شما خواهد بود. انتقاد، فرصت‌های رشد بیشتری فراهم می‌کند و باعث می‌شود چیزهای بیشتری یاد بگیریم تا عملکرد بهتری داشته باشیم. کسی که از شما انتقاد سازنده می‌کند، نیت خوبی دارد و می‌خواهد که تلاش‌های‌تان منجر به موفقیت شود.

◀ مخرّب یا سازنده بودن انتقاد را ارزیابی کنید

پیش از این‌که عجولانه به انتقادها واکنش نشان دهید، باید برخی موارد را درنظر داشته باشید. مهارت انتقادپذیری می‌تواند در جدا کردن انتقاد سازنده از مخرّب به شما کمک کند. انتقاد مخرّب شخصیت شما را هدف قرار می‌دهد و آسیب‌زاست، امّا انتقاد سازنده رفتار و عملکرد شما را نقد می‌کند و هدفش این است که به نحوۀ انجام دادن کار توجه کنید. بازخورد سازنده می‌تواند یک تفاوت بزرگ در شیوۀ کار شما ایجاد کند. یک انتقاد مخرّب دارای چهار ویژگی زیر است:

- بیان انتقاد در حضور شخص سوم یا در جمع؛
- استفاده از کلمات تحقیرآمیز و بی‌ادبانه؛
- انتقاد از شخصیت طرف مقابل، نه رفتار اشتباه او؛
- بازگو کردن انتقاد برای شخص دیگری به‌غیر از شما.

هنگام نقد شدن، از خود سؤالات زیر را بپرسید تا ذهن‌تان ضمن تشخیص ماهیت انتقاد، بتواند بازخوردهای مؤثر را کشف کند:

- برای فرد منتقد مهم هستید؟
- فرد منتقد در این حوزه تخصص دارد؟
- فرد منتقد مدیرتان است یا همکارتان؟
- لحن فرد منتقد چگونه است؟
- این انتقاد واقعیت دارد و درمورد شما صدق می‌کند؟
- هدف فرد منتقد کمک به رشد شماست یا می‌خواهد عزت‌نفس و اعتبارتان را تخریب کند؟

در انتها، پس از مرور پاسخ این سؤالات در ذهن و دریافت نگرشی بهتر نسبت به نقدی که دریافت کرده‌اید، سعی کنید به آن نقد به چشم یک دیالوگ بنگرید و در صورت تمایل درمورد حس‌تان نسبت به آن نقد، با فرد منتقد صحبت کنید. به جای لحن، به پیشنهاد و انتقاد واردشده توجه کنید. این نکته را درنظر داشته باشید که انتقاد برخی از افراد درست است، امّا یاد نگرفته‌اند که چه طور احساسات خود را کنترل کرده و با لحن مناسبی صحبت کنند.

پس بهتر است به لحن افراد خیلی توجه نکنید و به فحوای کلام‌شان اهمیّت بدهید. **لحن و پیشنهاد را از هم جدا کرده و روی چیزهایی که باعث پیشرفت‌تان می‌شوند تمرکز کنید.** درست است که همهٔ انتقاداتی که از شما می‌شود حقیقت ندارد، امّا لازم است بارها آن‌ها را بازبینی کنید. این‌ها کدهای دستوری برای بهبود و پیشرفت شما هستند، بنابراین آن‌ها را در جایی ثبت کرده و استفاده کنید.

◀ از پاسخ‌های احساسی و تدافعی اجتناب کنید

طبیعی است که با شنیدن انتقادها احساساتی شوید. همچنین، طبیعی است که بخواهید از تصمیم‌های خود دفاع کنید. امّا واقعیت این است که در مواجهه با انتقادهای حرفه‌ای، باید این روحیه و افکار را کنار بگذارید. **انتقادهای سازنده باعث پیشرفت حرفه‌ای شما می‌شوند، بنابراین نیازی نیست که شروع به توجیه کارها و دفاع از تصمیمات خود کنید.**

همین که متوجه نیت خیر شخص منتقد شدید، تمام افکار مزاحم را کنار بزنید و فعالانه به نقد او گوش دهید تا بتوانید تغییرات اثربخشی ایجاد کنید. وقتی شخصی به شما انتقاد می‌کند، به نکات موجود در صحبت‌هایش گوش فرادهید و در آن حالت به احساسات منفی خود اهمیّتی ندهید، زیرا در آینده از او به خاطر این انتقادها تشکر خواهید کرد. بنابراین، پس از شنیدن انتقادها و درک این‌که انتقادپذیری چیست، تمرکز خود را روی نکات بیان‌شده بگذارید و عملکردتان را بهبود دهید.

انتقادپذیری یعنی بتوانیم دنیای خود را بزرگ‌تر کنیم. هرچه گسترهٔ دیدمان وسیع‌تر باشد، نتیجهٔ بهتری می‌توانیم بگیریم. بهتر است بدانیم این ما هستیم که تعیین‌کنندهٔ ادامهٔ راه هستیم. ما با انتقادپذیری، فکر کردن را یاد می‌گیریم. انتقاد، نوعی صداقت است که باعث می‌شود یک دیدگاه جدید پیدا کنیم، پس دلیلی ندارد که در برابر نظرات متفاوت دیگران جبهه بگیریم. اگر نقاط کور را شناسایی و روی آن‌ها تمرکز کنیم، شانس بیشتری برای موفقیت خواهیم داشت. در تکنیک‌های روان‌شناسی انتقاد، انتقادپذیربودن یکی از مهارت‌های ضروری برای پیشرفت و تکامل است. انتقادپذیری در حقیقت پنج مرحله دارد:

- درست گوش دادن و کنترل کردن احساسات؛
- تشکر کردن از طرف مقابل بابت اظهارنظر؛
- ابراز تأسف و قبول کردن اشتباه؛
- سؤال پرسیدن دربارهٔ دلیل انتقاد؛
- توضیح دادن یا معذرت‌خواهی.

می‌توانید از فرد منتقد سؤال‌های زیر را بپرسید:

- چه پیشنهادهایی می‌توانی برای بهبود کارم به من بدهی؟
- چه‌طور می‌توانم پروژه‌ام را بهتر اداره کنم؟
- اگر به‌جای من بودی، چه‌کار می‌کردی؟

گاهی ممکن است حرف درستی توسط شخص فاقد صلاحیت یا به‌شیوهٔ نادرستی به گوش ما برسد. در این مرحله، بلوغ و آگاهی به کمک‌مان می‌آیند تا این دو موضوع را از یکدیگر تفکیک کنیم.

گام سوم: پرورش ذهنی با ریسک‌پذیری بالا

یکی از مواردی که برای استفاده از تمام پتانسیل‌ها باید مورد توجه قرار دهید، ریسک‌پذیری بالا است. در زندگی هیچ‌چیز قطعی نیست و گاهی ممکن است نتیجهٔ تصمیماتی که گرفته‌اید، متفاوت با چیزی باشد که انتظارش را داشته‌اید. اغلب افرادی که به موفقیت دست یافته‌اند، بسیار ریسک‌پذیر بوده‌اند و در شرایط سخت، شانه خالی نکرده‌اند و به همین دلیل هم به جایگاه بالایی رسیده‌اند. البته باید به این موضوع توجه داشته باشید که ریسک‌پذیری با خطرکردن بی‌محابا کاملاً متفاوت است. در مقابل افراد موفق که اهل ریسک‌پذیری بوده‌اند، خیلی‌ها را می‌بینیم که بدون فکر کردن دست به کاری زده و به‌قول معروف، «بی‌گدار به آب زده‌اند». مثلاً ناگهان از شغل‌شان استعفا کرده یا تمام دارایی‌شان را صرف کاری خاص کرده‌اند. اگر می‌خواهید که شرکت شما بزرگ شود، باید برای قدم برداشتن آماده باشید، نه‌فقط صحبت و برنامه‌ریزی کردن. با این‌که برنامه‌ریزی قطعاً مهم، تحسین‌برانگیز و ضروری است، امّا آن‌هایی به نتیجه می‌رسند که بیشتر از برنامه‌ریزی، عمل می‌کنند.

گام چهارم: افزایش سطح آگاهی از طریق یادگیری عمیق و مستمر

هر کاری را با آگاهی شروع کنید. این‌که بخواهید برای افزایش پتانسیل و توانایی‌های خودتان همه‌چیز را تجربه کنید، ایده‌ای بی‌فایده و زمان‌بر است. زندگی هر روز چیزهای جدیدی به شما یاد می‌دهد و شما تجربیات بیشتری کسب می‌کنید. تا جایی که می‌توانید، یاد بگیرید، چراکه یادگیری بهره‌مندی از تجربه‌های دیگران است. در کلاس‌ها شرکت کنید، از یک مربی کمک بگیرید و مطالعات خود را افزایش دهید.

تعیین کنید که چه منابع آموزشی و مهارت‌هایی برای مسلّط شدن در حیطهٔ کاری خود نیاز دارید. ممکن است شامل دوره‌های آموزشی، تجربیات عملی، یادگیری آنلاین، تکنولوژی‌های جدید، توسعهٔ مهارت‌های مدیریتی یا بهبود مهارت‌های ارتباطی و موارد

مشابه باشد. با توجه به منابع زمانی و مالی خود، از منابع آموزشی معتبر استفاده کنید. ارتباط با افرادی که در حوزه‌های مشابهی فعالیت دارند، می‌تواند در سرعت یادگیری شما مؤثر باشد. این افراد می‌توانند به شما تجربیات و نکات مفیدی ارائه دهند و شبکهٔ ارتباطی‌تان را ارتقا دهند. نظم و انضباط در یادگیری، کسب تجربه را تسهیل می‌کند.

در صورت وجود فرصت‌های جدید برای یادگیری، به این نکته نیز توجه کنید که هر چیزی ارزش یادگیری ندارد. گاهی ممکن است از دیگران مشاورهٔ نامربوط یا اطلاعات نادرستی دریافت کنید و این وظیفهٔ شماست که بفهمید چه چیزی ارزش نگه داشتن دارد و چه چیزی را باید کنار بگذارید. درعین‌حال، یادتان باشد چه شما متوجه باشید و چه نه، هیچ‌وقت رشد و تغییر با گذشت زمان متوقف نمی‌شود. هرچه دانش بیشتری کسب کنید، رشد بیشتری نیز خواهید داشت. یادگیری پایانی ندارد.

گام پنجم: ذهنیت سازگار

داشتن یک ذهنیت سازگار یکی از عناصر کلیدی برای افزایش پتانسیل، به‌ویژه پتانسیل فکری است. این کاری است که مغز در پشت صحنه انجام می‌دهد تا به ما کمک کند از اشتباهات درس بگیریم و با پذیرش شکست، راه‌حل‌ها را پیدا کنیم و به جلو برویم. این انعطاف‌پذیری را نمی‌توان در کارآفرینی دست‌کم گرفت. بقای کسب‌وکار به توانایی یادگیری و غلبه بر مشکلات بستگی دارد. یک طرز فکر غیرمنعطف، مانع یادگیری از اشتباهات می‌شود، درحالی‌که یک طرز فکر سازگار می‌تواند شما را توانمند کند تا اشتباهات را به عنوان فرصت‌های یادگیری ببینید. باید بپذیریم که گاهی در شغل، حرفه، تجارت یا ازدواج شکست می‌خوریم.

شکست، نمایان‌گر ویژگی‌های شخصیتی ما نیست، بلکه بازتاب عملکرد ما در برابر اتفاقات و حوادث غیرمنتظره است. دوستی داشتم که کل دارایی خود (بیش از پنج میلیارد تومان) را در یک معاملهٔ تجاری از دست داده بود. کمی بعد از این اتفاق، با او تماس گرفتم و همان‌طور که انتظار می‌رفت، بسیار افسرده و به‌دنبال اعلام ورشکستگی و توقف همهٔ فعالیت‌هایش بود.

فصل اول: درکِ پتانسیل‌ها

تنها توصیه‌ای که به او کردم، این بود که: «**هرگز ارزش خود را با ارزش خالص دارایی‌هایی که از دست داده‌ای، اشتباه نگیر.**» به او گفتم: «مگر این مبلغ ارزش تو بوده است که حالا می‌خواهی همه چیز را متوقف کنی؟»

گاهی ممکن است اتفاقات غیرمنتظره‌ای رخ دهد و برنامه‌های شما را عوض کند یا به تأخیر بیندازد. هیچ مشکلی نیست. می‌توانید برنامه‌تان را مطابق با این اتفاقات تنظیم کنید. این اتفاقات، بخشی از زندگی همهٔ ما هستند، پس با کمال میل آن‌ها را قبول کنید و با تمام تلاش‌تان ادامه بدهید تا سطح سازگاری خود را بالا ببرید.

گرچه شکست‌ها می‌توانند دلخراش، شرم‌آور و تضعیف‌کنندهٔ روحیه باشند، امّا شما ادامه دهید. زمانی را برای گذر از آن احساسات و بررسی آن‌ها اختصاص دهید. سپس، آن‌ها را رها کنید. نگه داشتن احساسات منفی، شما را در یک طرز فکر، ثابت نگه می‌دارد. به یاد داشته باشید که هدف شما در این جا این است که با پتانسیل کامل خود عمل کنید و پیش بروید. توجه بیش از حد بر اشتباهات و شکست‌های گذشته، مطمئن‌ترین راه برای متوقف کردن روند پیشرفت شماست. بگذارید شکست یک فرصت یادگیری باشد. من می‌دانم که این یک کلیشه است، امّا چیزی است که ما هیچ‌وقت آن را جدّی نمی‌گیریم.

اجازه بدهید یک چیزی را این‌جا مشخص کنم: استفاده از حداکثر توانایی یا پتانسیل به این معنا نیست که شما باید انسان کامل و بدون نقصی باشید. حقیقت این است که هیچ رابطه، مهارت یا شغلی هیچ‌وقت به حد کمال نمی‌رسد و همیشه یک سطح بالاتر از آن هم وجود دارد. هر رکوردی یک روزی شکسته می‌شود و نمی‌شود انتظار داشت که همیشه همه چیز کامل و بی‌عیب‌ونقص باشد. پس یادتان باشد درعین‌حال که سعی می‌کنید از حداکثر ظرفیت و توانایی‌های‌تان استفاده کنید، نمی‌توانید در تمام کارها بی‌عیب‌ونقص و بدون اشتباه باشید.

هر اشتباهی که مرتکب می‌شوید، درواقع گامی به سمت دستیابی به توانایی‌های بالقوه‌تان است، چون باعث برجسته شدن نقاط ضعف‌تان می‌شود و می‌فهمید که باید

روی این موارد بیشتر کار کنید. پس از اشتباهات‌تان درس بگیرید، رشد کنید و خودتان را با هر شرایطی وفق دهید.

اصلی‌ترین چیزی که ما را از دستیابی به پتانسیل کامل خود بازمی‌دارد، طرز فکر ما و آن چیزی است که در ذهن‌مان داریم؛ از کودکی‌مان شروع به رشد می‌کند و می‌تواند در تمام زندگی همراه ما باشد. اجازه ندهید که افکار عمومی، شما را منصرف کند. **آیا تا به حال درمورد «اثر بانیستر» چیزی شنیده‌اید؟** سال‌ها این‌طور درنظر گرفته می‌شد که بدن انسان قادر به دویدن مسافت یک مایل در کم‌تر از چهار دقیقه نیست. امّا در ششم ماه می سال ۱۹۵۴، راجر بانیستر، یک مایل را در مدّت سه دقیقه و ۵۹.۴ ثانیه دوید. او کاری را انجام داد که همیشه غیرممکن به نظر می‌رسید.

راجر بانیستر نگذاشت افکار عمومی سد راه او شود و نشان داد که آن تصور موجود تنها یک مانع روانی بوده است. بعد از او، دیگران نیز به رکوردشکنی ادامه دادند. درحال حاضر، رکورددار فعلی هیچم ال گروج با زمان سه دقیقه و ۴۳.۱۳ ثانیه است.

زندگی کردن با پتانسیل کامل خود، مستلزم آن است که از منطقهٔ راحتی خود خارج شوید و مرزهای خود را گسترش دهید. افراد متوسط کارهای متوسطی انجام می‌دهند، نتایج متوسطی می‌گیرند و زندگی متوسطی دارند. افراد خارق‌العاده کارهای خارق‌العاده‌ای انجام می‌دهند، نتایج خارق‌العاده‌ای می‌گیرند و زندگی خارق‌العاده‌ای دارند.

موفقیت در زندگی با استفاده از پتانسیل کامل خود، به‌معنای پذیرش موقعیت‌های ناراحت‌کننده است. وقتی موارد جدید را امتحان می‌کنید، اجازه دهید زمان کافی بگذرد. خیلی از ما موقع تجربهٔ یک کار یا مهارت جدید، در یک لحظه به خودمان می‌گوییم: «بله. این همان چیزی است که کاملاً برای من ساخته شده است.» امّا باید بدانید که مطمئن شدن از این‌که آیا کاری واقعاً مناسب شماست یا نه، به گذشت زمان نیاز دارد.

هیچ‌کس از همان لحظهٔ شروع یک کار، نمی‌تواند کامل و بی‌نقص عمل کند. پس انتظارات واقع‌بینانه‌ای از خودتان داشته باشید و اجازه بدهید تا گذشت زمان مشخص

کند که چه زمینه‌ای برای‌تان بهتر است. وقتی به خودتان فرصت تجربهٔ چیزهای جدید را می‌دهید، اغلب اوقات فشار را از روی خودتان برمی‌دارید و انتظار ندارید که خیلی زود و سریع به مهارت برسید.

اگر کمال‌گرا باشید، کاملاً این فشار را تجربه کرده‌اید و می‌دانید که چقدر استرس‌زا و نگران‌کننده است. پس به جای این‌که همان روز اول بررسی کنید که شکست خورده‌اید یا موفق شده‌اید، به خودتان زمان بدهید و قضاوت در این خصوص را به مدّتی بعد موکول کنید. به این فکر کنید که شما درحال تمرین کردن هستید، نه بیشتر. این کار درست مثل ورزش کردن است؛ بعد از چند بار تمرین، به این دلیل که هنوز در این کار خبره نشده‌اید، ممکن است احساس کنید که کمی اعتمادبه‌نفس یا خوش‌بینی‌تان را از دست داده‌اید. بااین‌حال، می‌دانید که باید واقع‌بین باشید و قبل از رسیدن به سطح مطلوبی که می‌خواهید، منتظر بمانید. مطمئناً اولین بار به‌سادگی نمی‌توانید تک‌تک حرکاتی که در ویدئوهای جدید ورزشی مشاهده می‌کنید، یا تکنیک‌های وزنه‌برداری را با موفقیت اجرا کنید. امّا هیچ اشکالی ندارد. برای یادگیری نحوهٔ انجام کارهای جدید، زمان لازم داریم. در پایان، تلاش‌مان نتیجه خواهد داد.

گام ششم: ترس‌های‌تان را از بین ببرید

اگر با ترس‌تان مقابله نکنید و راهی برای عبور از آن پیدا نکنید، شما را از زندگی بازخواهد داشت. ترس همان چیزی است که اجازه نمی‌دهد از منطقهٔ امن‌تان بیرون بیایید.

منطقهٔ امن شما جایی است که لازم نیست در آن شجاعت زیادی به خرج بدهید و می‌توانید به همین شکل زندگی کنید. امّا حداکثر پتانسیل و توانایی‌های شما جایی خارج از محدودهٔ امن‌تان است. پس باید از این منطقهٔ امن بیرون بیایید. حداکثر توانایی‌های شما جایی بروز می‌کند که خطرات را می‌پذیرید، با چالش‌ها روبه‌رو می‌شوید و ترس‌های‌تان را پشت‌سر می‌گذارید.

شاید متوجه شوید که توانایی‌های شما با دنیای کسب‌وکار یا به عنوان کسی که یک مؤسسهٔ خیریه یا سازمانی مردم‌نهاد را اداره می‌کند، مرتبط است. ممکن است وقتی پا به

این عرصه‌ها می‌گذارید، مقداری اضطراب اجتماعی را تجربه کنید یا سخنرانی برای جمع شما را وحشت‌زده کند، امّا برای این‌که به حداکثر پتانسیل و توانایی‌های خودتان دست پیدا کنید، باید با این ترس‌ها روبه‌رو شوید و بر آن‌ها غلبه کنید.

ترس چیزی است که در اکثر موارد به‌طور کامل از بین نمی‌رود. بنابراین، خیلی مهم است که شما روش‌های مدیریت ترس را بلد باشید. گاهی هم بهتر است به یک مشاور یا روان‌شناس مراجعه کنید تا به شما کمک کند که بتوانید ترس‌های‌تان را از بین ببرید. در برخی موارد هم با گذشت زمان و به‌مرور می‌توانید با این ترس‌ها مقابله کنید. یکی از بزرگ‌ترین موانع رشد و توسعهٔ فردی، ترس است. ترس با شما کاری می‌کند که برای همیشه در حاشیهٔ امن خود بمانید و هیچ پیشرفتی نداشته باشید. بنابراین، ابتدا ترس‌های خود را بشناسید و سپس برای از میان بردن هرکدام از آن‌ها اقدام کنید. **این ترس است که نمی‌گذارد شما مسلّط شوید.**

زمانی را که برای اولین بار می‌خواستید دوچرخه‌سواری کنید، به یاد بیاورید. با شجاعت تمام انجامش دادید یا با ترس مطلق؟ حالا چگونه دوچرخه‌سواری می‌کنید؟ بیایید کمی جلوتر برویم. اولین باری که پشت فرمان اتومبیل نشستید، چه‌طور بود؟ با شجاعت تمام رانندگی کردید یا با ترس مطلق؟ روزی که کسب‌وکار خود را راه‌اندازی کردید چه‌طور؟

هرچه نسبت به فرایندهایی که انجام می‌دادید آگاه‌تر شدید، ترس شما نیز کم‌تر شد. ماهیت ترس براساس «ناشناختگی» است. اگر ما نسبت به پدیده‌های اطراف‌مان شناخت بیشتر و بهتری پیدا کنیم، ترس‌مان کم‌تر می‌شود. ما همواره درمعرض مواجهه با ترس‌های‌مان هستیم و این یعنی فراهم بودن فرصت شناخت. ولی ما پشت این ترس‌ها می‌مانیم و به سمت شناخت و آگاهی نمی‌رویم تا از ترس‌های خود عبور کنیم، درست مثل یادگیری دوچرخه‌سواری و رانندگی.

فصل اول: درکِ پتانسیل‌ها

◀ پنج نکته‌ای که از این فصل یاد گرفتم:

۱.

۲.

۳.

۴.

۵.

◀ سه گامی که باید بلافاصله شروع کنم:

۱.

۲.

۳.

◀ یک نکتهٔ طلایی که می‌توانم به دیگران یاد بدهم:

کلیهٔ جدول‌ها و تمرین‌های این فصل را از سایت حسین طاهری و صفحهٔ زیر دانلود کنید:

hosseintaheri.ir/bmtools

خلقِ سیستم

فصل دوم
خلقِ سیستم

میوهٔ خَلقِ سیستم، شفافیت سازمانی است.

بعد از مطالعه این فصل شما مسلط خواهید بود بر:

- مفاهیم و اهداف سیستم‌سازی
- نیازها و مراحل خلق سیستم
- بهینه‌سازی و اهرم‌سازی

سیستم چیست و چرا باید سیستم‌سازی کرد؟ چگونه یک سیستم کارآمد خلق کنیم؟ آیا سیستم نیاز به حضور مدیر دارد؟ اگر سیستم نداشته باشیم، چه می‌شود؟ در این بخش به پاسخ این پرسش‌ها می‌پردازیم.

به مجموعه‌ای از عناصر که ورودی و خروجی مشخصی دارند، سیستم می‌گویند. در این بخش می‌خواهم به «خلق سیستم» بپردازم، نه فقط خود سیستم. بدون سیستم نمی‌توانید افراد را مدیریت و کنترل کنید، امّا وقتی سیستم مشخص باشد و هرکسی بداند که چه کاری را باید انجام دهد، به‌مرور بهره‌وری هم افزایش می‌یابد.

سیستم یعنی روش مشخص انجام کارها و فعالیت‌ها در یک سازمان برای خلقِ یک نتیجهٔ مشخص. **سیستم، واگذاری فعالیت نیست، بلکه واگذاری نتیجه است.** فعالیت باید در خدمت نتیجه باشد.

محصول، خدمات و نیروی انسانی، داشته‌های بالقوه یک کسب‌وکار هستند. هر سه برای شما پول می‌سازد؛ ولی سیستم ثروت ایجاد می‌کند. بدون سیستم‌سازی نمی‌توانید فعالیت‌های کارکنان خود را ارزیابی کنید. با سیستم‌سازی می‌توانید بفهمید که کارکنان شما چگونه با همدیگر همکاری می‌کنند و به نتیجه می‌رسند. درواقع باید بپذیرید که شرایط کاری‌تان بر مبنای سیستم‌ها شکل می‌گیرد.

فصل دوم: **خلقِ سیستم**

اگر سیستم نداشته باشید، ورشکسته می‌شوید. یک شرکت ورشکسته شرکتی است که فقط برای تأمین هزینه‌هایش کار می‌کند و بعد از مدّتی که نتواند از عهدهٔ هزینه‌ها برآید، هزینه‌ها جمع شده و تبدیل به بدهی می‌شود. ماهیت هزینه و بدهی، باهم تفاوت ندارد. «هزینه» یک «بدهی کوچک» است که می‌پردازید، امّا اگر این بدهی‌های کوچک را نتوانید تسویه کنید، تبدیل به یک بدهی بزرگ می‌شوند و دیگر قادر به پرداخت نخواهید بود و در نتیجه، ورشکست می‌شوید. کسب‌وکاری که فقط از پس پرداخت هزینه‌هایش برمی‌آید و خروجی بیشتری ندارد، ورشکسته است حتی اگر همین حالا هم در حال صرف انرژی و کار باشد! می‌دانید چرا؟ به همان دلایلی که در فصل یک گفته شد: **صرف انرژی، همیشه عامل حرکت نیست.**

منظور از ورشکستگی، تعطیلی نیست؛ خیلی از شرکت‌های ورشکسته، تعطیل نیستند. شرکتی که تعطیل می‌شود و طلبکارها سراغش می‌روند، دیگر نابود شده است. **اگر برای تأمین هزینه‌های‌تان کار می‌کنید، یعنی ورشکسته‌اید.** چون چیزی برای شما باقی نمی‌ماند. درواقع، سیستمی ایجاد نکرده‌اید که برای‌تان رشد و حرکت ایجاد کند. درست مثل یک اتومبیل که روشن است، ولی حرکت نمی‌کند و فقط بنزین می‌سوزاند. قدرت یک سیستم، رابطهٔ مستقیمی با قدرت پرداخت دارد. به عبارت دیگر، باید به‌گونه‌ای برنامه‌ریزی و مدیریت سیستم انجام دهیم که علاوه‌بر تأمین مخارج جاری، مازادی نیز برای پس‌انداز و سرمایه‌گذاری داشته باشیم. صرفاً از پس هزینه‌ها برآمدن، کافی نیست.

یک خودرو، نمونهٔ کاملی از **سیستم** است. در یک خودرو، سیستم‌های تعلیق، حرکت و ده‌ها سیستم دیگر تعبیه شده‌اند که بسیار هم پیشرفته هستند؛ امّا وقتی این خودرو راننده نداشته باشد، حرکت نمی‌کند. برخی افراد فکر می‌کنند که با خلق سیستم، دیگر نیاز نیست فردی این سیستم را هدایت کند، نیست. اصلاً قرار نیست که سیستم خلق کنید و خودتان نباشید، پس راننده چه کسی باشد؟ نحوهٔ عملکرد راننده چه‌طور باشد که این خودرو به مشکل برنخورد و سالم به مقصد برسد؟ چگونه قوانین و دستورالعمل‌ها را رعایت کند که تصادف نکند؟ **این توهّم را که «سیستم خلق می‌کنیم تا نیازی به حضور خودمان نباشد»، از سرتان بیرون کنید.** باید باشید که نتیجه را ببینید و کمک کنید تا تیم

به نتیجهٔ موردنظر برسد. شما سیستم می‌سازید تا با کنترل و انجام کارها، فعالیت‌های بیهودهٔ خودتان، کارکنان و مشتریان‌تان حذف شوند. سیستم می‌سازید که فرسایش ایجاد نشود. بنابراین، خلق سیستم یعنی مدیریت عملیات و عملکرد.

عملیات، مربوط به خودرو است، ولی عملکرد متعلّق به راننده‌ای است که آن را می‌راند. پس به هردو نیاز دارید. مدیریت عملیات یعنی کاری که سخت‌افزارِ سیستم انجام می‌دهد، ولی کسی که این سیستم را هدایت می‌کند حتماً در میزان کارایی سیستم تأثیرگذار است.

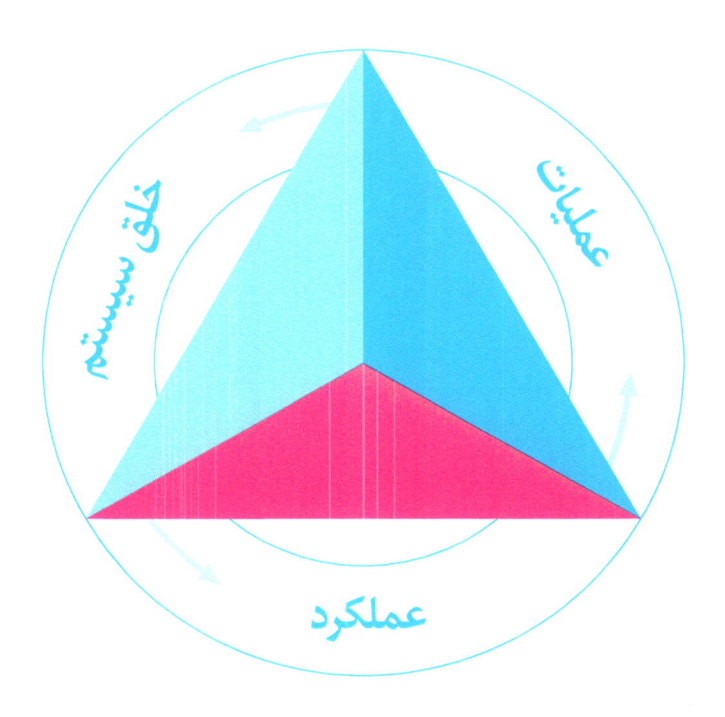

فصل دوم: خلقِ سیستم

سیستم‌ها، فرایندهای تکراری هستند که بدون درنظر گرفتن اندازهٔ کسب‌وکار عمل می‌کنند. رویّه‌ها و کارهایـی کـه باعث رشـد کسب‌وکارند، فرایندهایی هستند کـه پس از خلق، در جای جای سازمان تکثیر و الگوسـازی می‌شوند، درست مثل فرایند خیاطی لباس. خیاط وقتی می‌خواهد لباس بدوزد، علمِ خیاطی و تجربه کاری دارد. تجربه یعنی علـم تبدیل‌شده به عمل. یعنی خیاط اول خیاطی را یاد گرفته و آن علـم را به عمل و سپس به مهارت تبدیل کرده و از آن **تخصص** ساخته است. پس وقتی برای انجام کاری می‌خواهید سیستم خلق کنید، اول باید در آن کار تخصص داشته باشید.

در قـدم دوم، نیـاز به **ابزار** دارید، مثلاً خیاط نیاز به چرخ خیاطی، سـوزن، نخ و قیچی دارد. ابزار همان امکاناتی است که باید برای استفاده از تخصص خود به‌کار بگیرید. ابزار در سیستم مهم است. اگر می‌خواهید نرم‌افزاری خاص برای ارتباط با مشـتریان داشته باشید، به ابزاری مثل کامپیوتر نیاز دارید. بعد از ابزار نیاز به **ایده و فکر** دارید. شما باید به‌نوعی از تخصص و ابزارتان اسـتفاده کنید تا خروجی مناسـب و بهینه به شـما بدهند و باعث شوند منابـع، هزینه و زمانی‌که صرف می‌کنید، با پـول و اعتبـار و تجربه‌ای که به‌دست می‌آورید، سازگار باشند.

◀ ویژگی‌های یک سیستم

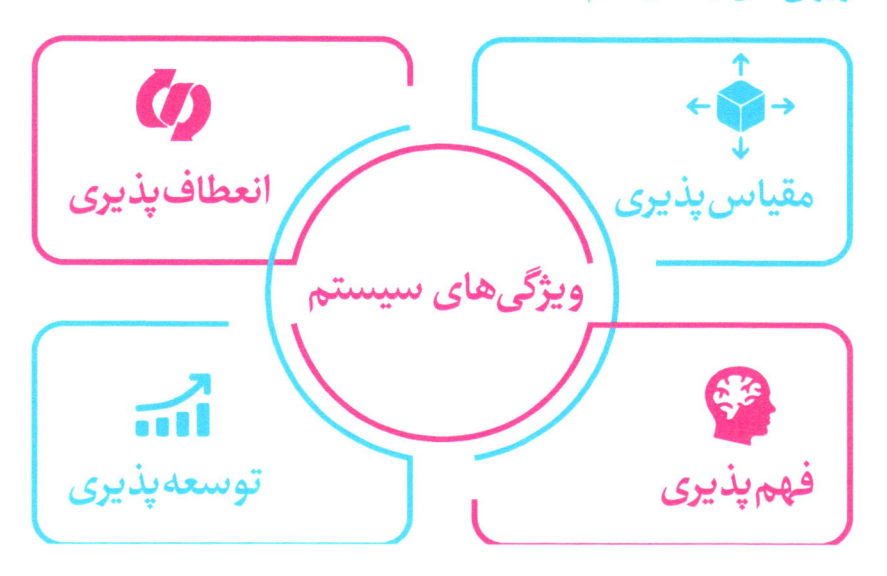

ویژگی‌های سیستم:
- انعطاف‌پذیری
- مقیاس‌پذیری
- توسعه‌پذیری
- فهم‌پذیری

۱. مقیاس‌پذیری: یعنی این سیستم را می‌توانید در ابعاد مختلف بزرگ و کوچک کنید. مقیاس دارد و قابل اندازه‌گیری است.

۲. توسعه‌پذیری: یک سیستم باید توسعه‌پذیر باشد و بر مبنای آن توسعه‌پذیری می‌تواند رشد کند.

۳. فهم‌پذیری: یک سیستم باید قابل فهم باشد. یعنی هم مخاطبان و هم کارکنان نحوهٔ کارکرد آن را درک کنند. دستگاه‌های خودپرداز بانک‌ها را مشاهده کنید. آن‌ها سخت‌افزار و نرم‌افزار دارند. بانک‌ها در آن‌ها پول قرار می‌دهند و آن‌ها را به بخش حسابداری متصل می‌کنند. این دستگاه‌ها به اطلاعات حساب‌ها، شبکه و شعب نیاز دارند. همهٔ این‌ها در خدمت خروجی مشخص و برای این است که وقتی فرد کارتش را درون دستگاه قرار می‌دهد، پول دریافت کند. برای هرکسی که از این خدمت استفاده می‌کند، هر بخشی از این فرایند فهم‌پذیر است. وقتی می‌خواهید این سیستم را توسعه بدهید و مقیاس‌پذیری‌اش را تغییر دهید، چه می‌کنید؟ همان کار را کپی و یک جای

دیگر تکثیر می‌کنید. یک بار می‌خواستیم برای شرکتی سیستم پیاده‌سازی کنیم. آن‌ها در فهم‌پذیری امور مالی مشکل داشتند. عدم فهم‌پذیری در سیستم، باعث ایجاد خطاهای سیستمی می‌شود. به مدیرعامل آن سازمان گفتم که کلیه افراد شاغل در بخش مالی باید یک دورهٔ مالی و مالیاتی بگذرانند تا بدانند چرا از ابزارهای موجود استفاده می‌کنند و فردا بتوانند دلایل قانع‌کننده‌ای به ادارهٔ مالیات ارائه دهند.

۴. انعطاف‌پذیری: خیاط اگر انعطاف‌پذیری نداشته باشد، لباس‌ها را با یک اندازه می‌دوزد. خیاط باید آن چیزی را که مناسب مشتری است بدوزد، نه آن چیزی که دل‌خواه خودش است. پس وقتی می‌خواهید در کسب‌وکارتان سیستم‌سازی کنید، باید منعطف باشید. سیستم‌سازی واگذاری نتیجه‌هاست، نه واگذاری فعالیت‌ها. امکانات و ابزار و علم و ایده در اختیار کارمند یا مدیر یا مشتری قرار می‌دهید تا بتوانند تصمیم بگیرند و حرکت ایجاد کنند. قبل‌تر اشاره کردم اگر سیستم‌سازی نداشته باشید، ورشکست می‌شوید. حرکت‌های بی‌فایده یا هزینه‌زا انجام می‌دهید و این باعث می‌شود که شما فقط در حدی درآمد داشته باشید که بتوانید از پس هزینه‌های‌تان بربیایید. در این صورت، ورشکسته می‌شوید.

مهم است که نگاه‌تان به بحث سیستم‌سازی دقیق باشد. در سیستم‌سازی شما باید به ریشه‌ها دقّت کنید. یک درخت سیب را درنظر بگیرید. مشخص است که از این درخت، سیب می‌چینید، نه گلابی یا انجیر. خروجی‌اش مشخص است. حالا تصور کنید که یکی از این میوه‌هایی که می‌چینید، طعم خوبی ندارد. میوهٔ دوم هم همین‌طور. چرا چنین مثالی زدم؟ چون خیلی وقت‌ها میوه‌هایی که در کسب‌وکار برداشت می‌کنید، نتیجهٔ عمل خودتان یا افراد سازمان‌تان است. مثلاً یکی از نیروها کار را به‌گونه‌ای انجام می‌دهد که حاصلش میوهٔ کرم‌خورده است. اگر کارمند را سرزنش کنید، مثل این است که به‌جای ریشه، به میوه فکر کنید. میوه را دور می‌اندازید و با غر زدن بر سر کارمند یا حتی اخراج وی، از بررسی ریشه غافل می‌شوید. سیستم‌سازی یک کار ریشه‌ای و زمان‌بر است. زمانی‌که ریشه ساخته شد، چه اتفاقی می‌افتد؟ آن درخت رشد و کم‌کم شروع به میوه دادن می‌کند. مشکل میوه‌های بد، از ریشه است. خیلی اوقات به اشتباه فکر می‌کنیم که با عوض کردن معلول یا همان میوه، علت هم تغییر می‌کند. وقتی ریشه به‌وجود می‌آید، سیستم میوه می‌دهد. دقیقاً مثل سیستم‌سازی که وقتی سیستمی را راه‌اندازی می‌کنید،

دیگر کاری ندارید که کارها چه طور انجام می‌شوند، چون نتیجه را واگذار کرده‌اید؛ امّا اگر طعم میوه مشکل داشته باشد، باید مشکل را از ریشه بررسی کنید. وقتی در سازمان به مشکل برمی‌خورید، نباید فوراً نیروها را مقصر بدانید، ممکن است ریشهٔ سازمان مشکل داشته باشد. اگر نمی‌توانید کارمندانی تربیت کنید که سیستم را درست بفهمند و به طور سیستمی کار کنند، شاید دلیلش این باشد که خودتان هنوز متوجه ماهیت سیستم نشده‌اید. وقتی سیستمی کار می‌کنید، هرکجای کار که بیشتر از حد معمول طول بکشد یا نتیجهٔ مورد نظر تغییر کند، به‌سرعت مشخص شده و ایراد خودش را نشان می‌دهد.

هدف در سیستم‌سازی، کاهشِ وابستگی‌های کاذب به مدیر کسب‌وکار است. این یک رابطهٔ دوطرفه است. میوه به ریشه وابسته است. مدیرانی که جزئی‌نگر هستند، به‌هیچ‌وجه نمی‌توانند کار سیستمی انجام بدهند، چون پیوسته به‌دنبال واگذاری و کنترل فعالیت هستند، نه واگذاری و کنترل نتیجه. اول باید حواس‌تان به نتیجه باشد و اگر نتیجهٔ مناسبی حاصل نشد، پیگیری کنید، نه این‌که بخواهید در هر فعالیتی دخالت و پیگیری بی‌فایده داشته باشید. اگر بخواهید به‌طور مداوم وارد مسائل جزئی شوید و تعیین تکلیف کنید، مشخص است که سیستم و خروجی مشخص ندارید.

وقتی نتیجه را مشخص می‌کنید و سیستم می‌سازید، به‌راحتی برای افراد شفافیت سازمانی ایجاد کرده‌اید. **می‌توانم بگویم که میوهٔ خلق سیستم، شفافیت سازمانی است.** یعنی در خودرو همهٔ قطعات می‌دانند باید چه‌کار کنند، هر بخش مسئولیت و وظیفه‌اش را می‌داند و وظیفهٔ بخش دیگری را انجام نمی‌دهد. اگر کار خود را به طور ریشه‌ای سامان دهید، می‌توانید بگویید که کارتان به طور سیستمی انجام می‌شود.

◂ اهداف سیستم‌سازی چیست؟

سیستم را تعریف کرده و ویژگی‌های آن را برشمردیم. اکنون می‌خواهیم اهداف سیستم را بررسی کنیم. برای یک سیستم اهدافی متصور است که در ادامه شرح می‌دهیم:

- رفع نیازهای کاربر و مشتری؛
- کاهش هزینه‌های عملیاتی؛
- افزایش پس‌انداز؛
- روان‌سازی داده‌های در جریان؛
- تسریع در اجرای نتایج؛
- تعریف روش مناسب برای مدیریت فعالیت‌های تجاری؛
- حذف خدمات تکراری، متناقض و غیرضروری.

یک سیستم پیش از هر چیزی، باید نیاز کاربر و مشتری را رفع کند. یعنی اگر شما ایده‌ای را اجرا کردید، ولی متوجه شدید که هنوز رضایت مشتریان‌تان جلب نشده است و جذب مشتری بالایی ندارید، یعنی برای این فرایند سیستم‌سازی نکرده‌اید. یک سیستم باید هزینه‌های عملیاتی را کاهش دهد. برای خلق یا بهبود یک سیستم، محاسباتی کرده‌اید. فرض کنید که می‌خواهید آموزشگاهی را تأسیس کنید، اگر فرایند آن به جای دو ماه، شش ماه طول بکشد، یعنی سیستم‌سازی وجود نداشته است و هزینه‌های عملیاتی‌تان افزایش می‌یابد. سیستم باعث افزایش پس‌انداز در سازمان می‌شود و ذخیره ایجاد می‌کند. همچنین، موجب می‌شود که منابع سازمان، به‌صرفه هزینه شود. با سیستم می‌توانید بفهمید که فرایند انجام هر کار یا تولید هر کالایی چگونه است و چقدر زمان می‌برد.

سیستم برای روان‌سازی یا بهبود داده‌ها خلق می‌شود. در سازمان‌تان اطلاعات یا داده‌هایی موجود است که می‌خواهید در اختیار کارکنان‌تان بگذارید. اول سطح‌بندی کرده و مشخص می‌کنید که هر فردی به چه اطلاعاتی دسترسی داشته باشد. مثلاً می‌گویید ما به دنبال ایجاد سیستمی هستیم که رضایت مشتری‌مان فراهم شود، اگر یک مشتری شاکی دارید، همان لحظه که با واحد مشتریان تماس می‌گیرد، باید از نظر سیستمی، یعنی

هم نرم‌افزاری و هم رفتاری، برای این موضوع مستندات اجرایی در عملیات و عملکرد وجود داشته باشد. به این ترتیب، داده‌ها به صورت بهینه مصرف می‌شوند و به راحتی نتیجه‌ای را که می‌خواهید، کسب می‌کنید. اگر سیستم مالی نداشته باشید، تا بخواهید سود و زیان و حساب‌های دریافتنی و پرداختنی و درآمد و هزینه و بدهی را استخراج کنید، بسیار زمان می‌برد. از همه مهم‌تر، سیستم، روش فعالیت‌های تجاری شما را بهبود می‌دهد و از انجام کارهای تکراری، متناقض یا غیرضروری، جلوگیری می‌کند.

◀ نیازهای اولیه برای خلق سیستم

برای خلق یک سیستم، به چه چیزهایی نیاز دارید؟ چه امکاناتی داشته باشید می‌توانید سیستم خلق کنید؟ حداقل ابزارهای موردنیاز برای خلق سیستم عبارتند از: نرم‌افزار، سخت‌افزار، فکرافزار و دل‌افزار.

فصل دوم: خلقِ سیستم

نرم‌افزارها و **سخت‌افزارهای** موجود در سازمان مشخص است. لیستی از آن‌ها تهیه کنید و سپس به این فکر کنید که کدام یک را می‌توان به‌روز و بهینه کرد. اگر فقط روی نرم‌افزار و سخت‌افزار متمرکز شوید، سیستم شکست خواهد خورد، چون قدرت اجرایی وجود ندارد. انگار اتومبیلی گیربکس و موتور دارد، امّا راننده ندارد. خب مشخص است که حرکتی صورت نمی‌گیرد.

فکرافزار یعنی قبل از این‌که بخواهید سیستم را خلق کنید، اول باید فکر کنید که چه سیستمی می‌خواهید به وجود بیاورید. به‌نظرم خیلی وقت‌ها نیاز به خلق سیستم نیست، بلکه می‌توان به‌راحتی سیستم را کشف کرد. الان در شرکت‌تان برخی کارها و فعالیت‌ها درحال اجرا بوده و روند برخی کارها مشخص است. همین‌ها را پیدا کنید و بهبود دهید. علاوه‌بر این، باید نرم‌افزارها و سخت‌افزارهای مرتبط با آن سیستم را نیز پیدا کنید.

دل‌افزارها یعنی اینکه افراد دل‌شان بخواهد با علاقه، پیگیرانه و وفادارانه فعالیت‌ها را انجام دهند. هر سیستم، تعدادی «زیرسیستم» نیز دارد. مثلاً سیستم مالی شامل زیرسیستم‌های حقوق و دست‌مزد، انبار، ثبت سند و دفاتر و... می‌شود. مهم این است که سیستم‌ها و زیرسیستم‌ها باید پیگیرانه و متعهدانه کار کنند. اگر بهترین کامپیوتر و به‌روزترین نرم‌افزار مالی را هم داشته باشید، امّا ثبت سندها توسط افراد به‌درستی و باعلاقه انجام نشود و یا حسابدارتان حوصلۀ ثبت سند نداشته باشد، این سیستم اصلاً خروجی مورد انتظار و قابل قبول نخواهد داشت.

◀ چه جاهایی می‌شود سیستم‌سازی کرد؟

به ابزارهای لازم برای خلق سیستم اشاره کردیم. حالا می‌خواهیم بدانیم که این ابزارها کجا باید استفاده شوند؟ کجا باید خلق سیستم شود؟ حالا زمان اجراست و می‌خواهیم با ابزارهایی که گفتیم، سیستم خلق کنیم.

اول باید خط تولید مشتریان را سیستمی کنید. کاری کنید که مشتری بالفعل برای‌تان ایجاد شود. در واقع می‌خواهیم سیستم تولید سرنخ ایجاد کنیم. یکی از کارهایی که برخی شرکت‌ها می‌کنند، این است که در نمایشگاه به‌دنبال مشتریان بالفعل هستند. تعدادی فرم زیبا و کارت ویزیت ارائه می‌کنند، ولی بعد از نمایشگاه می‌بینند که کارآمد نبوده است. چرا؟ چون هم تفکّر سیستمی پشت این کار نبوده و هم روش اجرای آن سیستمی نبوده است. درواقع، روش اجرا و روش پیگیری‌اش مشکل دارد. مثلاً می‌گویند هزار تا شماره تلفن در نمایشگاه گرفته‌ایم تا پس از نمایشگاه تیم فروش با این شماره‌ها تماس بگیرد و از بین آن‌ها، ده تا مشتری خوب پیدا کند. به این صورت، یک شماره هزینه‌های نمایشگاه را برایم سربه‌سر می‌کند و نه تای دیگرشان سود هستند. درحالی‌که این اتفاق نمی‌افتد، چون سیستم ایجاد مشتری و خط تولید مشتری اشکال دارد.

راه حل چیست؟ اول فکر کنید و ببینید که چه سیستمی می‌توانید پیاده‌سازی کنید. یک راهش این است که به‌جای فرم، کاتالوگ بدهید و روی آن یک QR Code طراحی کنید تا وقتی مشتریان راغب و بالقوه به دنبال اطلاعات بیشتری از شما هستند، آن را اسکن کنند و با مراجعه به سایت شما به‌راحتی بتوانند با محصولات‌تان آشنا شوند، بعد از آن با قراردادن یک محتوای تکمیلی مفید در سایت و اخذ اطلاعات مشتریان مثل ایمیل یا شماره همراه توسط یک فرم ساده اجازه دسترسی به آن محتوا برای آن‌ها فعال شود. به این ترتیب، هم یک شمارۀ واقعی از مشتری گرفته‌اید و هم میزان اشتیاق و علاقه‌اش را نسبت به اطلاع‌رسانی سنجیده‌اید. از همه مهم‌تر، این اطلاعات به طور خودکار در سامانه و پنل پیامکی شما ثبت شده است.

یا می‌توانید سیستم را این‌طور تعریف کنید که از طریق همان QR Code وارد سایت شود و بتواند لیست قیمت را دانلود کند و با زدن دکمۀ دانلود، برایش پیامی فرستاده شود که بگوید برای اولین خریدتان تا ده روز بعد از نمایشگاه، یک تخفیف خواهید داشت. این‌ها مثال هستند و شما می‌توانید خلاقانه‌تر سیستم‌های خود را ایجاد کنید.

فصل دوم: خلقِ سیستم

نکته مهم این است که یادتان باشد، **هر چیزی را نمی‌شود سیستمی کرد.** مثلاً مدیریت را نمی‌شود سیستمی کرد؛ درست مانند راندن اتومبیل. اتومبیل، یک سیستم است، نحوه و روش رانندگی هم بخشی از سیستم است؛ امّا شخص راننده سیستم نیست، کنترل‌کننده و ناظر سیستم است.

برای خط تولید نیز می‌توان سیستم تعریف کرد. در خدمات هم مثلاً فرض کنید که یک رستوران، باید پیتزا را به طور سیستمی تولید، بسته‌بندی و ارائه کند. دریافت سفارش هم باید سیستمی باشد. اسنپ‌فود با خلق سیستم در ثبت سفارش، قدرت پیدا کرد. علاوه بر این، تعدادی کارمند هم هستند که آن سیستم ایجادشده را کنترل می‌کنند. خیلی از شرکت‌ها ورشکست می‌شوند، چون سیستم ندارند. خط تولیدِ سود، باید سیستمی شود. یک ایدۀ ساده‌اش این است که از بانک خود بخواهید تا ده درصد از موجودی هر روزتان را به حساب دیگری که به آن سود تعلّق می‌گیرد، واریز کند. بقیۀ پول‌تان بابت هزینه‌هاست. این کاری است که بخش مالی می‌تواند تعریف کند تا با همکاری بانک انجام شود و یک نفر نیز کنترل کند که آیا این کار انجام شده است یا نه. **این یک سیستم خط تولید سرمایه است.** کار سرمایه‌گذاری و ایجاد سرمایه، یک کار سیستمی است. با خط تولید سرمایه، از آن سودی که کسب می‌کنید، سرمایه ایجاد خواهید کرد. فرقی ندارد که در بازار ارز، طلا، یا مسکن باشد. مهم این است که سرمایه ایجاد کنید.

در خط تولید و جذب منابع انسانی، یکی از کارهای سیستمی این است که اگر وب‌سایت دارید، همیشه بخش استخدام سایت‌تان فعال باشد. آگهی استخدام داده‌اید و می‌خواهید برایش سیستم‌سازی کنید. فردی را مأمور بررسی رزومه‌ها می‌کنید. تجربه‌ای که داشته‌ام این است که اکثر افرادی که از رزومه‌های آماده استفاده می‌کنند، آن‌قدر خلاقیت نداشته‌اند که یک رزومه برای خودشان طراحی کنند. براساس تجربه می‌گویم که به رزومۀ بد، اصلاً زنگ نزنید. آن شخص یا نمی‌آید، یا دیر می‌آید و حتی اگر دیر هم بیاید، فرد مناسبی نیست. پس می‌توانید افراد را فیلتر کنید و آن‌هایی را که مناسب هستند، برای مصاحبه دعوت کنید. وقتی که قبول شدند، وارد سیستم استخدام می‌شوند. به آن‌ها بگویید که یک ماه کار کنند تا شیوۀ کار و نحوۀ برخورد با مشتریان را ببینید و بعد سراغ بستن قرارداد بروید.

در مدیریت نقدینگی هم می‌توان یک سیستم مشخص ایجاد کرد. خیلی از شرکت‌ها خوب کار می‌کنند و درآمد خوبی هم دارند، امّا چون مدیریت هزینهٔ درستی ندارند، سود نمی‌کنند. از آن‌جا که پول فقط برای هزینه کردن درمی‌آورند، پس ورشکسته‌اند. **در قسمت حفظ منابع‌شان سیستم ندارند تا پول‌شان را حفظ و مدیریت هزینه کنند.** در مدیریت نقدینگی هم سیستم ندارند و نمی‌توانند نقدینگی‌شان را مدیریت کنند. مدیریت خرید نیز می‌تواند سیستم داشته باشد تا برای خرید ملزومات و مواد اولیه نیاز به هماهنگی با مدیر نباشد. ابتدا نگاه‌تان به سیستم‌سازی را اصلاح کرده و بعد اقدام به سیستم‌سازی کنید. تا وقتی نگاه‌تان را به یک موضوع درست نکنید، چه‌طور می‌توانید آن موضوع را به‌درستی فهمیده و اجرا کنید. اول باید دید درستی نسبت به سیستم پیدا کنید، سپس سیستم را راه‌اندازی کنید. **نمی‌توان بدون فهمیدن مسئله، آن را حل کرد.** با حذف برخی فعالیت‌های اضافه و تکراری، منابع‌تان را هدر ندهید و یاد بگیرید که **تحت سیستم** کار کنید. «تحت» عبارت است از: «ت» (تولید)، «ح» (حفظ) و «ت» (توسعه). اسمش را می‌گذاریم تحت سیستم.

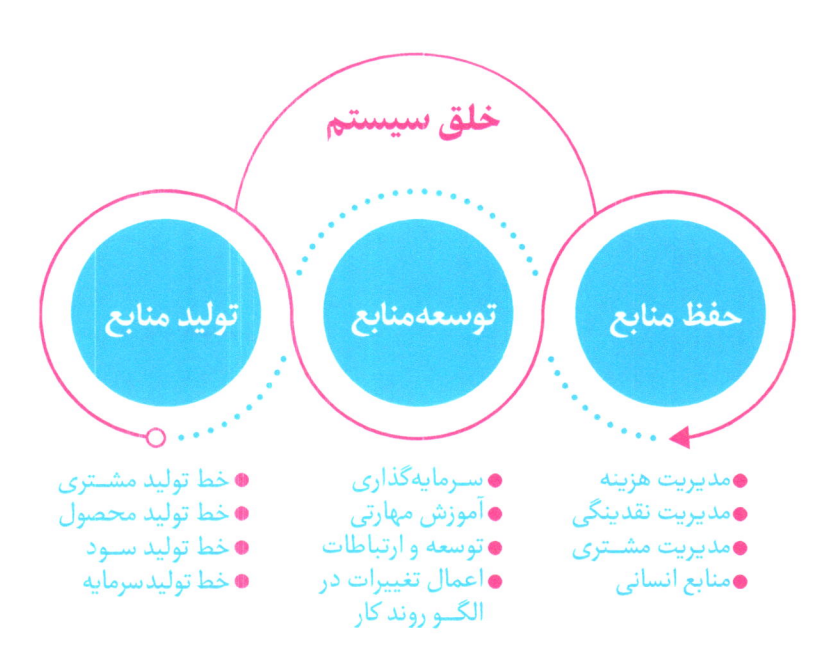

خلق سیستم

تولید منابع
- خط تولید مشتری
- خط تولید محصول
- خط تولید سود
- خط تولید سرمایه

توسعه منابع
- سرمایه‌گذاری
- آموزش مهارتی
- توسعه و ارتباطات
- اعمال تغییرات در الگوی روند کار

حفظ منابع
- مدیریت هزینه
- مدیریت نقدینگی
- مدیریت مشتری
- منابع انسانی

◀ پنج مرحله سیستم‌سازی

برای این‌که یک کار سیستمی انجام دهید، باید پنج مرحله را پشت‌سر بگذارید. درواقع، فکرافزار، سخت‌افزار، نرم‌افزار و دل‌افزارها را باید در اختیار این پنج مرحله سیستم‌سازی قرار دهید. مهم است که این مراحل در سیستم‌تان قابل فهم باشند. باید بدانید که چه‌طور منبع را تولید و حفظ کنید و توسعه دهید.

| اصلاح | مستندسازی | اجرا | اولویت‌بندی | تجزیه و تحلیل |

برای این کار، باید وظایف و خطاهای تکراری را **تجزیه و تحلیل** کرده و فهرست کنید. سپس، یک سیستم ایجاد کنید. هر کاری که می‌خواهید در سیستم انجام دهید، باید از قبل تجزیه و تحلیل شده باشد. در تولید منابع، یک سری از کارها را می‌شود با تجزیه و تحلیل به بهترین شکل ممکن انجام داد. بنابراین، وقتی می‌خواهید تجزیه و تحلیل کنید، باید خط تولید محصول و حفظ مشتری و ... را تجزیه و تحلیل کنید و ببینید که خطاهای تکراری‌تان در کدام قسمت‌ها هستند.

قدم بعدی، **اولویت‌بندی** است. تعدادی خطا و اشتباه وجود دارد که کل سیستم را به خطر می‌اندازد. همهٔ مشکلات هم‌اندازه نیستند و به یک اندازه نیز آزاردهنده نیستند. برای این‌که بدانید چگونه مشکلات را برطرف کنید، باید کسب دانش کنید. داشتن دانش به شما در اولویت‌بندی کمک می‌کند. **سیستم‌سازی را برای خودتان تبدیل به یک غول نکنید.** اولویت‌بندی یعنی چه چیزی مهم است؟ اول چه کاری باید بکنید؟ در بین این مشکلات، کدام یک بیشتر سیستم را به خطر می‌اندازد؟ بعد از اولویت‌بندی، به نقشه‌برداری می‌رسیم. می‌خواهم سیستم دیجیتال مارکتینگ را شرح دهم. نیاز به

وب سایت داریم. آیا صرفاً ایجاد یک وب سایت به معنای بازاریابی اینترنتی است؟ پس از طراحی سایت باید محتوای جذّاب برای آن تولید کنیم. حالا برای این وب‌سایت نیاز به ترافیک داریم، یعنی بازدید می‌خواهیم. همان‌طور که هر فروشگاه نیاز به مشتری دارد. برای افزایش بازدید، نیاز به سئو و تبلیغات داریم. باید کاری کنیم که بازدیدکننده تبدیل به مشتری بالفعل شود و زنگ بزند و از ما درخصوص محصولات‌مان اطلاعات بخواهد. امّا چه‌طور دسترسی وی به اطلاعات را تسهیل کنیم؟ صفحهٔ بازدید سایت، چه قالبی داشته باشد که جذّاب باشد و مشتری را جذب کند؟ شیوهٔ تعامل من با مشتری باید چگونه باشد؟ اگر ایمیلش را ثبت کرده، برای او ایمیل آموزشی بفرستید؛ اگر شماره‌اش را ثبت کرده، به گروه واتساپی اضافه‌اش کنید تا آموزش ببینند و بعد از سه مورد آموزش، یک ویدئوی معرفی محصول بگذارید. به همین شکل، شروع به ایجاد یک فرایند کرده‌اید.

اگر در **اجرای این فرایند**، براساس تجزیه و تحلیل‌ها متوجه خطای تیم فروش در ارسال اطلاعات به مشتری شدیم، آن‌وقت به‌راحتی می‌توانیم تنها همین بخش را در سیستم درست کنیم. وقتی جزء‌به‌جزء تحلیل کنیم، یک بار برای همیشه ریشه را اصلاح خواهیم کرد و این‌گونه میوه سالم و پرفایده حاصل خواهد شد.

برای بالابردن ارزش سیستمی که می‌سازید، کلیه روش‌های اجرایی را **مستند** کنید. این‌که چه‌طور بازاریابی کردید، چه‌طور لیبل و استوری طراحی کردید، چه‌طور با مشتری حرف زدید، چه‌طور تیم‌تان را در زمان بحرانی هدایت کردید و .... مواقع بحرانی، بهترین زمان برای سیستم‌سازی است، چون خطا در بحران خودش را نشان می‌دهد. برای همین است که وقتی کاری طول می‌کشد، نشان می‌دهد که یک جای کار می‌لنگد.

هر وقت برای کارکنان‌تان سؤالات زیادی مطرح شود، یعنی باید سیستم بسازید. سپس اجرا و بعد از اجرا نیز اصلاح کنید. اگر بعد از اجرا اصلاح نکردید، اجرای‌تان حاصلی ندارد. کاری که **اصلاح** نشود، اصلاً انجام نشده است. باید بارها و بارها فرایندها را اجرا و اصلاح کنید.

فصل دوم: خلقِ سیستم

پس از اجرای فرایندها، تکثیر صورت می‌گیرد. **تکثیر یعنی سیستم، یعنی مقیاس‌پذیری، یعنی توسعه‌پذیری**، یعنی یک کار را درست انجام داده‌ام و تکثیرش کرده‌ام و حالا رشد تصاعدی، افزایش پیدا کرده است. این یعنی خلق یک سیستم. تکثیر یعنی من به عنوان مدیر، بعد از بیست سال فعالیت، چه چیزی تکثیر کرده‌ام؟ آیا توانسته‌ام پنج نفر را مثل خودم پرورش دهم تا آن‌ها نیز همین کار را انجام بدهند؟ تکثیر، خروجی سیستم است. اگر سیستمی قابل تکثیر نشد، یعنی یکی از این پنج مرحله تجزیه و تحلیل، اولویت‌بندی، اجرا، مستندسازی و اصلاح، درست صورت نگرفته است.

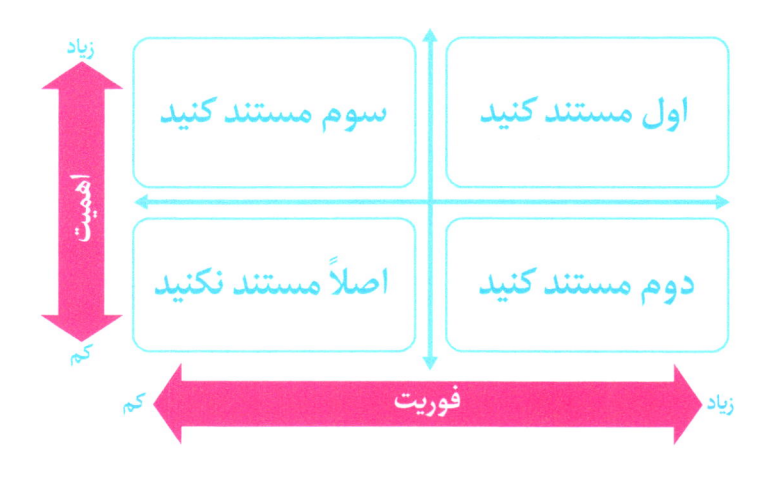

	اهمیت زیاد	
سوم مستند کنید		**اول مستند کنید**
اصلاً مستند نکنید		**دوم مستند کنید**
	اهمیت کم	

فوریت (کم ← زیاد)

کارها از دو منظر «اهمیّت» و «فوریت» بررسی می‌شوند. کاری که اهمیّت و فوریت آن کم است، نیاز به مستندسازی ندارد، چراکه کاری بیهوده است و نمی‌گذارد که درست سیستم‌سازی کنید. این کارها در سیستم شما مشکل ایجاد می‌کنند. براساس اولویت، اول باید کاری را مستند کنید که اهمیّت و فوریت آن زیاد است. سپس کاری که اهمیّتش کم است، ولی فوریت آن زیاد. در آخر نیز کاری که اهمیّت آن زیاد، ولی فوریت آن کم است.

در خلق سیستم، افسانهٔ اتوماسیون و خودکارسازی تمام فرایندها محکوم به فناست. **سیستم‌سازی به‌معنای خودکارسازی نیست.** فکرافزار، نرم‌افزار، سخت‌افزار و دل‌افزار نیاز دارد، امّا به این معنا نیست که به‌صورت خودکار عمل می‌کند و به حضور شما نیاز ندارد. **سیستم‌سازی، اسنادسازی نیست. مستندسازی، سندسازی نیست.** بعضی‌ها فکر می‌کنند اگر «ایزو» بگیرند، سیستم ایجاد کرده‌اند، درحالی‌که ممکن است حتی کارتان بدتر نیز شود. دستورالعملِ صرف، سیستم نیست. **سیستم‌سازی نیاز به کشف دارد.** همین الان خیلی از کارهایی را که انجام می‌دهید، تجزیه و تحلیل و اولویت‌بندی کرده و نقشه‌اش را تصویرسازی کنید و سپس آن را اجرا کنید. بعد از اجرا، نیاز به اصلاح دارد و بعد از آن بهبود پیدا می‌کند و تکثیر می‌یابد. برای مثال شما از یک گیاه یک قلمه می‌زنید و یک جای دیگر می‌کارید. درواقع، آن را تکثیر می‌کنید. این سیستم است. باید تا می‌توانید روی بهبود مستمر فرایندها کار کنید. در یک سیستم، همه باید فرایندهای خودشان را بهبود ببخشند. **سیستم، مدیریت عملیات و عملکرد است؛ مثل راندن اتومبیل.** اگر بهترین اتومبیل را هم داشته باشید، ولی نتوانید در مسیر درستی آن را هدایت کنید، سیستم‌تان به مشکل برمی‌خورد. **انجام نادرستِ یک کارِ درست، به منابع‌تان آسیب می‌رساند.**

سیستم چه‌طور می‌تواند عملکردهای خودش را بهبود ببخشد. در خلق سیستم، غرور مدیریتی را کنار بگذارید. سعی کنید مسئولیت‌پذیری و تعهدتان را در قالب گرفتن بازخورد به دیگران نشان بدهید. باید وضعیت ایده‌آل را در سیستم مشخص کنید. یک سیستم عالی باید هدف داشته باشد. **هدف یعنی وضعیت ایده‌آل.** به کجا می‌خواهید برسید؟ تولید، حفظ و توسعهٔ منابع باید چه‌طور انجام شوند؟ در یک سیستم، قدرت و توانایی در باهم‌بودن است. وقتی همه با هم هستید و با هم کار می‌کنید، قدرت‌مندید. موتور هواپیما قدرت‌مند است، امّا تا روی یک بدنه نصب نشود، پروازی انجام نمی‌شود. **سیستم، متشکّل از عناصر مشخص و یک پارچه‌ای است که برای یک هدف معیّن به‌طور منسجم کار می‌کند.** هیچ جزئی در سیستم، از جزء دیگر مهم‌تر نیست.

فصل دوم: خلقِ سیستم

تفویض اختیار یکی از مسائل مهم در خلق سیستم است، چون سیستم، قائم به فرد نیست. ما یک سازمانیم. بدون تفویض اختیار، تکثیر اتفاق نمی‌افتد. من از صددرصد کارم، سی درصدش را خودم انجام می‌دهم و بقیه را جزء به جزء به دیگران تفویض می‌کنم. باید کم‌کم بخشی از کارهایی را که انجام می‌دهید، واگذار کنید. تفویض اختیار معادل قدرت دادن به یک فرد برای استفاده و تخصیص منابع به شکل کارآمد است. وقتی به یک نفر قدرت و حق استفاده از منابع سازمان را برای پیگیری امور می‌دهیم، می‌شود اختیار. مسئله این است که اختیار با مسئولیت باید همخوانی داشته باشد. **نمی‌شود که مسئولیت بدهید، ولی اختیار ندهید.** مسئولیت، وظیفهٔ تمام کردن آن کار و مأموریت است. همان مأموریتی که فرد به خاطرش اختیار و قدرت داشته تا از منابع استفاده کند و به یک خروجی مشخص برسد.

مهم‌ترین بخش مسئولیت، پاسخگویی است. **پاسخگو بودن یعنی آمادگی برای ارائهٔ توضیح درخصوص هرگونه انحراف عملکرد از انتظارات تعیین‌شده.** من به یک نفر اختیار داده‌ام تا از منابع برای یک هدف مشخص استفاده کند. این‌که وظیفهٔ محوّله را به طور دقیق انجام دهد، می‌شود انجام مسئولیت. امّا پاسخگویی هم لازم است. اگر انحراف معیار پیدا کرد، مثلاً قرار بوده از نقطهٔ الف به نقطهٔ ب برسد، ولی حالا به نقطهٔ پ رسیده است، باید پاسخگو باشد. این یعنی تفویض اختیار. همین هم می‌تواند سیستمی شود. **بسیار مهم است که در خلق سیستم، هم «فهم» وجود داشته باشد و هم «ختم».** یعنی هم فهمیدن نحوهٔ انجام کارها و هم اتمام آن‌ها. خیلی‌ها می‌دانند که باید یک کار را انجام بدهند، امّا تمامش نمی‌کنند. پس سیستم به آن نتیجه‌ای که باید برسد، نمی‌رسد. خلق سیستم یعنی یک کاری درست شروع شود، درست ادامه یابد و درست تمام شود. ما امور را سیستمی می‌کنیم تا قدرت و سرعت تمام‌شدگی را در سازمان بالا ببریم.

همان‌طور که اشاره کردم، در مرحلهٔ اجرا، نیاز به مستندسازی روش‌ها و فرایندها داریم که این یک پیشرفت بزرگ است. پیشرفت بزرگ را چه‌طور ایجاد کنیم؟ روزی سی دقیقه برای مستندسازی وقت بگذارید. **تا ننویسید، صاحبش نمی‌شوید.** باید وقت بگذارید و روش‌های اجرایی‌تان و آن چه در سازمان‌تان کشف کرده‌اید و جواب داده است، بنویسید. یا اگر تیم فروش دارید، به مدیر فروش بگویید که اگر امروز یک کار موفق انجام

داده‌اید و منابع شرکت را درست هزینه کرده‌اید، این اتفاق چه‌طور رخ داده است؟ آن را ثبت کنید. با سیستم‌سازی، ذهن اعضای تیم‌تان آزاد می‌شود. ذهنی که درگیر کارهای تکراری، خطاهای همیشگی و مسائل پیش پاافتاده است، نمی‌تواند با تمرکز بالا عمل کند. با سیستم‌سازی، فکر آزاد می‌شود و قدرت پردازش ذهن افزایش می‌یابد. آن‌جاست که تفکّر خلاق شکل می‌گیرد. سیستم‌سازی برای این نیست که شما در کسب‌وکارتان حضور نداشته و حذف شوید. یک ضرب‌المثل قدیمی می‌گوید: **«بهترین کود برای مزرعه، جای پای دهقان است.»** دهقان می‌تواند سیستم آبیاری راه بیندازد و برداشت محصول را سیستماتیک کند، امّا نمی‌شود خودش حضور نداشته باشد.

این‌طور فکر نکنید که من اگر سیستم‌سازی کردم، دیگر می‌روم تفریح و فقط حساب بانکی‌ام را با لپ‌تاپ چک می‌کنم. در سیستم‌سازی خطاهای انسانی به صفر نمی‌رسد، امّا کم می‌شود. **کار شما در سیستم‌سازی کم کردن خطاهاست، نه به صفر رساندن آن‌ها. دست از ایده‌آل‌گرایی و کمال‌گرایی بردارید.** سیستم‌سازی شرایطی است که به شما اجازهٔ توسعهٔ عملیات و عملکردتان را می‌دهد. سعی نکنید که یک‌شبه سیستم‌سازی کنید، سیستم‌سازی اوج شکوه و قدرت یک کسب‌وکار است. وال‌مارت، مک‌دونالد، دیجی‌کالا و اسنپ، هروقت سیستم‌سازی کردند، بر شکوه و قدرت‌شان اضافه شد. به این ترتیب، مشتری با خودش می‌گوید با یک سازمان کاملاً سیستماتیک، استراتژیک و پرقدرت طرفم که برای هر بخش خود برنامه دارد. سیستم‌سازی یک کار زمان‌بر و هرروزه است. این‌که یک سیستم بسازید و رهایش کنید مثل این می‌ماند که وقتی باغچه را آب می‌دهید، شیلنگ آب را رها کنید و بروید تا فرایند آبیاری به خودی خود انجام شود. این کار به باغچه و میوه‌ها آسیب خواهد زد؛ بنابراین، سیستم‌سازی رهاکردن نیست.

◀ بهینه‌سازی و اهرم‌سازی

کل داستان کسب‌وکار در دو چیز خلاصه می‌شود. اول چیدمان، یعنی این‌که سیستم‌ها و ابزارها را درست در کنار هم قرار دهیم و دوم زمان‌بندی. اگر این دو مورد به‌هم بریزد، تمام منابع ما به‌هم خواهد ریخت. تمام مواردی که مطرح کردیم، به ما یاد می‌دهند که چه‌طور چیدمان و زمان‌بندی درستی داشته باشیم.

بسیاری این جمله را شنیده‌اید: هوشمندانه کار کنید نه سخت. **این جمله اشتباه است.** درست است که باید برای رسیدن به اهداف سخت تلاش کرد؛ امّا همان تلاش سخت هم باید هوشمندانه باشد. آیا میخ را از چوب با انگشت درمی‌آورید و اسم آن را سخت کارکردن می‌گذارید یا میخ را با ابزار مناسبی مثل میخ‌کش درمی‌آورید؟ این یک مثال ساده برای تعریف و جداکردن کار سخت از کار هوشمندانه است. برای این کار، هم هوشمندی لازم است و هم سخت‌کوشی، امّا سخت‌کوشی اصولی. هدفِ چیدمان و زمان‌بندی در کسب‌وکار این است که **برای انجام کارها زور اضافه نزنید.** زور اضافه همیشه نتیجهٔ وحشتناکی دارد. برای محکم بستن یک پیچ، اگر زور اضافه وارد کنید، پیچ را خواهید شکست. **زور اضافه یعنی اتلاف و از بین رفتن بهره‌وری.** اگر با فشار زیاد روی پدال گاز به یک خودرو زور اضافه بیاورید، کمی که بگذرد، موتورش را پایین می‌آورید. **زور اضافه یعنی شما به کسب‌وکارتان مسلّط نیستید،** کسی‌که مسلّط است، زور اضافه نمی‌زند. صاحب کسب‌وکار، سیستم خلق می‌کند تا زور اضافه نزند، برندسازی می‌کند که زور اضافه نزند، روی چابکی سازمانش کار می‌کند که زور اضافه نزند، استراتژی‌های برتر در پیش می‌گیرد که زور اضافه نزند. اهرم‌سازی و بهینه کردن کسب‌وکار بر همین مبناست. برای این‌که چیدمان و زمان‌بندی درستی داشته باشید، لازم است که چهار چیز را با هم ترکیب کنید:

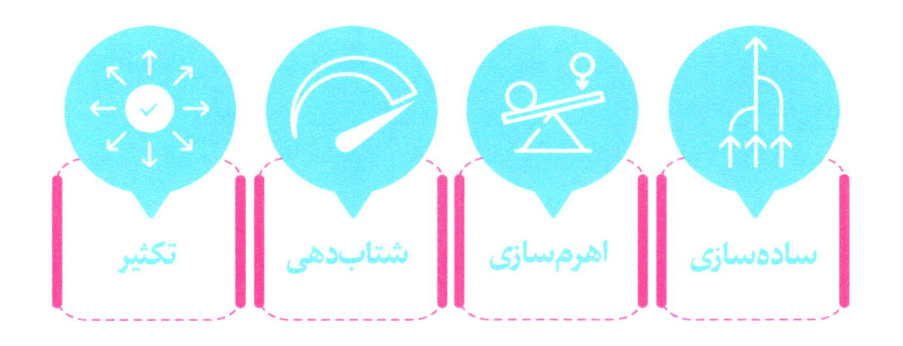

ساده‌سازی
اهرم‌سازی
شتاب‌دهی
تکثیر

در قدم اول، تا می‌توانید کسب‌وکارتان را **ساده‌سازی** کنید. یعنی در سطح ارتباطات، شفافیت استراتژی‌های سازمانی و انتخاب ایده‌هایی که بتواند مشتریان را به شما نزدیک‌تر کند، کار کرده و ساده‌سازی کنید. کسب‌وکارهای بزرگی مثل گوگل، یوتیوب، اینستاگرام و حتی وال‌مارت، روی ساده‌سازی بسیار کار کرده‌اند و عناصر و فعالیت‌های بی‌فایده و اضافهٔ کسب‌وکارشان را حذف کرده‌اند. این کار هم هوشمندی می‌خواهد و هم تلاش سخت. باید فشار را تحمل کنید و وقت بگذارید.

دوم **اهرم‌سازی** است که بدانید چه‌طور از اهرم استفاده کنید تا در زمان‌بندی موردنظر در کسب‌وکارتان به نتیجه برسید. کار اهرم چیست؟ به عنوان یک وسیله یا ایده یا روش کمک می‌کند که زور اضافه نزنید. زور اضافه خطرناک است. مسلّط‌ترین‌ها یاد گرفته‌اند که همهٔ زور را خودشان نزنند، بلکه آن را تقسیم کنند.

مورد بعدی **شتاب‌دهی** است که چه کنیم تا کسب‌وکارمان شتاب بیشتری داشته باشد. شتاب‌دهی یعنی وقتی یک کار درستی را انجام می‌دهید و می‌بینید که جواب می‌دهد، دفعهٔ بعد چه کنید که تندتر، بهتر و چابک‌تر کار کند.

و از همه مهم‌تر، **تکثیر** است. در قسمت قبل به‌طور کامل دربارهٔ تکثیر توضیح دادیم. **اهرم چیست؟** هر وسیله یا روشی که کار را با حفظ نتیجه برای شما آسان‌تر می‌کند، اهرم است. گاهی از برخی ابزارها استفاده می‌کنید که کار را ساده می‌کند، امّا نتیجه به بار نمی‌آورد، مثلاً در ارتباطات. با فردی ارتباط کاری ایجاد می‌کنید و فکر می‌کنید که اهرم است و بعد می‌بینید به جای این‌که منابع شما را حفظ کند، آن‌ها را مصرف کرده و نتیجه هم نداده است. اگر از اهرم درست استفاده نشود، فقط زور بدون نتیجه زده‌اید. اهرم باید با حفظ نتیجه باشد، نتیجه‌ای که می‌خواهید از کسب‌وکارتان به‌دست بیاورید.

اهرم باید سه ویژگی اساسی داشته باشد:

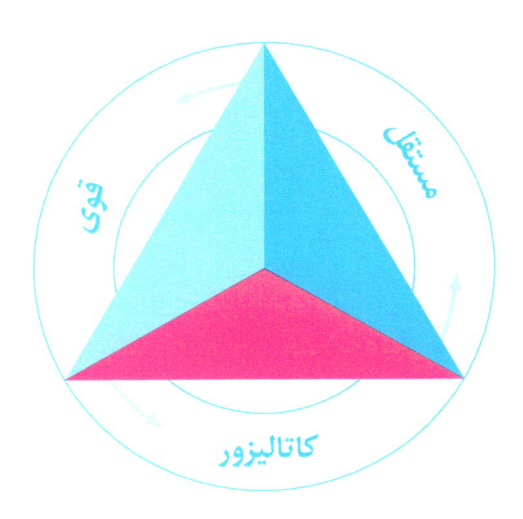

۱. مستقل باشد: یعنی مدام ناچار نباشید که برای استفاده از این اهرم، هزینه کنید. به این معنا که هروقت خواستید از این اهرم استفاده کنید، آن را بردارید و هروقت که نخواستید، سر جایش بگذارید. برخی آن‌قدر از اهرم استفاده می‌کنند که اهرم بخشی از بدنه می‌شود. مثلاً می‌گویند با یک نفر ارتباط کاری برقرار کردیم و شاخ شد، یا فلان نیروی ما باج‌گیر شد. سیستمی را ایجاد کرده‌ایم، حالا نمی‌دانیم که چه‌طور جمعش کنیم. اهرم باید مستقل باشد.

۲. کاتالیزور باشد: یعنی روند رسیدن به اهدافی را که ترسیم کرده‌اید، سرعت ببخشد.

۳. قوی باشد: نباید وقتی که به اهرم زور وارد می‌کنید، اهرم خم شود. موقع اهرم‌سازی به نیروی اهرم و کاری که قرار است با آن انجام دهید، دقّت کنید. به‌عنوان مثال، روی اهرمِ منابع انسانی و تیم خود حساب کرده‌اید و حالا که می‌خواهید بدنه‌ای از بازار را که سنگین است جابه‌جا کنید، متوجه می‌شوید که اهرم‌تان ضعیف است و وسط کار، نیروها کم می‌آورند. مثال دیگر این‌که ارتباطی ایجاد کرده‌اید و وسط کار متوجه می‌شوید که این آدم آن‌قدر بُرش ندارد و اصطلاحاً پشمی به کلاهش نیست و کسی برای او تره هم خُرد نمی‌کند. یک نمونهٔ دیگر این‌که یک نرم‌افزار مالی خریده‌اید و می‌بینید که بسیاری

از گزارش‌ها را به شما نمی‌دهد. همهٔ این اتفاقات به این دلیل است که اهرم‌تان قوی نیست. اهرم باید قوی باشد. یکی از اهرم‌هایی که مستقل، کاتالیزور و قوی است و خیلی می‌تواند به شما کمک کند، اهرم «درآمدهای غیرفعال» است. برخی بخشی از درآمد فعال خود را به‌عنوان درآمد غیرفعال سرمایه‌گذاری می‌کنند. شما روی کار و حرفه‌تان متمرکز باشید و حداکثر روی دو یا سه حوزه سرمایه‌گذاری کنید. می‌توانید در این سه زمینه درآمد غیرفعال داشته باشید:

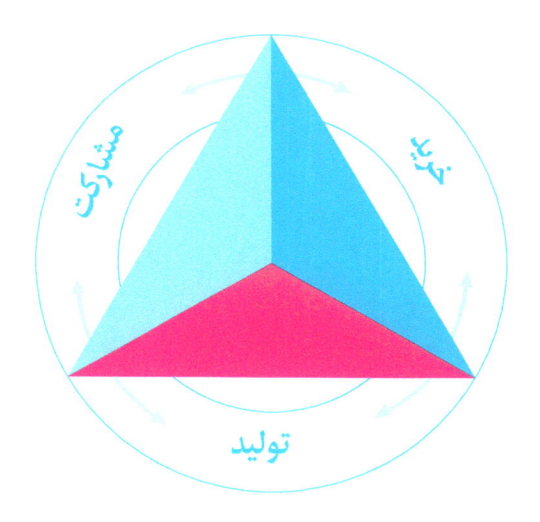

به‌عنوان مثال کار من آموزش است، ولی بخشی از پولم را در یک رستوران سرمایه‌گذاری می‌کنم، چون نیاز به پولی دارم که هر شب نقدینگی ایجاد کند. امّا برای این کار، صفر تا صد اجرا و برنامه‌ریزی را واگذار می‌کنم. من سرمایه‌گذارم و هرازگاهی نظارت می‌کنم تا ببینم که آیا سرمایه‌ام درست حفظ می‌شود یا نه. یا مثلاً نقدینگی یک گروه ساختمانی را تأمین و آن‌جا سرمایه‌گذاری می‌کنم. یا در حوزهٔ تولید و با همراهی یک تولیدکننده درآمد غیرفعال ایجاد می‌کنم. من از طریق خرید (ملک، طلا، مواد اولیه و ...)، تولید (محصولی غیر از آن‌چه خودم تولید می‌کنم) و سرمایه‌گذاری (در فعالیت‌های تولیدی یا پروژه‌های مشارکتی)، درآمد غیرفعال ایجاد می‌کنم. بهتر است که ثروت، تبدیل به سرمایه شود و سرمایه برای شما ثروت و بعد هم دارایی ایجاد کند.

فصل دوم: **خلقِ سیستم**

چهار اهرم اصلی در کسب‌وکار

- دانش دیگران
- اقتصاد دیگران
- تجربه دیگران
- امکانات دیگران

۱. دانش دیگران

اولین اهرم، دانش دیگران است. دانش آشکار است؛ درسی که در دانشگاه خوانده‌اید یا آن‌چه از یک دورهٔ آموزشی آموخته‌اید. علمِ تمام افرادی که با شما یا برای شما کار می‌کنند، می‌تواند اهرم باشد. وقتی موضوعی فکر شما را درگیر کرده و ذهن‌تان خسته شده است و به خودتان می‌گویید «بروم یک کتاب بخوانم»، اتفاقی که می‌افتد این است که همان‌طور که کتاب می‌خوانید، در لابه‌لای سطور کتاب پاسخ‌تان را پیدا می‌کنید و درگیری ذهنی‌تان برطرف می‌شود؛ امّا اگر می‌خواستید با درگیری ذهنی کار را ادامه بدهید، زور اضافه می‌زدید. پس علمِ دیگران، نقطهٔ اتکای دانش شماست. دانش دیگران، اهرم است و نقطهٔ تکیه‌گاه این اهرم می‌تواند علم، محتوا، اطلاعات، مطالعه، ایده و خلاقیت باشد.

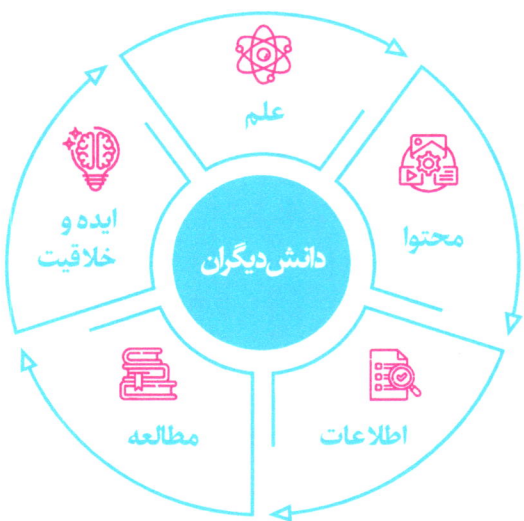

دانش دیگران:
- علم
- محتوا
- اطلاعات
- مطالعه
- ایده و خلاقیت

بخشی از دانش دیگران می‌تواند محتوایی باشد که آن‌ها ایجاد کرده‌اند. مطالعهٔ کتاب‌های افراد متخصص در حوزهٔ کاری شما هم به منابع‌تان اضافه می‌کند و هم در مصرف و شناخت و استفاده به شما کمک می‌کند. محتوای دیگران، نقطهٔ اتکای دانش است.

اطلاعات دیگران یکی دیگر از نقاط اتکای اهرم است. اطلاعات، داده‌هایی است که دیگران دربارهٔ تخصص، بازار و کسب‌وکار شما دارند. آن‌ها چه اطلاعاتی دارند که می‌تواند به شما کمک کند؟ حتی یک بچه می‌تواند اطلاعاتی داشته باشد که برای شما کارآمد باشد. اطلاعات بخشی از دانش دیگران است و شما می‌توانید با استفاده از این اهرم، سرعت رسیدن و زمان‌بندی‌تان را مدیریت کنید و آن وزنه‌های سنگینی را که بدون علم، محتوا و اطلاعات نمی‌توانید بلند کنید، به‌واسطهٔ دانش دیگران بردارید.

مطالعهٔ دیگران، یک اهرم است. وقتی فردی کتابی در دست دارد، از او بخواهید که در یک جمله، مقصود آن کتاب را بگوید. مطالعه می‌تواند سهم مهمی در دانش دیگران داشته باشد. یکی از علاقه‌مندی‌هایم این است که وقتی به دفتر کسی می‌روم، به کتابخانه‌اش نگاهی بیندازم و ببینم که بیشتر چه کتاب‌هایی مطالعه می‌کند؟ گاهی آنچه آن‌ها مطالعه می‌کنند، یا مسئلهٔ من است یا ممکن است در آینده تبدیل به مسئلهٔ من بشود.

ایده‌ها و خلاقیت‌های دیگران می‌تواند اهرم باشد. می‌توانید ایده و خلاقیت یکی از اعضای تیم‌تان را اهرم قرار دهید یا از اینترنت ایده بگیرید.

همچنین، می‌توانید از شعارهای تبلیغاتی دیگران ایده بگیرید. ایده به خودی خود به وجود نمی‌آید. ایده یک ماهیت کم‌رنگ و مبهم دارد. شما از یک ایده در تبلیغات، استخدام یا مارکتینگ می‌توانید خیلی راحت به عنوان اهرم استفاده کنید.

۲. تجربه دیگران

اهـرم بعدی، تجربهٔ دیگران اسـت که چنـد زیراهرم دارد و عبارتند از: مهارت، مشـورت و مشارکت.

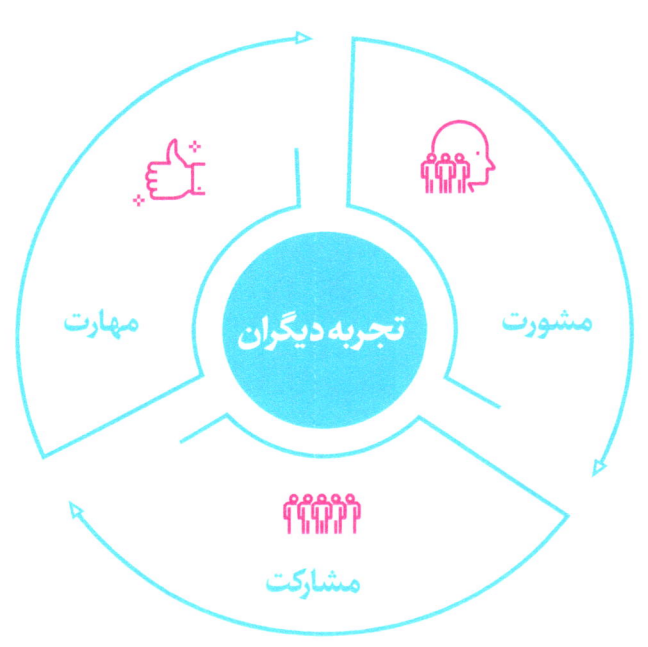

مشورت — تجربه دیگران — مهارت — مشارکت

مهارت یکی از تجربه‌های دیگران است. به مهارت «دانش ضمنی» نیز می‌گویند. دانش آشکار همان چیزی است که در دانشگاه یاد می‌گیرید. تجربهٔ دیگران یا مهارت آن چیزی است که افراد درحین عمل یاد گرفته‌اند و یکی از نقاط اتکای اهرم است. مهارت همان فوت کوزه‌گری است که می‌توانید از آن استفاده کنید. چرا نباید از این منبع تجربه استفاده کرد؟ چرا وقتی کسی کاری را بهتر از ما بلد است، از او یاد نگیریم؟ فوت‌کوزه‌گری اهرم است، کاتالیزور است، مستقل است.

وقتی اهرم‌ها را می‌شناسید، متوجه می‌شوید که شما هم برای دیگران اهرم هستید و هرگز خودتان را ارزان نمی‌فروشید. با هرکسی نشست و برخاست نخواهید داشت و سلام علیک با شما ارزشمند می‌شود.

مشورت، تجربه است. درخصوص موضوعی با فردی مشورت می‌کنید تا از تجربیات و دانش او بهره‌مند شوید و بدانید که باید چه‌کار کنید. **چک‌لیست درست کنید و بر مبنای آن پیش بروید.** برخی کارها را بعضی افراد بهتر بلدند و مرتبط با دانش آن‌هاست. یک‌سری کارها را برخی افراد دیگر بهتر انجام می‌دهند که آن هم مرتبط با تجربهٔ آن‌هاست. این دانایی و توانایی افراد اهرم است، افرادی که مستقل، کاتالیزور و قوی هستند. اصلاً ویژگی اهرم همین است. هروقت که خواستید از اهرم استفاده کنید، ببینید که این سه ویژگی را دارد یا نه. اگر خواستید کتاب بخوانید یا مشورت بگیرید، ببینید که این سه ویژگی را داشته باشد. **از بهترین افراد حوزهٔ خودتان بپرسید.** به قول مولانا، «با کریمان کارها دشوار نیست.» آن‌ها جایگاه خود را دارند و نگران این نیستند که رشد شما، موقعیت‌شان را به خطر بیندازد. اگر چنین ترسی دارند، پس بیهوده نمایش موفقیت می‌دهند. آدم موفق از چیزی نمی‌ترسد. یک اهرم قوی، نگران این نیست که دیگران از او استفاده کنند. آن‌قدر قوی است که می‌تواند یک زور اضافه را از شما بگیرد و یک حرکت ایجاد کند.

مشارکت، بهره جستن از تجربهٔ دیگران است. ضرب‌المثلی هست که می‌گوید «اگر شریک خوب بود، خدا هم شریک داشت.» اولاً چرا خودتان را با خدا مقایسه می‌کنید؟ ما بندهٔ خداییم. در سورهٔ توحید می‌خوانیم که او نیازی به شریک ندارد. ما مدیریت انتظار، مدیریت خاستگاه، مدیریت ارتباطات و مهارت تعامل در شراکت را بلد نیستیم و به‌خاطر همین به چنین مثلی متوسل می‌شویم. وقتی می‌خواهید در کاری مشارکت کنید، از شریک خودتان مطمئن شوید، قرارداد دقیقی منعقد کنید و کار را پیش ببرید.

اغلب کسب‌وکارهای موفق دنیا، کسب‌وکارهای مشارکتی هستند، هم در درون و هم در بیرون. یعنی در درون یک مشارکت قوی ایجاد کرده و بعد در بیرون به مردم گفته‌اند بیایید سهام ما را بخرید. مردم هم دیده‌اند که آن کسب‌وکار روی «اسب برنده» سوار است و بر همین اساس، روی آن شرط بسته و برنده شده‌اند.

۳. اقتصاد دیگران

سومین موردی که می‌تواند اهرم باشد، اقتصاد دیگران است. شما یک طرح و ایده و برنامه دارید و با استفاده از ثروت دیگران آن را عملیاتی می‌کنید. استفاده از سرمایه‌های دیگران هم می‌تواند یک اهرم باشد. مثلاً برند یک سرمایه است. برخی نمایندهٔ آن برند می‌شوند و این سرمایهٔ آن‌ها می‌شود.

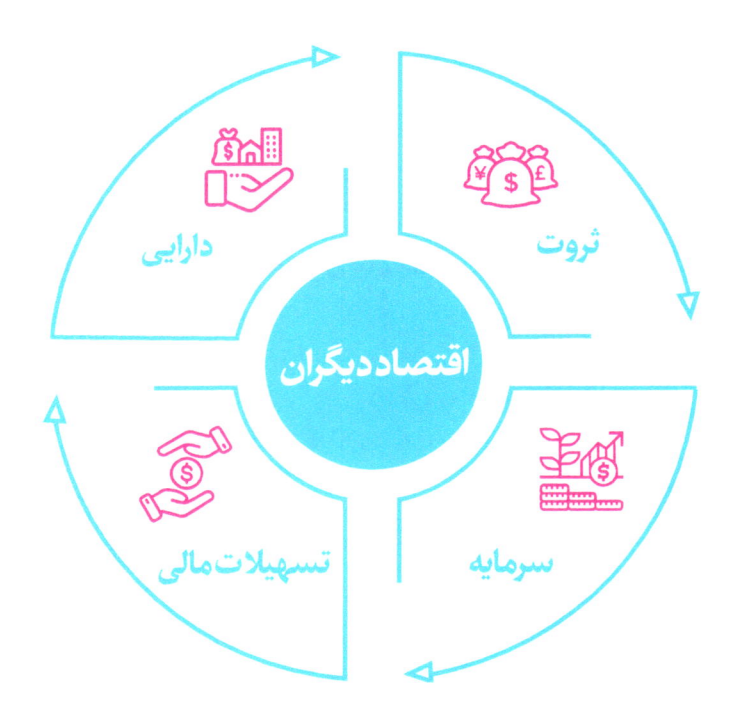

اقتصاد دیگران
ثروت
سرمایه
تسهیلات مالی
دارایی

جذب یک سرمایه‌گذار هم می‌تواند به عنوان یک اهرم عمل کند؛ امّا باید مراقب باشید تا به جای سرمایه‌گذار، سپرده‌گذار جذب نکنید.

سرمایه‌گذار با سپرده‌گذار فرق دارد. سپرده‌گذار کسی است که هنگام اعطای تسهیلات مالی به شما می‌گوید که اگر من این پول را در بانک بگذارم، فلان مقدار سود به من می‌دهد. شما چقدر می‌دهید؟ این سپرده‌گذاری است و عایدی زیادی ندارد؛ چون مبنای

این سـرمایه ربا و نزول اسـت که هر کسـب‌وکاری را زمین می‌زند. امّا سرمایه‌گذار می‌گوید سـرمایه‌ام را در این کار می‌گذارم و در سود و زیان با هم شـریک هستیم. اگر کسی حاضر شـد طبق این مدل با شما کار کند، یعنی اهل کار است. در غیر این صورت، بار اسـت، بار اضافی؛ درسـت مثل پول بهره‌ای که بار مالی و هزینهٔ شـما را پی‌درپی و پیوسـته زیاد می‌کند. پس سرمایهٔ دیگران هم می‌تواند اهرم باشد.

دارایـی هـم می‌توانـد اهرم باشـد. فرض کنید که می‌خواهید یک رسـتوران تأسـیس کنید. پدربزرگ‌تان مالک یک ملک تجاری است که مدت‌ها خالی بوده است. از او تقاضا می‌کنید که اجازه دهد تا در آن ملک، رسـتوران خود را راه‌اندازی و از اهرم دارایی او خلق ارزش کنید.

تسهیلات مالی هم اهرم است. خیلی‌ها می‌پرسند که چه‌طور می‌توانیم وام بگیریم؟ همیشـه یک توضیحی درمورد وام دارم؛ اینکه اگر وام برای تولید سـرمایه اسـت، خوب اسـت. امّا وام برای ایجاد بدهی نتیجهٔ فاجعه‌باری به‌همراه دارد. برخـی از افراد فقط وام می‌گیرند تا بدهی‌های معوق خود را بپردازند. مثل این‌که به پای کسی که به‌سختی دارد در یک دریـای مـواج شـنا می‌کند، یک وزنه هم ببندیـد. برخی نـزول می‌گیرند که بدهی‌های‌شـان را بپردازند و بعد از مدّتی، ورشکسـته می‌شوند. تسهیلات مالی می‌تواند اهرمی برای تولید سرمایه باشد. مثل کسانی که وام می‌گیرند و مواد اولیه یا ملک می‌خرند.

۴. امکانات دیگران

امکانات دیگران هم اهرم است. فرض کنید که می‌خواهید تولید محتوا کنید و استودیویی ندارید، امّا دوست‌تان یک استودیوی مجهز دارد. خیلی از اقداماتی که برای توسعهٔ کسب‌وکارتان باید انجام دهید، نیاز به تزریق پول و سرمایه ندارد.

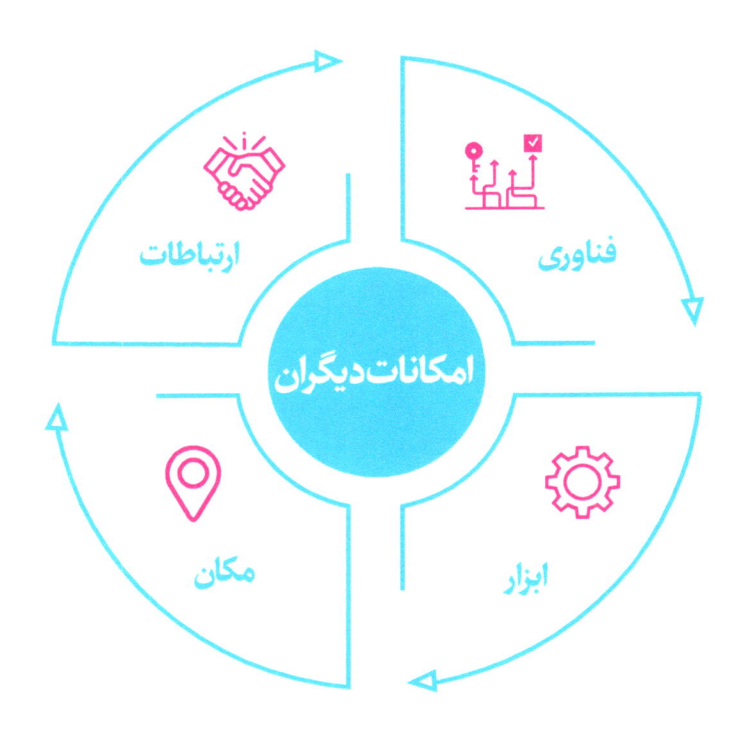

امکانات دیگران
- ارتباطات
- فناوری
- ابزار
- مکان

برای مثال، یک شرکت در بازاریابی و فروش فوق‌العاده است و می‌گوید من الان تقاضای زیادی در بازار دارم و می‌خواهم خط تولید خودم را اضافه کنم. می‌گویم اول استانداردهایت را بالا ببر. بعد در کارخانه‌ای که نیروی انسانی، تحقیق و توسعه و خط تولید دارد، محصولات خود را تولید کن، یا بگو فلان کارخانه آن را تولید کند، ولی در بسته‌بندی‌های شما بگذارد. آیفون و اویلا و فامیلا و سافتلن بدون کارخانه تولید می‌کنند. محصولاتشان در کارخانه‌هایی تولید می‌شود که مالکیتی در آن ندارند. دیجی‌کالا و فروشندگان محصول در این سایت، از یکدیگر به عنوان اهرم استفاده می‌کنند. آن‌ها حال

و حوصلهٔ ایجاد سایت و تولید محتوا را ندارند و به‌راحتی کالایی را در دیجی‌کالا می‌گذارند و یک چرخهٔ متناسب با محصول‌شان را پیدا می‌کنند. درواقع، آن‌ها از امکانات دیجی‌کالا استفاده می‌کنند و دیجی‌کالا نیز از تولیدات و انبار آن‌ها.

ارتباطات یکی دیگر از اهرم‌ها و یکی از امکانات دیگران است. وقتی جایی می‌روید، اول نگاه می‌کنید که ببینید آیا آشنایی پیدا می‌کنید. این همان اهرم ارتباطات است. یعنی شما از اهرم ارتباطات یا امکانات ارتباطی آن فرد استفاده می‌کنید و می‌گویید که زنگی به فلانی بزن و سفارش من را به او بکن. از این امکان استفاده می‌کنید تا زودتر کارتان راه بیفتد.

اهرم یعنی زور اضافه نزنید و بیهوده انرژی صرف نکنید. اگر انرژی را بیهوده صرف کنید، به رشد، سود، اعتبار، تجربه و حس رضایت‌مندی نخواهید رسید. امکاناتی که از دیگران در اختیار دارید، چه چیزهایی هستند؟ دانش، تجربه، اقتصاد و امکانات، چهار اهرم اصلی هستند. هر چیز دیگری که می‌گوییم، زیرمجموعهٔ این اهرم‌ها قرار می‌گیرند. حالا این‌جا من از شما می‌خواهم که شما هم یک سری از ایده‌ها و اهرم‌ها را که به ذهن‌تان می‌رسد، برای خودتان یادداشت کنید. همواره می‌توانید شرایطی را به‌وجود بیاورید که از اهرم‌ها به بهترین شکل استفاده کنید. توجه کنید که آیا کاتالیزور است یا نه؟ آیا قوی است یا نه؟ آیا می‌تواند با حفظ نتیجه به ما کمک کند؟ اهرم وسیله یا روشی است که کار شما را با حفظ نتیجه آسان‌تر و ساده‌تر می‌کند.

◀ نکات مهم در اهرم‌سازی

اهرم، نردبان نیست که از آن بالا بروید. یعنی از دانش، تجربه، اقتصاد و امکانات دیگران سوءاستفاده نکنید. فردی که از دیگران پول گرفته و متواری شده است، اهرم‌سازی نکرده‌است، بلکه نردبان‌سازی کرده‌است. وقتی از اهرم استفاده می‌کنید، همه باید منفعت ببرند. تیم و منابع انسانی شما جزو اهرم‌ها هستند و همه باید از آن بهره ببرند. آن‌هایی که نردبان هستند، اهرمی قوی نیستند.

در اهرم‌سازی تا می‌توانید باید چیزهای اضافه را حذف کنید. شرکت‌های موفق دنیا در اهرم‌سازی، نگرش تعدیل دارند؛ **یعنی به‌جای اضافه کردن عناصر بی‌فایده به دنبال حذف ناکارآمدی‌ها هستند.** شما یک اهرم و یک تکیه‌گاه می‌خواهید و مابقی اضافه است. می‌خواهید با یک نفر ارتباط برقرار کنید، ولی به پنجاه نفر اطلاع می‌دهید، آخر هم اتفاقی که می‌خواستید رخ نمی‌دهد و امتیازی هم که می‌خواستید بگیرید، از دست می‌رود. پس نگرش تعدیل داشته باشید. باید بدانید که هر گردی، گردو نیست. شاید بعضی وقت‌ها سیب‌زمینی باشد.

از این لحظه بیایید و یک بانک اطلاعات اهرم تشکیل دهید. هر روز برای این‌که کیفیت اهرم‌های‌تان حفظ شود، یک اهرم بالقوه ایجاد کنید. یکی از اهرم‌هایی که به آن اشاره کردیم، دانش دیگران بود. ایده و خلاقیت یکی از زیرمجموعه‌های اهرمِ دانش دیگران است. من در لپ‌تاپم فایلی دارم که در آن تصاویر، مطالب و ویدئوهای جذّاب حاصل از وب‌گردی را در آن ذخیره می‌کنم و برای ایجاد کمپین یا دوره‌ای، از آن‌ها استفاده کرده یا ایده می‌گیرم. همچنین، تمام تبصره‌ها و مواد قانونی را در یک فایل جداگانه ذخیره می‌کنم.

عجله نکنید. چون بعضی از اهرم‌ها فشار کمی را می‌توانند تحمل کنند و اگر فشار بیشتری به آن‌ها وارد شود، می‌شکنند و کارتان به نتیجه نمی‌رسد. برای توسعۀ بازار عجله می‌کنید و به این ترتیب، آن اهرم را می‌شکنید. عجله باعث می‌شود که اهرم شما مستقل نباشد و قدرت نداشته باشد. دوستی دارم که در بانک کار می‌کند و می‌گوید هرکسی که برای دریافت وام عجله دارد، یعنی یک جای کارش می‌لنگد. یعنی بدهی دارد و نمی‌تواند اقساط خود را بپردازد و بعداً ورشکست می‌شود.

کلام آخر این‌که مستندسازی کنید. هر تجربه‌ای که در اهرم‌سازی، سیستم‌سازی و چابکی سیستم دارید، مستندسازی کنید؛ زیرا همین مستندسازی اجازه نمی‌دهد تا دیگران همان تجربه‌ها را تکرار کنند و به مرور خودش به یک اهرم قدرتمند تبدیل خواهد شد.

◄ پنج نکته‌ای که از این فصل یاد گرفتم:

۱.

۲.

۳.

۴.

۵.

◄ سه گامی که باید بلافاصله شروع کنم:

۱.

۲.

۳.

◄ یک نکتهٔ طلایی که می‌توانم به دیگران یاد بدهم:

کلیهٔ جدول‌ها و تمرین‌های این فصل را
از سایت حسین طاهری و صفحهٔ زیر دانلود کنید:
hosseintaheri.ir/bmtools

خلقِ ارزش

فصل سوم
خلقِ ارزش

سخاوت، غیرِقابل ارزش‌گذاری است و قیمت ندارد.

بعد از مطالعه این فصل شما مسلط خواهید بود بر:
- مفهوم ارزش و چگونگی خلق آن
- چابکی سازمانی و چگونگی ایجاد آن

پنج گام برای ساخت ارزش پیشنهادی

اگر کسب‌وکار را به عنوان یک سیستم در نظر بگیرید، با سه عامل تعیین‌کننده روبه‌رو می‌شوید که با ایجاد تغییر در یکی از آن‌ها، می‌توانید کسب‌وکار خود را متمایز کنید. هر تعارضی، چه در درون سازمان و بین کارمندان و چه در بیرون سازمان و بین رقبا یا مشتریان، در یکی از این سه عامل رخ می‌دهد. **این سه عامل، منفعت، ساختار و تفکّر حاکم بر سازمان است.**

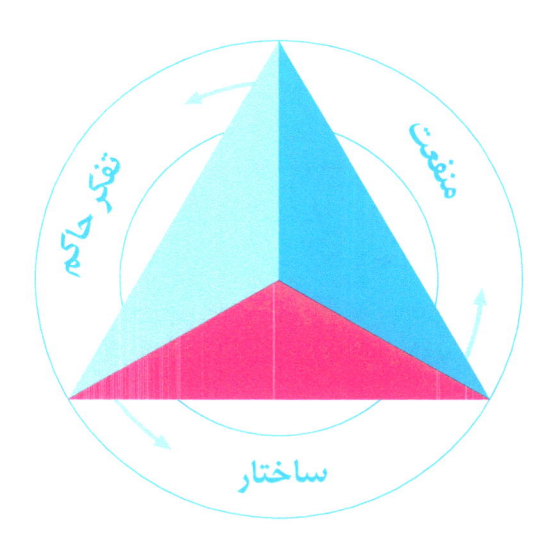

فصل سوم: خلقِ ارزش

اولین عامل، منفعت است. منفعت یک کسب‌وکار، ارزش‌های درونی و خلق‌شده‌ای است که بر زندگی اعضای سازمان تأثیر می‌گذارد. درواقع، یک سازمان باید پاسخی برای اینکه چگونه هم خودش می‌تواند رشد کند و هم باعث رشد افراد ذی‌نفع شود، داشته باشد. این افراد فقط مشتریان نیستند، بلکه واسطه‌ها، کارمندان، تأمین‌کنندگان، شرکای کلیدی و سهام‌داران و تمامی افراد مرتبط با منفعت‌های حاصل از خلق ارزش در کسب‌وکار را شامل می‌شود. منافع شما به مخاطبان‌تان بستگی دارد. برای مشخص شدن منفعت کسب‌وکار خود، باید به سه پرسش زیر پاسخ دهید:

> چه تغییری در زندگی و کسب‌وکار مشتریان به‌وجود می‌آورید؟
>
> منافع حاصل از همکاری با شما چیست؟
>
> فلسفهٔ وجودی کسب‌وکار شما بر پایهٔ ایجاد منفعت برای مشتریان است؟

دومین عامل، ساختار است. ساختار متشکل از نرم‌افزار، سخت‌افزار و فکرافزارها (افراد) است که سیستمی را برای اجرای برنامه‌ها به‌وجود می‌آورند. فعالیت‌هایی که ایجاد منفعت می‌کنند و آن رسالتی که به‌خاطرش سازمان ایجاد شده است، چه‌طور و با چه روش‌هایی انجام می‌شود؟ سیستم‌سازی‌اش چگونه است؟ چه نرم‌افزارها و سخت‌افزارهایی کارها را انجام می‌دهند؟ آیا سیستم با برنامه کار می‌کند؟ چه‌طور سهولت ایجاد می‌کند؟ ساختار، نشان‌دهندهٔ وجه تمایز است. ساختار اسنپ و تپسی از نظر

نرم‌افزاری و سخت‌افزاری متفاوت است و هرکدام که قوی‌تر عمل کند، در بازار تاکسی اینترنتی مسلّط‌تر است.

سومین عامل، تفکّر حاکم بر ادارهٔ یک کسب‌وکار است. چه کسانی و با چه تفکّری برنامه‌ها را اجرا می‌کنند؟ براساس تفکّر حاکم یا تفکّر خودشان؟ خط قرمزها چه‌طور تعیین می‌شوند؟ خبرگی و تسلّط در کسب‌وکار به یک حکم واحد نیاز دارد. برای خودتان، سازمان‌تان، بازارتان و همهٔ افرادی که با شما کار می‌کنند، حاکمیت لازم است. باید خط قرمزهای‌تان مشخص باشد تا بتوانید یک‌سری اصول را تعریف کنید؛ «در خانه اگر کس است، یک حرف بس است.» تفکّر حاکم، سرآغاز تسلّط بر همه چیز است. قدرت، در تسلّط و خبرگی است. با تفکّر حاکم، بهتر می‌توانید فعالیت کنید. برای تیم، محصول، برند، بازار، ذی‌نفعان و واسطه‌ها، توزیع‌کنندگان و تأمین‌کنندگان و حتی رقبای‌تان باید تفکّر حاکم تعیین کنید. شما تعیین می‌کنید که چه رقیبی با شما بجنگد. وقتی رقیب قدرت‌مندی داشته باشید، قدرت‌تان بیشتر می‌شود، برای رشد انگیزه پیدا می‌کنید و به چالش کشیده می‌شوید تا بهتر شوید و نقاط ضعف خود را برطرف کنید. افراد به کسی که به کارش مسلّط است، اعتماد می‌کنند و این تسلّط را شما باید ایجاد کنید و نشان دهید. امّا پیش از ساختن تسلّط، باید طراحی‌اش کنید و پیش از طراحی، باید بدانید که آن چیست.

منفعت، منتخب فعالیت‌هایی است که با بهره‌گیری از دانش، مهارت و رسالت‌ها در سیستم اجرا می‌شوند. ساختار، نوع فعالیت‌ها را مشخص می‌کند. فهرستی که تعیین می‌کند فعالیت‌ها چه‌طور و با چه ترتیبی به هم متصل شوند. تفکّر حاکم تعیین می‌کند که چه کسی، به چه شکلی و با رعایت چه اصولی فعالیت‌ها را به سرانجام برساند. این سه عامل، نیازمند تقویت ارزش هستند.

◀ ارزش چیست؟

«ارزش» به معنای افزودن چیزی به جهان مشتریان است که تا قبل از این وجود نداشته یا ارائه نشده است و موجب تسهیل در زندگی و کسب‌وکار آن‌ها خواهد شد. «افزایش منافع» به معنای اضافه کردن چیزی به محصول است که مشتری آن را سودمند و منحصربه‌فرد

۹۴ ◀ فصل سوم: **خلقِ ارزش**

خواهد یافت. **درواقع، ارزش یعنی تعادل بین هزینهٔ صرف‌شده برای یک محصول و رضایت ناشی از استفاده از آن توسط مشتری.** پس تا می‌توانید، کارهایی را انجام دهید که این تعادل و موازنه را از طریق تمام منابع در دسترس، در ذهن مشتری برقرار کنید و این یعنی خرج کردن منابع برای خلق فرصت.

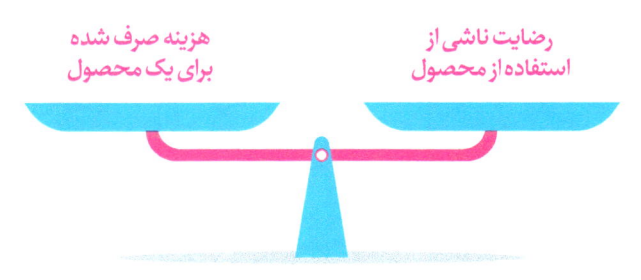

هزینه صرف شده برای یک محصول

رضایت ناشی از استفاده از محصول

برخی سازمان‌ها ارزش خلق می‌کنند، امّا بازبینی نمی‌کنند که آیا تعادل درستی بین ارزشی که خلق کرده‌اند و رضایت مشتری ایجاد شده است یا نه؟ به همین دلیل، کسب سود و منفعت تداومی نخواهد داشت و اگرچه رشد می‌کنند، امّا در این رشد، ثبات ندارند و مدّتی در سکوی اول خواهند بود و پس از آن، تنزل خواهند کرد. هر محصولی از سه عنصر کلیدی برای خلق ارزش تشکیل شده است. این سه مورد هیچ‌کدام ارزش نیستند، بلکه بدیهیات مورد انتظار از یک محصول‌اند.

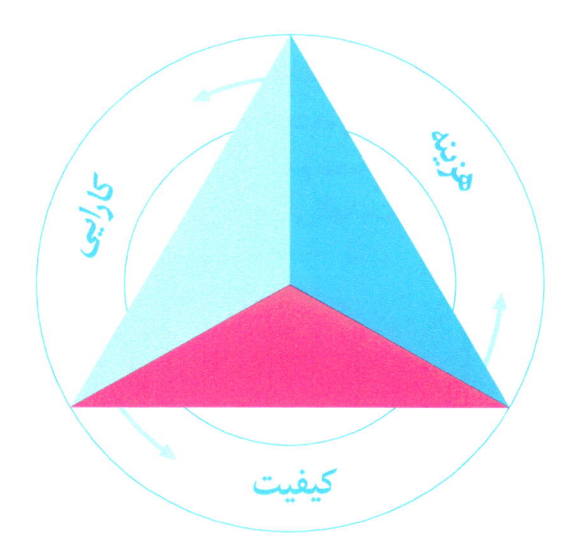

هزینه

کارایی

کیفیت

عنصر اول، هزینه است؛ هزینه‌ای که مشتری برای دریافت کارآیی مورد انتظار و قابل پذیرش می‌پردازد. گاهی مشتری فقط بهای محصول را می‌پردازد، بدون این‌که ارزشش را داشته باشد. زیرا اصلاً موازنه‌ای صورت نمی‌گیرد. ارزش آن چیزی است که مشتری برای به‌دست آوردن آن، منابع لازم را فراهم می‌کند، می‌جنگد و سخت تلاش می‌کند، زیرا به‌دنبال رضایت و منفعت است. **اگر شما محصول ارزشمندی ساخته باشید، قطعاً مشتری حاضر به پرداخت بهایش هم خواهد بود.**

عنصر دوم، کیفیت است که شامل نیازها، انتظارات و مطلوبیت‌های مشتری است. بنابراین، کیفیتْ ارزش نیست.

عنصر سوم، کارآیی است؛ وظیفهٔ مشخص و قابل انتظار از یک محصول برای رفع دغدغه‌ها، نیازها و خواسته‌های مشتری که تقاضای مشتری را شکل می‌دهد.

$$\text{ارزش} = \frac{\text{کیفیت} + \text{کارآیی}}{\text{هزینه}}$$

شما در کسب‌وکارتان هزینه‌ای دارید که توسط مشتری پرداخت می‌شود. از طرفی، کیفیت و کارکردی هم دارید که جمع آن‌ها تقسیم بر هزینه، ارزش را به‌وجود می‌آورد.

و امّا ارزش ...

ارزش یک دارایی است که همیشه درحال رشد و ارتقای خودش است. یک کسب‌وکار ارزشمند هر روز با منفعت، ساختار، تفکّر حاکم، قوانین و خط قرمزها و ابزارهایی که استفاده می‌کند، به دارایی‌اش می‌افزاید. بنابراین، هرکه در سازمان، ضد ارزش مورد نظر مشتری عمل کند، درحال آسیب زدن به دارایی است. ارزش، یک دارایی نامشهود است.

ارزش، حذف احساس ناخوشایند است. آیا هنگام استفاده از محصول‌تان، رضایت مشتری به‌دست آمده است؟ آیا تعادل بین رضایت مشتری و هزینه‌ای که پرداخته است، وجود دارد؟ آیا مشتری رضایت خود را به شما اعلام کرده و به دیگران نمایش می‌دهد؟ **آیا تمام منابع‌تان را برای خلق ارزش به‌کار گرفته‌اید؟** آیا مشتری را از احساس کمبود و فقدان یک نیاز، رها ساخته‌اید؟

در دنیای امروز، نیازهای بی‌شماری وجود دارند که از طریق ایجاد ارزش و ارائهٔ راه‌حل‌های جدید و خلاقانه، قابل پاسخ‌گویی هستند. پیشنهاد من این است که به‌دنبال مشکلی باشید که فکر می‌کنید می‌توانید با ارائهٔ راه‌کار خلاقانه، آن را حل کنید. این کار به شما کمک می‌کند تا ارزشی منحصربه‌فرد ایجاد کنید. ایجاد ارزش، سود می‌آفریند. با خلق ارزش، ابتدا شما برای مشتری سود می‌آفرینید، سپس مشتری برای شما سود ایجاد می‌کند. خلق ارزش برای مشتری است، نه شما. نکتهٔ اصلی، تمرکز بر انواع نیازهای مشتری است. داستان نباید درمورد شما و محصول شما باشد، بلکه باید درمورد مشتری و نیازهای او باشد. اگر در منفعت، ساختار یا تفکّر حاکم تغییراتی انجام می‌دهید که سودی برای مشتری ندارد، خودتان را به زحمت انداخته‌اید.

بنابراین، باید محصول، خدمات و ارزش را دوباره طراحی کنید. زیرا نتوانسته‌اید ارزشی خلق کنید که سود خوبی برای مشتری و خودتان به‌وجود بیاورد. پس در اولویت قرار دادن ارزش برای مشتری، گام اول در مسیر سودآوری است. در اقتصاد، «ارزش» بهای مالی یک محصول است، پس می‌توان گفت که هدف هر کسب‌وکار در ابتدا ارزش‌آفرینی برای مشتری و در مرحلهٔ بعدی، تبدیل آن به سود است. یعنی برای ساختن یک کسب وکار موفق و پایدار، در ابتدا ما باید برای دیگران سودمند باشیم. سپس از سودی که به آن‌ها رسانده‌ایم، انتظار پاداش داشته باشیم. **محصول با ارزش، خودش خودش را می‌فروشد.** هرچقدر ارزشی که ایجاد کرده‌اید بالاتر باشد، قیمتی که مشتریان مایل به پرداختش هستند نیز بیشتر است و این یک موقعیت برد-برد محسوب می‌شود. اگر موقعیت تجاری خودتان را بر مبنای ارزش موردنظر مشتری قرار دهید، مشتری به‌دنبال دریافت خدمات بیشتر و به‌تبع آن رضایت بیشتر است، بنابراین بیشتر خرید می‌کند. پیشرفت یک کسب‌وکار مانند هر نوع ارتباط اجتماعی دیگری نیازمند اعتمادسازی است. ارزش کسب‌وکار شما باید در جهت بهبود زندگی دیگران (مشتری) باشد، به‌گونه‌ای که اعتماد و رضایت آن‌ها را جلب کند. اگر به این هدف دست یابید، نه‌تنها می‌توانید مشتریان بیشتری جذب کنید، بلکه می‌توانید آن‌ها را حفظ و با خود همراه کنید.

ارزش، از کار گروهی حمایت می‌کند، زیرا همه می‌دانند که برای چه چیزی باید کار کنند و چگونه به کار خودشان و مشتریان‌شان سرعت ببخشند. با ارزش‌آفرینی می‌توانید

پیچیدگی‌های کار گروهی را کاهش دهید. پیچیدگی‌ها موانع ایجاد ارزش هستند. وقتی چیزهای اضافه را از عملکردهای فردی و گروهی حذف کنید، زمان ایجاد هماهنگی برای تولید و ارائهٔ محصول کاهش می‌یابد و همین کمک می‌کند که اتلاف منابع‌تان کم شود. با تمرکز بر نیازهای مشتری، شیوه‌های افزایش رضایت مشتری، انگیزه و عملکرد کارکنان، بهینه‌سازی فرایندهای کاری، کاهش هزینه‌ها و افزایش توان رقابت، می‌توان ارزش خلق کرد.

ارزش عامل خلق سود و رشد مشتریان است و در سه بخش می‌تواند به رشد مشتریان کمک کند:

- ارزش درک‌شده توسط مشتری (CPV)[1]؛
- ارزش طول عمر مشتری (CLV)[2]؛
- ارزش ویژهٔ مشتری (CE)[3].

◀ ارزش درک‌شده توسط مشتری (CPV)

وقتی در کسب‌وکار خود، ارزشی خلق می‌کنید که آن ارزش توسط مشتری درک می‌شود، به آن CPV می‌گویند. مشتری چه‌طور ارزش خلق‌شده توسط فروشنده و شرکت را درک و ارزیابی می‌کند؟ ارزش درک‌شده یعنی ارزش تجربه‌شده و لمس‌شده توسط مشتری. ملاک رضایت‌مندی و علاقه‌مندی مشتری به کالا و خدمات در موازنهٔ هزینه‌های صرف‌شده با رضایت کسب‌شده است. پس اگر فقط تبلیغ کنید و بگویید که ما عالی هستیم، امّا مشتری این را درک نکند، فایده‌ای ندارد. چه‌طور مشتری می‌تواند درک کند که این ارزش خلق‌شده همانی است که او می‌خواسته؟ چه‌طور باور کند و بپذیرد؟

وقتی مشتری این را پذیرفت، به آن ارزش طراحی‌شده توسط شما عادت می‌کند. وقتی توانستید مشتری را به باور و درکی برسانید، یعنی در او ایجاد علاقه کرده‌اید. وقتی

---

1. Customer Perceived Value.
2. Customer Lifetime Value.
3. Customer Equity.

علاقه‌مند شد، عادت می‌کند. کمپانی آیفون، اسنپ یا دیجی‌کالا، افراد را به احساسی که بر اثر استفاده از محصولات و خدمات آن‌ها کسب می‌کنند، عادت می‌دهند و اصطلاحاً CLV یا همان «ارزش طول عمر مشتری» افزایش می‌یابد.

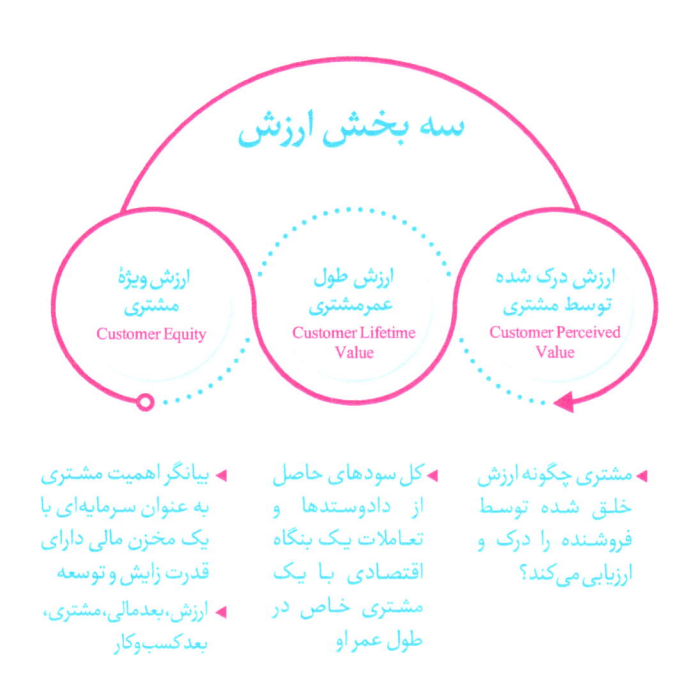

سه بخش ارزش

ارزش ویژهٔ مشتری
Customer Equity

ارزش طول عمر مشتری
Customer Lifetime Value

ارزش درک شده توسط مشتری
Customer Perceived Value

◄ بیانگر اهمیت مشتری به عنوان سرمایه‌ای با یک مخزن مالی دارای قدرت زایش و توسعه
◄ ارزش، بعد مالی، مشتری، بعد کسب‌وکار

◄ کل سودهای حاصل از دادوستدها و تعاملات یک بنگاه اقتصادی با یک مشتری خاص در طول عمر او

◄ مشتری چگونه ارزش خلق شده توسط فروشنده را درک و ارزیابی می‌کند؟

◄ ارزش طول عمر مشتری (CLV)

ارزش طول عمر مشتری یعنی کل سودهای حاصل از معامله با مشتریان، تقسیم بر طول عمر آن‌ها. یعنی ارزش مشتریان ثابت بیشتر از آن‌هایی است که مثلاً برای اولین بار از شما خرید کرده‌اند. این فرمولی است که مشتری را تبدیل به مشتری سودآور می‌کند و یکی از شاخص‌های مهم در ارزیابی یک کسب‌وکار است.

خیلی وقت‌ها نیاز به تعداد مشتری زیاد ندارید، بلکه نیاز به مشتریانی با ارزش طول عمر بالا دارید. این‌گونه توانسته‌اید به‌قدری وفاداری و درک ایجاد کنید تا آن مشتری

بتواند به‌کرّات به شما سود برساند. شما پول دریافت می‌کنید، حالا چه این پول را از ده مشتری دریافت کنید، چه از صد مشتری، فرقی ندارد. اگر از ده مشتری دریافت کنید، به‌مراتب سود به‌دست‌آمدهٔ شما بیشتر و فشار کاری شما کم‌تر خواهد بود. بنابراین، تسلّط و رشد نیز خیلی بیشتر خواهد بود. افرادی که می‌خواهند از شما خرید کنند، هم باید دوست‌تان داشته باشند و هم توان پرداخت داشته باشند. یک‌سری از افراد توان پرداخت ندارند، امّا اگر ارزش به هر طریقی توسط مشتری درک شود، او توان پرداخت را برای خود ایجاد می‌کند. اگر ایزوگام سقف‌تان خراب شده باشد و آب از سقف چکه کند، به هر شکل ممکن سقف را تعمیر می‌کنید. اگر محصولی ارزش داشته باشد، مشتری برای آن هزینه می‌کند. هرکسی راه رسیدن به ارزش موردنظرش را پیدا می‌کند. بسیاری از شما صاحب چیزهایی هستید که شاید در هنگام خرید آن‌ها، با پرداخت مبلغش مشکل داشته‌اید، ولی به خاطر ارزش آن محصول، بهایش را فراهم کرده و پرداخت کرده‌اید.

وقتی CLV ایجاد می‌کنید، به‌مرور ارزش ویژهٔ مشتری را خلق می‌کنید که رابطهٔ مستقیمی با ارزش ویژهٔ برند داشته و حکایت از اهمیّت بلندمدّت برند دارد. در علم اقتصاد به آن «سرمایهٔ نمادین» می‌گویند. یعنی اسم شما زودتر از خودتان می‌رود. اگرچه مردم محصول و خدمات شما را می‌خواهند، ولی برند شما را هم می‌خواهند. می‌خواهند بگویند که با شما کار می‌کنند. این **قرض اعتباری** که برند شما به آن‌ها می‌دهد، برایشان ارزش ایجاد می‌کند و این بیانگر آن اهمیّتی است که مشتری به عنوان یک سرمایه یا یک «مخزن مالی دارای قدرت» به آن نگاه می‌کند. مشتری عنصر قدرت در کسب‌وکار شما می‌شود. به همین دلیل، شرکت‌هایی که ارزش بالای برند دارند، ارزش‌های ویژهٔ مشتری نیز دارند.

فصل سوم: خلقِ ارزش

ارزش ویژهٔ مشتری (CE)

ارزش ویژهٔ مشتری از سه عنصر دیگر تشکیل می‌شود:

- میزان جذب مشتری؛
- نگه‌داشت مشتری؛
- پرورش مشتری.

ارزش ویژه مشتری
سه مؤلفه مهم در بازاریابی
$(CA+CR+AS)=(CE)$

پرورش Ad-on-selling (AS)	نگه‌داشت Customer Retention (CR)	جذب Customer Acquisition (CA)
◂ برنامه‌های فروش به مشتریان فعلی (بدون تحمل ریسک و هزینه بیشتر) ◂ محصولات مکمل برای مشتریان رو به رشد	◂ چگونه رضایت آن‌ها را به دست آوریم؟ ◂ چگونه از مرزهای رضایت فراتر رویم؟ ◂ چه استراتژی‌هایی را به کار ببندیم تا از مشتری یک شریک تجاری دائمی بسازیم؟	◂ نحوه انتخاب مشتریان ◂ تشخیص مشتریان سودآور از زیان‌ده ◂ سرنخ‌ها را کجا می‌توان جست‌وجو کرد؟

◂ جذب مشتری

شما بر چه اساسی مشتریان‌تان را انتخاب می‌کنید؟ مشتریان سودآورتان چگونه از مشتریان غیرسودآور تفکیک می‌شوند؟ سرنخ‌ها را چه طور جست‌وجو می‌کنید؟ نحوهٔ غربال‌گری اطلاعات‌تان چگونه است؟ نحوهٔ جذب مشتری همواره به ایجاد ارزش مشتری کمک می‌کند.

◀ نگه‌داشت مشتری

پس از جذب مشتری، چه‌طور روابط‌تان را با او تقویت می‌کنید؟ چگونه رضایت‌شان را به‌دست می‌آورید و افزایش می‌دهید؟ **رضایت مشتری با خوشحال کردن مشتری متفاوت است.** باید استراتژی‌هایی را به‌کار بگیرید که مشتری از قالب یک سرویس‌گیرنده و مصرف‌کننده، تبدیل به یک شریک دائمی تجاری شود. اگرچه جذب مشتری یک فرایند طولانی، هزینه‌بر و انرژی‌بر است، امّا نگه‌داشت مشتری، مشکل‌تر از جذب آن است. ما می‌خواهیم با ایجاد ارزش، این مشکلات را تسهیل کنیم. وقتی ارزش می‌سازید، جایگاه ارزش را در کسب‌وکارتان می‌یابید و اجازه نمی‌دهید که کسی از ارزش شما کم کند. تمام این‌ها را در کسب‌وکارتان بررسی کنید. خبرگان کسب‌وکار یا الگو می‌سازند یا از الگوهای موفق به بهترین شکل استفاده می‌کنند.

◀ پرورش مشتری

وقتی که مشتری را نگه داشتید، چه‌طور او را پرورش می‌دهید؟ برای فروش به مشتریان فعلی بدون این‌که ریسکی را تحمل کنند و هزینهٔ بیشتری برای آن‌ها یا شما ایجاد نشود، چه برنامه‌ای دارید؟ محصولات مکمل را چه‌طور می‌توانید به آن‌ها نشان دهید؟ یک بنگاه اقتصادی باید بتواند به مشتریان فعلی خود بدون تحمیل ریسک و هزینهٔ بیشتر، مقادیر بیشتری بفروشد. البته در فروش براساس نیاز مشتری، هم مشتریانْ سود بیشتری می‌برند و هم شما نیازی ندارید که سراغ جذب مشتری جدید بروید و برای آن ریسک و هزینه کنید، چراکه با مخاطبان‌تان به باور مشترک رسیده‌اید.

◀ ارزش در مقابل ریسک خرید

پولِ شما در جیب مشتری است. جیب مشتری را پر کنید تا جیب شما نیز پر شود. وقتی می‌خواهید جیب مشتری را پر کنید، باید موازنهٔ مزایا را درنظر داشته باشید. در هنگام هر خرید، مشتری یک فهرست مخفی دارد که در آن هزینه‌ها و ریسک‌های احتمالی خود را در مقابل منافعش درنظر می‌گیرد. درواقع، او همواره از خود می‌پرسد که در اِزای منابعی که از دست می‌دهم، چه چیزی به‌دست می‌آورم؟ سه نوع هزینهٔ مخاطره‌آمیز در هر خریدی وجود دارد:

فصل سوم: خلقِ ارزش

- هزینهٔ مالی؛
- هزینهٔ زمانی و انرژی صرف‌شده برای جست‌وجو؛
- هزینهٔ روحی و روانی ناشی از قضاوت دیگران.

خرید می‌تواند یک تجربهٔ بسیار تنش‌زا و آزاردهنده باشد: قیمت‌های کاذب، خرید در وضعیت آب‌وهوایی نامناسب و ریسک‌هایی که در مقابل هزینه‌ها به‌وجود می‌آید. حتی ریسک‌های عملکردی، وقتی که مشتری نسبت به عملکرد محصول اطمینان ندارد. ریسک‌های فیزیکی، وقتی احتمال آسیب رسیدن به محصول وجود داشته باشد. مشتری نگران است که مبادا به محصول آسیب بزند، زیرا بلد نیست که از محصول استفاده کند. این هزینهٔ روحی و روانی دارد.

ریسک مالی چیست؟ مشتری احساس می‌کند که وضعیت مالی، وضعیت کاری یا وضعیت اجتماعی‌اش به خطر می‌افتد. وقتی مشتری تمام این ریسک‌ها و خطرها را احساس کند، تلاش می‌کند تا به هر شکل ممکن آن‌ها را کاهش دهد، بنابراین سراغ تأمین‌کنندگانی می‌رود که به این ریسک‌ها فکر کرده‌اند. وقتی مشتری دو محصول را با هم مقایسه می‌کند، محصولی را انتخاب می‌کند که ریسک‌های کم‌تری دارد.

ارزش و طراحی ارزش یعنی دادن احساس امنیت به مشتریان، ذی‌نفعان، واسطه‌ها، تأمین‌کنندگان، توزیع‌کنندگان و تیمی که با شما کار می‌کنند. وقتی برای همکاری با یک شرکت، امنیت وجود داشته باشد، همه برای کار کردن با این شرکت صف می‌کشند. وقتی امنیت ایجاد کنید، مشتری هیچ دغدغه‌ای برای کار کردن با شما نخواهد داشت و آن‌گاه رسیدن به رشد و تسلّط در حوزهٔ کاری‌تان دیگر یک رؤیا نخواهد بود. قرار است که ارزش‌ها به ریسک‌های مشتری پاسخ دهند. اگر نتوانید براساس ارزش‌ها برنامه‌ریزی کنید، مشتری به خاطر ریسک‌ها عقب‌نشینی می‌کند و خرید را به تعویق می‌اندازد. اگر شما ارزش قدرت‌مندی برای او ایجاد نکرده باشید، از سایر کسب‌وکارها خرید می‌کند. شما مشتری را آماده کرده‌اید، ولی او از کسی که اطلاعات بیشتر و امنیت بهتری در اختیارش قرار داده است خرید می‌کند. به مشتری کمک کنید تا ترس از تصمیم‌گیری را کنار بگذارد.

بیزنس‌مَستری ◀ ۱۰۳

عملکردی
عملکرد مورد انتظار محصول
هزینهٔ مالی
تطابق با مسئله و نقطهٔ درد مشتریان
کیفیت، بهره‌وری و کارآیی
راهنمای استفاده

اجتماعی
برندینگ
تأیید اجتماعی
مقبولیت خرید

مالی
تخفیف
شرایط پرداخت
تسهیلات
ضمانت خرید و اصالت کالا
ارزش درک شدهٔ بهره‌وری مالی و سودآوری

فیزیکی
طراحی محصول
بسته‌بندی
روش حمل‌ونقل
نحوهٔ استفاده

برای تکمیل بوم ریسک‌های مشتری، از مشتریان کنونی خود سؤال بپرسید. یکی از مهم‌ترین سؤالاتی که در جلسات مشاوره و آموزش با آن مواجه می‌شوم، این است که: «چه‌طور خدمات بهتری به مشتریان ارائه کنیم؟» و جواب من همیشه این است که باید نیازهای مشتریان‌تان را بشناسید و یک سیستم مشخص برای رفع نیاز آن‌ها ایجاد کنید. می‌دانید که بهترین راه برای فهمیدن این نیازها چیست؟ پرسیدن.

فصل سوم: خلقِ ارزش

از این سؤالات در نظرسنجی‌ها و ارتباط با مشتریان در قبل و بعد از خرید آن‌ها می‌توانید استفاده کنید:

چه چیزی را درمورد محصولات/خدمات ما دوست دارید؟

اگر بخواهید کسب‌وکار ما را به کسی معرفی کنید، چه می‌گویید؟

برای بهبود فرایند فروش محصول، چه طرح و پیشنهادی دارید؟

کیفیت موارد زیر را از ۱ تا ۵ رتبه‌بندی کنید. ۵ به‌معنای بهترین و ۱ به‌معنای ضعیف‌ترین است (از هر عدد یک بار استفاده کنید).

شرح	۱	۲	۳	۴	۵
قیمت	◯	◯	◯	◯	◯
کاربری آسان	◯	◯	◯	◯	◯
بسته‌بندی	◯	◯	◯	◯	◯
نحوهٔ ارسال و تحویل کالا	◯	◯	◯	◯	◯
راهنمایی و مشاورهٔ تیم فروش	◯	◯	◯	◯	◯
موقعیت مکانی	◯	◯	◯	◯	◯
عملکرد سایت (در صورت داشتن سایت)	◯	◯	◯	◯	◯
به‌روز بودن محصول	◯	◯	◯	◯	◯
تیم پشتیبانی	◯	◯	◯	◯	◯

آیا علاوه‌بر خرید محصولات/خدمات ما، از کسب‌وکارهای مشابه هم خرید می‌کنید؟ (بله/خیر/گاهی)

دوست دارید چه خدمات/محصولات دیگری ارائه کنیم؟

فصل سوم: خلقِ ارزش

◀ طراحی ارزش‌های مهم کسب‌وکار

یک شرکت، بدون مشتریان خود هیچ است. هیچِ هیچ. شما با ارزش‌های خلق‌شده و درک‌شده توسط مشتریان زنده‌اید. مشتری از کسب‌وکار شما در چند زمینه انتظار ارزش دارد.

◀ ارزش مورد انتظار از محصولات

شرکت‌ها محصولات را می‌سازند، امّا مشتریان محصولات را نمی‌خرند، بلکه راه‌کار و راه حل مشکلات خود را می‌خرند. آن‌ها مزایا را می‌خرند.

- انتظار مشتری از محصولات و خدمات شما چیست؟
- آیا محصولی که ساخته‌اید، توقّع مشتری را برآورده می‌کند؟

محصولات، ابزاری هستند که به مشتریان کمک می‌کنند تا اهداف خود را محقّق کنند، نه اهدافی که شما برای آن‌ها تعیین می‌کنید. پس باید دقیقاً براساس نیازها، خواسته‌ها و تقاضای مشتریان محصولات را طراحی کنید. محصولاتی که راه‌کارهای بهتری برای مشکلات دارند، برای مشتریان ارزش ایجاد می‌کنند. محصولات با راه‌کار بهتر یعنی ارزش بیشتر. راه‌کار بهتر آن است که بتواند منافع و ریسک‌ها را متوازن سازد. چگونه؟ خیلی ساده است. بسیاری از شرکت‌ها منافع یکسانی عرضه می‌کنند تا بتوانند با هم رقابت کنند، امّا راه‌کار کدام‌یک از بقیه بهتر است؟ در حقیقت، رقابت بر سر محصولات کارخانه‌ها نیست، بلکه بر سر ارزشی است که این محصولات ایجاد می‌کنند. این ارزش در بسته‌بندی، خدمات، تبلیغات، مشاوره به مشتری، تسهیلات مالی، نوآوری، تحویل، انبارداری و سایر عواملی که تجربهٔ مشتری را بهبود می‌بخشند، خود را نشان می‌دهد. نحوهٔ ارائهٔ کالاها و خدمات، از بسته‌بندی گرفته تا تبلیغات و برندینگ، چگونه در فضای رقابت نقش ایفا می‌کند؟ نام‌گذاری، نشانه‌گذاری و جایگاه‌سازی نسبت به رقبا و برندینگ، چه تأثیری بر تجربهٔ مشتری دارد؟ ارتباط بین محصول اصلی با سایر مزایای جانبی، چگونه می‌تواند ارزش محصول را درنظر مشتریان افزایش دهد؟

ارزش مـورد انتظار از محصولات، رابطهٔ مسـتقیم بـا راه‌کاری دارد که برای بهبود کار و زندگی مشتریان ارائه می‌دهد. از هر محصولی که بتواند مشکلات بیشتری از مشتریان را برطرف کند، بیشتر استقبال می‌شود. مشکلات مشتریان را بنویسید و ببینید که آیا واقعاً درمورد این مسائل فکری کرده‌اید؟

سه مسئلهٔ مهم مشتریان و راه‌کارهای آن	
مسئله ۱:	راه‌کار ما:
مسئله ۲:	راه‌کار ما:
مسئله ۳:	راه‌کار ما:

طراحی سه عملکرد سریع برای رفع مسائل کشف‌شده:

فصل سوم: خلقِ ارزش

پس از مشخص شدن راه‌کارها، نوبت به طراحی عملکرد برای رفع مسئلهٔ مشتریان می‌رسد. یعنی پیدا کردن بزرگ‌ترین مشکل مشتریان. شاید عدم موفقیت شما به خاطر عدم ارائهٔ به‌موقع محصولات باشد، پس روی همین مسئله کار کنید. طراحی خدمات مشتری و نحوهٔ پاسخ‌گویی را به‌روزرسانی کنید. زمان پاسخ‌دهی خود را تا حد امکان کوتاه سازید. «ای کاش»های مشتریان را پیدا کنید. نیازها، خواسته‌ها، تقاضاها و رؤیاها را جست‌وجو کنید.

ذات بشر به‌دنبال سود بیشتر است و ما سود بیشتر را در پاسخ به سؤالات جدول زیر کشف می‌کنیم.

ارزیابی ادّعا	چقدر احتمال دارد که محصول یا خدمت شما، کاری را انجام دهد که شما ادّعای آن را دارید؟
ارزیابی منفعت	محصول یا خدمت شما، برای تغییر یا بهبود وضع زندگی یا کار مشتریان‌تان چه کاری انجام می‌دهد؟
ارزیابی مراقبت	محصول یا خدمت شما، چه چیزی به مشتری اضافه کرده و یا برای او حفظ می‌کند؟

ارزیابی ارزش	مشتری شما چه چیزی را ارزش می‌داند و حاضر است برای آن هزینه کند؟
ارزیابی محبوبیت	کدام‌یک از محصولات یا خدمات شما به‌راحتی فروخته می‌شوند و محبوب هستند؟
ارزیابی تمایز	عامل برتری شما نسبت به رقبای‌تان چیست؟
ارزیابی تکامل	اگر بهترین محصولات شما در ذهن مشتریان بدون نقص بودند، چه تفاوتی با امروز داشتند؟

فصل سوم: خلقِ ارزش

ارزیابی مزیّت	علل اصلی برتری کسب‌وکارتان چیست که به شما این امکان را می‌دهد تا محصولات و خدمات با کیفیت ارائه کنید؟
ارزیابی منابع	چه مهارت‌ها، توانایی‌ها و قابلیت‌هایی در آینده وجود دارد که شما برای ساخت محصولات و ارائهٔ خدمات عالی به آن‌ها نیاز خواهید داشت؟
ارزیابی تعارض	کدام یک از محصولات یا خدمات شما هستند که باید تولید یا ارائهٔ آن‌ها را متوقف کنید؟
ارزیابی روش‌ها	در حال حاضر چه کارهایی می‌توانید انجام دهید تا «این محصول بی‌نظیر است» را از مشتریان‌تان دریافت کنید؟

بیزنس‌مَستری

بازار تنها به عملکرد برتر پاداش می‌دهد. حوزه‌های عملکردی‌ای را که در آن‌ها می‌توانید بهترین و عالی باشید، مشخص کنید.

محصول	محصولات ما نسبت به محصولات رقبای‌مان از جهات زیر برتری دارد:
خدمات	خدمات ما به مشتریان از جهات زیر برتری دارد:
کارمندان	افراد فعال در شرکت ما نسبت به افراد شاغل در کسب‌وکارهای دیگر از جهات زیر برتری دارند:
موقعیت مکانی	مکان‌هایی که ما خدمات‌مان را در آن‌ها به مشتریان ارائه می‌دهیم، از جهات زیر برتری دارد:

فصل سوم: خلقِ ارزش

سهولت	خرید از ما برای مشتریان آسان‌تر است، چراکه:
امکانات	امکانات ما می‌تواند برتر باشد، اگر:
ارتباط	ارتباط با ما برای مشتریان‌مان آسان‌تر خواهد بود، اگر:
نحوهٔ پاسخ‌گویی	ما نسبت به رقبای‌مان سریع‌تر به نیازهای مشتریان پاسخ می‌دهیم، چون:

سرعت پاسخ‌گویی	ما می‌توانیم سرعت پاسخ‌دهی خود به مشتریان‌مان را افزایش دهیم، اگر:
قیمت	قیمت محصولات و خدمات ما نسبت به رقبای‌مان بهتر است، چراکه:
ارزش‌گذاری قیمت	قیمت‌های ما می‌تواند برتر باشد، اگر:
کیفیت	کیفیت محصولات/خدمات ما نسبت به رقبای‌مان از جهات زیر می‌تواند برتر باشد:

فصل سوم: خلقِ ارزش

برتری کیفیت	ما می‌توانیم کیفیت محصولات/خدمات‌مان را بهبود ببخشیم، اگر:
معرفی و ارائه	روش‌های فروش و معرفی محصولات/خدمات ما نسبت به رقبا از جهات زیر برتری دارد:
بهبود روش فروش	روش‌های فروش و معرفی ما می‌تواند نسبت به رقبا برتری پیدا کند، اگر:
فرایندها	روش‌های ما برای پیشبرد و ادارهٔ کسب‌وکار، پردازش خرید، نیازها و بازخوردهای مشتریان از جهات زیر نسبت به رقبای‌مان برتری دارد:

بهبود فرایندها	ما می‌توانیم به خوبی فرایندها و رویّه‌های برخورد با مشتریان را بهبود ببخشیم، اگر:
اعتبار	اعتبار ما در بازار از جهات زیر نسبت به رقبای‌مان برتری دارد:
تقویت اعتبار	اعتبار ما می‌تواند حتی بهتر از رقبای‌مان باشد، اگر:

◀ ارزش مورد انتظار از خدمات

براساس آمار و تحقیقات ده سال اخیر صندوق بین‌المللی پول درخصوص نظام‌های اقتصادی توسعه‌یافته، حـدود ۷۰ درصد تولید ناخالص داخلی کشورها متعلّـق بـه سازمان‌های خدماتی بوده است. این یعنی ارزش مورد انتظار از خدمات که در پنج بخش زیر راه‌گشا هستند:

- چابکی‌سازمانی؛
- پاسخ‌گویی؛
- راهنمایی و آموزش؛
- ارائهٔ به‌موقع و کامل؛
- پیگیری.

فصل سوم: خلقِ ارزش

◀ چابکی سازمانی

چابکی سازمانی یعنی توانایی یک سازمان برای تجدید قوای خود و توانایی سازگاری سریع در یک محیط متغیر، آشفته و مبهم. **چابکی سازمانی یعنی نحوهٔ واکنش شرکت در برابر تغییرات**. البته این واکنش سریع، باید ثبات هم داشته باشد.

دنیـای کسب‌وکار همـواره درحال تغییر است، زیرا اقتصاد و تولید درحـال تغییرات سریع و وسیع هستند. اقتصاد و کسب‌وکار هر دو متأثر از هم هستند، اگر یک کسب‌وکار مقاوم، تاب‌آور و چابک طراحی کنید، در برابر تغییرات و نوسانات اقتصادی دوام می‌آورد. وضع اقتصاد می‌تواند بد باشد، ولی کسب‌وکار خوب عمل کند. یعنی می‌توانید این دو را تفکیک کنید، زیرا بیشتر کسب‌وکارهای موفق، توانسته‌اند در اقتصادهای پرنوسان به‌سرعت خودشان را با تغییرات محیط سازگار کنند.

وقتی هنگام رانندگی یک مانع را مقابل خود می‌بینید، سریع واکنش نشان می‌دهید، ولی باید توجه داشته باشید که این واکنش سریع، باعث چپ شدن خودروی شما نشود. پس ثبات هم لازم است. ترکیب ثبات و سرعت واکنش، ایجاد چابکی می‌کند. بررسی کنید که سرعت تغییرات شما در مقایسه با رقبای‌تان چه‌قدر و چگونه است؟

وقتـی اتفاقـی در بازار رخ دهد و اقتصاد را تحت تأثیر قرار دهد، اگر سـرعت تغییرات شما پایین و سرعت رقبای‌تان بالا باشد و مقاومت و تاب‌آوری بیشتری داشته باشند، یعنی چابکی بیشتری نسبت به شما دارند. برای همین است که آن‌ها در آن موقعیت می‌توانند بهتر از شما عمل کنند. گاهی یک اتفاق در بازار رخ می‌دهد و برخی از شرکت‌ها به‌راحتی رشد می‌کنند و برخی بازمی‌مانند. علّت این موضوع در چابکی است. عامل اصلی در چابکی یک شرکت، آمادگی حرکتی است. باید به‌قدری از لحاظ ذهنی و مهارتی قوی عمل کنید که آمادهٔ حرکت مناسب، به‌موقع، سریع و باثبات باشید. این باعث می‌شود که بتوانید چابک‌تر عمل کنید. این حرکت نیاز به سه مورد دارد:

برتری فکری
برتری تکنیکی
برتری در استراتژی

باید از لحاظ فکری، تکنیکی و استراتژی سریع عمل کنید. مانند مسابقات رزمی یا کشتی که ظرف چند ثانیه، جای برنده و بازنده عوض می‌شود، زیرا یکی توانسته چابک‌تر عمل کند و نتیجه را تغییر دهد. هردو کشتی‌گیر به شدّت درگیر رقابت هستند، ولی یکی چابک‌تر عمل می‌کند. یعنی آمادگی حرکتی بهتری دارد. اگر سرعت داشته باشید، ولی ثبات نداشته باشید، چابک نیستید. چراکه ممکن است آن سرعت، شما را از تعادل خارج کند. سرعت همراه با آمادگی حرکتی، ثبات خلق می‌کند و این عامل پیش‌رَوی خواهد بود. برای چابکی باید عملکرد ذهنی و فعالیت‌های خود را افزایش دهید تا سبب افزایش سرعت‌تان شود. همچنین، باید به فعالیت‌ها و نگرش‌هایی روی آورید که منجر به حفظ تعادل شما می‌شود.

فصل سوم: **خلقِ ارزش**

سرعت + ثبات = تعادل

امروزه چابکی برای کسب‌وکارها نه یک امر اختیاری، بلکه اجباری است. اقتصاد و تولید چابک همه را مجبور می‌کند که در حوزه‌های مختلف چابک باشند. چابکی، واکنش سریع به تغییرات محیط نیست، بلکه واکنش به‌موقع به تغییرات محیط است.

چابکی یک خروجی و میوهٔ مشخص دارد. وقتی دانهٔ چابکی را در مزرعهٔ کسب‌وکارتان می‌کارید، ریشه می‌دواند، بعد تنه و شاخ و برگ می‌دهد. میوهٔ چابکی، پاسخ‌گویی و مسئولیت‌پذیری است. یقین دارم شرکت‌هایی که مسئولیت‌پذیرترند، چابک‌تر هستند. آن‌ها در قبال خودشان، کارمندان یا بازارشان رفتار مسئولانه دارند. مسئولیت‌پذیری یعنی ترکیب ذهنیت و مهارت‌ها در سازمان، به طوری که در تعادل باشد و بتواند چابکی ایجاد کند. در دوران کرونا، سطح دسترسی مشتریان به خدمات بسیاری از شرکت‌ها کاهش یافت، اما مسئولیت‌پذیری برخی حکم می‌کرد که در فضای آنلاین، تعامل و ارتباط خود را با مشتریان حفظ کنند. به کسب‌وکارتان نگاه کنید و آن را زیر ذره‌بین بگذارید و ببینید که آیا واقعاً به سمت مسئولیت‌پذیری به‌منظور ایجاد چابکی رفته‌اید؟

قدرت یک کسب‌وکار به میزان اعتمادی است که در آن جریان دارد. کسب‌وکاری که در درون و بین کارکنانش فضای امن و مطمئنی وجود ندارد، نمی‌تواند چابک باشد. زیرا افراد نمی‌توانند به هم اعتماد کرده و رشد کنند. همچنین، کسب‌وکاری که برای مشتریانش نیز فضای امنی مهیا نکند، نمی‌تواند چابک باشد.

مسئولیت‌پذیری، پایهٔ اعتماد است.

در چابکی سازمانی سه مدل اصلی وجود دارد:

مدل‌های چابکی سازمانی

استراتژیک

عملیاتی

سرمایه‌گذاری و مشارکت

◀ مدل چابکی عملیاتی

عملیات یعنی توانایی سازمان در انتقال سریع منابع به سمت خلق فرصت‌ها برای بهبود کسب‌وکار. درحال حاضر چقدر منابع دارید که نمی‌توانید آن‌ها را تبدیل به فرصت کنید؟ در خیلی از سازمان‌ها، از منابع به شیوهٔ درستی استفاده نمی‌شود، زیرا عملیات ایراد دارد. به عنوان مثال، تاکنون سه یا چهار همایش برگزار کرده‌اید، تعداد زیادی ویدئو از مشتریان راضی آماده کرده‌اید، نمایشگاه رفته‌اید، محتوای بسیاری خلق کرده‌اید و کلی فعالیت دیگر. امّا هنوز به گزینهٔ اول مشتریان‌تان تبدیل نشده‌اید. کماکان در عملیات تولید محتوا و در عملیات بازاریابی مشکل دارید، زیرا نتوانسته‌اید از داشته‌ها یا منابعی که دارید درست استفاده کنید. مواد اولیه دارید، امّا نمی‌توانید از این مواد اولیه به بهترین شکل برای تولید محصول نهایی استفاده کنید.

فصل سوم: خلقِ ارزش

به‌عنوان مثال، در حوزۀ مالی اگر در انتقال سریع مسائل به شرکت ناتوان باشید، کسب‌وکارتان آسیب می‌بیند. اگر سیستم مالی درستی نداشته باشید و به پروتکل‌های انضباط مالی اهمیّت ندهید، معنایش این است که توانایی سازمان در انتقال سریع منابع مالی برای بهبود کسب‌وکارتان آسیب دیده است. یعنی عملیات مطالبات مالی، چابک نیست، نه سریع است و نه باثبات. تعادلی ندارد و وقتی این تعادل به‌هم می‌خورد، یعنی در این حوزه نتوانسته‌اید خوب عمل کنید. گاهی در مشاوره‌هایم می‌گویم که الان وقت خرید مواد اولیه است. برخی گوش می‌دهند و بُرد می‌کنند و برخی نمی‌پذیرند و می‌گویند مگر ممکن است این‌همه تغییر یک‌دفعه اتفاق بیفتد؟ بله. تنها چیزی که در کسب‌وکار غیرقابل تغییر است، خود تغییر است.

تغییر، تغییر نمی‌کند؛ ولی باعث می‌شود که ما خیلی جاها تغییر کنیم. خیلی از افراد تغییر را می‌بینند، ولی برای تغییر، عملیات لازم را انجام نمی‌دهند.

اگر سازمانی می‌بیند که قیمت و مواد اولیه درحال نوسان است، ولی عملیاتش آن‌قدر قوی نیست که بتواند به‌سرعت مسائل مالی را تغییر بدهد، بعد از مدّتی از بازار حذف می‌شود. ارتباطات یکی از منابع مهم کسب‌وکار است. به چه منظور ارتباط ایجاد می‌کنید؟ برای این‌که منافعی کسب کنید و به دیگران منافعی برسانید. اگر سازمانی نتواند از ارتباطات گستردۀ خود برای بهبود کسب‌وکار و افزایش نرخ مراجعۀ مشتریان استفاده کند، چابکی عملیات ارتباطی خود را از دست می‌دهد. سازمان‌های بسیاری به‌دلیل نداشتن چابکی، مشتریان خود را از دست می‌دهند. فقدان چابکی را نمی‌توان با خدمات دیگر جبران کرد. وقتی مشتری به‌دنبال رفع نیاز خود است، نمی‌توانید چیز دیگری را به او عرضه کنید، زیرا او می‌خواهد که نیازش را در سریع‌ترین و باثبات‌ترین حالت ممکن برآورده کند. باید تعادلی در سازمان شما وجود داشته باشد که او تکلیف خود را بداند.

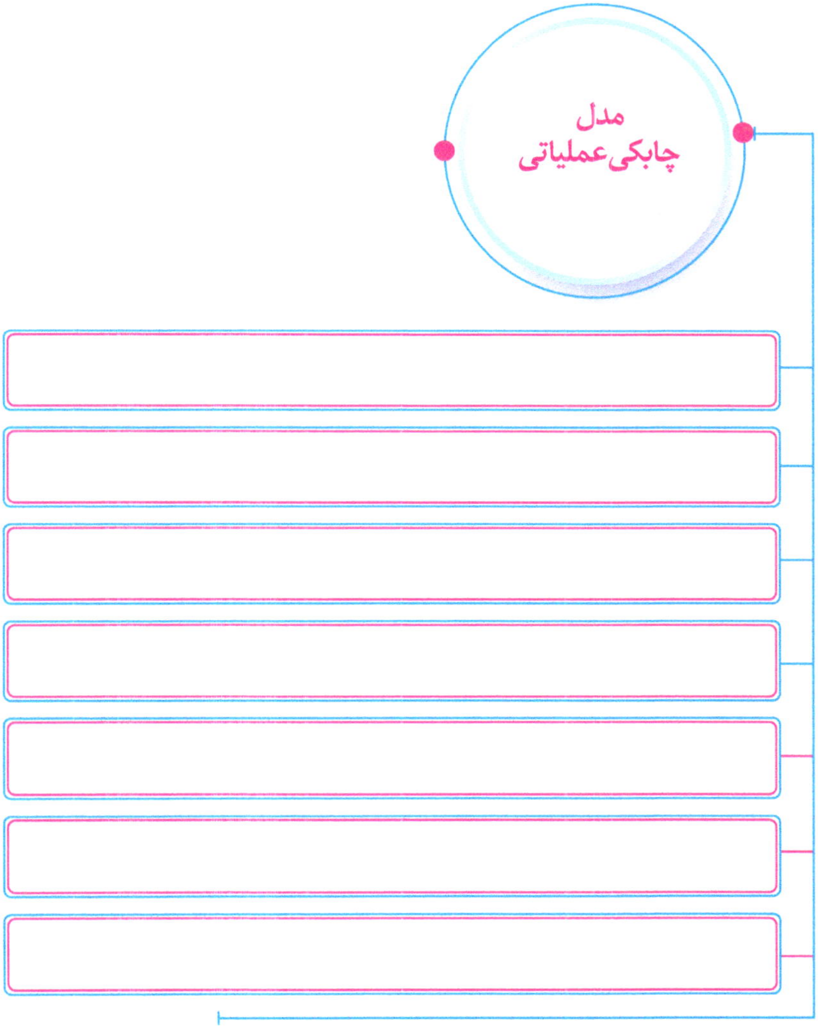

مدل
چابکی عملیاتی

◀ چابکی سرمایه‌گذاری و مشارکت

دومین مدل، چابکی سرمایه‌گذاری و مشارکت است. **گاهی برای بهبود و توسعهٔ کسب‌وکار لازم است که با افراد جدید یا کسب‌وکارهای دیگر مشارکت کنید.** تجارت در خدمت کسب‌وکار است. بخشی از فعالیت‌های سازمان مثل تولید، بازاریابی، تحقیق و توسعه و برندینگ به‌صورت عملیاتی است. امّا وقتی تولید انجام شد، باید بتوانید آن را تجاری‌سازی کنید. یعنی مواد اولیه و کالا را به ثروت تبدیل کنید. بنابراین، نیاز دارید تا یک مدل چابک سازمانی در زمینهٔ جذب یا سرمایه‌گذاری یا مشارکت‌های غیرانتفاعی داشته باشید.

مشارکت‌های غیرانتفاعی یعنی با یک شرکت دیگر، بازار مشترک دارید، ولی خدمات مشترک ندارید. مثلاً تصور کنید من با شرکتی که در حوزهٔ آموزش و مشاورهٔ حسابداری خدمات می‌دهد، بازار مشترک دارم و هردوی ما قرار است به مدیران و صاحبان کسب‌وکارها خدمات بدهیم، امّا خدمات مشترک نداریم و برای این‌که من بتوانم خدمات باکیفیت‌تر و کامل‌تری ارائه دهم، با آن شرکت مشارکت می‌کنم و این عامل چابکی سازمانم می‌شود. اگر دقّت کنید، خیلی وقت‌ها تولیدکنندگان صنایع غذایی، مثلاً آن‌هایی که لبنیات تولید می‌کنند، با شبکهٔ توزیع‌شان بیشتر تعامل دارند و می‌گویند که محصول من را سریع‌تر به دست مشتری برسانید. به این ترتیب، به‌طور چابک عمل می‌کنند. آن‌ها برای این چابکی هزینه کرده، توان عملیاتی خود را افزایش داده و همچنین سرمایه‌گذاری کرده‌اند. مثلاً پخش مویرگی ایجاد کرده‌اند تا چابک‌تر و سریع‌تر جنس‌شان را به دست فروشنده برسانند و همین موضوع، عامل رشد و توسعه‌شان شده است. پس چابکی سرمایه‌گذاری یعنی چه‌طور در حوزه‌های مختلف سرمایه‌گذاری کرده و مشارکت بیشتری برای کارکنان‌تان فراهم کنید.

مدل چابکی سرمایه‌گذاری و مشارکت

فصل سوم: خلقِ ارزش

◀ چابکی استراتژیک

سومین مدل چابکی در حوزهٔ استراتژی است. با چابکی استراتژیک می‌توانید مزیّت رقابتی به‌دست بیاورید، زیرا استراتژی فقط در رقابت معنا پیدا می‌کند. سازمانی که استراتژی بهتری دارد، بهتر می‌تواند رقابت کند و می‌داند که برای برتری داشتن نسبت به رقیب خود، نیاز به برنامه‌ریزی دارد، برنامه‌هایی که هم سریع اجرا شوند و هم با ثبات باشند. چابکی استراتژیک از طریق نوآوری‌های جدید، می‌تواند به‌سرعت یک مزیّت رقابتی ایجاد کند. پیروزی در فضای رقابتی با شناخت و استفاده از فرصت‌های بالقوه و کاهش یا جلوگیری از تهدیدها محقّق خواهد شد و آمادگی حرکتی در مقابل تهدیدها و استفاده از فرصت‌ها، مستلزم سرعت، ثبات و تعادل در چابکی استراتژیک است. توسعهٔ چابکی استراتژیک به رهبران قدرت می‌دهد و شرایطی را به وجود می‌آورد تا آن‌ها صلاحیت تشخیص تغییرات بازار را داشته باشند. **پس از تشخیص تغییرات بازار، باید به صورت چابک، یعنی با سرعت و ثبات بتوانید تغییر جهت دهید و اقدام کنید. برخی از تغییرات گاهی برای کسب‌وکارها مفیدند و گاهی برخی نیز مخرّب.**

بنابراین، در چنین شرایطی که سرعت تغییرات بالاست، باید به‌سرعت ایده‌های جدید را اجرا و عملی کنید تا موجب مزیّت رقابتی شود. سازمانی برنده است که رفع دغدغه‌ها و نیازهای مشتریان را در اولویت اول خود قرار دهد.

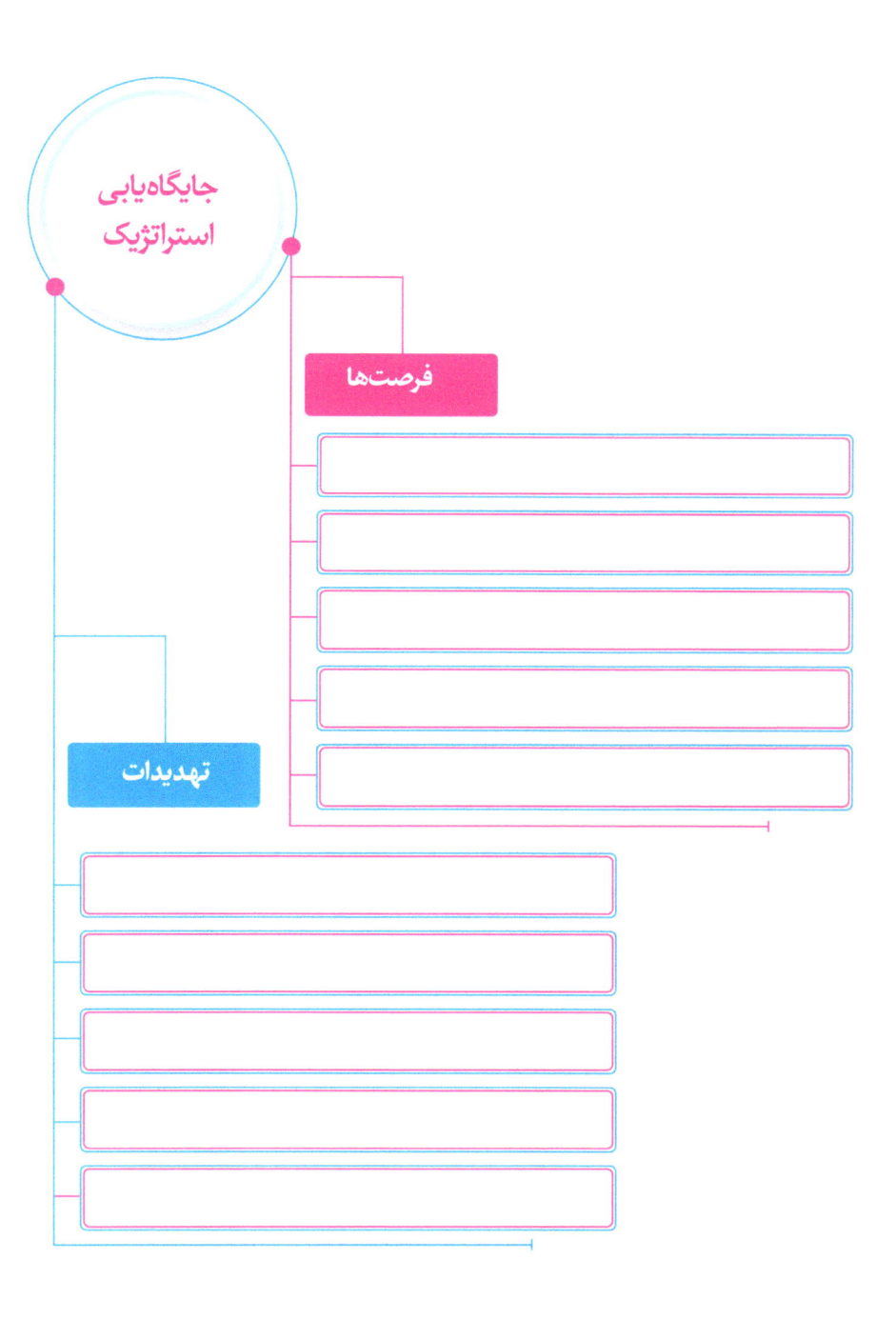

جایگاه‌یابی استراتژیک

فرصت‌ها

تهدیدات

چگونه یک سازمان چابک بسازیم؟

۱. ذهنیت درست انتخاب کنید

فرهنگ و ساختار باید با هم رشد کنند. پس یک ذهنیت درست انتخاب کنید تا علاوه‌بر ذهنیت چابک، در عمل هم چابکی ایجاد کند. ایجاد این ذهنیت چابک باید در تمام سطوح مدیریتی وجود داشته باشد، نه این‌که فقط مدیران ارشد یک سازمان با چابکی «فکر و برنامه‌ریزی و عمل» کنند و انتظار داشته باشند که چابکی در سازمان مشاهده شود.

۲. سازمان چابک همواره درحال تغییر است

سازمان چابک همواره درحال تغییر و حل‌وفصل یک چالش است. اگر خودتان تغییر نکنید، توسط مشتریان و بازار تغییر داده می‌شوید. در سازمان پویا، رشد یک فرایند همیشگی است. یعنی رشد، استمرار دارد و سازمان منابع لازم برای رشد را فراهم کرده و برنامه‌ریزی می‌کند.

۳. چشم‌انداز را به اشتراک بگذارید

چشم‌انداز یعنی این‌که تمام ارکان سازمان بدانند که برای چه چیزی کار می‌کنند و به چه چیزی قرار است برسند. زیرمجموعهٔ چشم‌انداز، هدف است. یعنی چشم‌انداز به اهداف کوچک‌تر از خودش تقسیم می‌شود و این اهداف نیز تبدیل به برنامه می‌شوند.

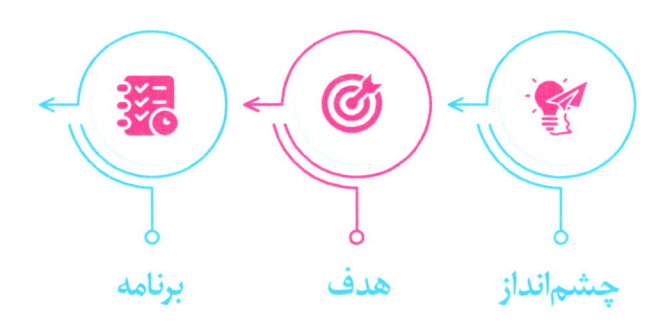

چشم‌انداز
هدف
برنامه

به‌عنوان مثال، چشم‌انداز سازمان‌تان می‌تواند این باشد که در شش ماه آینده، هزار مشتری فعلی را به ۱۸۰۰ مشتری برسانید. برای اضافه کردن ۸۰۰ مشتری جدید، اهداف قابل محاسبه لازم است. چشم‌انداز یک سازمان دیگر این است که پاسخ‌گویی به مشتریانش را به زیر پنج دقیقه برساند. برای مثال، تمام عوامل اسنپ (راننده، پشتیبان، ناظران پلتفرم و...) می‌دانند که مزیّت رقابتی‌شان، سرعت و ثبات است. راننده باید زیر پنج دقیقه به مسافر برسد و اگر نرسید، مسافر با پشتیبانی تماس می‌گیرد و آن‌ها باید بلافاصله به مسافر پاسخ بدهند و به‌سرعت مشکل مسافر حل شود. این چشم‌انداز است. هرچه بیشتر چشم‌انداز سازمان خود را برای اعضا مشخص کنید، میزان هماهنگی آن‌ها با مدیران بیشتر و ابهامات آن‌ها کم‌تر می‌شود. **وقتی که هماهنگی بیشتر شود و کارهای تکراری کم‌تر، چابکی سازمان افزایش می‌یابد.**

۴. دستورالعمل قابل اجرا تدوین کنید

چشم‌انداز و اهداف و برنامه‌ها، عملیات را شکل می‌دهند. عملیات یعنی فعالیتی که باید درست و طبق برنامه انجام شود. به‌عنوان مثال، اگر قرار است در شش ماه آینده ۸۰۰ مشتری اضافه کنید، هر روز باید با چند نفر تماس بگیرید و چند مشتری بالقوه را به مشتری بالفعل تبدیل کنید. پس باید طبق دستورالعملی مشخص عمل کنید. هرچه مفاد آن واضح‌تر و دقیق‌تر باشد، می‌توانید بهتر کار کنید و سازمان‌تان چابک‌تر می‌شود. البته توجه داشته باشید که این دستورالعمل خیلی ایده‌آل‌گرایانه نباشد.

۵. فرصت‌ها را رصد کنید

هرچه در محیط بازار بیشتر فرصت‌ها را رصد کنید، یعنی دارید روی مزیّت رقابتی خودتان شناخت بهتری پیدا می‌کنید. اگر می‌بینید محصولات رقبا ایراد دارد، این برای شما یک فرصت است. اگر یک رقیب دیگر خدمات مناسبی به مشتری نمی‌دهد، این برای شما یک فرصت است. خودروسازان چینی با توجه به همین موضوع بسیار رشد کردند. آن‌ها محیط بازار خودروی ایران را رصد کرده و فرصت‌های موجود را شناسایی کردند و فهمیدند که خودروسازان ایرانی در کدام قسمت‌ها ضعیف هستند و با چابکی توانستند بازار ایران را بگیرند و خودروهای خود را وارد کشور کنند. زیرا فرصت‌های محیطی را شناسایی کرده بودند. توجه به فرصت‌های محیطی، مانند تغییرات تکنولوژیک و نیازهای مشتریان،

باعث شد که آن‌ها بتوانند در فضای رقابتی رشد کنند. وقتی یک فرد یا یک گروه مسئول ایجاد چابکی در سازمان می‌شود، باید از بخش‌ها و واحدهای گوناگون سازمان بخواهد که تغییرات بازار را اطلاع دهند تا بتوانند برای رویارویی با تغییرات، برنامه‌ریزی کرده و پشتیبانی و خدمات را به بهترین شکل آماده کنند. وقتی بازار همیشه درحال تغییر است، پس چه بهتر که زودتر از این تغییرات آگاه شوید. مثل این‌که بگویند قرار است سیل بیاید و شما چند ساعت زودتر خبردار شوید. قطعاً خودتان را نجات می‌دهید. اگر سریع‌تر، از تغییرات بازار مطلع شوید، خودتان و کسب‌وکارتان را نجات خواهید داد.

۶. در تخصیص منابع، انعطاف‌پذیری داشته باشید

مورد ششم، انعطاف‌پذیری در تخصیص منابع است. در سازمان، منابع کمیاب و منابع اصلی وجود دارد. مثلاً منابع مالی و مدیریت نقدینگی جزو منابع کمیاب هستند. وقت و زمان مدیر یا رهبر سازمان جزو منابع کمیاب است. گاهی در این حوزه افراط و تفریط می‌کنیم. به مدیر می‌گویند که بسیاری از شرکت‌ها در حوزهٔ تولید محتوا عملکرد خیلی بهتری نسبت به ما دارند، او می‌گوید: «خب فعلاً با همین موبایل‌هایی که دارید، تولید محتوا کنید.» محتوای تولیدشده با موبایل کیفیت مناسبی ندارد و برای تولید محتوای باکیفیت، نیاز به دوربین، سه‌پایه، کامپیوتر و سایر تجهیزات داریم. او آن‌قدر تغییر در روش تولید محتوا را نادیده می‌گیرد و در تخصیص منابع خساست به خرج می‌دهد که چابکی از دست می‌رود و رقبا از ما پیشی می‌گیرند.

پیش از وقوع فاجعه اقدام کنید. وقتی در مواجهه با تغییر، از منابع استفاده نکنید و چابکی از خود نشان ندهید، رقبا سهم بیشتری از بازار را می‌گیرند. باید مزیّت رقابتی خود را به‌موقع شناسایی کنید و به آن بودجه تخصیص بدهید. تزریق به‌موقع بودجه به کسب‌وکار، بسیار مهم است. بودجه برای شرکت مثل دارو برای بیمار است. نگویید که «فعلاً قیمت این دارو زیاد است» یا «قیمت با داروهای گیاهی عطاری‌ها سر کن تا ببینیم خوب می‌شود یا نه.» گاهی چون نسبت به برنامه‌های‌مان اطمینان نداریم، بودجه‌ها را به‌موقع تخصیص نمی‌دهیم.

۷. واحدهای سازمانی باید پاسخ‌گو باشند

عامل هفتم در حوزهٔ چابکی سازمانی، ایجاد واحدهای سازمانی پاسخ‌گو است. سعی کنید برای هرگونه حق و فرصتی که در اختیار افراد یا تیم‌ها قرار می‌دهید، از آن‌ها بخواهید در خصوص عملکردشان پاسخ‌گو باشند. با انجام چنین کاری، دیگر دغدغه‌ای درخصوص تزریق و تأمین منابع یا بودجه نخواهید داشت. به تیم خود، پاسخ‌گویی درقبال سایر ارکان سازمان و مشتریان را آموزش دهید. وقتی گروه‌های کوچک و خودگردان در سازمان ایجاد می‌کنید و سعی می‌کنید مشارکت تیمی را به سمتی ببرید که افراد مسئولیت کارشان را بپذیرند، این هم بخشی از فرهنگ سازمانی محسوب می‌شود.

بخش‌های سازمان باید نسبت به عملکرد هم پاسخ‌گو باشند. تولید نگوید که محصول خراب شد، زیرا بخش تحقیق و توسعه نداشتیم. بخش فروش نگوید مشتری ناراضی است، زیرا بخش تأمین، محصول را به‌درستی منتقل نکرده بود. اگر واحدهای سازمان‌تان را نسبت به هم پاسخ‌گو نکنید، وقت‌شان گرفته می‌شود و به اصطلاح می‌خواهند روی هم را کم کنند و سرمایه‌های اجتماعی‌تان آسیب می‌بینند. از طرفی، اگر نتوانند مسائل‌شان را با هم حل کنند، قطعاً وقت مدیر و رهبر سازمان را خواهند گرفت و همین دوباره باعث می‌شود که به چابکی مطلوب نرسید و درگیر مسائلی شوید که اصلاً رشد ایجاد نمی‌کنند.

۸. سازمان چابک، بازدهی‌گراست

برای این‌که واحدهای سازمانی پاسخ‌گویی را در دستورکار خود قرار دهند، باید نگرش و فرهنگ سازمان را بر مبنای نتیجه ببینید؛ نه این‌که به فعالیت کاری نداشته باشید، بلکه سازمان را بر مبنای بازدهی بسازید. به کارکنان‌تان بگویید که اجازه دهید نتایج کارتان حرف بزنند. امکانات داشته‌اید، وقت و انرژی داشته‌اید و اعتبار سازمان در اختیارتان بوده است، ولی آن پاسخ‌گویی و بازدهی مورد انتظار را نداشته‌اید. برای افراد، تیم‌ها و واحدها، شاخص‌های اندازه‌گیری عملکرد درنظر بگیرید. یعنی آمار و ارقام بتوانند عملکردها را نشان داده و آن‌ها را با هم مقایسه کنند. به‌عنوان مثال، من امروز با پنجاه مشتری مذاکره کرده‌ام و ده نفر از آن‌ها خرید کرده‌اند. چرا واحد شما محصول را برای هفت مشتری ارسال کرده است؟ این بازدهی‌گرایی است.

فصل سوم: خلقِ ارزش

در نیجریه، هر یک بشکهٔ نفت که فروخته می‌شود، از همان لحظهٔ فروش تا لحظه‌ای که صادر می‌شود و پولش به خزانه واریز می‌شود، تمام فرایندش شفاف است. شما در بازدهی‌گرایی با عدد و ارقام صحبت می‌کنید. برخی از شرکت‌ها فقط هزینه ایجاد می‌کنند و درآمدزا نیستند. چابکی، مرز این هزینه و درآمد را مشخص می‌کند. شما با توجه به منابع، نیروی انسانی و ایده‌هایی که دارید، باید اهداف خود را در یک بازهٔ زمانی مشخص به نتیجه برسانید، **زیرا اقتصاد علم تبدیل است**.

شما عمر، فکر و تجربهٔ خود و تیم‌تان را به یک کالا تبدیل می‌کنید. این کالا یک هزینه‌ای دارد و شما با درنظر گرفتن سود خود، آن را به مشتری می‌فروشید. حالا تصور کنید که کالا در موعد مقرر به مشتری تحویل داده نشود و او ناراضی باشد و پول شما را دیر بدهد یا اصلاً این کالا دیر به فروش برسد. یعنی شرکت نتواند در بازاریابی و فروش مزیّت رقابتی یا نقطهٔ قوّت رقابتی داشته باشد. چه اتفاقی می‌افتد؟ پدیدهٔ **«تبدیل ناقص»** رخ می‌دهد. یعنی زحمت کشیده‌اید و کار کرده‌اید، امّا نتیجه نگرفته‌اید. یعنی هم چوب را خورده‌اید و هم پیاز را. خودتان را خسته کرده‌اید و نتیجهٔ مدنظرتان نیز حاصل نشده است. زیرا در تیم، فرهنگ بازدهی‌گرایی وجود نداشته است.

۹. شفافیت اطلاعاتی داشته باشید

شفافیت اطلاعاتی در سازمان باعث می‌شود که چابک‌تر عمل کنید. اطلاعات کافی و فیلترنشدهٔ مربوط به محصول، مشتری و فرایندها را با دسترسی مشخص و طبقه‌بندی‌شده در اختیار افراد تیم‌تان بگذارید. افراد گاهی رمز گاوصندوق‌شان را هم به مدیر مالی نمی‌دهند. خب شاید گاهی حضور نداشته باشید یا دسترسی به شما دشوار باشد. برای ادامهٔ کار، همه باید منتظر شما بمانند؟ یا در بخش مشتریان و سوابق آن‌ها، نیروی فروش خبره آورده‌اید، ولی اطلاعات سوابق فروش را به او نداده‌اید.

۱۰. تجربه‌گری سریع داشته باشید

ایده‌های‌تان را به سرعت درمعرض اجرا و آزمون قرار بدهید تا سریع تجربه ایجاد شود. این چابکی است. فرم‌های موجود در سازمان‌تان تا به دست مشتری نرسد، معلوم نمی‌شود که کدام قسمتش ایراد دارد. اگر مشتری سؤالی داشت یا نکته‌ای اضافه کرد، یعنی در

این فرم باید تغییراتی داده شود تا وضوح بیشتری داشته باشد. این یک کار ساختاری در سازمان است. زیرا وقتی تجربه‌گری سریع ایجاد می‌کنید، یادگیری در سازمان را تداوم می‌دهید. یکی از ویژگی‌های چابکی سریع و ارزشمند در سازمان این است که تا می‌توانید، یادگیری مستمر را در فرهنگ سازمانی‌تان نهادینه کنید.

آن چه را که برای بهتر کار کردن یاد می‌گیرید، به دیگران نیز یاد دهید. آموخته‌های خودتان را تبدیل به جزوه کرده و دانش ضمنی ایجاد کنید تا یک سیستم «مدیریت دانش» داشته باشید. سیستم مدیریت دانش یعنی مستندسازی تجربیات سازمان. وقتی فرد جدیدی به سازمان اضافه می‌شود، همان جزوه را به او بدهید تا بخواند و از تجربیات سازمان استفاده کند. این کار بسیار مفید است و موجب چابکی می‌شود.

سال‌ها پیش انتظاراتم از کارکنانم را به صورت فیلم روی سی‌دی ضبط می‌کردم و وقتی نیروی جدیدی استخدام می‌کردم، آن سی‌دی را به او می‌دادم تا ببیند و با وظایفش آشنا شود. این کار همانند یک ساعت جلسهٔ توجیهی بود و من به جای یک ساعت، تنها ده دقیقه وقت گذاشته بودم. برای کاری که می‌توان برایش الگو تعریف کرد، نباید وقت مدیر سازمان را گرفت. نباید وقت سازمان را برای کارهای تکراری هدر داد. برای سؤالات متداول مشتریان، راهکار تعریف کنید.

برای درک بهتر تجربه‌گری سریع، به مثال عملیات پلیس برای آزادسازی گروگان‌ها توجه کنید. اولین کاری که پلیس در عملیات نجات گروگان‌ها انجام می‌دهد، جمع‌آوری مجموعه اطلاعات و بررسی آن‌هاست تا ببینند که مشابهتی با پرونده‌های قبلی دارد یا نه. بعد استراتژی‌های متناسب را درنظر می‌گیرند. مدیریت دانش در این جا به‌کار می‌آید.

مثال دیگر، تجربه‌گری سریع در عملیات اطفای حریق است. اگر آتش‌سوزی ناشی از سیم‌های برق باشد، نحوهٔ خاموش کردن آن متفاوت با آتش‌سوزی ناشی از نشتی لولهٔ گاز است. سازمان‌هایی مانند پلیس و آتش‌نشانی که ناچارند چابک کار کنند، روی تجربه‌گری سریع و مدیریت دانش بسیار کار می‌کنند.

۱۱. یک‌پارچگی سیستمی ایجاد کنید

زنجیرهٔ کارها و فعالیت‌ها باید دارای هماهنگی باشند. خیلی اوقات یک تکنولوژی، سیستم یا ابزاری را وارد سازمان می‌کنیم، ولی براساس آن‌ها هماهنگی ایجاد نمی‌کنیم. بسیاری از سازمان‌ها، به خاطر افزایش دارایی‌شان، سیستم‌های مالی‌شان را عوض می‌کنند، بعد می‌بینند که علی‌رغم هزینه کردن در این خصوص، ابزار مناسبی تهیه نکرده‌اند. علّتش شاید این باشد افرادی که با آن سیستم کار می‌کنند آموزش ندیده‌اند، یا نقاط اتصال و ارتباطات شبکه‌ای درستی اجرا نکرده‌اند و در نتیجه، چابکی اتفاق نمی‌افتد. زیرا هنوز یک‌پارچگی سیستمی وجود ندارد و سیستم مالی به یک‌پارچگی نرسیده است. بنابراین، تمامی فعالیت‌ها باید هماهنگ باشند تا بتوانند یک خروجی مشخص ایجاد کنند.

۱۲. یک تیم قوی و متخصص بسازید

چابکی هیچ ربطی به اندازهٔ یک سازمان و تعـداد کارکنان آن ندارد. **امروزه شرکت‌های بزرگ و کوچک نداریم، بلکه شرکت‌های موفق و ناموفق داریم.** موفقیت بر مبنای سرعت واکنش به تغییرات محیط و تعادلی که به وجود می‌آورند سنجیده می‌شود.

شما نیـاز به یک تیم قوی و متخصـص دارید که بتواند چابکی ایجـاد کند. یعنی فرهنگ سازمانی و ساختارها را بهبود دهد. افراد تشنهٔ تغییر را در سازمان‌تان پیدا کنید و با آن‌ها یک تیم قوی و متخصص تشکیل دهید. ببینید که نقاط ضعف شما کجاست و چه عواملی باعث می‌شوند که سرعت هماهنگی‌های شما زیاد شود. کجاها ابزار و تجهیزات کم دارید؟ مشتریان از چه چیزهایی ناراضی‌اند؟ این تیم می‌تواند با ذره‌بینی در دست، موانع پیش‌روی سازمان شما را شناسایی کند.

۱۳. برای رخدادهای غیرمنتظره برنامه‌ریزی داشته باشید

به این مورد «مدیریت سد» یا **«مدیریت نیمکت ذخیره»** می‌گویند. تصور کنید که یک تیم، بازیکنی مثل رونالدو دارد و سرمربی بگوید که عملکرد تیم من بستگی به این بازیکن دارد. پس این بازیکن باید شرایط مناسبی داشته باشد تا در زمین عملکرد خوبی از خود نشان دهد. حالا فرض کنید که سرمربی تیم حریف به بازیکنانش بگوید که به هر شکل ممکن رونالدو را متوقـف کنید، حتی اگر نیاز باشد که او را مصدوم کنید. اگر این اتفاق بیفتد،

چه می‌شود؟ تمام استراتژی تیمی که رونالدو را در اختیار دارد، به هم می‌ریزد. اصطلاحاً آمادهٔ یک رخـداد یا رویداد غیرمنتظره نبوده است. اولین اصلی کـه در چابکی گفتیم، این بود که همواره محیط بازار درحال تغییر است. یعنی پر از اتفاقات پیش‌بینی‌نشده است. پس با مدیریت سد باید بخشی از ایده‌ها و پـول و انرژی خود و تیم‌تان را برای رخدادهای غیرمنتظره نگه دارید. منابع یا مخازن تصمیم‌گیری و تجربه تولید کنید. شاید هیچ‌گاه استفاده نشود، ولی اگر رونالدو را مصدوم کردند، چه کسی باید جایگزینش شود؟ ممکن است شرایط اقتصادی یا ذائقهٔ مشتریان تغییر کند و بگویند که دیگر خرید حضوری نمی‌خواهیم و فقط اینترنتی خرید می‌کنیم. حالا اگر یک کسب‌وکار برای این شرایط آمادگی نداشته باشد، غافل‌گیر می‌شود. باید بدانید که سرمایه‌تان را به چه چیزی تبدیل کنید تا اگر دوباره نرخ ارز نوسان پیدا کرد، متضرر نشوید. باید بدانید که اگر به دلیل موضوعی مثل کرونا دوباره کسب‌وکارها تعطیل شدند، چه‌کار کنید. این همان مدیریت سد است.

۱۴. روی اولویت کم‌تر و حذف گزینه‌های نامطمئن تمرکز کنید

چابکی یعنی پیدا کردن راه درست در اولویت‌های کم‌تر و حذف گزینه‌های نامطمئن. هنگام تصمیم‌گیری صد گزینه را روی میز می‌گذارید تا بررسی کنید. بعد از مدّتی، دچار پدیدهٔ «خستگی ناشی از تصمیم» می‌شوید و دیگر آن اولویت‌های آخر را سریع از نظر می‌گذرانید، زیرا می‌خواهید سریع‌تر انتخاب کنید.

چرا باید گزینه‌های نامطمئن را حذف کنید؟ گزینه‌های نامطمئن همان‌هایی هستند که خیلی اوقات منابع و وقت و انرژی انجام دادن‌شان را ندارید. با کارهای کوچک‌تر شروع کنید. وقتی گزینه‌های نامطمئن را حـذف می‌کنید، سرعت تصمیم‌گیری‌تان افزایش می‌یابد. هرچه زودتر تصمیم بگیرید، چراکه حتی اگر اشتباه باشد، می فهمید که باید اصلاحش کنید و چنین کاری بهتر از این است که مدام تصمیم‌گیری را به تعویق بیندازید. وقتی مغز مدام تصمیم‌های سریع بگیرد، اطلاعات را جمع‌آوری می‌کند و بعد از آن اطلاعات ناکارآمد را کنار می‌گذارد و از بین چند گزینهٔ محدود، زودتر به نتیجه می‌رسد.

تصور کنید که می‌خواهید برای شرکت‌تان اینترنت تهیه کنید. اگر دو گزینه داشته باشید، چابک‌تر عمل می‌کنید یا پنجاه گزینه؟ وقتی روی میز، اولویت‌های کم‌تری می‌گذارید، زودتر گزینه‌های نامطمئن را کنار می‌گذارید و عمل می‌کنید. تناسب فکر و عمل، یکی از ابزارهای مهم چابکی است.

۱۵. تناسب فکر و عمل داشته باشید

بـزرگ فکـر کنیـد، ولی کوچـک عمل کنیـد. اگر بخواهید همیشـه هم بزرگ فکـر کنید و هم بزرگ عمل کنید، عقب می‌افتید و چابکی‌تان را از دست می‌دهید. با واکنش سریع به تغییرات محیط و با ایجاد ثبات از طریق تعادل، و نیز با فرهنگ و سـاختار مناسـب، حرکت‌تان را شروع کنید.

۱۶. فرایندهای خودکار ایجاد کنید

برخی از اقدامات در جریان، کارهای متداول و همیشـگی هسـتند. فرایندهایی که معمولاً تکراری‌اند. برای ذخیرهٔ زمان مشـتریان، به فرایندهای خودکار نیاز دارید، مانند سؤالات پرتکرار مشتریان که شما از قبل به آن‌ها پاسخ داده‌اید. برای مثال، ارسال لیست قیمت‌ها، سیستم‌های پاسخ‌گویی خودکار ایمیلی و پیامکی و ....

۱۷. برنامه‌های چابک‌سازی را علنی کنید

چابک‌سازی فرایندی نیست که پشت درهای بسته به موفقیت برسد. وقتی می‌خواهید برنامه‌های چابک‌سازی را در سازمان‌تان علنی و اجرا کنید، جلسه برگزار کنید و توضیح بدهید. برای اصلاح آن برنامه از تیم‌تان نظرخواهی کنید. چابک‌سازی یک کار تیمی است و فردی نیسـت و باید در همهٔ سـطوح سازمان عملیاتی شود. فرض کنید که می‌خواهید نرخ پاسخ‌گویی به مشتریان را از نصف روز به یک ساعت برسانید. این رابطهٔ مستقیمی با چشم‌انداز دارد. به تیم‌تان اعلام می‌کنید که پاسخ‌گویی را باید به یک ساعت برسانیم و با توجه به ایده‌ها و تجهیزاتی که در اختیار داریم، همه باید مشارکت کنند.

۱۸. از حامیان چابکی حمایت کنید

وقتی می خواهید برنامه های چابک سازی را در سازمان اجرا کنید، توقع نداشته باشید که همهٔ افراد سازمان از چابکی حمایت کنند. تعداد کمی از افراد از چابکی حمایت می‌کنند. بنابراین، هر چیز و هرکسی که مانع چابکی است، حذف کنید. شما مجبورید که چابکی سازمانی را به دلیل تغییرات بازار در سازمان‌تان اجرا کنید و اختیاری نیست. برخی از افراد، عادات، فرایندها و برنامه‌های سازمانی، حکم سرعت‌گیر را دارند. بنابراین، سرعت‌گیرها را شناسایی کنید و تا می‌توانید آن‌ها را حذف کنید و موانع را از سر راه خود بردارید. همین حمایت از حامیان چابکی می‌تواند به شما کمک کند.

۱۹. روند تکرار و بهبود داشته باشید

همواره به دنبال راه‌هایی باشید که بتوانید یک کار درست را در سازمان‌تان تکرار کنید، زیرا همین عامل پیشرفت‌تان است. اغلب وقتی چشم‌اندازتان را تشریح می‌کنید و وقتی برنامه‌های چابک‌سازی را علنی می‌کنید، بخشی از تیم که سرعت‌گیر هستند، آن را درک نمی‌کنند. زیرا لازمهٔ تغییر به‌موقع این است که چابک باشید و سرعت مناسبی به شرایط بازار و کسب‌وکارتان بدهید. پس تا می‌توانید روی چشم‌انداز سازمان‌تان تأکید کنید و آن را مدام تکرار کنید و بهبود دهید.

◀ راهنمایی و آموزش

یکی از مسائل مهم مشتریان در هنگام خرید، نگرانی درخصوص استفاده از محصول است که با ارائهٔ راهنمایی و آموزش می‌توان آن را کاهش داد. برای‌شان ویدئو یا کاتالوگ‌های راهنما تدوین کنید و وقتی محصول را ارائه می‌دهید، روش استفاده از آن را هم آموزش دهید.

◀ ارائه و پیگیری

پیگیری مزاحمت نیست، بلکه یک ماهیت رقابتی بسیار مهم است. شرکت‌هایی که به‌طور دائم پیگیر وضعیت خودشان یا مشتریان‌شان نیستند، معمولاً سهم بازار خود را به رقبا واگذار می‌کنند. بسیاری از ما برداشت درستی از پیگیری نداریم. پیگیری یکی از ارزشمندترین ویژگی‌هایی است که یک شرکت می‌تواند داشته باشد. پیگیری تا قبل از

فصل سوم: خلقِ ارزش

فروش، امری بدیهی است، امّا بعد از فروش است که پیگیری معنا می‌یابد و به مشتری حس رها شدن نمی‌دهد. این را به عنوان یک اصل اساسی در خلق ارزش خدمات بدانید که بعد از فروش، هرچه پیگیرتر باشید، برای مشتری ارزشمندتر قلمداد خواهید شد.

◀ ارزش مورد انتظار از فرایندها
فرایند چیست؟

فرایند مجموعهٔ منظم از فعالیت‌هایی است که یک یا چند ورودی را به یک بازده و خروجی تبدیل می‌کند. فرایند، جریانی است که چگونگی انجام کارها را طراحی می‌کند و نشان می‌دهد. فرایندها ابزاری هستند که برای رقابت کارآمد و خلقِ ارزشِ بیشتر به‌کار می‌روند، مانند:

- فرایند تولید؛
- تحقیق و توسعه؛
- بازاریابی؛
- پرورش استعداد و منابع انسانی؛
- رشد کسب و کار؛
- مدیریت مالی.

برخی شرکت‌ها ممکن است فرایندهای بزرگی داشته باشند که از فرایندهای کوچک‌تری تشکیل شده‌اند. برای مثال، فرایند تولید که تعداد زیادی ورودی، مواد و تکنولوژی و نیروی کار و... دارد که همه را به یک محصول تبدیل می‌کند.

اگر به فرایندها به چشم منابع نگاه کنید، می‌توانید مزیّت رقابتی کارآمدتری برای خلق ارزش ایجاد کنید. برای چابکی سازمانی باید فرایندتان را اصلاح کنید، زیرا چابکی سازمانی مزیّت رقابتی شما می‌شود. همچنین، برتری استراتژی، تیم‌سازی و تیم‌داری، خلق سیستم و... تبدیل به مزیّت رقابتی می‌شوند.

در خدمات هم همین‌طور است. شرکت‌های بیمه چه طور می‌فروشند؟ شرکت‌های محاسباتی چه طور کار می‌کنند و خدمت مالی و مالیاتی ارائه می‌دهند؟ با تسهیل فرایندها

می‌توانید ارزش ایجاد کنید. بگذارید مشتریان و مخاطبان زودتر به شما برسند. فرایند پرورش استعداد و منابع انسانی ایجاد کنید. به‌عنوان مدیر باید برای رشد کسب‌وکارتان وقت بگذارید.

◀ ارزش مورد انتظار از کارمندان

در کنار محصول و خدمات و فرایندها، افرادی که با شما همکاری می‌کنند نیز متمایزکنندگان کلیدی شما از رقبای‌تان بوده و منبع تولید ارزش برای مشتریان هستند. **برای خلق ارزش باید مهارت‌های این افراد را تقویت کرده و آن‌ها را با ابزار و تکنولوژی مجهز کنید.** با ایجاد پایگاه دانش و انتقال تجربهٔ درون‌سازمانی و آموزش مهارت‌های ارتباط با مشتری، قدرت اجرایی و عملکردی این افراد را به سطح بالاتری برسانید. هرچقدر بتوانید کارمندان را به هم نزدیک‌تر کنید، مشتریان را به سازمان نزدیک‌تر کرده‌اید. اگر از بازار غافل شوید، بازار نیز از شما غافل می‌شود.

◀ ارزش مورد انتظار از کانال‌های ارتباطی

کانال ارتباطی جایی است که در آن اطلاع‌رسانی و خدمت‌رسانی می‌کنید. تا جایی که می‌توانید، برای مشتریان مسیر دسترسی به محصول را هموار نموده و روند سفارش‌دهی و خرید را با سهولت بیشتری برقرار کنید. یکی از ارزش‌هایی که در کانال توزیع می‌توانید ایجاد کنید، پاسخ‌گویی قبل از خرید یا ارائهٔ محتواست. به مشتری بگویید اگر خرید نکرد نیز اشکالی ندارد، امّا یک راهنما یا چک‌لیست خرید به او ارائه کنید تا برای خرید آگاه‌تر شود. **بسترهای آنلاینی که می‌توانید برای ثبت سفارش ایجاد کنید، چیست؟ بخشی از این ارزش جدید به‌دلیل امکانات آنلاین و نرم‌افزاری است و بخشی هم با فروش مستقیم و حذف واسطه‌ها به وجود آمده است.**

با بهبود روش ارسال و تحویل محصول به مشتری، نحوهٔ ارائهٔ ارزش خود را تقویت کنید. اگر بهترین محصول را به بدترین شکل بسته‌بندی یا ارسال کنید، ضدارزش ایجاد کرده‌اید. کیفیت بسته‌بندی را بهبود دهید. شما باید به هر چیزی که برای مشتری مهم است، فکر کنید. برخی کسب‌وکارها تسهیلات سفارش‌دهی ایجاد کرده‌اند. مثلاً اگر زودتر بخری، این قیمت است و اگر بیشتر بخری، این قیمت. دیجی‌کالا تا توانست محتوا

تولید کرد و به این ترتیب در قله ایستاد. این شرکت در دو سه سال اخیر، ۴۷۰۰ نیروی جدید گرفته است. برای این‌که مردم درحال خرید هستند و این سایت قبل از خرید، به مردم آموزش می‌دهد و ایجاد اعتماد می‌کند. شرکتی که ارزش خلق می‌کند، امنیت ایجاد می‌کند و این امنیت است که فروش را افزایش می‌دهد.

◀ ارزش مورد انتظار از سخاوت

سخاوت، غیرقابل ارزش‌گذاری است و قیمت ندارد. هرچه یک سازمان سخاوت‌مندتر باشد، ارزشش بیشتر است. فکر نکنید که اگر اطلاعات محصول و منافع آن را در اختیار مشتری قرار دهید، ضرر می‌کنید. نه، این‌طور نیست. سخاوت در ارائهٔ اطلاعات، خیلی اوقات موجب وفاداری مشتریان می‌شود. اهمیّت دادن به رفاه کارکنان از جمله ارزش‌های یک کسب‌وکار موفق است. کارکنان‌تان را به‌عنوان ابزار نبینید، زیرا اگر شما نگاه ابزاری داشته باشید، آن‌ها هم برای کسب حقوق به شما به‌عنوان یک ابزار نگاه می‌کنند. آن‌وقت برای شرکت اهمیّتی قائل نخواهند بود، بلکه برای پولی که می‌گیرند اهمیّت قائل می‌شوند. سخاوتمندانه اعتبار کارکنان‌تان را بالا ببرید و دغدغه‌ها و نگرانی‌های‌شان را بشنوید. برای بهتر کار کردن‌شان هزینه کنید و فضای رشد و پیشرفت را فراهم کنید. این برای شما ارزش می‌سازد. هرکسی که خواست در این فضا باقی بماند، پذیرای او باشید و هرکسی هم که نخواست بماند، شما چیزی را از دست نمی‌دهید، زیرا همه چیز با شما معنا پیدا می‌کند. **کارکنان همواره دنبال یافتن محیط کار دل‌پذیر و امن هستند.** اگر مدیران بتوانند شرایط کاری مناسبی برای آن‌ها مهیا کنند، کارکنان نیز این ارزش‌ها را به مشتریان انتقال می‌دهند و سخاوتی که شما به کارکنان‌تان هدیه می‌دهید، آنان به مشتریان شما پیش‌کش می‌کنند. هیچ چیزی جای سخاوت و صداقت را نمی‌گیرد.

◀ ارزش مورد انتظار از انصاف

انصاف یعنی چه؟ انصاف یعنی عدل و داد. یعنی قرارگیری در وضعیتی که همه چیز منصفانه و برد-برد باشد. همه در یک معامله باید منفعت کسب کنند. انصاف ایجاد ارزش می‌کند. محصول گران هیچ ربطی به انصاف ندارد. **محصول گران و ارزان نداریم، بلکه محصول ارزشمند و غیرارزشمند داریم.** آیا بنز گران است؟ یا به قیمتش می‌ارزد؟ بنز به نسبت مبلغش و امکاناتی که دارد، یک کالای ارزشمند است، پس منصفانه است. **انصاف**

یعنی اضافه‌تر از قیمت واقعی از مشتری نگیرید و به ازای هر مبلغی که از مشتری می‌گیرید، طوری خدمات بدهید که مشتری بگوید منصفانه و به‌صرفه بود. اگر شرکت شما معروف به رعایت انصاف در معاملات تجاری باشد، قطعاً در جذب سرمایه‌گذار یک آهنربای قوی خواهد داشت. آن‌هایی که جویای سود بیشتر هستند، دنبال موفقیت هستند و معنای کلمهٔ انصاف را در کسب‌وکارشان به خوبی نشان می‌دهند. انصاف باید طراحی شود. از جمله مواردی که باعث طراحی انصاف است، مشارکت‌های خیرخواهانه است.

از بیل گیتس نقل شده که گفته است قصد دارد از لیست ثروتمندترین‌ها خارج شود و پول‌هایی را که از مردم گرفته است، در مشارکت‌های خیرخواهانه به آن‌ها بازگرداند. به منظور فرهنگ‌سازی می‌گویم و نه به قصد ریا؛ برای رنگ‌آمیزی کلاس‌ها و دیوارهای حیاط یک مدرسه در روستایی اطراف اصفهان، بودجه‌ای صرف کردیم و لذّت می‌برم از این‌که هر از گاهی به آن جا بروم و ببینم که بچه‌ها در آن مدرسه درس می‌خوانند و لذّت می‌برند. من در محیط مناسبی درس خوانده‌ام و فکر می‌کنم این بچه‌ها هم حقّشان است که در محیط مناسبی درس بخوانند. چه بسا در بین این دانش‌آموزان، افرادی باشند که بتوانند آیندهٔ کشور را بسازند. چه چیز بهتر از این؟ مشارکت خیرخواهانه نوعی انصاف است. هم برکت معنوی دارد و هم برکت مادی. علاوه بر آن، حس‌وحال بهتری را نیز تجربه خواهید کرد. حتماً تا الان متوجه این موضوع شده‌اید که اکثر شرکت‌ها برای دستیابی به سود یا موفقیت بیشتر، باید در بهبود کیفیت زندگی مردم و جامعه نیز مشارکت فعال داشته باشند. یعنی وظیفه حکم می‌کند. از جامعه پول درآورده‌ای، پس به جامعه هم بازگردان. ببینید که با این کار چقدر ارزش ایجاد می‌شود. بعضی از شرکت‌های بزرگ، هر سال برای این کار بودجه‌ای مشخص می‌کنند. این خیرخواهی برای جامعه نیست، بلکه برای خودتان است. شاید برخی از کارکنان‌تان در این زمینه برای‌تان پیشنهادهایی داشته باشند.

ارزش یک کسب‌وکار رابطهٔ مستقیمی دارد با این‌که چه طور این فضا را برای افراد ایجاد می‌کند.

فصل سوم: خلقِ ارزش

◀ ارزش مورد انتظار از نوآوری

شرکت‌های مبتکر و نوآور همواره به‌دنبال یافتن نیازهای جدید مشتریان هستند. یک شرکت ارزشمند همیشه چند قدم از مشتریانش جلوتر است. **نوآوری یعنی بهبود دادن کارکرد یک محصول.** با ایجاد نوآوری، مشتریان را به محصولات و خدمات‌تان وابسته می‌کنید و این به‌مرور باعث به‌وجود آمدن احساس تعلّق در آن‌ها می‌شود. ممکن است وقتی شما نوآوری می‌کنید، دیگران نیز از شما تقلید کرده و آن‌ها هم رشد کنند.

نوآوری با ایجاد ارزش‌های کاربردی باعث صرفه‌جویی در هزینه، وقت و انرژی مشتری می‌شود. شاید نوآوری شما موجب شود که با تلاش کم‌تری نیازهای‌تان رفع شود. اشکالی که در بازاریابی برخی شرکت‌ها می‌بینیم، این است که به‌جای ارزش‌ها، کالا و خدمات را بازاریابی می‌کنند. وقتی شما برای ارزش‌های‌تان بازاریابی کنید، مشتریان سراغ شما می‌آیند. اگر مشتریان اضافه شدند، امّا نتوانستید پاسخگو باشید، یعنی چابکی سازمانی ندارید. بدون چابکی سازمانی، نمی‌توانید از ارزش‌های‌تان دفاع کنید. برای ارتقای سطح نوآوری و خلق ارزش بیشتر، باید به سه عامل مهم توجه کنید:

- بهبود کیفیت زندگی مشتریان؛
- حل یک مسئلهٔ همیشگی؛
- بهبود کارکرد محصول.

◄ چهار دستهٔ اساسی در خلق ارزش برای مشتری

اثرات هرکدام از این چهار دسته را در جدول زیر بررسی می‌کنیم:

کاربردی	احساسی
صرفه‌جویی در وقت	احساس ارزشمندی
سادگی و سهولت در استفاده	شخصی‌سازی
خلق ثروت	انگیزه‌بخشی
کاهش ریسک	احساس مالکیت
سازماندهی امور	زیبایی‌شناسی
کاهش هزینه‌ها	جذّابیت حسی

تغییر در زندگی	اثر اجتماعی
سبک زندگی ایده‌آل؛	جلب توجه؛
کاهش اضطراب؛	مسئولیت اجتماعی؛
سلامتی جسم و روح؛	کسب اعتبار؛
سرگرمی و شادی؛	کاهش اضطراب اجتماعی؛
ساخت عادت رفتاری جدید.	عضویت در یک گروه.

◀ ساخت ارزش پیشنهادی در پنج گام

گام اول

نیاز اصلی مخاطب را تشخیص دهید. تا زمانی‌که ندانید مردم به چه چیزی نیاز دارند و مشکل اصلی آن‌ها چیست، نمی‌توانید مزیّت خوبی خلق کنید. این امر نیازمند تحقیقات اولیه، شناخت جامعهٔ هدف و شناخت پرسونای مخاطب است. برای درک نیازها و مشکلات اصلی فرد، باید در زمینهٔ کاری خود با خریداران، مصرف‌کنندگان، مشتریان و واسطه‌ها صحبت کنید. اطلاعاتی که این منابع به شما می‌دهند، سرنخ‌های مهمی برای طراحی ارزش پیشنهادی در بوم کسب‌وکار خواهد بود. حالا شما بنویسید:

مخاطب شما به چه چیزی نیاز دارد؟

چه برنامه‌ای برای گفت‌وگو با خریداران، مصرف‌کنندگان، مشتریان و واسطه‌ها درنظر می‌گیرید؟

چه اطلاعاتی از آن‌ها کسب کرده‌اید که به طراحی ارزش پیشنهادی‌تان کمک می‌کنند؟

گام دوم

مزایای محصولات یا خدمات‌تان را بنویسید. هر مزیّت یا ویژگی خاصی را که محصولات‌تان دارد، فهرست کنید. این مزایا را به صورت مختصر و متمرکز بر نیاز مشتری هم بنویسید. همچنین، از درج ویژگی‌های بسیار بدیهی یا ذاتی محصول خودداری کنید. حالا شما بنویسید:

ویژگی و مزیّت منحصربه‌فرد محصول‌تان چیست؟

فصل سوم: خلقِ ارزش

گام سوم
دلیل ارزشمند بودن هر ویژگی را بنویسید. در این مرحله باید در یک یا چند جملهٔ کوتاه، دلیل ارزشمند بودن هر مزیّت را بنویسید. مثلاً اگر مزیّت محصول شما تنوع در رنگ‌بندی است، باید این‌جا بنویسید که چرا این مورد یک ارزش محسوب می‌شود. آیا اصلاً مشتری شما به این طیف وسیع از رنگ‌بندی نیاز دارد؟ حالا شما بنویسید:

در این مرحله به ویژگی‌های اشاره‌شده در مرحلهٔ قبل رجوع کنید و بگویید که چرا این مزیّت یک ارزش محسوب می‌شود؟

چه‌طور این مزیّت به نفع مشتری کار می‌کند؟

گام چهارم
ارزش را به مشکلات مخاطب وصل کنید. در این مرحله باید به شکلی هوشمندانه مشکلات مخاطب و نیازهای او را به یک یا چند مورد از ارزش‌های اشاره‌شده وصل کنید.

- مثال: شرکت تعمیر لوازم خانگی.
- مشکل مشتری: حمل‌ونقل و زمان‌بر بودن تعمیر.
- مزیّت: تعمیر در منزل در سریع‌ترین زمان ممکن.

حالا شما بنویسید:

کدام یک از نیازهای مخاطبان‌تان را می‌شناسید؟

آن‌ها را به کدام یک از ارزش‌هایی که ایجاد کرده‌اید می‌توانید وصل کنید؟

گام پنجم

روی ارزش پیشنهادی خود تأکید کنید. حالا که اساس ارزش پیشنهادی در بوم کسب‌وکارتان را پیدا کرده‌اید، باید کمی ظاهر آن را مرتّب کرده، خود را به‌عنوان ارائه‌دهندهٔ ممتاز این خدمت معرفی کنید. البته نیاز نیست که حتماً خود را تنها ارائه‌دهندهٔ این مزیّت معرفی کنید. حالا شما بنویسید:

بیزنس‌مَستری ▶ ۱۴۷

در پایان شش سؤال اساسی برای خلق ارزش در بازآفرینی کسب‌وکار از سایت www.hosseintaheri.ir برای شما آورده شده است:

آیا تا به حال برای‌تان پیش آمده است که به فعالیتی مشغول باشید، بدون آنکه دلیل انجام آن را بدانید و تنها یک نفر از شما خواسته باشد که آن فعالیت را انجام دهید؟

فعالیت‌هایی که انجام می‌شود، به حل چه مشکلاتی از افراد کمک خواهد کرد؟ آیا انجام این فعالیت‌ها، سردرگمی‌ها و پیچیدگی‌هایی را که در سازمان شما وجود دارد حل می‌کند؟

آیا انجام این فعالیت فایده‌ای ایجاد می‌کند؟ آیا چیزی که شما در سازمان خود می‌سازید و به مردم ارائه می‌دهید، حس مفید بودن آن فعالیت را به واسطه اشتیاقی که خود برای آن ارائه دارید، منتقل می‌کند؟

آیا انجام این فعالیت‌ها منجر به ارزش‌آفرینی می‌شود؟

آیا فعالیت‌هایی که صورت می‌گیرد، تحول‌آفرین هستند و واقعاً چیزی را تغییر می‌دهند؟ یا اینکه راه ساده‌تری برای انجام این فعالیت‌ها وجود دارد؟

آیا فعالیتی که انجام می‌شود واقعاً دارای ارزش است؟ (برای مثال، جلساتی که برگزار می‌شود، ارزش صرف کردن وقت کاری شش نفر را دارد؟)

پنج نکته‌ای که از این فصل یاد گرفتم:

۱.

۲.

۳.

۴.

۵.

سه گامی که باید بلافاصله شروع کنم:

۱.

۲.

۳.

یک نکتهٔ طلایی که می‌توانم به دیگران یاد بدهم:

کلیهٔ جدول‌ها و تمرین‌های این فصل را
از سایت حسین طاهری و صفحهٔ زیر دانلود کنید:
hosseintaheri.ir/bmtools

برتریِ استراتژی

فصل چهارم
برتریِ استراتژی

استراتژی راه رسیدن به هدف است، نه خود هدف.

بعد از مطالعه این فصل شما مسلط خواهید بود بر:

- مفهوم استراتژی و استراتژیست
- عناصر مؤثر در برتری کسب‌وکار
- تفکر، اقدام و محصول استراتژیک

ناپلئون بناپارت جنگ‌جویی ماهر، کشورگشا و مرد میدان نبرد بود. اگرچه همیشه در جنگ برنامه‌های مؤثری را پیاده می‌کرد، امّا بر این باور بود که به‌عنوان فرمانده سپاه باید حتماً خودش در نبرد حاضر باشد. شاید بپرسید که چرا او چنین نظری داشت؟ فکر می‌کرد اگر خودش حضور داشته باشد، سپاهش پیروز می‌شود و اگر خودش نباشد، سپاهش شکست می‌خورد. امّا بعد از مدّتی آن‌قدر نبردها زیاد شد که دیگر امکان این‌که بتواند در تمام آن‌ها حضور داشته باشد، نبود. در نتیجه، کم‌کم شکست‌های کوچک و بعد شکست‌های بزرگ‌تری رخ داد، فقط به این خاطر که او امکان حضور در چند جبههٔ متعدد را نداشت و در آخر به همان سرنوشتی دچار شد که در دنیا پخش شد.

بله. ناپلئون بناپارت جنگ‌جوی خوبی بود، امّا استراتژیست خوبی نبود. استراتژی قرار است به‌جای ما کار کند، نه برای ما. استراتژی یک مدیر، رهبر سازمان یا به عبارت بهتر یک مستر کسب‌وکار، باید به‌گونه‌ای باشد که وقتی خودش حضور ندارد نیز همان فرایندها و نتایج حاصل شوند. از خودتان بپرسید که: **من یک جنگ‌جوی خوب هستم یا یک استراتژیست خوب؟**

فصل چهارم: برتریِ استراتژی

اغلب ما جنگ‌جوهای خوبی هستیم، پیروزی‌های چشم‌گیری به‌دست می‌آوریم و نتایج مؤثری خلق می‌کنیم، امّا به‌مرور با ظهور بازارهای متعـدد و میدان‌های مبارزه تجاری، به‌واسطه محاصره از طرف رقبا، این جنگ‌جوی همیشه پیروز فرسوده می‌شود. پیروزی‌هایش کمرنگ‌تر می‌شود و در نتیجه، نتایج دل‌خواهش دیگر رخ نمی‌دهند و بعد از مدّتی رهبری و سرآمد بودن، بازار را از دست می‌دهد. استراتژی، چیدمان منابع به‌نحوی است که نسبت به رقیب برتری داشته باشید. این برتری به کم یا زیاد بودن منابع ارتباطی ندارد. می‌دانیم که بسیاری از شرکت‌ها استراتژی دارند، امّا اگر بپرسیم چرا برخی شرکت‌ها به نسبت دیگر همکاران‌شان در بازار برتری دارند، پاسخ این است که فقط داشتن استراتژی مهم نیست، بلکه آن چه تعیین‌کننده است، برتری در استراتژی است.

شما به استراتژی نیاز دارید تا اگر خودتان هم نبودید، فکر، برنامه و تجربیات‌تان کار کنند. پس تا این‌جا متوجه شدیم که:

- استراتژی، فکر، برنامه و تجربه می‌خواهد.
- استراتژی، اقدام، حرکت و اجرای درست می‌خواهد.
- استراتژی، همان ماهیت راهبری شما به‌سوی هدف است.

در علم بیزنس مستری، ما نیاز به تسلّط داریم و تسلّط با برتری استراتژی ایجاد می‌شود، نه فقط استراتژی. شما می‌خواهید به هدفی برسید، برای رسیدن به آن باید مسیری را طی کنید، مثلاً می‌خواهید از اصفهان به تهران بروید. راهی که قرار است بروید، مشخص است. برای رفتن به تهران درمورد مسیرتان استراتژی دارید. برای همین است که استراتژی را «راهبرد» هم می‌نامند. امّا کدام راه مسیر شما را کوتاه‌تر می‌کند؟ کدام راه، سفر شما را لذّت‌بخش‌تر می‌کند؟ چه مسیرهایی، تابلوهای راهنمای بهتری دارد؟ امکانات چه مسیری بهتر است؟ پاسخ این سؤالات، به استراتژی شما در انتخاب این مسیر برتری می‌بخشد. برتری همیشه با یک ویژگی متمایز ایجاد می‌شود، جایی که بتوانید مزیّت رقابتی پایدار (توانایی‌های پیوسته برای عملکرد بهتر نسبت به رقبا) ایجاد کنید.

◀ برتری استراتژی چیست؟

زمانی‌که مزیّت رقابتی و ارزشی که در کسب‌وکارتان ساخته‌اید، باعث شود شما نسبت به رقبا همواره عملکرد بهتری داشته باشید، یعنی برتری استراتژی دارید. بنابراین، باید مزیّت رقابتی را با استراتژی کسب‌وکارتان ترکیب کنید تا به برتری رقابتی دست پیدا کنید، زیرا قرار است استراتژی برنده داشته باشید، نه هر نوع استراتژی‌ای. کسب‌وکارها بخشی از اقتصاد هستند. برای این‌که بتوانید یک اقتصاد برتر داشته باشید، نیاز به یک کسب‌وکار برتر دارید. کسب‌وکار برتر نیاز به ارزش‌آفرینی، برندسازی، بازاریابی حرفه‌ای و هدفمند دارد و همه این‌ها در دل استراتژی قرار می‌گیرد. اما وقتی صحبت از استراتژی می‌کنیم، باید ببینیم که جایگاه استراتژی دقیقاً کجاست؟ این‌طور درنظر بگیرید که اهداف و برنامه‌هایی دارید. هم‌پوشانی اهداف و برنامه‌ها همان استراتژی است. یعنی آن چه که اهداف ما را به برنامه تبدیل می‌کند یا برنامه‌های ما را در خدمت هدف قرار می‌دهد، همان استراتژی است. پس برنامه بخشی از استراتژی است. پیش‌ازاین گفتیم که استراتژی یعنی راهبرد. راهبرد یعنی راهی که تو را می‌برد. به مثال قبل برمی‌گردیم: شما در اصفهان هستید و می‌خواهید به تهران بروید، راه‌های متعددی برای رفتن وجود دارد. این‌که فکر کنید از چه راهی بروید، می‌شود استراتژی و این‌که چگونه این راه را بپیمایید، می‌شود برنامه.

چطور و چگونه = برنامه

اهداف — استراتژی — برنامه‌ها

از چه راهی؟ = استراتژی

برای رسیدن به هدف باید هم استراتژی متفاوتی داشته باشید و هم برنامه‌های متفاوت. همچنین، باید بتوانید به‌راحتی در برنامه‌ها و ایده‌ها تغییر ایجاد کنید. از منظر بیزنس مستری، استراتژی کاری است که موجب ارتقای کسب‌وکار می‌شود. هر لحظه از خود بپرسید که: **آیا این کاری که انجام می‌دهم، باعث رشد، ارتقا و پیشبرد کسب‌وکارم می‌شود؟** استراتژی بازاریابی چیست؟ کارهایی که در بازاریابی قرار است شما را رشد دهند. استراتژی برندینگ چیست؟ کارهایی که قرار است برند شما را تقویت کنند. استراتژی‌های توسعهٔ سرمایهٔ انسانی چیست؟ کارهایی که قرار است به شما درخصوص سرمایهٔ انسانی آرامش بدهند. پس استراتژی آن چیزی است که موجب ارتقای کسب‌وکار می‌شود.

◀ استراتژیست کیست؟

استراتژیست فردی است که موجب ارتقای کسب‌وکار می‌شود. فردی که تعیین می‌کند از چه راهی و چه‌طور برویم، و برای این هدف بسیار مطالعه می‌کند، یاد می‌گیرد و تجربه کسب می‌کند.

بیزنس مستر فردی است مسلّط به کسب‌وکار. کسی‌که هم تعیین می‌کند از چه راهی برود (چه کارهایی انجام دهد) و هم تعیین می‌کند چگونه برود (چه‌طور برتری ببخشد). چراکه «خلق برتری» است که از او یک «مستر» می‌سازد.

۱. کار را با چرا شروع کنید.

شما از چه راهی باید بروید، چرا؟

۲. چرایی چرا.

چرا می‌خواهید از این راه بروید؟ «چرایی چرا» کمک می‌کند تا دنبال «چگونگی‌ها» باشید. به‌قول نیچه، «هرکس در زندگی چرایی داشته باشد، با هر چگونه‌ای خواهد ساخت.» من می‌گویم هرکس در کسب‌وکار چرایی داشته باشد، با هر چگونه‌ای خواهد ساخت. چرا می‌خواهم مستر کسب‌وکار شوم؟ برای این‌که من می‌توانم با همان تلاشی که می‌کنم، حداقل پنج تا هفت برابر بیشتر کسب کنم. این قدرت یک مستر کسب‌وکار است. مستر

کسب‌وکار چون با همان منابعی که دارد (زمانی، انسانی، مالی و...) استراتژی‌های برتر می‌چیند، می‌تواند بیشتر کسب کند.

سه عامل کلیدی موفقیت در کسب و کار عبارت است از:

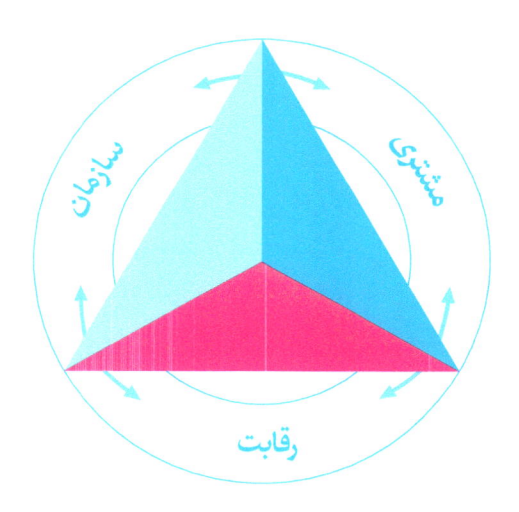

رقابت

بهتر شدن قبل از بزرگ‌تر شدن. وقتی بهتر شوید، بزرگ می‌شوید. از عوامل کلیدی موفقیت در کسب‌وکار، رقابت است. شرایط فعلی رقابت در صنعت خود را بررسی کرده و عوامل اصلی پیروزی یا شکست در رقابت را شناسایی کنید. ببینید چه چیزهایی را باید در رقابت تقویت کنید تا براساس آن‌ها بتوانید بر رقبا غلبه کنید.

سازمان

برای باقی ماندن در صنعت و بازاری که در آن رقابت می‌کنیم، باید نقاط قوّت و عوامل رقابتی سازمان را بشناسیم، آن‌ها را کامل کنیم و سپس به آن‌ها قدرت ببخشیم. روی نقاط اصلی و قوّت تمرکز کنید، چون این راز بقاست. به عبارتی روی نقاط بقای سازمان

فصل چهارم: برتریِ استراتژی

تمرکز کنید. بگویید باید در بازار موفق باشم، پس باید در رقابت موفق شوم و مقدمهٔ آن، موفقیت در سازمان خودم است.

مشتری

مهم‌ترین عامل کلیدی موفقیت یک کسب‌وکار، مشتری است. بی‌شک موفقیت سازمان بیش از آن‌که در گروی رضایت سهامداران و کارکنان باشد، در گروی رضایت مشتریان است. اغلب در کوچ یک سازمان این مهم را اندازه‌گیری می‌کنم که آیا سازمان دیدگاهی دارد؟ رقبایش را می‌شناسد؟ می‌تواند تشخیص دهد که رقبا چه طور مشتریان را به سمت خود می‌کشانند؟ مشتریان تعداد تقریباً ثابتی دارند، مثلاً در اصفهان صدتا پیتزافروشی هست، و اگر امشب صدویکمین مغازه افتتاح شود، در ازای اضافه شدن این مغازه که مشتری اضافه نمی‌شود. بلکه این مغازه جدید هم باید از همان تعداد مشتریانی که در بازار وجود دارند، سهم بگیرد و برای خودش مشتری جذب کند.

در رقابت هرکدام از این سه مورد را که بهبود ببخشید، رشد مؤثرتری خواهید داشت. بنابراین، در استراتژی روی آن‌ها کار کنید. استراتژی برای چه می‌خواهید؟ برای بردن جنگ. برتری استراتژی برای چه می‌خواهید؟ برای این‌که در رقابت با رقبا، استراتژی‌های شما بهتر عمل کنند.

سه عنصر منابع، منافع و استراتژی در کسب‌وکار تأثیرگذار هستند.

منابع

در کسب‌وکار یک سری منابع دارید، مانند پول، سرمایه انسانی، سرمایه اجتماعی، اعتبار، ارتباطات و منابعی که همه کسب‌وکارها دارند. شما منابع‌تان مشخص است، درواقع جنگ همیشه بر سر منابع است. امّا بدانید که مشتری منبع نیست، مشتری نتیجهٔ منابع شماست. یعنی پول و نیروی انسانی و تجربه و ارتباطات را به خدمت گرفته‌اید و کالا یا خدمتی تولید کرده‌اید تا با آن بتوانید مشتری جذب کنید. همه آن‌چه به‌کار می‌گیرید تا محصول یا خدمت‌تان تولید شود، منابع نام دارد.

منافع

عنصر دوم، منافع شما در بازار است. شما به‌دنبال منفعت و سود هستید. هم برای خودتان و هم برای مشتریان‌تان. امّا نکته این‌جاست که این منابع و منافع در چه موقعیتی قرار دارند؟ کجا می‌توانید این منفعت را کسب کنید؟ درست در همان راهی که می‌خواستید بروید، یعنی راهبرد. شما یک منفعت دارید، چه‌طور می‌توانید آن را به‌دست بیاورید؟ از چه راهی باید بروید تا به جایی که می‌توانید منفعت‌تان را کسب کنید، برسید؟

استراتژی

عنصر سوم، استراتژی است. بسیاری از اوقات استراتژی‌های‌تان اشتباه است، چون نمی‌دانید چه می‌خواهید، هیچ دیدگاهی برای مقصد متصور نیستید، از منافع آگاهی ندارید یا نمی‌دانید این منافع را کجا باید به‌دست بیاورید. به‌عنوان مثال، فروشنده خط‌های رند موبایل باید جاهایی را پیدا کند تا بتواند خط پنج میلیونی را پنجاه میلیون بفروشد. منافع او مشخص است، امّا کجا باید باشد تا این اتفاق بیفتد؟ این‌که بداند کجا باشد که این منفعت را کسب کند، همان استراتژی است. حالا یک سری منابع نیاز دارد تا این منافع را برای او بهتر و زودتر ایجاد کند، این می‌شود برتری استراتژی.

تلاش کنید کاری را که دیگران انجام می‌دهند، شما با منابع بهینه‌تر انجام دهید. شما و رقبای‌تان هرکدام منابع مشخصی دارید و همه می‌خواهند در بازار منفعت کسب کنند. استراتژی یعنی کاری را که دیگران انجام می‌دهند، شما با منابع بهینه‌تر و به‌صورت کاراتر انجام دهید تا منافع بیشتری کسب کنید. این یعنی داشتن استراتژی برتر نسبت به رقیب. درهرحال این منابع باید برای رسیدن به منافع صرف شوند، امّا نکته این است که کدام سازمان کاراتر و مؤثرتر از منابع استفاده می‌کند. بازی اصلی در منابع، منافع و موقعیت است. موقعیت جایی است که منفعت وجود دارد. شرکتی که خودش را در موقعیت درست بازار قرار دهد و جایگاه‌یابی درستی داشته باشد، بهترین مشتریان بازار را جذب می‌کند.

```
موقعیت   منافع   منابع
```

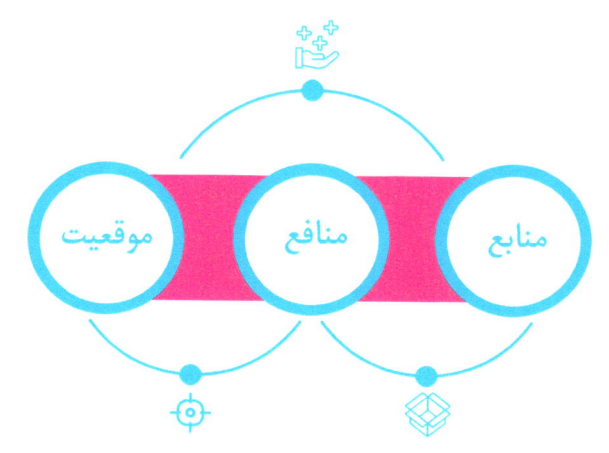

کاری که دیگران انجام می‌دهند را با منافع کم‌تر (کاراتر) انجام می‌دهیم...

آیا کارکنان تمام قابلیت خود را در جهت منابع سازمان به کار می‌گیرند؟

وقتی اسم استراتژی در بازار می‌آید، اغلب افراد فکر می‌کنند، باید بزرگ‌تر و پیچیده‌تر شوند، و نیاز به برنامه‌های چند صد صفحه‌ای و مشاوران چندصدمیلیونی دارند. در حالی که در خیلی موارد کافی است به راه، چرایی و چگونگی طی کردن آن بیندیشید. برای استراتژی نیاز نیست که بارها و بارها استراتژی‌های مختلف را به کار بگیرید، گاهی یک یا دو استراتژی درست که به درستی پیاده‌سازی شوند، برای این‌که یک کسب‌وکار از رقبایش جلو بیفتد کافی است. مهم است که هم موقعیت خودتان را در نظر بگیرید، هم منابع و هم منافعی که دارید. **زیرا برای رسیدن به یک موقعیت خاص و اختصاصی، نیاز به منابع خاص و اختصاصی دارید. زیرا می‌خواهید منفعت خاص و اختصاصی به دست آورید.** اما سؤال این‌جاست که بین منابع، منافع و موقعیت کدام اهمیّت بیشتری دارد؟ و پاسخ صددرصد در منابع است. زیرا دیگران هم موقعیت و منافع را می‌خواهند. امّا آیا کارکنان شما از تمام قابلیت‌های‌شان در جهت حفظ، تقویت و رشد منابع استفاده می‌کنند؟

فصل چهارم: برتریِ استراتژی

منابع یا بهتر بگوییم منابع استراتژیک، ویژگی‌هایی دارد. در واقع منبع باید ایجاد ارزش کند. به این معنی که یا هزینـه را کاهش دهد یا قیمت کالا را افزایش دهد. شـما در کلاسی شرکت می‌کنید که دانش کسب کنید. این می‌تواند جزء منابع استراتژیک شما باشد. می‌توانید از تجربیات یک مشاور استفاده کنید یا کتاب بخوانید یا نیرویی استخدام کنید که تولید ارزش کند، یعنی یا هزینه را کاهش دهد یا قیمت کالا را افزایش. به این چند مثال توجه کنید:

- دو بیمارسـتان را تصور کنید که منابع مشخصی دارند. یکی از آن‌ها بخش‌هـای تخصصی و پزشکان متخصـص مشهوری دارد و همیـن منبـع باعـث شهرت بیمارسـتان و اسـتقبال از آن می‌شـود. یعنی منابـع تولیـد ارزش کرده‌اند و قیمت خدمات آن بیمارستان را افزایش داده‌اند.
- دو رستوران، منابع یکسانی دارند و هر دو، مواد اولیه برای پخت غذا را با یک قیمت می‌خرند، امّا آشپزی که استخدام کرده‌اند، نتیجه کار را متفاوت رقم می‌زند. آن که غذای بهتری می‌پزد، محصولش را با قیمت بالاتری هم می‌فروشد.

آن فروشگاه زنجیره‌ای که باعث حذف واسطه شده است و منابع را با قیمت پایین‌تری فراهم می‌کند، ارزش تولید کرده است و این ارزش باعث کاهش هزینه برای خود و مشتریانش شده است.

ویژگی‌های منابع
استراتژیک
ارزش
کمیابی
غیرقابل تقلید
منبع باید ایجاد ارزش کند.
یا هزینه‌ها را کاهش دهد.
یا قیمت کالا را افزایش دهد.
منابع با ارزش کمیاب هستند.
نباید در اختیار هرکسی قرار گیرند.
ایجاد موانع برای عدم کشف منافع
جلوگیری از نسخه‌برداری یا جایگزینی خروجی

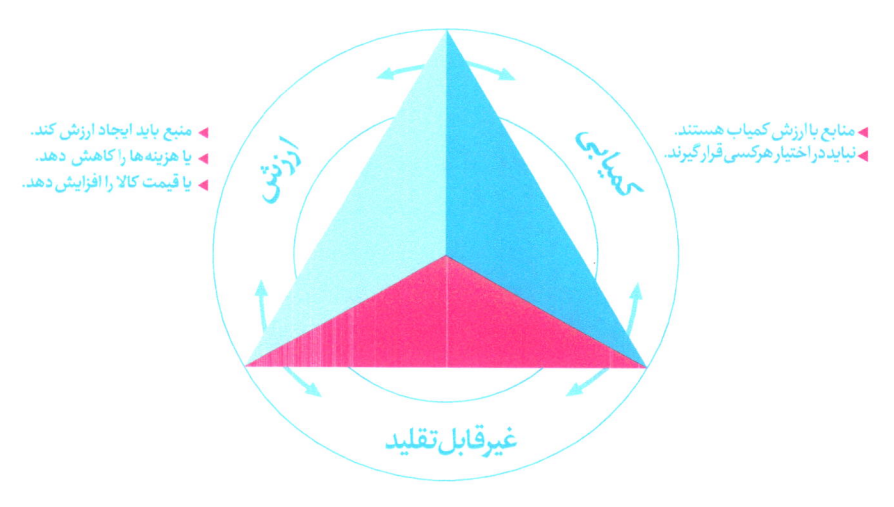

یک منبع استراتژیک باید سه ویژگی داشته باشد:

۱. ارزش ایجاد کند

منبع باید ایجاد ارزش کند. منابع ارزشمند، سازمان را قادر می‌سازند تا استراتژی‌هایی را اجرا کند که کارایی و اثربخشی داشته باشند؛ منابعی که بتوان با آن‌ها فرصت به‌وجود آورد یا تهدیدی را خنثی کرد. منابعی که موجب کاهش هزینه شرکت شوند یا روی افزایش درآمد تأثیر بگذارند، موجب می‌شوند که شرکت به‌راحتی بتواند تعادل مالی داشته باشد.

۲. کمیاب باشد

یک منبع استراتژیک، کمیاب است. پس منابع با‌ارزش را نباید در اختیار هرکسی قرار داد. اگر منبع با‌ارزش توسط برخی رقبا به‌راحتی عرضه شود، طبیعی است که این کمیابی از بین می‌رود. با یک منبع کمیاب می‌توانید برتری استراتژیک داشته باشید.

۳. غیرقابل تقلید باشد

منبع با‌ارزش و کمیاب باید به‌سختی تقلید شود. باید تا می‌توانید برای کشف منابع‌تان مانع ایجاد کنید. از ویژگی‌های یک سیستم قدرتمند، این است که استراتژی‌های پیچیده‌ای طراحی می‌کند که ساده کار می‌کنند. بسیاری از استراتژی‌های قدرتمند سازمان‌های موفق و مؤثر، هنوز کپی نشده‌اند، چراکه منابع‌شان ارزشمند و کمیاب بوده است. فوت کوزه‌گری داشته باشید.

منابعی که دارید، جزء اصلی کسب‌وکارتان در استراتژی است. پیش از این گفتیم که برای خلق مزیّت رقابتی، منابع اختصاصی داشته باشید. همان کاری را که دیگران انجام می‌دهند، با منابع بهتر و کاراتر انجام دهید. منابع استراتژیک، برتری استراتژیک ایجاد می‌کنند. گاهی منابع شما تجربه و دانش و ارتباطات‌تان است. در شرایطی که منفعت و موقعیت شما با رقبا یکی است، «منابع» تعیین‌کننده هستند.

- آیا منابع شما استراتژیک هستند؟
- آیا منابع شما ارزش ایجاد می‌کنند؟
- آیا کمیاب هستند؟

در کسب‌وکارتان فهرست منابع‌تان را تهیه کنید. هر چه باعث می‌شود یک محصول تولید شود، منبع است. آیا منابع‌تان ارزشمند، کمیاب یا غیرقابل تقلید است؟

منابع	مولّد ارزش	کمیاب	غیر قابل تقلید

با تأمّل در این سؤالات، بخش‌هایی را در کسب‌وکارتان کشف می‌کنید که به‌درستی کار نمی‌کنند و حالا در فضایی قرار می‌گیرید که بتوانید کسب‌وکارتان را رشد دهید.

همان‌طور که گفتم، ناپلئون جنگ‌جوی خوبی بود، ولی استراتژیست خوبی نبود، چراکه جانشینی برای خود انتخاب نکرده بود. درواقع، نحوه تفکّر، اقدام و محصولی را که باید در اختیارشان باشد تا به نتیجه برسند، در اختیار کسی قرار نداده بود.

استراتژی نیاز به «تام» دارد: «ت» (تفکّر استراتژیک)، «ا» (اقدام استراتژیک)؛ «م» (محصول استراتژیک).

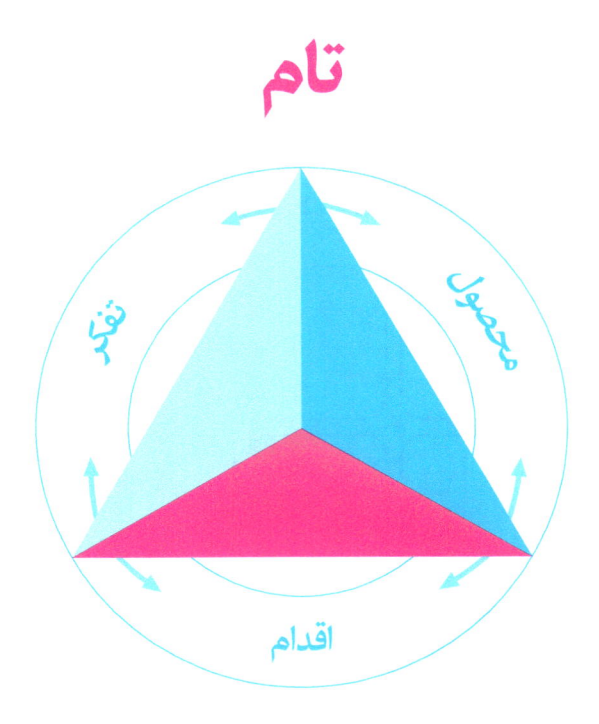

تام
تفکّر
محصول
اقدام

◀ تفکّر استراتژیک

تفکّر استراتژیک مهم‌ترین کاری است که شما باید انجام دهید. درواقع، کیفیت تفکّر شما دربارهٔ المان‌های کلیدی کسب‌وکارتان است که تأثیر چشم‌گیری روی موفقیت‌تان دارد. تفکّر استراتژیک همان جهت‌دهی شما به تصمیمات است. جهت‌دهی براساس تصور نتیجه‌ای که تصمیم‌تان دربر خواهد داشت. به چه موقعیتی می‌خواهید برسید؟ برای چه منفعتی؟ با چه منابعی؟ فکر کنید، تصور کنید و جهت دهید. چه تصمیمی باید بگیرید؟ چه منابعی را باید صرف کنید تا بتوانید به آن موقعیت برسید و آن منفعت را به‌دست آورید؟ این تفکّر استراتژیک است. پیامدهای بالقوهٔ تفکّر شما، تفکّر را به مهم‌ترین و باارزش‌ترین فعالیت‌تان تبدیل می‌کنند. تفکّر استراتژیک با برنامه‌ریزی استراتژیک تفاوت دارد. تفکّر استراتژیک از جنس مهارت است. یعنی باید در تفکّر استراتژیک مهارت پیدا کنید. برنامه‌ریزی از جنس فرایند است. هر برنامه هم فکر می‌خواهد که چه‌طور نوشته و اجرا شود. درواقع، تفکّر استراتژیک جایگاه بالاتری نسبت به برنامه دارد.

سرعت دنیای امروز به‌دلیل چابکی، اقتصاد و تغییرات بازار شما را وابسته به تفکّر استراتژیک می‌کند. چراکه اگر نتوانید موضوعات اساسی را درست تحلیل کنید و به همین سبب مدام به کارمندان‌تان فشار روحی و فیزیکی وارد کنید، نتیجه‌ای جز سردرگمی و شکست نخواهید داشت. بدون تفکّر استراتژیک، فرصت‌ها و موقعیت‌ها یکی پس از دیگری از دست می‌روند. موقعیت در استراتژی یعنی قرار گرفتن در جایی که فرصت وجود دارد، زیرا فرصت موجب ایجاد منفعت می‌شود.

منفعت یعنی عوامل بروز فرصت به‌صورت بالقوه که شما هنوز آن فرصت را به‌وجود نیاورده‌اید تا تبدیل به منفعت شود. شاید بپرسید این منفعت کجاست؟ من باز پاسخ می‌دهم که در موقعیت، بالای کوه یا یک جای سخت. بدون تعریف درست از موقعیت درست در بازار، منفعت به‌دست نمی‌آید. بدانید که هر ایده‌ای ارزش توجه کردن ندارد. استراتژی مثل خط می‌ماند و هدایت‌کننده است. با تفکّر استراتژیک می‌توانید هزینه‌های مربوط به حرکت‌ها را محاسبه کنید. باید محاسبه شود که هر اقدامی برای سازمان چه هزینه‌ای دارد، چراکه هر هزینه‌ای از منابع صرف می‌شود.

فصل چهارم: برتریِ استراتژی

فرایند تفکّر معمولی { ◂ محرّک / ◂ پاسخ }

فرایند تفکّر برتر { ◂ محرّک / ◂ تفکّر / ◂ پاسخ }

◂ تفاوت استراتژی و تاکتیک

شما بازی شطرنج را در پنج دقیقه یاد می‌گیرید. مهره‌ها، جهت حرکت آن‌ها و قوانین را خواهید شناخت، امّا در پنج دقیقه شطرنج‌باز ماهری نمی‌شوید. زیرا شما تاکتیک یاد گرفته‌اید، امّا استراتژی یاد نگرفته‌اید. فرق تاکتیک و استراتژی این است که تاکتیک‌ها، روش‌های پیاده‌سازی استراتژی هستند. آموختن استراتژی به زمان و فکرکردن پیوسته نیاز دارد. ناپیوستگی‌ها و گسست‌های کسب‌وکار و بی‌برنامگی‌ها و عدم یک‌پارچگی‌ها را می‌توانید با تفکّر استراتژیک پیدا کنید. اهرم رشد ایجاد کنید. جهش در یک کسب‌وکار از طریق اهرم‌سازی اتفاق می‌افتد. اگر ناپلئون با تفکّر استراتژیک می‌توانست اهرم‌سازی کند، هم می‌توانست افرادی نظیر خود را پرورش دهد، هم پیروز جنگ‌ها باشد و هم امپراتوری ماندگارتری داشته باشد.

بنابراین، به‌دلایل زیر به تفکّر استراتژیک نیاز دارید:

- پیدا کردن فرصت‌ها و نقاط آسیب‌زا؛
- فیلتر کردن ایده‌هایی که ارزش توجه ندارند؛
- در نظر گرفتن احتمالات و ریسک‌ها؛
- محاسبهٔ هزینه‌های مربوط به حرکت‌ها؛
- امکان‌سنجی تاکتیک‌های مختلف مؤثر؛
- دوری از تعصبات فکری و تجربی؛
- کشف ناپیوستگی‌های کسب‌وکار؛

- شناسایی و استفاده از اهرم‌های رشد.

مهارت های
تفکر
استراتژیک
تحلیلی
انتقادی
خلاق
ارتباطی
برنامه ریزی
مدیریت
تجربه گرا
نتیجه گرا
حل مسئله
سیستمی
ترکیبی

تفکّر استراتژیک در چرایی و چگونگی کمک می‌کند تا بی‌نظمی چگونگی را به نظم تبدیل کنید. برای همین، استراتژی یک مسیر پیوسته است.

رهرو آن نیست که گه تند و گهی خسته رود   رهرو آن است که آهسته و پیوسته رود

◀ مهارت‌های تفکّر استراتژیک

نه مهارت تفکّر استراتژیک داریم. یک استراتژی خوب، پیش از هر چیز دیگری به تفکّر استراتژیک نیاز دارد.

۱. مهارت تحلیلی

همان‌طور که اشاره شد، تفکّر با برنامه‌ریزی فرق دارد. برنامه‌ریزی از جنس فرایند است و تفکّر از جنس مهارت، و هر مهارتی اکتسابی و قابل یادگیری است. برای تقویت تفکّر استراتژیک اول از همه باید مهارت تحلیلی کسب کنید. تا می‌توانید انواع ورودی‌ها و خروجی‌ها را تحلیل کنید. نسبت ببندید. بگویید به‌ازای ده میلیونی که تا الان برای تبلیغات شبکه‌های اجتماعی صرف کرده‌ام، چقدر عایدی داشته‌ام؟ نه‌فقط عایدی مالی، بلکه آن‌چه نصیب من شده است. به‌ازای حقوقی که ماهیانه می‌دهم، چقدر فروش و درآمد ایجاد می‌کنم؟

۲. مهارت ارتباطی

دومین مهارت تفکّر استراتژیک، مهارت ارتباطی است. یعنی ایجاد یک استراتژی برای شرکت شما صرف‌نظر از اندازه‌ای که دارد، نیاز به ارتباطات قوی دارد. در ارتباط درست با تیم، مشتری و شرکای‌تان می‌توانید یک فکر درست ایجاد کنید. می‌توانید خرد جمعی ایجاد کنید و تفکّری قدرت‌مند بسازید. ارتباط خوب به شما این امکان را می‌دهد تا از موفق‌ها و مسترها بخواهید که به شما یاد بدهند. من هرکجا کاسب موفقی ببینم، از او برای سیستم خودم الگوبرداری می‌کنم. حتی در اصناف کاملاً غیرمرتبط. گاهی برای خرید کت‌وشلوار می‌روم و می‌بینم فروشنده چه‌قدر عالی سرویس‌دهی می‌کند. بعد از فروش به من زنگ می‌زند که کت‌وشلوار خوب بود و مشکل سایز نداشتید؟ با خودم می‌گویم خب وقتی فروشندهٔ کت‌وشلوار این کار را می‌کند، پس من هم می‌توانم از این ایده برای مشتریان خودم استفاده کنم. از مشتری بپرسم که آیا محصولم را استفاده کردید؟ خوب بود؟ راضی بودید؟ مشتری می‌گوید به‌محض این‌که محصولش را به من فروخت، من را فراموش نکرد، بلکه تازه با من دوست شد. دفعه بعد که بخواهد این محصول را تهیه کند، اول سراغ من می‌آید. این می‌شود برتری استراتژی. کسب‌وکارها اگر بتوانند مهارت‌های ارتباطی درون‌سازمانی و برون‌سازمانی خود را رشد دهند، می‌توانند کیفیت خدمات‌شان را بالا ببرند.

۳. مهارت سیستمی

تفکّر استراتژیک، محدود و مقیّد به یک واحد و یک بخش از سازمان نیست. به کل سازمان و به کل سیستم فکر می‌کند. تفکّر سیستمی یعنی فکر کردن همه جانبه به موضوع. به این مثال توجه کنید: درحال رانندگی هستم که ناگهان ماشین خاموش می‌شود. به مکانیک زنگ می‌زنم و می‌گویم که ماشینم خاموش شد. مکانیک می‌آید و بررسی می‌کند و دیاگ می‌زند و می‌گوید خدا را شکر موتور نسوخته است. می‌بیند یکی از شمع‌ها آسیب دیده است. عوض می‌کند و استارت می‌زند. ماشین روشن می‌شود. حالا سؤال این است که برای روشن شدن ماشین، موتور ماشین مهم‌تر است یا شمع؟ همه در یک سیستم به یک اندازه مهم هستند. پس تفکّر استراتژیک همه چیز را درنظر می‌گیرد. همه متغیرها و همه عناصر سیستم را درنظر می‌گیرد. چرا مهم است که همه عناصر سیستم درنظر گرفته شوند؟ زیرا شما یک ایده استراتژی مدنظر قرار می‌دهید و می‌خواهید که پیاده‌سازی کنید، ولی خیلی از عواملی را که تشکیل‌دهنده منابع‌تان است، درنظر نمی‌گیرید. یکی از آن‌ها «درک تیمی» است. تیم شما باید درک کند که این استراتژی برایش مفید است. موجب حفظ آبرو و اعتبار نزد مشتری می‌شود. نزد مشتری احساس ارزشمندی می‌کند. اگر درک تیمی را لحاظ نکنید و بگویید: «همین که من گفتم، بروید و اجرا کنید»، نتیجه‌اش همین وضعیتی می‌شود که خیلی‌ها با آن درگیر هستند.

۴. مهارت حل مسئله

تفکّر استراتژیک دارای مهارت حل مسئله است. قبل از این‌که مسئله ایجاد شود، درمورد آن فکر می‌کند و راه‌حل تولید می‌کند. مهارت حل مسئله یعنی ایجاد راه‌حل. به‌عنوان مثال، شما مسئله‌ای دارید که ریشه‌اش محاسباتی و منطقی است. یعنی می‌پرسید چرا تعداد مشتریان درحال کم شدن است؟ چون ما خدمات مشتری حرفه‌ای نداریم. چرا خدمات مشتری حرفه‌ای نداریم؟ چون مطالعهٔ بازار نداشته‌ایم. با مشتری گفت‌وگو نکرده‌ایم. از مشتریان‌تان دربارهٔ خودتان بپرسید تا این مسئله حل شود. تفکّر حل مسئله یعنی مسائل را خُرد کنید و بشکنید. «شکست مسئله» ایجاد کنید تا آن مسئله حل شود. یکی از مهارت‌های تفکّر استراتژیک، مهارت حل مسئله است. اگر به «مسئله» بی‌توجه باشید، تبدیل به «مشکل» می‌شود، اگر به مشکل بی‌توجه باشید تبدیل به معضل می‌شود و اگر معضل را رها کنید، تبدیل به «بحران» می‌شود. بحران را رها کنید، تبدیل

به «فاجعه» می‌شود. فاجعه را اگر رها کنید، تبدیل به «مصیبت» می‌شود. یک دندان‌درد کوچک دارید و اگر بی‌توجهی کنید، کارتان برای همان دندان‌درد کوچک به اتاق عمل می‌کشد و چند هفته طول می‌کشد تا خوب شود. مسئله، ریشه منطقی دارد و محاسباتی است و دقیقاً برای همین، تفکّر استراتژیک تفکّر هیجانی نیست.

۵. مهارت تفکّر انتقادی

همیشه باید نسبت به یک فکر و مدل ذهنی، نگاه موشکافانه و پرسش‌گر داشته باشید. به بیانی ساده‌تر، گیر بدهید. اگر نشد چی؟ جایگزین چیست؟ ناپلئون چون نبود، بقیه نمی‌دانستند باید چه کنند. او از خودش نپرسیده بود که اگر من نباشم چه؟ چون تفکّر استراتژیک نداشت و مسئله را حل نکرده بود، بنابراین با مصیبت روبه‌رو شد.

۶. مهارت تفکّر خلاق

با گزینه‌های بیشتر، با خلاقیت و نوآوری و با ایده‌یابی و ایده‌پردازی و ایده‌پروری راه‌حل‌های متفاوت پیدا کنید. چیزهای بسیاری وجود دارند که هنوز کشف نشده‌اند. چیزی لازم نیست اختراع شود. برق در دنیا اختراع نشد، بلکه جریان الکتریسیته کشف شد. علم مکانیک کشف شد. علم الکترونیک کشف شد. مغناطیس کشف شد. آتش کشف شد. پس آنچه در تفکر خلاق به آن نیاز داریم، کشف و هنر ترکیب ایده‌هاست نه اختراع.

۷. مهارت تفکّر ترکیبی

اگر می‌خواهید تفکّر استراتژیک داشته باشید، از مدل تفکّر ترکیبی استفاده کنید. دقّت کنید که داده به‌معنای اطلاعات خام است. وقتی داده را طبقه‌بندی و غربال‌گری می‌کنید، تبدیل به اطلاعات می‌شود. به‌عنوان مثال، یک بانک داده دارید، مثلاً دیتابانک شماره‌های تلفن. آن را غربال‌گری می‌کنید تا ببینید که شماره تلفن مدیران، مدیران میانی و کارمندان کدام است. این غربال‌گری و طبقه‌بندی، داده را به اطلاعات تبدیل می‌کند.

دو نوع داده داریم: داده سخت[1] و داده نرم[2]

داده‌های سخت غیرقابل تغییرند. نمونه داده سخت، داده‌های آماری است. اطلاعات و تحقیقات داده سخت هستند.

داده‌های نرم همان ایده، تجربه و مقایسه هستند. «بازاری» را با «بازار دیگری» مقایسه می‌کنید و می‌بینید که در آن موفق نیستید. با خود می‌گویید با یک بازار دیگر هم مقایسه می‌کنم و می‌بینید که در آن یکی بازار قوی‌تر هستید. یک محصول تولید می‌کنید و می‌بینید که نسبت به محصول رقیب‌تان، در یک منطقه قدرت ندارید، ولی در منطقه دیگری قدرت دارید. این‌ها داده نرم هستند. یعنی می‌شود آن‌ها را تغییر داد. تفکّر استراتژیک یک تفکّر ترکیبی است. ترکیب یعنی چه؟ یعنی داده‌های نرم و سخت را روی کاغذ بیاورید و از ترکیب آمار و ایده و اطلاعات نتیجه ایجاد کنید. آمار دارید که نرخ سن جمعیت رو به افزایش است. کشور ایران به سمت میان‌سالی می‌رود. چه اتفاقی افتاد؟ این آمار را که نمی‌توانید تغییر دهید. ایده‌پردازی می‌کنید و می‌گویید محصول یا خدمتی برای نگهداری سالمندان تولید می‌کنم. تا پنجاه سال دیگر هم درآمد دارد. یک استراتژی بر این اساس ترتیب می‌دهید. از مرحله کشف به مرحله خلق و بعد به مرحله بهبود می‌رسید. به این ترتیب می‌توانید با تفکّر استراتژیک به تصمیمات‌تان جهت بدهید. در نتیجه، از نتیجه‌ای که می‌خواهید به‌دست بیاورید، تصوری خواهید داشت.

---

1. Hard Data
2. Soft Data

۸. مهارت برنامه‌ریزی و مدیریت

استراتژی فقط درمورد راه‌حل‌ها نیست، بلکه شامل پیاده‌سازی‌ها هم می‌شود. پس بعد از این‌که داده‌ها را تجزیه و تحلیل کردید و مشکل درک شد و راه‌حل مشخص شد، به برنامه‌ریزی نیاز دارید. نیاز به مهارت‌های مدیریتی قوی دارید تا بتوانید همه‌چیز را در کنار هم قرار دهید و پیش ببرید. به همین دلیل، تفکّر مهم‌تر از برنامه‌ریزی است، زیرا با تفکّر می‌شود برنامه‌ریزی استراتژیک را شکل داد.

۹. تجربه‌گرا یا نتیجه‌گرا

تفکّر استراتژیک تجربه‌گرا یا نتیجه‌گرا؟ بسیاری از افرادی که تفکّر استراتژیک دارند، زمانی‌که درمورد استراتژی‌های خود فکر می‌کنند، نه در دام عمل‌گرایی کور می‌افتند و نه به ایده‌آل‌گرایی رو می‌آورند. عمل‌گرایی کور یعنی بدون فکر عمل کردن. درحال عمل کردن هستید، درحال کوبیدن میخ به دیوار هستید و چکش هم دست‌تان است، امّا با چشم بسته چکش می‌زنید. کسی که تفکّر استراتژیک تجربه‌گرا دارد، عمل‌گرایی کور یا ایده‌آل‌گرایی ندارد. ایده‌آل‌گرایی در استراتژی یعنی برای هر حرکتی دنبال طرح دقیق و جزئی و بهینه باشیم. عمل‌گرایی کور به ناکجاآباد ختم می‌شود. به هرچه باداباد ختم می‌شود. نتیجهٔ ایده‌آل‌گرایی، توقف و ایستادن است و شما برای استراتژی لازم است که حرکت کنید. برای برتری استراتژی لازم است که قدرت‌مند حرکت کنید.

هرکس سفر مهمی در پیش داشته باشد، اول از همه به یک نقشه نیاز دارد تا مسیر درست را بتواند پیدا کند. بعد باید چه کند؟ باید حرکت و اقدام کند. حرکت و اقدام، ارتباط و آگاهی می‌خواهد. اقدام بدون آگاهی، خودکشی است. شرکت‌کُشی است. منفعت‌کُشی است. استراتژی، راه است. هر روز باید ببینید که این راه را درست می‌روید یا نه؟ فکرتان درست بوده است یا نه؟ ابزار و مهارت‌های تفکّری را که دارید، به تیم‌تان بدهید. به یک نفر تحلیل، به یکی حل مسئله و به دیگری خلاقیت را بسپارید و جریان سیال تفکّر استراتژیک را به‌وجود آورید.

◀ اقدام استراتژیک

اقدام استراتژیک نقشه راه اجرای استراتژی است. شما در آن نقشه راه، تعیین می‌کنید که چه منابعی را تخصیص بدهید، چه طور افراد را هدایت و چه طور رهبری کنید. برای این که برنامه‌ها اجرا شوند، چه ساختاری پیاده‌سازی کرده‌اید؟ اجرای استراتژی تدوین‌شده بیشترین تأثیر را در موفقیت یک سازمان دارد. قرار نیست فقط درمورد استراتژی فکر کنید، بلکه اجرایش هم مهم است.

شما انتخاب کرده‌اید که چه غذایی بپزید، امّا فقط فکر کردن به آن کافی نیست، باید اقدام هم بکنید.

برتری در استراتژی، برتری در تفکّر، اقدام و محصول (تام) است.

چالش‌های اجرا و اقدام استراتژیک

چالش‌های اجرا و اقدام استراتژیک به ترتیب عبارتند از:
- ناسازگاری با اهداف فردی، گروهی و سازمانی؛
- غیرمرتبط بودن با منابع کوتاه‌مدّت و بلندمدّت؛
- عدم هماهنگی مهارت‌ها، منابع و توانمندی‌ها؛
- عدم آگاهی و خودفریبی مدیران سطح بالا؛
- توجه مدیران به حفظ وضع موجود؛
- کامیابی‌های گذشته سازمان؛
- تعیین دقیق اولویت‌ها.

۱. ناسازگاری با اهداف فردی، گروهی و سازمانی

نمی‌توانید استراتژی‌تان را اجرا کنید، چون با هدف‌های فردی، گروهی و سازمانی شما سازگار نیست. می‌خواهید استراتژی توسعه بازار تعیین کنید، ازاین‌رو تصمیم می‌گیرید در ده شهر نمایشگاه برگزار کنید. به کارکنان‌تان می‌گویید از فردا مرخصی‌های‌تان را لغو کنید و به خانواده‌های‌تان بگویید که هفتهٔ آخر هر ماه نیستید، چون دوازده نمایشگاه باید بروید. خب بعدش چی؟ یک چیز باید نصیب شما و یک چیز هم نصیب آن‌ها شود.

استراتژی شامل منابع، منافع و موقعیت است. نیروی انسانی به عنوان یکی از منابع شما نیز باید منفعت داشته باشد. در غیر این صورت، ناسازگاری می‌کند و بهانه می‌آورد و اجرا نمی‌کند. وقتی استراتژی با اهداف فردی و گروهی سازمان ناسازگار است، هزار و یک داستان پیش می‌آید.

۲. غیرمرتبط بودن با منابع کوتاه‌مدّت و بلندمدّت

مهم است که اهداف کوتاه‌مدّت و بلندمدّت با منابع مرتبط باشند. برای اقدام نیاز است که بین اهداف و منابع هماهنگی وجود داشته باشد. شصت درصد شرکت‌ها اصلاً ارتباطی بین استراتژی و بودجه‌های‌شان برقرار نمی‌کنند. در نتیجه، استراتژی به وقوع نمی‌پیوندد. چون نمی‌تواند اجرایش کند. چون نمی‌تواند اقدام کند.

۳. عدم هماهنگی مهارت‌ها، منابع و توانمندی‌ها

از جمله چالش‌های اجرا و اقدام استراتژیک این است که مهارت‌ها، منابع و توانمندی‌های مدیر، کارمندان و سازمان، هماهنگ با آن چه می‌خواهند نیست. استراتژی اقتصاد کامل، هماهنگی بین داشته‌ها و خواسته‌هاست. باید برای آن چه می‌خواهید، آماده باشید. باید ظرف‌تان آماده باشد. پذیرشش را باید داشته باشید. آن چه می‌خواهید، بهایی دارد که باید ببینید آیا می‌توانید بپردازید؟ ما خیلی چیزها می‌خواهیم، امّا اندازه آن چیزهایی که می‌خواهیم به‌دست بیاوریم نیستیم و بعد می‌گوییم چرا نمی‌شود.

۴. عدم آگاهی و خودفریبی مدیران سطح بالا

گاهی مدیران آگاه نیستند و خود را فریب می‌دهند. گمان می‌کنند که همه چیز عالی است. مثلاً می‌گویند تفکّر استراتژیک و برنامهٔ استراتژیک را نوشتیم و روی تابلو هم چاپ کردیم تا همه ببینند. مُسکّن می‌زنند و می‌گویند همه‌چیز خوب است. نه، همه چیز خوب نیست. کارها انجام می‌شوند، ولی با چه کیفیتی؟ با چه خروجی‌ای؟ از منابعی که مصرف می‌شود آیا آن منفعتی حاصل می‌شود که بتواند شرکت را به موقعیت مطلوب برساند؟ منابع، منافع و استراتژی همه با هم در ارتباط هستند.

۵. توجه مدیران به حفظ وضع موجود

گاهی مدیران تنها به حفظ وضع موجود راضی هستند. به شاه سلطان حسین صفوی در زمان حمله افغان‌ها گفتند: «افغان‌ها نصف ایران را گرفته‌اند.» او جواب داد: «اشکالی ندارد، ما بر همین نصف رعیت حکومت می‌کنیم.» مدّتی بعد گفتند: «آقا کل ایران را گرفته‌اند و رسیده‌اند پشت دروازه‌های اصفهان.» باز او گفت: «اشکالی ندارد، بر همین اصفهان حکومت می‌کنیم.» آخر گفتند: «آقا اصفهان را گرفتند و پشت در کاخ هستند.» شاه سلطان حسین گفت: «اشکالی ندارد، همین کاخ و حرم‌سرا را مدیریت می‌کنیم.» با این اشکال ندارد، اشکال ندارد، محمود افغان وارد کاخ عالی قاپو شد و شاه سلطان حسین صفوی تاج را بر سر محمود افغان گذاشت و بعد از مدّتی هم به طرز فجیعی کشته شد. چرا؟ چون فقط می‌خواست وضع موجود را حفظ کند. اگر بخواهید فقط آن چه را که هست نگه دارید، می‌بازید و همه چیز را از دست می‌دهید. وظیفه‌تان این است که استراتژی و برتری استراتژی داشته باشید. تسلّط بر کسب‌وکار و بازار، برتری استراتژی می‌خواهد.

۶. کامیابی‌های گذشته سازمان

یکی دیگر از چالش‌ها، کامیابی‌های گذشته سازمان است. سازمان در یک مورد موفق بوده است و می‌گوید هنوز هم موفق هستم. امّا در بازار موجی می‌آید و آن را با خود می‌برد و همین باعث می‌شود تا آن نتیجه‌ای را که باید بگیرد یا در گذشته می‌گرفته است، دیگر به‌دست نیاورد.

۷. تعیین دقیق اولویت‌ها

مهم‌ترین اقدام، تعیین دقیق اولویت‌هاست. تعیین دقیق اولویت‌ها یعنی اولویت‌ها چه هستند و چه طور باید اجرا شوند. اولویت‌های شما چیست؟ باید آن‌ها را بنویسید، چراکه اقدام به شفافیت نیاز دارد. امروز اقدامی را به خوبی انجام داده‌اید، خیلی خوب است، امّا امروز قرار بوده کار دیگری انجام شود و قرار نبوده خارج از برنامه کار کنید، زیرا این کار در اولویت نبوده است.

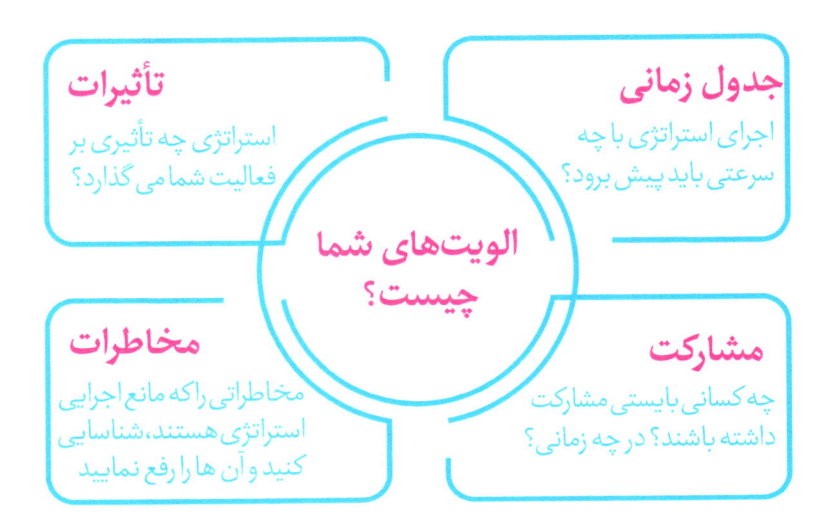

الویت‌های شما چیست؟
جدول زمانی
اجرای استراتژی با چه سرعتی باید پیش برود؟
تأثیرات
استراتژی چه تأثیری بر فعالیت شما می گذارد؟
مشارکت
چه کسانی بایستی مشارکت داشته باشند؟ در چه زمانی؟
مخاطرات
مخاطراتی راکه مانع اجرایی استراتژی هستند، شناسایی کنید و آن ها را رفع نمایید

اولویت ها چهار ویژگی دارند:

- **جدول زمانی**

اجرای استراتژی با چه سرعتی باید پیش برود؟ تا چه زمانی پیش برود؟

- **تأثیرات**

استراتژی، چه تأثیری بر فعالیت های شما می‌گذارد؟ تأثیرات اولویت بندی باید مشخص باشد. اثر یک کار از کار دیگر بیشتر و مشخص تر است. یک مُهم داریم، یک اَهَم. مهم‌ترها هم گاهی اولویت خاص دارند که می‌شود الأهم فی الاهم. بعضی از کارها وقتی انجام می‌شوند، روی کارهای بعدی نیز اثر می‌گذارند و باعث می‌شوند بخشی از کارهای دیگر انجام شود.

• **مشارکت**
چه کسانی باید مشارکت داشته باشند و در چه زمانی؟ قرار است چه کسانی در این اولویت مشارکت داشته باشند؟ چه بخشی از نیروی انسانی به عنوان منابع برای رسیدن به آن موقعیت، در اختیار منافع قرار می‌گیرد؟ منابع، منافع و موقعیت استراتژی است.

• **مخاطرات**
مخاطراتی را که مانع اجرای استراتژی هستند، شناسایی و آن‌ها را رفع کنید. می‌خواهید اقدام و اجرا کنید، امّا خطرات و مسائل و ریسک‌هایی وجود دارد که مانع اجرای استراتژی‌اند. آن‌ها را باید شناسایی کرده و کاهش دهید. عمدتاً مخاطرات در تجربیات ما موجود هستند. معلوم است که قبلاً کجا به بن‌بست خورده‌ایم. بنابراین، خیلی مهم است که عوامل شکست را شناسایی کنید. چرا اقدام مهم است؟ برای این‌که درحال رقابت هستید. برای برتری رقابتی به برتری استراتژی نیاز دارید. مزیّت رقابتی را برای آن موقعیتی می‌خواهید که وقتی مشتری می‌خواهد بین شما و بقیه یکی را انتخاب کند، بگوید این‌ها بهتر هستند، این‌ها یکه‌تاز هستند، این‌ها مستر هستند. رقابت یا در حال جریان دارد، یا بر سر آینده است. برای رقابت در زمان حال، از استراتژی برای موقعیت‌یابی رقابت استفاده کنید و برای رقابت بر سر آینده، از استراتژی برای جهت‌دهی به سازمان. جهت سازمان به سوی پرمنبع شدن، پرمنفعت شدن و صاحب موقعیت شدن است. به عبارتی مؤثرتر، جهت سازمان باید به‌سوی صاحب جایگاه شدن در بازار باشد.

موقعیت اول متعلّق به شماست که می‌خواهید با منابع‌تان به دستش بیاورید. می‌خواهید با افراد فعال در صنعت خود رقابت کنید. پس باید موقعیت خود را پیدا کنید، استراتژی‌تان را به آن سمت ببرید و ببینید که می‌خواهید در کجا رقابت کنید. دامنه‌های عمودی دقیقاً همان جاهایی هستند که بازار مشترک دارید، ولی خدمات مشترک ندارید. یعنی یک شرکت حسابداری با یک شرکت تبلیغاتی اگرچه خدمات متفاوتی دارند، امّا بازارشان مشترک است. هر دو به شرکت‌ها و کارآفرینان خدمات می‌دهند. این رقابت برای حال است. رقابت برای آینده چه می‌گوید؟ می‌گوید به کجا می‌خواهید برسید؟ چشم‌اندازتان چیست؟ بیانیه مأموریت‌تان چیست؟ اهداف عملکردتان چیست؟

رقابت برای حال

استراتژی به عنوان موقعیت‌یابی

در کجا زندگی می‌کنیم؟
دامنه بازار محصول
دامنه جغرافیایی
دامنه عمودی
چگونه رقابت می‌کنیم؟

مبنای مزیّت رقابتی ما چیست؟

می‌خواهیم به کجا برسیم؟
چشم‌انداز
می‌خواهیم به چه چیزی دست پیدا کنیم؟
بیانیه مأموریت
اهداف و عملکرد
چگونه به آن دست پیدا خواهیم کرد؟
دستورالعمل‌های توسعه اولویت‌هایی برای هزینه سرمایه، تحقیق و توسعه
حالات رشد: رشد ارگانیک، ادغام و تملک

استراتژی به عنوان جهت

رقابت برای آینده

شرکتی که چشم‌انداز و بیانیه مأموریت نداشته باشد و هدف عملکردی‌اش مشخص نباشد، اصلاً زنده نمی‌ماند. برای ادامه دادن و رشد کردن پول درنمی‌آورد. پول درمی‌آورد تا هزینه‌ها و حقوق نیروهایش را بدهد، امّا پول درنمی‌آورد برای زندگی کردن، برای آزادی مالی، برای انجام تحقیقات و برای خرید تجهیزات جدید و استفاده از مشاوران متخصص. در رقابت برای حال، به این فکر می‌کنید که چه طور رقابت کنید و مبنای مزیّت رقابتی‌تان چیست؟ امّا در رقابت آینده دنبالش می‌روید و می‌گویید که چه طور به دستش بیاورم؟ دستورالعمل‌های توسعه مشخص می‌کنید. اولویت‌بندی‌هایی که برای هزینه و سرمایه و تحقیق و توسعه می‌کنید، مشخص است. ممکن است رشدتان ارگانیک باشد، یعنی

یا خودتان رشد کنید یا با ادغام شدن با شرکت های دیگر. مثلاً با شرکتی که خدمات مشترک ندارید، ولی بازار مشترک دارید. سونی و اریکسون همین کار را کردند. کونیکا و مینولتا همین کار را کردند. اغلب کمپانی ها هم هرچندتا با هم یکی شده اند تا بتوانند بازار قدرتمندتری داشته باشند. ادغام با شرکت های دیگری که می توانند به شما کمک کنند و زیرمجموعه شما هستند. یا خرید شرکت رقبایی که ممکن است بازار را از شما بگیرند.

تام: «تفکّر»، «اقدام» و از همه مهم‌تر «محصول».

◀ محصول استراتژیک

محصول استراتژیک می خواهید. پیش از این گفتم که یکی از ویژگی های منابع استراتژیک این است که ارزش تولید کنند و کمیاب باشند، و از همه مهم‌تر، غیرقابل تقلید باشند. غیرقابل تقلید بودن فقط ویژگی یک محصول نیست، روش ارتباطات و مشتری شماست. شاید محصول شما را بتوانند کپی کنند، ولی خود شما و تفکّر و اقدام شما را نمی‌توانند کپی کنند. داستان کلاغی است که می خواهد راه رفتن کبک را یاد بگیرد. یک سری چیزها منحصر به یک سازمان است و شما باید یک سازمان منحصربه‌فرد ایجاد کنید.

محصول استراتژیک، ویژگی های زیر را دارد:

- برای یک بازار هدف مشخص طراحی شده است؛
- ویژگی بارز و مشخص دارد؛
- معمایی را حل می‌کند؛
- خدمات و سهولت در دسترسی دارد؛
- دانش توسعهٔ محصول دارد؛
- دچار سندروم محصول نیست.

محصول استراتژیک محصولی است که برای یک بازار هدف مشخص طراحی شده است. هرچقدر آن بازار هدف مشخص‌تر باشد، محصول خاص‌تر است. رقابت در آن جدی‌تر و سخت‌تر است. محصول استراتژیک یک ویژگی بارز و مشخص دارد و برای حل یک معما، یک مسئله، یک درد و یک نیاز ایجاد شده است. محصول استراتژیک آپشن دارد، خدمات دارد، سهولت در دسترسی دارد. محصولی است که در آن، دانش

فصل چهارم: برتریِ استراتژی

توسعهٔ محصول وجود دارد. دانش توسعه محصول یعنی شما محصولی ایجاد می‌کنید و مشتریان استفاده می‌کنند، حالا یک‌سری نیازها و خواسته‌ها و تقاضاهای جدید ایجاد می‌شوند و برای پاسخ‌گویی به این تقاضاهای جدید، دوباره محصول را توسعه می‌دهید، آپشن می‌گذارید، خدمات می‌دهید، سهولت در دسترسی ایجاد می‌کنید و نحوه کارکردش را ارتقا می‌دهید. از همه مهم‌تر، محصول استراتژیک، محصولی است که دچار پدیده موهوم، سخیف و حقیر «سندرم محصول» نشده است. یعنی به طور موهوم و غیرواقع‌بینانه آن‌قدر عاشق محصول و خدمات‌تان بشوید که جلوی‌تان را بگیرد و نگذارد اتفاقات اطراف‌تان را ببینید. محصول استراتژیک به شما موقعیت ویژه می‌دهد. شیشلیک یک رستوران از تمامی غذاهایش بهتر است و مردم به خاطر شیشلیکش به آن‌جا می‌روند. یک شرکت مهندسی دانش‌بنیان، یک محصول متمایز خدمات مهندسی دارد که فقط خودشان دانش فنی استفاده از این محصول را پیدا کرده‌اند.

چرا به محصول استراتژیک نیاز است؟ برای این‌که محصول یک سیر طبیعی رشد دارد. یعنی چه؟ PLC یا Product Life Cycle یعنی چرخه عمر محصول. چرخه عمر یک محصول مراحل تولد، رشد، بلوغ، اشباع و افول دارد. نیازها، خواسته‌ها و تقاضاهای مشتریان تغییر می‌کنند و به‌روز و جدید می‌شوند و شما باید دوباره این چرخه را ایجاد کنید. محصول استراتژیک محصولی است که وقتی به مرحله اشباع رسید، در مرحله افول است و باید نوآوری و خلاقیت در آن ایجاد شود. پس مهم است که محصول‌تان را خاص کنید، طراحی‌اش را متمایز کرده و در یک بازار مشخص آن محصول را عرضه کنید.

محصول استراتژیک در بازار موقعیت استراتژیک می‌سازد. به کمپانی آیفون توجه کنید. یک محصول استراتژیک و موقعیت خاص دارد. بنز، محصولش استراتژیک است و تمام این ویژگی‌ها را دارد. ویژگی مشخص و طراحی‌شده برای بازار مشخص، آپشن و خدمات و سهولت در دسترسی دارد و هر وقت به جایی رسیده که آن محصول در بازار از نظر نیاز و خواسته و تقاضا اشباع شده است، نوآوری کرده و فرصت جدید ایجاد کرده است.

◀ نکات مهم برتری استراتژی

۱. توانایی درک اهمیّت رویدادها

در فضای بازار و اقتصاد باید توانایی درک اهمیّت رویدادها را داشته باشید. بپذیرید که به‌دلیل تغییر باید استراتژی‌های‌تان منعطف باشد. چابکی را برای منعطف شدن استراتژی‌ها نیاز دارید. برای این‌که بتوانید موقعیت‌های ویژه و فرصت کسب کنید. فرصت، در دل موقعیت وجود دارد. فرصت همان منفعتی است که به‌صورت بالقوه وجود دارد و شما باید با منابع‌تان آن را به منفعت بالفعل، یعنی به سود، تبدیل کنید. بنابراین، باید موقعیت‌ها را درک کنید. پیش‌داوری را کنار بگذارید. به تفکّر استراتژیک نیاز دارید تا بتوانید بدون تعصب کار کنید و خطاهای شناختی و شهودی را شناسایی کنید. کتاب هنر شفاف اندیشیدن، ۹۹ خطای شناختی را معرفی می‌کند. سعی کنید خطای کم‌کاری اجتماعی را بشناسید، زیرا وقتی این خطا را شناختید، دیگر بیهوده کارمند استخدام نمی‌کنید و منابع‌تان را نابود نمی‌کنید.

۲. توانایی اخذ و درک تصمیم و عمل

مورد دیگر در برتری استراتژی، توانایی اخذ و درک تصمیم و عمل است. یعنی هم بتوانید تصمیم بگیرید و توانایی و قدرت تصمیم‌گیری داشته باشید و هم آن تصمیم را به‌درستی درک کنید. همچنین دست به عمل‌گرایی بزنید و عمل‌گرایی را نیز درک کنید. بزرگ فکر کنید و کوچک عمل کنید. آیا سازمانی که درست کرده‌اید، قادر است دیدگاه‌های شما را اجرا کند و به‌کار ببندد و رشد کند؟ یا باید روی آن سازمان کار کنید؟ همه‌چیز در بیزنس مستری به هم ارتباط دارد.

۳. تناسب با ظرفیت سازمان

یک استراتژی مؤثر برای این‌که بتواند کاربردی و برتر باشد، باید با ظرفیت سازمان شما متناسب باشد. با فرهنگ و بافت سازمانی‌تان هماهنگ باشد. مبادا با توهم و کمال‌گرایی استراتژی‌هایی تعیین کنید که اصلاً سازمان شما توان پیاده‌سازی و اجرای آن‌ها را نداشته باشد. کبوتر با کبوتر، باز با باز. مبادا کبوتر باشید و به جنگ باز و عقاب و شاهین بروید.

تکیه بر جای بزرگان نتوان زد به گزاف مگر اسباب بزرگی همه آماده کنی

شما باید ظرفیت‌های رشد، ظرفیت‌های چابکی و ظرفیت‌های ارزش‌آفرینی و ارزش‌سازی و مشارکت تیمی و اهرم‌سازی را ایجاد و اجرا کنید.

۴. جنگ‌جوی خوب یا استراتژیست خوب؟

جنگ‌جوی خوبی هستید یا استراتژیست خوبی؟ جنگ‌جوی خوب تولید می‌کنید یا استراتژیست خوب؟ مهم است که به‌جای جنگ‌جوی خوب، استراتژیست خوب تولید کنید. استراتژی و استراتژیست بودن هم شاگردی می‌خواهد و هم استادی. هردو باید باشند تا برتری استراتژی‌های شما به نتیجه برسد.

در سازمان‌تان هم باید یک معلم خوب باشید تا استراتژی را آموزش بدهید و هم باید شاگردان خوبی داشته باشید. یعنی کارکنان‌تان استراتژی‌پذیر باشند. باید بتوانند خود، تفکّر و اقدام استراتژیک‌شان را پیش ببرند و محصول استراتژیک شما را تقویت کنند.

۵. مرغ یا تخم‌مرغ؟

اول مرغ بوده یا تخم‌مرغ؟ هنوز پاسخ این پرسش را پیدا نکرده‌اند. البته من فکر می‌کنم اول مرغ بوده. چون وقتی خداوند حضرت آدم و حوا را فرستاد، مرغی هم همراه‌شان فرستاد، مرغ را آفرید و مکانیزمی در آن ایجاد کرد که آن مرغ، تخم‌مرغ را ایجاد کند. اول مرغ بوده است. جک ولش[1] در کتاب «پیروزی» می‌گوید:

استراتژی به‌دنبال آدم‌ها می‌آید. یعنی تو باید اول استراتژیست باشی تا استراتژی هم بیاید. بنابراین، اگر یک فرد مناسب انتخاب شود، آن فرد استراتژی مناسب را نیز به‌وجود می‌آورد. حال می‌تواند مدیر، کارمند یا ذی‌نفع باشد. پس اول باید این سبک کسب‌وکار را برای خودتان ایجاد کنید. استراتژی بالفعل نیست، بلکه یک استراتژیست باید آن را به‌وجود بیاورد. استراتژی کاری است که می‌کنیم تا کسب‌وکارمان ارتقا یابد و رشد کند.

---

۱. از مدیران اسبق شرکت جنرال الکتریک.

استراتژیست کسی است که آن کار را طراحی، مدیریت و هدایت می‌کند. طبیعی است که اول استراتژیست بوده و بعد استراتژی را طراحی کرده است.

۶. ارزش ویژه برند

ارزشِ ویژهٔ برندِ شما می‌تواند یک برتری استراتژی باشد. اگر مشتری شما را دوست داشته باشد، شما بزرگ‌ترین منبع و مزیّت رقابتی را دارید. درواقع برتری استراتژی دارید، چون بین مشتریان و در نتیجه در بازار محبوبیت دارید، پس قدرت دارید. چراکه توانسته‌اید وفاداری ایجاد کنید.

۷. سهم فناوری

نکتهٔ دیگر سهم فناوری است. شما با ایجاد فناوری می‌توانید برتری استراتژی داشته باشید. به‌روزبودن و سرعت و دقّت و کارایی و عملکرد به‌واسطه فناوری می‌تواند تغییر کند. هنری فورد با افزودن فناوری توانست بر تمام خودروسازان جهان برتری بیابد و خودش را در این موقعیت به‌عنوان یکی از اسطوره‌ها به بازار تحمیل کند. در اقتصاد تولیدی، تولیدکننده‌ها بازیگران اصلی بودند. پس از مدّتی برخی از تولیدکنندگان، تکنولوژی را به تولید اضافه کردند و به این ترتیب در اقتصاد، جایگاه بالاتری یافتند. با اضافه شدن تکنولوژی از یک جایی به بعد بازار اشباع شد و تولیدکنندگان دیگر قادر نبودند بیش از این رشد کرده و رقابت کنند، سپس روی به مشتری‌مداری آوردند و سرآمد بازار شدند. بعد از آن رقابت بازار بر سر اطلاعات بود. عصر «اقتصاد اطلاعات» فرارسید و حال عصر «اقتصاد توجه» است. خیلی اوقات فناوری می‌تواند جایگزین نیروی انسانی و مهارت شود و برای ما قدرت ایجاد کند.

۸. تجدید تمایز

عنصر بعدی که عامل برتری استراتژی است، تجدید تمایز است. برندسازی بر پایه تمایز است. درواقع مردم فرق شما با بقیه را می‌خرند. حالا این تمایزها یا در قیمت است یا در سرعت، دقّت، دوام، کارکرد، سهولت استفاده یا ایجاد احساس برتری. هرچه هست، دوباره بازبینی کنید. مهندسی مجدّد کنید. روی قیمت و سرعت ارائه‌تان کار کنید. مک‌دونالد می‌خواهد سرعت آماده شدن غذایش را ۶ ثانیه کم‌تر کند تا زودتر به دست

مشتری برسد. ساده‌اش این است که ۶ ثانیه کاهش زمان یعنی در خدمات‌دهی به ده مشتری می‌تواند یک دقیقه زمان ذخیره کند. در نتیجه، به‌واسطهٔ این ۶ ثانیه زودتر توانسته است سرویس‌های بیشتری با همان منابع و امکاناتی که داشت، به مشتریان بدهد. چرا؟ چون در استراتژی آماده‌سازی و تولید، برتری یافته و به اینِ ترتیب، تجدید تمایز کرده است. دوباره خودش را بررسی کرده است. «حاسِبُوا قَبلَ أَن تُحاسِبُوا». به حساب خودتان برسید قبل از این‌که به حساب‌تان برسند. قبل از این‌که در دادگاه بازار، توسط مشتریانی که قاضی‌های بسیار سریع‌التصمیمی هستند درباره‌تان تصمیم‌گیری شود، بروید و خودتان بررسی کنید که چه چیزهایی رنگ کهنگی گرفته‌اند و تمایزها را تجدید کنید.

۹. عبور از پل

استراتژی مثل یک پل است. عبور از اهداف و رسیدن به برنامه‌ها، استراتژی می‌خواهد. اجرای استراتژی، بین یک استراتژی عالی و عملکرد عالی پل می‌زند. پس باید تا می‌توانید بخش «اقدام» را تقویت کنید.

۱۰. زنجیرهٔ فروش

زنجیرهٔ فروش شما می‌تواند عامل برتری استراتژی‌تان باشد. زنجیرهٔ توزیع و دسترسی مناسب نیز عامل برتری استراتژی است. اگر بهتر بتوانید تقاضای مشتری را مدیریت کنید، یعنی برتری استراتژی دارید.

۱۱. چه چیزی تغییر کرده است؟

در برتری استراتژی چون می‌خواهید از رقبا بهتر باشید، همیشه باید به این سؤال پاسخ دهید: چه چیزی تغییر کرده است؟ اطلاعات مشتریان را دوباره گردآوری کنید و از آن‌ها برای بهبود محصولات و خدمات‌تان استفاده کنید. این امر در ساخت محصول استراتژیک به کمک شما می‌آید. گروه کانونی تشکیل دهید. یعنی ۵ تا ۷ مشتری را در دفترتان یا کافه‌ای جمع کنید و درباره مسائل‌شان با آن‌ها گفت‌وگو کنید. صحبت با مشتریان فعلی یا مشتریان آینده که می‌توانند مشتریان رقبای‌تان باشند، به برتری استراتژی شما کمک

می‌کند. به این ترتیب، پاسخ برخی سؤالات را که هم شما و هم رقبای‌تان نیاز دارید، زودتر فهمیده‌اید. زودتر فهمیده‌اید که چه اتفاقی دارد می‌افتد، پس زودتر منابع، منافع و موقعیت خود را بررسی می‌کنید و می‌فهمید که باید در چه موقعیتی باشید.

۱۲. بررسی رقابتی

برای بررسی رقابتی جست‌وجو کنید و روش‌های جدید رقبا را پیدا کنید. روش‌هایی که می‌دانید نقاط قوّت‌شان است. من اسمش را گذاشته‌ام «بِکریابی نیاز». یعنی یک سری نیازها هستند که هنوز بکرند و کسی به آن‌ها جواب نداده است. وقتی رقبا را بررسی می‌کنید، می‌بینید که در کدام قسمت‌ها خوب هستند و در کدام قسمت‌ها هنوز خوب نیستند و کار نکرده‌اند. شما در آن قسمت‌ها کار می‌کنید و ناخودآگاه مزیّت رقابتی پیدا می‌کنید. بنابراین، نگرانی شما باید عمدتاً این باشد که الان مخاطب من چه کم دارد که هنوز کسی این سرویس را به او نداده است و دقیقاً همان را طراحی کنید.

۱۳. کشف شایستگی‌ها

از همه مهم‌تر این‌که وقتی می‌خواهید استراتژی را اجرا کنید، شایستگی‌های خودتان و رقبا و سازمان‌تان را کشف کنید. به چهار سؤال زیر همین حالا پاسخ دهید و هرچه به ذهن‌تان می‌رسد، بنویسید. این سؤالات را به کارمندان‌تان بدهید و از آن‌ها نیز بخواهید تا پاسخ بدهند. از پنج تا ده نفر از مشتریان‌تان هم بخواهید تا به این سؤالات پاسخ بدهند.

- چهار مورد از بهترین نقاط قوّت شما چه هستند؟
- چهار خواسته و نیاز اساسی مشتریان شما چه هستند؟
- چهار رقیبی که بهتر از شما عمل می‌کنند، کدام‌ها هستند؟ (اگر کم‌ترند، همان‌ها را بنویسید.)
- رقبای‌تان چه کاری را بهتر از شما انجام می‌دهند؟

با این روش می‌توانید شایستگی‌های خودتان و رقبای‌تان را مقایسه کنید و بفهمید که از نظر مشتریان چه چیزی عامل شایستگی و برتری شما نسبت به رقبای‌تان است. از

مشتریان بپرسید و منافع‌شان را پیدا کنید. منافع کجا هستند؟ در دل موقعیت. منابع را برای منافع و رسیدن به آن موقعیت صرف کنید.

۱۴. فرمان‌بری زمان‌بر است

مهم است که بدانید فرمان‌بردار کردن سازمان و بازارتان زمان‌بر است. رسیدن به بالاترین عملکرد یا عملکرد عالی، زمان می‌برد. طبق تحقیقات هاروارد بیزنس ریویو، ساختن قابلیت‌های اجرایی برای اجرای استراتژی، زمان‌بر است. سازمان‌های کوچک حدود هجده ماه و سازمان‌های بزرگ حدود سه سال زمان می‌برد تا به بالاترین عملکرد خود برسند.

۱۵. ارزیابی و تقویت

رویکرد ارزیابی استراتژی شما باید رویکرد درخت‌گونه باشد، نه رویکرد کتری برقی. یعنی باید بدانید که دانه را بکارید و کاشت و داشت و برداشت کنید. نه مثل کتری برقی که به برق بزنید تا خودش جوش بیاید. نتیجه تفاوت می‌کند. محصول و اقدام و تفکّر استراتژیک همه وابسته به آن نتیجهٔ نهایی است و نتیجه نهایی را بهتر می‌کند. در موقعیت براساس منابعی که صرف کرده‌ایم، منافع بهتری می‌سازیم. انرژی خود را صرف یک چیز غلط نکنید. منابع‌تان را برای رسیدن به موقعیتی که منفعتی برای‌تان ندارد، خرج نکنید. استراتژی باید بر مبنای مستندات پیش برود، نه شهود. از ترس اقدامات رقیب خود، تصمیمات خلق‌الساعه نگیرید. **ترس، عامل تصمیم‌گیری شما نباشد، بلکه عامل حرکت‌تان باشد.** ترس باید مدیریت شود تا ببینید کجا کم گذاشته‌اید.

کشف شایستگی‌ها

ساختن قابلیت‌های اجرای استراتژی زمان‌بر است. سازمان‌های کوچک باید تا هجده ماه حساب کنند که چه‌طور به بالاترین عملکرد خود برسند. برای یک شرکت چند ملّیتی بزرگ، شاید رسیدن به این نقطه سه سال طول بکشد. رویکرد ارزیابی شما باید با نگاهی طولانی مدّت همراه باشد.

نقطه قوّت و تمایز	خواسته‌ها و نیاز مشتری

رقابت

بهترین رقبای شما	رقبا چه‌کاری را بهتر از شما انجام می‌دهند؟

طراحی محصول استراتژیک
محصول استراتژیک در بازار موقعیت استراتژیک می‌سازد.

مشخص کردن بازار هدف

بازار هدف این محصول چه ویژگی‌هایی دارد؟ (سن، موقعیت جغرافیایی، جنسیت، سطح فرهنگی و اجتماعی)

محصول استراتژیک شما چه دغدغه‌ای را برطرف و چه کمکی به مخاطب می‌کند؟

نحوه دسترسی

برای خرید محصول یا خدمات استراتژیک چه پروسه‌ای را باید طی کرد؟

آپشن‌های محصول

این محصول نسبت به سایر خدمات و محصولات چه امکانات بیشتر و اضافه‌تری دارد؟

◀ فصل چهارم: **برتریِ استراتژی**

◀ پنج نکته‌ای که از این فصل یاد گرفتم:

۱.

۲.

۳.

۴.

۵.

◀ سه گامی که باید بلافاصله شروع کنم:

۱.

۲.

۳.

◀ یک نکتهٔ طلایی که می‌توانم به دیگران یاد بدهم:

کلیهٔ جدول‌ها و تمرین‌های این فصل را
از سایت حسین طاهری و صفحهٔ زیر دانلود کنید:
hosseintaheri.ir/bmtools

برندسازی

فصل پنجم
برندسازی

برند را همه می برند

بعد از مطالعه این فصل شما مسلط خواهید بود بر:

- سه عنصر اصلی در برندسازی بیزنس مستری
- چگونگی خلق فلسفه وجودی برند
- ارزش، وعده و جایگاه برند
- هویت، شخصیت و داستان برند

در اقتصاد کارآفرینی و ارزش، «برند» معتبرترین دارایی است. از نظر علم برند، هر زمانی‌که متخصصان بازاریابی، نام، لوگو یا نماد جدیدی برای محصول ایجاد می‌کنند، درحال خلق یک برند هستند. امّا بسیاری از مدیران فکر می‌کنند که برند با گذشت زمان و ایجاد محبوبیت و اعتبار در بازار ساخته می‌شود. نه، این طور نیست. شما از همان لحظهٔ شروع درحال خلق برند هستید، حتی اگر به این موضوع آگاه نباشید یا اعتقادی نداشته باشید. برندهای مسلّط بر بازار، قدرت تأثیرگذاری بر تصمیمات مشتریان را دارند و این تأثیرگذاری از ابتدا باید طراحی شود.

تئودور لویت[1]، استاد مدیریت دانشگاه هاروارد، معتقد است: «در عصر جدید، رقابت بر سر چیزهایی نیست که شرکت‌ها در کارخانه‌های‌شان تولید می‌کنند، بلکه رقابت میان چیزهایی است که پس از خروج محصول از شرکت به آن اضافه می‌کنند؛ مانند بسته‌بندی، خدمات، تبلیغات، پشتیبانی، ارائهٔ تسهیلات مالی برای خرید، تسهیل فرایند توزیع محصول، مدیریت انبارداری و نگهداری محصول و سایر ارزش‌هایی که به مشتری نهایی منتقل می‌شود.»

1. Theodore Levitt

فصل پنجم: برندسازی

برند، هویّتی است که کسب‌وکارتان را از سایر رقبا جدا و متمایز می‌کند. برندسازی، هویّت بخشیدن به کسب‌وکارتان است.

برند درواقع درک و برداشت دیگران از کسب‌وکار شماست و برندینگ فعالیتی است که برای ساختن و شکل‌دهی این درک انجام می‌دهید.

شما چه کسی هستید؟	رسالت شما چیست؟	چه تصویری در ذهن مخاطبان دارید؟
فلسفهٔ وجودی	طراحی وعده	طراحی هویّت برند
	ارزش برند	شخصیت برند
	چشم‌انداز برند	داستان برند
	جایگاه برند	هویّت بصری
		هویّت کلامی
		رسانه‌ها
		شعار تبلیغاتی
		تایپوگرافی
		رنگ
		لوگو و لوگوتایپ
		شکل و نوع بسته‌بندی
		سایت و نرم‌افزار

سه عنصر اصلی در برندسازی بیزنس مستری

(فلسفه وجودی / طراحی وعده / هویت‌بخشی)

◀ فلسفهٔ وجودی برند

فلسفهٔ برند، کدهای اخلاقی و اصولی سازمان را تعریف می‌کند و می‌خواهد به این پرسش پاسخ بدهد که «کسب‌وکار شما برای چه به وجود آمده است؟» این پرسش بسیار مهم است، زیرا ایدئولوژی شما، منشور ارزشی و اخلاقی، شیوه‌های عملیاتی و ماهیت کسب‌وکارتان را برای سازمان، بازار و مشتریان‌تان مشخص کرده و به نمایش می‌گذارد.

> به ساده‌ترین شکل ممکن بگویید که این شرکت را به چه منظور تأسیس کرده‌اید؟

فلسفهٔ برند، عامل تمایز سازمان شما با دیگر سازمان‌هاست و فقط معرفی شما یا یک شعار تبلیغاتی نیست. اگر با فکر کردن به این پرسش که فلسفهٔ وجودی برند شما چیست، به چالش کشیده شده‌اید و دادن پاسخ مناسب برای‌تان سخت است، همین سختی را مشتریان شما برای درک فلسفهٔ وجودی برند شما تجربه خواهند کرد و ممکن است به‌دلیل همین نامفهومی، همراه برند شما نمانند و آن را ترک کنند.

اگر فلسفهٔ برند، نامفهوم باشد و مشتریان نتوانند آن را درک کنند، برند شدن برای ما سخت می‌شود. فلسفهٔ وجودی برندتان همانند فانوس دریایی عمل می‌کند. اعضای تیم ما وقتی که می‌خواهند کار کنند، به فلسفهٔ وجودی برندشان فکر می‌کنند؛ این‌که چه‌طور براساس این فلسفه، خدمات را طراحی کنند و بتوانند رشد یک‌پارچه و مستمر داشته باشند. رشد، یک فرایند یکپارچهٔ سازمانی است. سازمان باید همه جانبه رشد کند. فلسفهٔ برند شما، ماهیت کسب‌وکار شماست. مدیر ارشد و اعضای سازمان باید فلسفهٔ برند را براساس ماهیت ذاتی کسب‌وکار تعریف کنند. فلسفهٔ وجودی برند، یک تفکّر بنیادین است که با توجه به ارزش‌ها و اهداف یک سازمان، به شما کمک می‌کند تا به تغییرات واکنش نشان دهید و تصمیمات متناسب و هماهنگ با چشم‌اندازتان بگیرید. تصمیمات شما باید الهام‌بخش و براساس اولویت‌ها باشد و تیم شما نیز مطابق آن‌ها عمل کند. اگر مدیر کسب‌وکاری هستید، از کارکنان خودتان بپرسید که آیا می‌دانند فلسفهٔ وجودی‌ای که برای آن کار می‌کنند، چیست؟ چرا شرکت شما وجود دارد؟ چرا هر روز صبح از رختخواب بلند می‌شوند و به محل کار می‌آیند؟ درک این‌که به چه منظور کاری را انجام می‌دهید، آن کار را برای شما و افرادی که با شما کار می‌کنند، آسان‌تر می‌کند. فلسفهٔ برند، حلقهٔ ارتباطی میان برند و کارکنان شماست. سایمون سینک در کتاب «با چرا شروع کنید» می‌گوید: «چرایی وجود سازمان‌تان همان فلسفهٔ وجودی برندتان است که با مدلی به نام «دایرهٔ طلایی» ارائه شده است و به‌وسیلهٔ آن می‌توانید فلسفهٔ وجودی برندتان را مشخص کنید. این مدل از سه دایرهٔ متحدالمرکز تشکیل شده که دایرهٔ بیرونی «چه»، دایرهٔ میانی «چه‌طور» و دایرهٔ درونی «چرا» است.»

چه: محصولات و خدماتی که به مشتریان ارائه می‌دهید؛

چه‌طور: عواملی که شما را از رقبا متمایز می‌کند؛

چرا: فلسفهٔ وجودی‌تان است.

سینک می‌گوید: «مردم کاری را که انجام می‌دهید نمی‌خرند، بلکه دلیل انجام آن را می‌خرند. هدف شما معامله با هرکسی نیست که به محصول یا خدمت‌تان نیاز دارد، بلکه معامله با افرادی است که به آنچه باور دارید، باور دارند.»

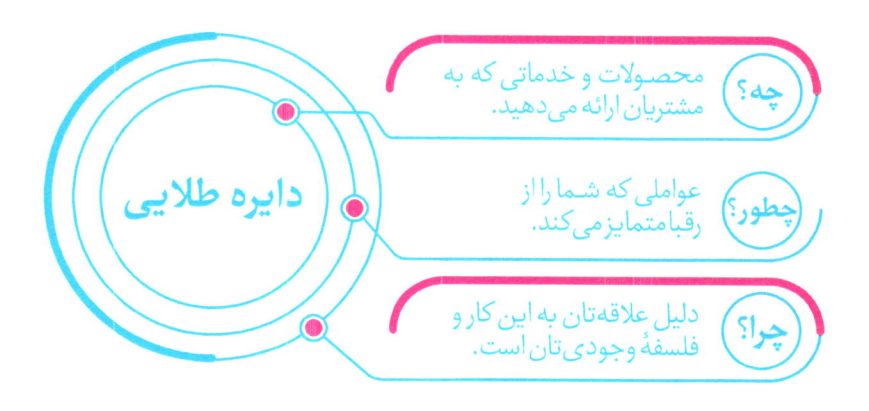

دایره طلایی

- **چه؟** محصولات و خدماتی که به مشتریان ارائه می‌دهید.
- **چطور؟** عواملی که شما را از رقبا متمایز می‌کند.
- **چرا؟** دلیل علاقه‌تان به این کار و فلسفهٔ وجودی‌تان است.

شما کالا یا خدماتی دارید که جواب این چرایی است. پس فلسفهٔ وجودی برند، چرایی شرکت است. این‌که چه‌طور براساس این چرایی باید کارتان را انجام دهید. برای پول درآوردن است؟ برای این‌که بی‌کار نباشید؟ برای این‌که صرفاً یک شرکت داشته باشید؟ برای این‌که واقعاً به این کار نیاز است؟ اگر واقعاً نیاز است، چه کسانی نیاز دارند؟ ابتدای جمله‌تان «چرا» بگذارید تا بتوانید فلسفهٔ وجودی برندتان را پیدا کنید. اکنون که درباره‌اش فکر می‌کنید، می‌بینید که هرچه بیشتر به آن می‌اندیشید، نکات بیشتری به ذهن‌تان می‌رسد. این از خصوصیات بیزنس مستری است، زیرا فلسفهٔ وجودی برند ارزش واقعی کسب‌وکار را کشف می‌کند. همان چرایی برند که مشتریان به خاطرش هزینه

می‌کنند. فلسفهٔ برند مرتبط با فعالیت‌تان است و با آن به مشتریان‌تان جهت می‌دهید که بیشتر شما را کشف کنند. مک‌دونالد به ساده‌ترین شکل ممکن فلسفهٔ برندش را توضیح می‌دهد: «غذا، مردم، لذّت.» فلسفهٔ برند باعث می‌شود دربارهٔ محصولات، تبلیغات و مکان و شیوهٔ فروش‌تان با مشتریان صحبت کنید. فلسفهٔ برند کمک می‌کند که مخاطبان یک تصویر یک‌پارچه و منسجم داشته باشند، زیرا شما فلسفهٔ برند را در کلمات، رفتار و تبلیغات خود نمایش می‌دهید. فلسفهٔ برند در هر لحظه از ارتباط شما با مشتریان‌تان نمایان می‌شود و آن‌ها به‌مرور این فلسفه را فهمیده و درک می‌کنند.

◀ چگونه فلسفهٔ وجودی را خلق کنیم

پیدا کردن «چرایی» کاری که انجام می‌دهید: اگر بتوانید کاری کنید که مخاطبان درک درستی از «چرایی» شما داشته باشند، مشتریان بالقوه به‌سرعت تبدیل به مبلّغانی می‌شوند که ارزش‌ها و باورهای شما را به‌اشتراک می‌گذارند.

• چگونگی انجام کار

پس از این‌که هدف خود را مشخص کردید، باید به این فکر کنید که چگونه آن را محقق خواهید کرد. روش شما باید از رقبای‌تان متمایز باشد تا بتوانید جایگاهی در بازار برای خود ایجاد کنید.

• چه کاری برای مشتریان انجام می‌دهید

تمام فعالیت کسب‌وکارها برای حل مشکلات و برآورده کردن خواسته‌های مشتریان است. باید بدانید محصولات یا خدماتی که ارائه می‌کنید، پاسخ‌گوی کدام‌یک از نیازهای مخاطبان است.

• ویرایش و اصلاح کنید

شما باید بدانید که خواسته‌ها و نیازهای مشتریان همیشه درحال تغییر است و بر همین اساس، ضروری است که محصولات و خدمات خود را با این تغییرات سازگار کنید.

فلسفهٔ وجودی برخی از مهم‌ترین برندهای جهان

امریکن‌اکسپرس: تسهیل تجارت و ارتباطات بین افراد و کسب‌وکارها در سراسر جهان

تسلا: تسریع انتقال به انرژی پایدار

سوئیت‌گرین: ایجاد یک آیندهٔ پایدار برای غذا

ایکیا: طراحی محصولات خوب برای همه

پی‌پال: تسهیل پرداخت‌های آنلاین ایمن و آسان

لینکدین: اتصال افراد و فرصت‌ها

دانشگاه هاروارد: آموزش و پرورش رهبران جهانی

تِد: اشتراک‌گذاری ایده‌هایی که جهان را تغییر می‌دهند

یوتیوب: توانمندسازی افراد برای ایجاد و به اشتراک گذاشتن خلاقیت

توییتر: قدرت بیان آزادانه

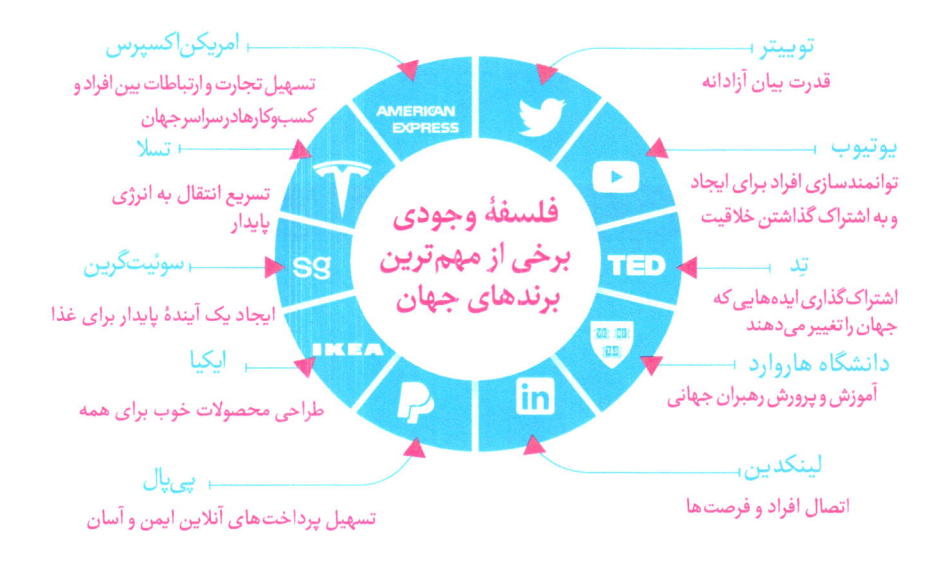

◀ چشم‌انداز برند

پشت هر برند موفقی، انسان مشتاقی هست که دیگران را تشویق می‌کند تا آینده را متفاوت ببینند. هنگامی که کسب‌وکاری را راه‌اندازی می‌کنید، در ابتدا باید اصول بنیادی آن را نیز مشخص کنید تا در طول مسیر، بدانید به پیشواز کدام فرصت‌ها باید بروید و معیاری برای ارزیابی عملکرد خود داشته باشید. برای همین، نیاز به چشم‌انداز برند دارید.

فصل پنجم: برندسازی

بیانیهٔ چشم‌انداز، برای الهام بخشیدن به کارمندان، ترغیب سرمایه‌گذاران و درگیر کردن تصورات مشتریان شما طراحی شده است. این بیانیه، تصویری از کسب‌وکار شما و تأثیری که می‌خواهید بر جهان داشته باشد، ترسیم می‌کند. تفاوت‌هایی کلیدی بین فلسفهٔ وجودی و بیانیهٔ چشم‌انداز وجود دارد.

فلسفهٔ وجودی	چشم‌انداز
چه کاری انجام می‌دهید؟	می‌خواهید چه رشدی در بلندمدّت داشته باشید؟
چگونه انجام می‌دهید؟	می‌خواهید چه تأثیری بر جهان بگذارید؟
چرا انجام می‌دهید؟	چه اهدافِ ایده‌آلی برای آینده دارید؟

بیانیهٔ چشم‌انداز شما باید منعکس‌کنندهٔ شخصیت سازمان‌تان باشد. مهم نیست که یک بیانیه از نظر اندازه، شکل یا ساختار چقدر منحصربه‌فرد است، بیانیهٔ چشم‌اندازِ خوب باید این ویژگی‌ها را داشته باشد:

ویژگی‌های بیانیه چشم‌انداز
در دسترس
جاه‌طلبانه
استراتژیک
گسترده

◀ چک‌لیست نوشتن بیانیهٔ چشم‌انداز برند

چشم‌انداز برند، استراتژی کسب‌وکار را منعکس و از آن حمایت می‌کند، به کارمندان و شرکا انرژی می‌دهد و الهام می‌بخشد، و موجی از ایده‌ها را برای برنامه‌های بازاریابی ایجاد می‌کند.

• شناسایی ذی‌نفعان

بیانیهٔ چشم‌انداز باید بیان‌گر دیدگاه‌ها و ارزش‌های کل شرکت باشد. بنابراین، برای تدوین آن، از نظرات اعضای بخش‌های گوناگون سازمان، نظیر سهامداران، هیئت‌مدیره، کارکنان و... استفاده کنید.

فصل پنجم: برندسازی

- کارمندان

- سرمایه‌گذاران

- اعضای هیئت مدیره

- همکاران

- سهامداران

- طبقه‌بندی مشتریان

- **لیست کلمات کلیدی مرتبط با بخش‌های مختلف**

کلمات کلیدی، واژگانی هستند که پس از شنیدن، ذهن را معطوف به موضوعی خاص می‌کنند. حداقل باید کلمات کلیدی مرتبط با موارد زیر را گردآوری کنید:

محصولات یا خدمات شما

مأموریت و ارزش‌های شما

اهداف و ابتکارات شرکت شما

برنامه استراتژیک بلند مدّت شرکت شما

صفت‌هایی که شرکت، محصولات، خدمات، تیم‌ها، جامعه و آیندهٔ ایده‌آل شما را توصیف می‌کنند

صفت‌هایی که نحوه عملکرد شرکت شما را توصیف می‌کنند

فصل پنجم: برندسازی

• سؤالات تأثیرگذار

هدف اصلی سازمان ما چیست؟

نقاط قوّت اصلی شرکت ما چیست؟

ارزش‌های شرکت ما چیست؟

چرا چیزی که می سازیم اهمیّت دارد؟

چگونه می خواهیم به عنوان یک شرکت تفاوت ایجاد کنیم؟

جاه‌طلبانه‌ترین اهداف ما چیست؟

می‌خواهیم شرکت ما چه تأثیری بر جهان داشته باشد؟

اگر شرکت ما در تمام کارهایی که قرار بود انجام دهد موفق می‌شد، جهان چه تفاوتی داشت؟

◀ ارزش برند

ارزش‌های برند همان چیزی است که شرکت شما به آن اعتقاد دارد و پای آن می‌ایستد. ارزش‌ها، اصولی هستند که تصمیمات تجاری شما را هدایت می‌کنند و در ذات برند شما قرار دارند. ارزش‌های برند شما می‌توانند به شما در ایجاد روابط معنادارتر با مشتریان‌تان کمک کنند. در دنیای پرتب‌وتاب کنونی، شما فقط چند ثانیه فرصت دارید تا روی مخاطبان خود تأثیر بگذارید، بنابراین باید بدانید که می‌خواهید چه بگویید و چگونه آن را بیان کنید. طبق پژوهشی، ۶۴ درصد از مصرف‌کنندگان گفته‌اند که داشتن ارزش‌های مشترک با یک برند، دلیل اصلی انتخاب آن‌هاست.

هنگام انتخاب ارزش‌های برند خود، باید به دو نکته توجه کنید:

۱. مطمئن شوید ارزش‌هایی را انتخاب می‌کنید که درحال حاضر برای شما معتبرند، نه آن چیزهایی که در آینده به آن‌ها امیدوار خواهید بود. این اصول باید نشان دهند که شما واقعاً چه کسی هستید. آرزوهای شما اعتباری برای برند شما نمی‌آورد. الان چه کیفیتی ارائه می‌دهید؟ اگر ارزش‌هایی را انتخاب کنید که واقعاً با شما مطابقت ندارند، مشتریان احساس می‌کنند که فریب خورده‌اند. برای لحظه‌ای تصور کنید که «کیفیت» را به‌عنوان یکی از ارزش‌های برند خود انتخاب می‌کنید، امّا بسته‌بندی شما غیرحرفه‌ای به‌نظر می‌رسد. مشتری انتظارات خاصی از یک محصول باکیفیت دارد. مهم است که کسب‌وکار شما به این ارزش عمل کند. همواره معتبر و قابل اعتماد باشید.

۲. ارزش‌های منحصربه‌فرد، به‌یادماندنی‌تر و معنادارتر هستند. ارزش‌های سنتی را نیز می‌توان انتخاب کرد، امّا باید با رویکرد سازمان همراه شوند تا ارزش‌های واقعی سازمان به‌درستی درک شوند. در ادامه، فهرستی از **ارزش‌های برند** ارائه شده که شما می‌توانید از آن‌ها استفاده کنید.

قابل دسترس	مسئولیت‌پذیر	دقیق	ماجراجو
شفاف	مراقب	راحتی	تعهد
مشتری‌محور	کاشف	متنوع	رؤیاپرداز
لذّت بردن	سرگرمی	اشتیاق	کارآفرینی
اکتشاف	انصاف	ایمان	خانواده
نابغه	حق‌شناس	راهنما	خوشبختی
مهربانی	عشق	رهبری	سرزندگی
ماندگاری	بازیگوشی	مثبت بودن	پتانسیل

اشتراک‌گذاری	سرویس‌دهی	سادگی	خلوص
قدردان	ثروت	وحدت	زیبایی
دلسوز	معتبر	آگاهی‌دهنده	استادکاری
راحتی در استفاده	باثبات	بااعتمادبه‌نفس	یک‌دلی
مراقب محیط‌زیست	اثربخشی	ظرافت	تعالی
انعطاف‌پذیری	برابری	اخلاق	دوستی
شوخ‌طبع	تمرکز	آزادی	هوشمند
وفاداری	استقلال	الهام‌گرفتن	خوش‌بینی
کیفیت	انگیزه	اصالت	توجه
سرعت	رفاه	مدبر	حامی
شجاعت	خلاق	پایداری	خون‌گرم
در لحظه	تعجب	استقبال کردن	تخصص
توانمندسازی	آرامش	هیجان	رشد
ایمنی	کنجکاوی	درک کردن	شادی
استعداد	انرژی	صمیمت	صلح
متفکّر	رضایت	صبر	حقیقت

هنگامی که ارزش‌های برند خود را انتخاب کردید، حتماً از آن‌ها در ارتباطات خود با مشتریان‌تان استفاده کنید. اگر ارزش‌هایی را انتخاب کرده باشید که واقعاً نشان‌دهندهٔ برند شما باشند، مشتریان‌تان بیشتر جذب برندتان می‌شوند (به یاد داشته باشید که به احتمال زیاد، آن‌ها کسب‌وکار شما را انتخاب کرده‌اند، زیرا ارزش‌های شما با ارزش‌های آن‌ها هم‌خوانی دارد). ترویج این ارزش‌ها، پیوند آن‌ها را با شما عمیق‌تر می‌کند. هنگامی که ارزش‌های برند شما معتبر و منحصربه‌فرد باشد، می‌توانید به راحتی خود را متمایز کنید و ارتباط بسیار خوبی با مخاطبان خود برقرار کنید.

◀ وعدهٔ برند

برند یعنی وعده، یعنی قول. اگر مشتری‌تان حاضر شد برای شما هزینه کند، شما چه هزینه‌ای برای مشتری‌تان می‌کنید؟ وعدهٔ برند، خط مقدم نبرد با رقباست. در وعدهٔ برند، آن تعهدی را که برندتان در قبال جامعهٔ مخاطبان خود بر دوش دارد، تعریف و مشخص می‌کنید. این وعده یک وظیفه است که نسبت به مخاطبان‌تان دارید. بر چه مبنایی؟ بر مبنای فلسفهٔ وجودی برندتان.

«ما به وجود آمده‌ایم تا ....»

آن چه در جای خالی می‌نویسید، همان وعدهٔ برند شماست. وعدهٔ برند باید ساده و قابل فهم باشد. باید همیشگی باشد. یعنی نباید ده سال دیگر فراموش شود که چه قول یا وعده‌ای به مخاطبان‌تان داده‌اید. باید هیجان‌انگیز و از همه مهم‌تر، باورپذیر باشد. اگر وعدهٔ برند داشته باشید، دیگر فروشنده‌های‌تان به راحتی در جلسات فروش وعده‌های بیهوده نمی‌دهند که بعداً دچار مشکل شوید.

ما با ...{فلسـفهٔ وجـودی}... ، ...{وعدهٔ برند}... را ارائه می‌دهیم. با ...{محصولات و خدمات}...، این وعدهٔ برند را برای ...{بازار هدف}... محقق می‌کنیم و ...{منفعت حاصل از همکاری با شما}... را خلق می‌کنیم.

بیزنس‌مَستری ◀ ۲۱۱

حالا بیایید عبارات بالا را کامل‌تر کرده، فلسفهٔ وجودی را هم به آن اضافه کنیم.
فروشگاه زنجیره‌ای وال‌مارت، فلسفهٔ وجودی خود را چنین بیان می‌کند:

«به‌وجود آمده‌ام تا مردم بهینه خرید کنند.» وعده‌اش چیست؟ می‌گوید: «پولت را ذخیره و زندگی‌ات را بهتر کن.» بنابراین، خدماتش به‌گونه‌ای طراحی شده است که مشتریان هنگام خرید، احساس راحتی دارند. آن‌قدر باید با وعدهٔ برند و فلسفهٔ برند کار کنید که دقیقاً آن شکلی از تعهد که می‌خواهید به مخاطب‌تان بدهید، در جزء‌به‌جزء کسب‌وکارتان خودش را نشان بدهد.

در نحوهٔ ایجاد کسب‌وکارتان، در نیروی انسانی، امور مالی، هزینه‌ها و تجهیزاتی که فراهم کرده‌اید، باید رد و نشانی از وعدهٔ برندتان دیده شود.

وعدهٔ برند باید در سازمان به‌وجود بیاید تا هر بار که مخاطب از برند استفاده می‌کند، این قول و وعده تکرار و تداعی شود.

آگهی‌ها و پیام‌های بازرگانی قرار است وعدهٔ برند را تبلیغ کنند. وعدهٔ برند باید متقاعدکننده، منحصربه‌فرد، به‌یادماندنی و واضح باشد. زیرا امروزه مشتریان باهوش تشخیص می‌دهند که کدام برند وعده‌اش واقعی است و کدام برند فقط دنبال جذب مخاطب است.

◀ جایگاه‌سازی برند

جایگاه‌سازی به‌معنای یافتن موقعیت مناسب در ذهن گروهی از مشتریان مشخص در بخشی از بازار است، به‌نحوی که آن‌ها به این محصول یا خدمت به شیوه‌ای مناسب و مثبت بنگرند. هدف از این کار حداکثرسازی منافع بالقوه سازمان است. در جایگاه‌سازی برند، باید فضای منحصربه‌فرد خودتان را پیدا کنید که برای مخاطبان هم جذّاب باشد.

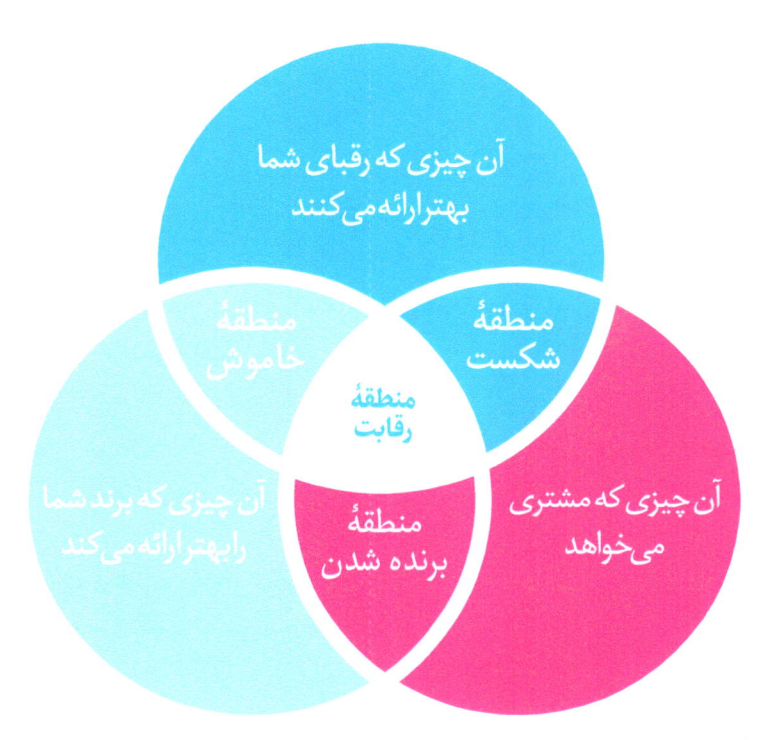

آن چیزی که رقبای شما
بهتر ارائه می‌کنند
منطقهٔ
خاموش
منطقهٔ
شکست
منطقهٔ
رقابت
آن چیزی که برند شما
را بهتر ارائه می‌کند
منطقهٔ
برنده شدن
آن چیزی که مشتری
می‌خواهد

جایگاه‌یابی برند به شما اجازه می‌دهد تا خود را از رقبا متمایز کنید. این تمایز به کسب‌وکارتان کمک می‌کند تا آگاهی از برند را افزایش دهد و قیمت‌گذاری را توجیه کند. امّا همهٔ استراتژی‌های جایگاه‌یابی برند، یکسان نیستند یا هدف یکسانی ندارند.

◀ ارزیابی جایگاه برند

ویژگی‌ها	نظر خودتان	نظر مدیران	نظر کارکنان	نظر مشتریان
	عالی ☐	عالی ☐	عالی ☐	عالی ☐
	خوب ☐	خوب ☐	خوب ☐	خوب ☐
	متوسط ☐	متوسط ☐	متوسط ☐	متوسط ☐

سه مورد از مهم‌ترین ویژگی‌های پرفروش‌ترین کالاها یا خدمات‌تان را نام ببرید:

برای کدام ویژگی محصولات یا خدمات خود بیشترین هزینه و زمان را صرف کرده‌اید؟

◀ ارزیابی جایگاه برند

ویژگی‌ها	نظر خودتان	نظر مدیران	نظر کارکنان	نظر مشتریان
	عالی ☐	عالی ☐	عالی ☐	عالی ☐
	خوب ☐	خوب ☐	خوب ☐	خوب ☐
	متوسط ☐	متوسط ☐	متوسط ☐	متوسط ☐

مشتریان برای کسب چه ارزشی محصول شما را خریداری می‌کنند؟

مشتریان شما چه ویژگی‌های منحصربه‌فردی را از کسب‌وکار شما دریافت می‌کنند که نمی‌توانند آن‌ها را در جای دیگری پیدا کنند؟

سـند جایگاه‌سازی برند، مانند یک نقشـهٔ راه، ما را در مسیر موفقیت هدایت می‌کند. این سـند، تمام عناصر یک برند، از نام و شـعار گرفته تا اسـتراتژی را دربرمی‌گیرد و به ما نشان می‌دهد که درحال حاضر کجا هستیم، چه کمبودهایی داریم و به کجا باید برویم. باید دلایلی به افراد ارائه دهید تا شما را انتخاب کنند، در غیر این صورت، بین شما و رقبا تمایزی قائل نخواهند شد.

مهم‌ترین سؤالاتی که باید به آن‌ها پاسخ بدهید:

چه جایگاهی به مشتریان می‌دهید؟

چرا باید شما را انتخاب کنند؟

چه ویژگی متمایزی دارید تا مخاطب درنظر بگیرد؟

درحال حاضر از چه روشی برای حل مسائل آن‌ها استفاده می‌کنید؟

مزایای شما به شکلی هست که مشتریان، محصول قبلی را کنار بگذارند؟

◀ سند جایگاه‌سازی برند

آن چه باید برای جایگاه‌سازی انجام شود	توضیح
جایگاه‌سازی یا تمایز بنیادی	ویژگی‌هایی که باعث تمایز برند ما از دیگران می‌شود:
شناخت رقبا	آنان که جایگاه بالایی در طبقهٔ محصول ما دارند و سهم بازارمان را گرفته‌اند:
یافتن منابع توسعه و پیشرفت	از کدام رقبا می‌توان سهم بازار را گرفت؟ (حتی در طبقات دیگر محصول)
تعیین مشتریان هدف	به چه کسانی می‌خواهیم بفروشیم؟

بیزنس مَستری ◀ ۲۱۷

آن چه باید برای جایگاه سازی انجام شود	توضیح
تعیین فواید فیزیکی	ما در چه زمینه هایی قوی هستیم (کارایی محصول) رقبا در چه زمینه هایی ضعیف هستند؟
تعیین فواید احساسی	چه حسی را به مصرف‌کننده منتقل می‌کند و چه تجربه‌ای برای او ایجاد می‌کند؟
تشریح دلایل خرید	ادّعای خود را چگونه تقویت و پشتیبانی می‌کنید؟
ایجاد شخصیت برای برند	طراحی شخصیت انسانی برای برند

فصل پنجم: برندسازی

آن چه باید برای جایگاه‌سازی انجام شود	توضیح
استراتژی قیمت‌گذاری	قیمت‌گذاری و تخفیف‌ها با توجه به جایگاه بر چه اساسی انجام می‌شود؟
اهداف مالی، بودجهٔ موردنیاز	آیا برند به سودآوری رسیده است؟
سهم بازار امسال	آگاهی دادن، ترغیب و یادآوری
اهداف تبلیغات	امتحان محصول، خرید مجدّد، آفرینگ

بیزنس‌مَستری ◀ ۲۱۹

آن چه باید برای جایگاه‌سازی انجام شود	توضیح
اهداف ترویج فروش	روش‌ها و کانال‌های مختلف

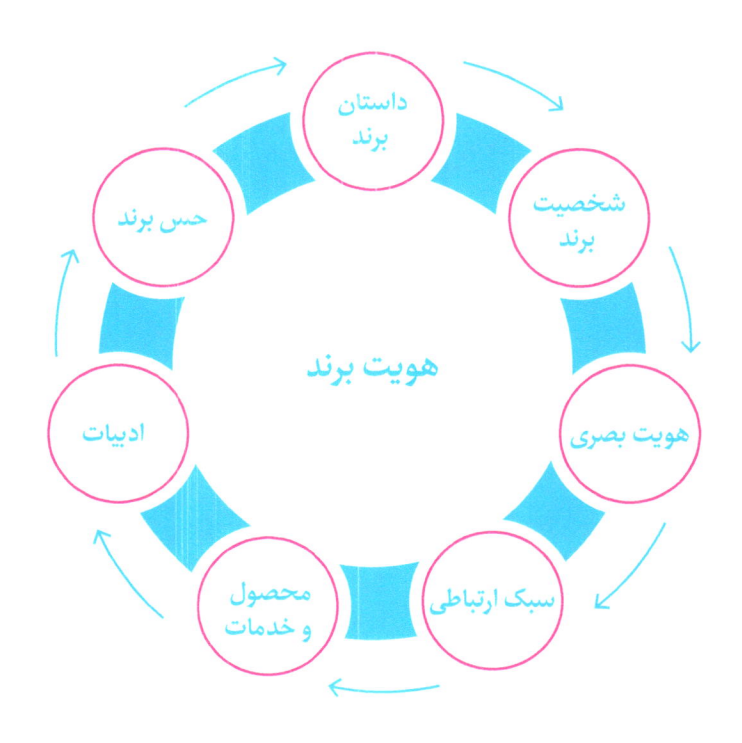

هویت برند

- داستان برند
- شخصیت برند
- هویت بصری
- سبک ارتباطی
- محصول و خدمات
- ادبیات
- حس برند

◀ نام برند

برند، فراتر از یک نام است، امّا انتخاب اسم برند، نخستین گام در مسیر طولانی و دشوار برندسازی محسوب می‌شود. کسب‌وکارتان تغییر می‌کند، مشتریان‌تان تغییر می‌کنند، امّا اسم تغییری نمی‌کند. اسم برند ماندگارترین جزء کسب‌وکار است. مشتریان با توجه به اسم برندتان، کسب‌وکار شما را می‌شناسند. در نام برخی برندها، از واژه‌های فارسی و در برخی دیگر، از واژه‌های خارجی استفاده شده است. بعضی از صاحبان کسب‌وکارها نیز از نام خود برای برندسازی استفاده کرده‌اند. گروهی سراغ مخفف‌سازی رفته‌اند و گروهی دیگر ترجیح داده‌اند از این روش استفاده نکنند. تعدادی از برندها واژه‌های مرتبط با کسب‌وکارشان را به‌کار گرفته‌اند. تعدادی دیگر از برندهای تجاری، نام‌هایی عمومی را انتخاب کرده‌اند که به شکل مستقیم ارتباطی با زمینهٔ فعالیت برند ندارد. در انتخاب نام تجاری و اسم برند، به یک الگو محدود نشوید. برای انتخاب نام تجاری یا نام برند، سبک‌های بسیار متنوعی وجود دارد. امّا ذهن بسیاری از ما روی یک شیوهٔ خاص قفل می‌شود و شیوه‌ها و گزینه‌های دیگر را نادیده می‌گیریم. **نام برند باید چه ویژگی‌هایی داشته باشد؟**

- کوتاه و جذّاب باشد؛
- به‌راحتی تلفظ و نوشته شود؛
- منحصربه‌فرد و مختص برند باشد؛
- قابلیت استفاده در محیط بین‌المللی را داشته باشد؛
- قابلیت ثبت شدن داشته باشد؛
- از نظر گرافیکی، زیبا و خوانا باشد.

نام‌های توصیفی
نام‌هایی که فعالیت ما را توصیف می‌کنند:

- ایران خودرو
- ماشین‌سازی تبریز
- ایسمینار

مخفف‌سازی
استفاده از سرواژه‌ها در کنار یکدیگر، برای خلق واژه‌ای قابل تلفظ و مورد قبول.

- KFC, BMW, IBM
- محک: موسسهٔ حمایت از کودکان مبتلا به سرطان
- مپنا: مدیریت پروژه‌های نیروگاهی ایران
- متمم: محل توسعهٔ مهارت‌های من
- فناپ

تداعی‌کننده
بر مبنای اتصال یک ویژگی با خدمات سازمان. نوع نام‌گذاری برند باعث می‌شود امکان توسعهٔ برند در آینده هم فراهم شود.

- بانک سامان: نظم و سازماندهی
- بانک آینده: پیشرو و آینده‌نگر در صنعت
- روغن موتور بهران: بهتر راندن

غیرمرتبط
نام‌هایی که به طور مستقل معنا دارند، امّا به آن چه تولید یا عرضه می‌کنند، ربطی ندارند. این نوع نام‌گذاری دست‌تان را برای تولید طیف گسترده‌ای از انواع محصولات باز می‌گذارد، امّا آگاهی یافتن نسبت به برند، در این شیوه زمان‌بر است.

- اپل
- بانک دی
- صنایع غذایی مینو
- بیمهٔ آسیا

ساختگی

نام‌هایی که معنای خاصی ندارند و توسط خود صاحب برند ساخته می‌شوند. نمونه‌های ایرانی آن اشاره‌های کوچکی دربر دارد.

- کداک
- سونی
- دیجیاتو
- بیمیتو
- شنوتو
- موتوسل

نام یا نام خانوادگی بنیان‌گذار

نام‌گذاری براساس نام یا نام خانوادگی بنیان‌گذار برند. بیشتر در کسب‌وکارهای خانوادگی به چشم می‌خورد.

- «دل» از نام مایکل دل، در صنعت لپ‌تاپ و کامپیوتر
- «فاکس قرن بیستم» از ویلیام فاکس
- «گوهربین» در صنعت طلا و جواهر
- «مظفریان» در صنعت طلا و جواهر
- سوهان حاج حسین
- پشمک حاج عبدالله
- چلوکبابی نایب

◀ ارزیابی گزینه‌های مختلف برای انتخاب نام برند

فقط روی یک روش متمرکز نشوید. به تمام جنبه‌های نام‌گذاری فکر کنید و ایده‌های بیشتری به‌کار بگیرید تا شانس‌تان برای رسیدن به گزینهٔ مطلوب، افزایش یابد.

• مراقب معناهای مشابه باشید

اگر قصد صادرات یا فعالیت بازرگانی دارید، به معانی نام‌ها در فرهنگ‌ها و زبان‌های دیگر توجه کنید. ممکن است برخی از واژه‌ها در ادبیات و فرهنگ دیگر کشورها، معانی خوبی نداشته باشند.

• مراقب برندهای مشابه باشید

ایده‌آل این است که برند شما کاملاً منحصربه‌فرد باشد و هیچ‌کسی قبلاً از آن استفاده نکرده باشد. امّا چنین چیزی الزاماً در عمل رخ نمی‌دهد و می‌بینید که نام موردنظر شما، در صنعت دیگری هم به‌کار رفته است. مثلاً هم هواپیمایی ماهان داریم و هم مؤسسۀ آموزش عالی آزاد ماهان.

• برای شروع یک کسب‌وکار، مهم است که مطمئن شوید نام تجاری موردنظرتان در حوزۀ فعالیت شما منحصربه‌فرد است. برای این کار، می‌توانید اقدامات زیر را انجام دهید:

• نام تجاری مورد نظر خود را در وب جست‌وجو کنید. این کار به شما کمک می‌کند تا ببینید آیا نام تجاری موردنظر شما توسط شخص یا کسب‌وکاری دیگر استفاده شده است یا خیر.

• به سایت استعلام برند متعلّق به مرکز مالکیت معنوی مراجعه کنید. این سایت به شما امکان می‌دهد تا از ثبت نام تجاری موردنظر خود در ایران اطمینان حاصل کنید.

• در شبکه‌های اجتماعی هشتگ مربوط به نام تجاری مدنظر خود را جست‌وجو کنید. این کار به شما کمک می‌کند تا ببینید آیا نام تجاری مورد نظر شما در فضای مجازی استفاده شده است یا خیر.

ضمناً پیشنهاد ما این است که حتی اگر به انتخاب نام برندی که در صنایع دیگر هم به‌کار رفته رضایت دادید، حداقل مطمئن شوید که آن برند در صنعت خود بدنام نباشد.

جست‌وجو در وب دراین‌باره می‌تواند بسیار مفید باشد. اگر در این زمینه بی‌دقّت باشید، بعدها مجبور می‌شوید مدام به همه توضیح بدهید که «ما با آن‌ها فرق داریم» و «آن‌ها هیچ ربطی به ما ندارند.»

• تست رادیو را انجام دهید

تست رادیو که گاهی به آن «تست تلفن» هم می‌گویند، یک آزمون ساده برای سنجش مناسب بودن نام تجاری است. پیشنهاد می‌شود که به صورت شفاهی (حضوری یا تلفنی یا هر روش صوتی دیگر) نام برند مدنظر خود را به چند نفر بگویید و از آن‌ها بخواهید که این برند را بنویسند. ایده‌آل این است که تعداد زیادی از مخاطبان‌تان املای درست نام برند را بدانند. اگر تعداد زیادی آن را غلط می‌نویسند، شاید نیاز باشد که درخصوص نام برند تجدیدنظر کنید. جف بزوس ابتدا نام دیگری را برای آمازون درنظر داشت (کادابرا به معنای جادو)، امّا وکیلش به او گفت که این کلمه ممکن است در پشت تلفن به شکل کاداور (جنازه) شنیده شود و بزوس از انتخاب این نام منصرف شد.

• تداعی‌ها را چک کنید

می‌توانید به چند نفر که محصول یا خدمت مدنظر شما را نمی‌دانند و نمی‌شناسند، نامی را که برای برند مدنظر دارید، بگویید و بپرسید که چه صفت یا ویژگی‌هایی برای آن‌ها تداعی می‌شود. قرار نیست دقیقاً همان چیزی را بگویند که شما مدنظر دارید. امّا حداقل می‌توانید مطمئن شوید نامی که برای برند خود انتخاب کرده‌اید، با هویّتی که مدنظر دارید، در تعارض و تضاد نیست.

• از آزاد بودن دامین‌ها و آیدی‌ها در شبکه‌های اجتماعی مطمئن شوید

همهٔ سایت‌هایی که کار ثبت دامنه را انجام می‌دهند، این قابلیت را هم دارند که آزاد بودن دامنه‌ها را چک کنند. مطمئن شوید که می‌توانید برای برند خود یک دامنه بگیرید. درمورد شبکه‌های اجتماعی هم کمی جست‌وجو کنید. حتی اگر نمی‌توانید دقیقاً به نام برند مدنظرتان یک اکانت ایجاد کنید، مطمئن شوید که نام‌های مرتبط و مشابهی وجود دارد که می‌توانید از آن‌ها استفاده کنید.

- **صفحهٔ اول نتایج گوگل را لینک به لینک بخوانید**

برند خود را در گوگل سرچ کنید و صفحهٔ اول را دقیق بررسی کنید. در این‌جا فقط به‌دنبال سوابق برندهای مشابه نباشید، بلکه به یک سؤال مهم هم فکر کنید: آیا این برند آن قدرت را دارد که با کمی تلاش دقیق و منسجم در زمینهٔ سئو، به صفحهٔ اول گوگل و ترجیحاً سه نتیجهٔ اول (و در حالت ایده‌آل، دقیقاً نتیجهٔ اول) برسد و راه پیدا کند؟ اگر رقیب‌های بزرگ و قدرتمندی در رتبه‌های نخست صفحهٔ نتایج جست‌وجو حضور دارند، شاید بهتر باشد به نام دیگری فکر کنید.

- **نام انتخابی شما برای توسعهٔ آتی چقدر ظرفیت دارد؟**

سخت است که از روز نخست، تشخیص دهید که قرار است سه یا پنج یا ده سال بعد چه‌کار کنید. بسیاری از کسب‌وکارها، مسیر خود را در طول زمان به‌کلی تغییر داده‌اند. امّا به هر حال، کمی فکر کنید و حدس بزنید که در پنج یا ده سال آینده ممکن است سراغ چه فعالیت‌هایی بروید و چه محصولات یا خدمات دیگری عرضه کنید. آیا برندی که امروز انتخاب می‌کنید، این ظرفیت را دارد که محدودهٔ گسترده‌تری از محصولات و خدمات را دربر بگیرد؟

- **در صورت امکان، از مخاطبان برند خود نظرسنجی کنید**

اگر رسانه‌ای در اختیار دارید یا به پایگاه مخاطبان خود دسترسی دارید یا می‌توانید اندک بودجه‌ای برای تحقیقات درنظر بگیرید، چند گزینهٔ نهایی خود را در معرض بررسی و ارزیابی دیگران قرار دهید. شاید بتوانید چند نمونه محصول کاملاً مشابه - فقط با تفاوت در نام تجاری - بسازید و آن‌ها را پیش چشم مردم بگذارید تا ببینید که کدام‌یک را انتخاب می‌کنند. شاید هم بتوانید یک صفحهٔ فرود طراحی کرده و افراد را به آن صفحه هدایت کنید و براساس واکنش بازدیدکنندگان، دربارهٔ مناسب بودن برند تصمیم بگیرید. حتی یک نظرسنجی سادهٔ شفاهی هم بهتر از این است که صرفاً به قضاوت خودتان تکیه کنید.

◄ شخصیت برند (آرکتایپ)

آرکتایپ برند یا همان کهن‌الگوها می‌توانند به برند شما مفهوم تازه‌ای ببخشند، چون نشان می‌دهند که شما از چه الگوهایی برای انجام کارها استفاده می‌کنید. کارل گوستاو یونگ، معتقد است که ما تمایل به انجام رفتارهای ازپیش‌تعیین‌شده داریم. درواقع، آرکتایپ تصاویر و اشکالی است که بر اثر تجربه‌های مکرر پدران باستانی به ناخودآگاه بشر راه یافته است. کهن‌الگوها می‌توانند رسالت برند شما را به شکلی که برای همه آشنا باشد و آن را خوب تشخیص دهند، ارائه کنند. هرکسی می‌تواند شما را به صدها شکل مختلف توصیف کند، ولی این شما هستید که می‌توانید خط فکری دیگران را به سمتی که خودتان می‌خواهید جهت دهید و کاری کنید که شما را همان‌گونه ببینند که می‌خواهید. امّا قبل از هر اقدامی باید بدانید که افراد چه ذهنیتی نسبت به شما دارند.

در اینجا دوازده کهن‌الگو را برای شما شرح می‌دهیم. یکی از آن‌ها، کهن‌الگوی اصلی شماست. می‌توانید بررسی کنید که رفتار اطرافیان شما با کدام کهن‌الگو هم‌خوانی دارد. من پیشنهاد می‌کنم فهرستی از سه تا پنج کلمه‌ای را که دوست دارید افراد، برند شما را با آن‌ها توصیف کنند، بنویسید. سپس فهرستی از سه تا پنج کلمه‌ای را بنویسید که دوست ندارید براساس آن‌ها توصیف شوید.

آیا می‌خواهید یک تست سریع خودآگاهی داشته باشید؟ به ده نفری که به‌اندازهٔ کافی شما را می‌شناسند امّا زیاد به شما نزدیک نیستند، پیامک دهید و از آن‌ها بخواهید که شما را توصیف کنند و سپس ببینید با کلمات لیست شما مطابقت دارند یا خیر.

۱. نوع‌دوست/حامی/مراقب

شرح و ویژگی: نوع‌دوست‌ها، افرادی هستند که به‌دلیل تعهدشان در کمک به دیگران، بسیار شناخته‌شده‌اند. این‌ها افرادی هستند که خود را وقف اعمال خود می‌کنند و به روابط شخصی بسیار اهمیّت می‌دهند.

شخصیت‌ها:
- والد بسیار دلسوز
- پزشک و پرستار
- پشتیبان و وکیل‌مدافع
- پرورش‌دهنده

مثال:
- مادر ترزا
- برند پمپرز
- ولوو

۲. قهرمان

شرح و ویژگی: هرجا اراده‌ای باشد، راهی هم هست. این افراد در موقعیت‌های آشفته به‌دنبال راهی هستند که قهرمان بودن خودشان را نشان دهند. این افراد باورهای محکمی دارند و روی آن پافشاری می‌کنند. چنین افرادی، شجاع، افتخارآفرین، بااعتمادبه‌نفس، باانگیزه، مطمئن و مصمم هستند.

شخصیت‌ها:
- پیشرو
- مربّی
- جسور

مثال:
- نلسون ماندلا
- انوشه انصاری (اولین زن فضانورد ایرانی)
- برند فدکس
- نایک

۳. خلاق و آفرینش‌گر

شرح و ویژگی	این آرکتایپ در اغلب کارآفرینان، نویسنده‌ها و هنرمندان دیده می‌شود. آن‌ها رؤیاپردازی می‌کنند و مسیری برای تبدیل کردن این رؤیا به واقعیت پیدا می‌کنند. این افراد به‌دنبال خلق اثری از خود هستند که به‌صورت فیزیکی و بصری ماندگار شود. چنین شخصی تمایل به خلق یک محصول یا تجربهٔ ماندگار دارد که بینش او را تحقق می‌بخشد. آن‌ها مبتکر هستند و سازش‌پذیری را نمی‌پذیرند و اغلب اولین فردی هستند که یک مفهوم را درک کرده و مرزهای خلاقیت و طراحی را جابه‌جا می‌کنند.
شخصیت‌ها	◂ هنری ◂ خلاق ◂ مخترع ◂ ایده‌آل‌گرا
مثال	◂ لئوناردو داوینچی ◂ محمود فرشچیان ◂ استیو جابز ◂ مسعود صرامی ◂ داریوش مهرجویی

۴. جستجوگر/محقق

شرح و ویژگی	به‌دنبال کشف و استقلال بوده و نسبت به همه‌چیز کنجکاو هستند. از ریسک کردن نمی‌ترسند و با رد کردن حدومرزها، احساس سرزندگی و شادابی می‌کنند. خوش‌بین هستند و از نظر آن‌ها همه‌چیز امکان وقوع دارد.
شخصیت‌ها	◂ تک‌رو ◂ کاوش‌گر ◂ پیشگام
مثال	◂ مارکوپولو ◂ کریستف کلمب ◂ ریچارد برانسون ◂ ردبول ◂ جیپ

۵. دلقک

شرح و ویژگی	این افراد به ظاهر شاد هستند و از لحظه لذّت می‌برند و حرف مهمی برای گفتن دارند. دلقک از شکستن قوانین لذّت می‌برد. سرگرمی، بازیگوشی و تأمّل و تفکّر ورای دیدگاه‌های مذهبی، سنتی و اجتماعی، کهن‌الگوی شوخ‌طبع یا سرگرم‌کننده را می‌سازند. اگر بیشتر مخاطبان هدف شما افراد جوان هستند، می‌توانید علاوه بر شخصیت شورشی، به دلقک نیز فکر کنید.
شخصیت‌ها	◂ کمدین ◂ بذله‌گو
مثال	◂ چارلی چاپلین ◂ پپسی ◂ فانتا

۶. عاشق

شرح و ویژگی	عشق، یکی از مهم‌ترین مفاهیم در زندگی است. این کهن‌الگو با نزدیکی به انسان‌ها، موقعیت‌ها و فعالیت‌هایی که دوست‌شان داریم، ارتباط دارد. در فیلم‌های هالیوودی، این الگو به‌وفور دیده می‌شود. اغلب برندهای لوکس و آرایشی و بهداشتی نیز به‌دلیل ماهیت خود، به سمت این کهن‌الگو کشیده می‌شوند. برای یک عاشق، صمیمیت و لذّت جسمانی، اهمیّت زیادی دارد. به همین دلیل، بهبود جذّابیت فیزیکی و عاطفی، برای او در اولویت قرار دارد.
شخصیت‌ها	◄ هماهنگ‌کننده ◄ وصل‌کننده و همراه
مثال	◄ کوکوشانل ◄ ویکتوریا سکرت ◄ دیور ◄ آلفارومئو

۷. یاغی/قانون‌شکن

شرح و ویژگی	فردی تک‌رو که طغیان می‌کند و قانون را درهم می‌شکنند. آن‌ها برخلاف جریان آب حرکت می‌کنند. اگر مخاطبان هدف شما عمدتاً از نسل جوان هستند، آرکتایپ قانون‌شکن می‌تواند در رشد برندینگ شما مؤثر باشد. این کهن‌الگو در درون خود شوری دارد که با قوانین دست‌وپاگیر مخالف است.
شخصیت‌ها	◄ مشکل‌گشا ◄ دوست‌دار چالش و رقابت ◄ سنت‌شکن ◄ پیشرو
مثال	◄ هارلی دیویدسون ◄ اوبر ◄ پی‌پال

۸. معصوم/بی‌گناه

شرح و ویژگی	اغلب به‌صورت یک کودک نمایش داده می‌شود. شخصیتی اخلاقی که اهداف خوبی دارد و مانند یک کودک معصوم است. این شخصیت از بدی‌ها و دروغ دور است و اخلاق را در بالاترین حد آن رعایت می‌کند. برخی از صاحبان کسب‌وکارها دست‌کم برای مدّتی از این الگو استفاده می‌کنند.
شخصیت‌ها	◂ خوش‌بین ◂ معصوم ◂ مشوق
مثال	◂ کوکاکولا ◂ مک دونالد ◂ نستله

۹. حاکم

شرح و ویژگی	حاکم شرایط را کنترل می‌کند و به آشفتگی‌ها نظم می‌دهد. این افراد می‌خواهند همه چیز را سامان بدهند. اگر این کهن‌الگو را برای برند خود انتخاب می‌کنید، باید به‌دنبال تزریق حس قدرت و تحکم به مخاطبان هدف باشید. حسابداران، مدیران و کارمندان ارشد مالی اغلب این الگو را دارند. مارگارت تاچر، نخست‌وزیر بریتانیا، مصداق بارز این کهن‌الگو بود.
شخصیت‌ها	◄ صلح‌آفرین ◄ هدایت‌کننده ◄ قدرت‌مند
مثال	◄ بنز ◄ رولز رویس ◄ رولکس

۱۰. همه‌پسند

شرح و ویژگی	این افراد از آن‌چه هستند، راضی‌اند و می‌خواهند با دیگران نیز ارتباط برقرار کنند. در دنیای کسب‌وکار مدیرانی که از طبع خودانتقادی لذّت می‌برند و خودشان را خیلی جدّی نمی‌گیرند، از این کهن‌الگو استفاده می‌کنند. این افراد اغلب از دیدن فوتبال لذّت می‌برند و با افرادی در ارتباط هستند که مرزهای اجتماعی را درهم می‌شکنند. افراد موفق در حوزهٔ فروش، در این دسته قرار دارند. چنین افرادی قصد تغییر شما و عادت‌های شما را ندارند، بلکه در طول مسیر، همراه‌تان می‌مانند.
شخصیت‌ها	◀ واقع‌گرا ◀ دموکرات ◀ رفیق و همراه
مثال	◀ ایکیا ◀ گپ ◀ ای بِی

۱۱. خردمند

شرح و ویژگی	به دیگران کمک می‌کنند تا جهان خود را بهتر بشناسند. افلاطون نمونهٔ بارز این کهن‌الگوست. آن‌ها این پیام را می‌دهند که شما با مطالعه به درک و شناخت بهتری می‌رسید. برخی از شرکت‌ها، همانند مکنزی، این الگو را با استخدام افراد تحصیل‌کرده و آموزش دادن به آن‌ها، به نمایش می‌گذارند. اگر برخی برندها در حوزه‌های آموزشی، خبری و رسانه‌ای را با این کهن‌الگو تطبیق دهید، متوجه رسالت تمامی آن‌ها خواهید شد.
شخصیت‌ها	◂ مربی ◂ متخصص ◂ محقق
مثال	◂ تد ◂ گوگل ◂ نیویورک تایمز

۱۲. معصوم/بی‌گناه

شرح و ویژگی	با من بیا تا تو را با دنیای هیجان‌انگیز و پررمزوراز آشنا کنم. شعبده‌باز هیچ‌گاه رازهای خود را آشکار نمی‌کند و با تردستی‌های رنگارنگ و مبهم، شما را مبهوت خواهد کرد. خلق ناممکن‌ها و رؤیاها با شخصیت برند شعبده‌باز، دور از دسترس نیست. برندهای دارای شخصیت شعبده‌باز به رؤیاپردازی، کاریزما، تخیل و ایده‌آل‌گرایی تمایل دارند. جادوگر به رویدادهای معنادار و غیرمترقبه توجه می‌کند.
شخصیت‌ها	◂ رؤیاپرداز ◂ شفابخش ◂ کاتالیزور یا تسریع‌کننده تغییرات
مثال	◂ هری پاتر ◂ جراحان زیبایی ◂ سونی ◂ لوازم آرایشی مک ◂ والت دیزنی

هرچه برند ما بیشتر به سمت یکی از این کهن‌الگوها گرایش داشته باشد، یعنی آن کهن‌الگو را دوست داریم. مردم، آگاهانه یا ناآگاهانه، می‌خواهند بدانند که یک برند چه ارزش‌ها و باورهایی دارد. آن‌ها به ثبات و پایداری اهمیّت می‌دهند. اگر یک برند به طور مداوم یک کهن‌الگو را نشان دهد، مردم احساس می‌کنند که آن برند را می‌شناسند و می‌توانند به آن اعتماد کنند.

◀ هویّت بصری

هویّت بصری یعنی یک برند، یک تصویر در ذهن مخاطبش داشته باشد. این تصویر ممکن است لوگو، بسته‌بندی، رنگ و ... باشد. وقتی اسم تک‌ماکارون، چای احمد یا کفش نایک می‌آید، در ذهن شما چه رنگ یا تصویری تداعی می‌شود؟ این همان هویّت بصری است.

هویّت بصری عناصری دارد. همانند فردی است که می‌خواهد به عروسی برود. باید ببینیم چه شخصیت و چه تیپی دارد و نحوهٔ حرف زدنش چگونه است. این هویّت بصری این فرد است. هویّت بصری سازمان شما، تیپ سازمانی و مدل نمایش سازمانی است. هر کسب‌وکاری نیاز به شخصیتی خاص و متمایز دارد که بتواند در ذهن مخاطب ماندگار شود و برای این کار، به یک سری ابزار نیاز دارد تا آن برند را به‌صورت یک تصویر خاص در ذهن مخاطبان تداعی کند. قدرت یک تصویر به‌اندازهٔ هزاران کلمه است. این تصویرسازی ذهنی است که موجب می‌شود سازمان‌تان در ذهن مخاطب جایگاه پیدا کند.

هویّت بصری ابزارهایی دارد که اولین آن، لوگو است. لوگو، نمادی از کل هویّت شرکت است که شامل آرم شرکت، لوگوتایپ یا نشان‌نوشته می‌شود. شما با دیدن لوگو، یاد آن شرکت می‌افتید.

چیزهایی مانند پاکت، سربرگ، کارت ویزیت، بروشور، کاتالوگ، کتاب‌ها، کتابچه‌های راهنما، و همچنین وب‌سایت و اپلیکیشن، همگی ابزارهای هویّت بصری برند هستند. این ابزارها با استفاده از عناصر بصری، مانند رنگ، فونت، و سبک طراحی، هویّت و ارزش‌های برند را به مخاطبان منتقل می‌کنند. شکل و طراحی و بسته‌بندی محصولات شما نیز جزو هویّت بصری است. یونیفرم برخی از شرکت‌ها نیز جزو هویّت بصری آن‌ها محسوب می‌شود. دکوراسیون داخلی و نمای بیرونی ساختمان محل کارتان نیز جزو هویّت بصری است. به‌عنوان مثال، نمای بانک ملت که در همهٔ شعبه‌ها یکسان است، هویّت بصری این بانک است. رنگ یا فونت سازمانی‌ای که دارید هم جزو هویّت بصری است. برندبوک یا کتابخانهٔ راهنمای برند، هویّت بصری را تعریف می‌کند. سعی کنید

ترکیب رنگ و فونتی که استفاده می‌کنید، در کل سیستم‌تان یک‌پارچه باشد تا بهتر در یاد دیگران بمانید.

هویّت بصری، نمایش یا ویترین کار شماست و هدفش ایجاد یک تصویر واحد و هم‌شکل سازمانی است. اگر برند را خانه فرض کنید، هویّت بصری همان طراحی نما و دکوراسیون داخلی این خانه است. هر وقت دیدید که دیگران از شما تقلید و کپی می‌کنند، بدانید که موفق شده‌اید.

برند شما نیاز به یک تصویر مشخص دارد تا در ذهن مخاطبان ثبت شود. برای خلق این تصویر، نیاز است که تمام المان‌های بصری برای ارتباط با مخاطبان طراحی شود.

- طراحی لوگو و نشان؛
- انتخاب رنگ؛
- طراحی مسکات؛
- انتخاب فونت برند؛
- طراحی الگوی برند؛
- انتخاب صدای برند؛
- طراحی لباس؛
- طراحی المان‌های محیطی سازمان و فروشگاه؛
- طراحی بسته‌بندی محصول و خدمات؛
- طراحی فرم و چک‌لیست؛
- طراحی بدنهٔ ماشین؛
- طراحی اوراق اداری؛
- طراحی امضای ایمیل؛
- طراحی چیدمان شبکه‌های اجتماعی؛
- طراحی هایلایت اینستاگرام؛
- طراحی فلایر؛
- طراحی فاوآیکون سایت؛

- طراحی بنرهای داخلی نرم‌افزار و وب‌سایت؛
- طراحی پرچم؛
- طراحی بج؛
- طراحی تابلوهای ورودی؛
- طراحی تابلوهای راهنمای محیط؛
- طراحی کارت پرسنلی؛
- طراحی هدایای تبلیغاتی؛
- طراحی موشن لوگو.

• لوگو

لوگو، نماد گرافیکی منحصربه‌فردی است که هویّت یک شرکت، محصول یا خدمت را به جامعه نشان می‌دهد. درواقع، لوگو معرف و نمایندهٔ سازمان است و به مشتریان کمک می‌کند تا شرکت شما را به یاد بیاورند و با آن ارتباط برقرار کنند.

ویژگی‌های یک لوگوی خوب

- ساده بودن؛
- متمایز بودن؛
- تأثیرگذاری آنی بر ذهن مخاطب.

• تایپوگرافی

تایپوگرافی یکی از انواع لوگو است که در آن نام برند با فونتی خاص طراحی شده است. این لوگوها بسیار ساده به‌نظر می‌رسند، امّا بنابر گفتهٔ استیو جابز: «ساده می‌تواند سخت‌تر از پیچیده باشد.» برای طراحی لوگوی خلاقانه باید به جزئیات توجه بیشتری داشت. اگر به لوگوهای تایپوگرافی علاقه دارید، چند گزینه پیش‌رو خواهید داشت. برخی برندها، مانند کوکاکولا، فونت سفارشی (Typeface) خود را ایجاد می‌کنند که این کار نه‌تنها زمان‌بر است، بلکه به طراح حرفه‌ای نیاز دارد. دقّت داشته باشید که باید فونتی را انتخاب کنید که حس‌وحال برند شما را منتقل کند.

ویژگی	وابستگی
حساسیت به فونت و رنگ‌بندی	به نوع و سبک طراحی لوگوتایپ
تأثیرگذاری جزئیات، معانی نمادها و خطوط	ارتباط مستقیم با ایجاد هویّت بصری و انتقال مفاهیم برند
مهارت در تأثیرگذاری بر حس مخاطبان	توانایی ایجاد حس آشنایی و ارتباط فوری

● **حروف الفبا**

این لوگوها شامل تنها یک حرف هستند. اغلب کسب‌وکارهایی که از حرف اول نام برند خود برای لوگو استفاده می‌کنند، نسخهٔ دیگری از لوگو هم دارند که در آن نام کامل کسب‌وکار خود را گنجانده‌اند. استفاده از تنها یک حرف در لوگو، آن را برای برنامه‌های موبایل، فاوآیکون‌ها (Favicons) و تصویر پروفایل در شبکه‌های اجتماعی کاربردی می‌کند. لوگوهای نوشتاری با حروف الفبا، یکی از انواع لوگو هستند که می‌توانند به خوبی در ذهن مخاطب نقش ببندند. این نوع لوگو، نام برند را با استفاده از حروف الفبا و با رنگ‌بندی و طراحی زیبا، به تصویر می‌کشد.

ویژگی	وابستگی
شامل تنها یک حرف	برندهایی با نام طولانی
کوچک و قابل تشخیص	طراحی ساده و بدون جزئیات
مقیاس‌پذیری بالا	قدرت زیاد برای ماندگاری در ذهن مخاطب

• مونوگرام یا علائم اختصاری

مونوگرام‌ها یکی از انواع لوگو هستند که از حروف اول نام کسب‌وکار تشکیل می‌شوند. بیشتر برندهایی که لوگوی مونوگرام دارند، به نسخهٔ اختصاری یا لوگوی‌شان اشاره می‌شود. برای مثال IBM یا NASA نمونه‌هایی هستند که با نسخهٔ اختصاری مرسوم شده‌اند. به‌طور معمول، برای اشاره به «سازمان ملی هوانوردی و فضایی»، می‌گوییم «ناسا». در لوگوهای مونوگرام نیز از فونت استفاده می‌شود. فونت این لوگوها، باید هویّت برند را نیز منتقل کند. این فونت می‌تواند از میان فونت‌های موجود انتخاب یا به‌صورت سفارشی طراحی شود.

ویژگی	وابستگی
ساده و باشکوه	اعتبار و ماندگاری بالا
قابلیت تغییر ابعاد	به تصویر کشیدن ارزش برند
انتقال‌دهندهٔ حس آشنایی	شناخت فوری از سوی مخاطب

• نماد و علائم تصویری

لوگوها می‌توانند شامل نماد یا تصاویر باشند، به‌گونه‌ای که هویّت یا فعالیت برند را مشخص کنند. به‌طور معمول، لوگوهایی در این سبک، یک شیء از دنیای واقعی را نشان می‌دهند. برای مثال، لوگوی اپل شامل تنها یک نماد است. می‌توان از نمادها به‌طور ماهرانه برای نشان دادن ارزش یا پیام برند استفاده کرد، مثلاً لوگوی توییتر، پرنده‌ای رو به بالا بود که امید و آزادی را نشان می‌دهد. یافتن تصویر یا نماد مناسب برای لوگو می‌تواند چالشی بزرگ برای کسب‌وکار شما باشد، به‌خصوص اگر برندی جدید و تازه‌کار هستید. با گذشت زمان، احتمال رشد، تغییر و افزوده شدن محصولات و خدمات جدید وجود دارد و از طرف دیگر مدّت زمان زیادی طول می‌کشد تا مشتریان لوگوی شما را بشناسند و در ذهن خود ارتباطی بین لوگو و برند شما برقرار کنند. حتی می‌توانید نام برند خود را در لوگو بگنجانید. لوگو باید نمادی ماندگار باشد و در طول زمان تغییر چندانی نکند. همچنین، باید با نام تجاری و ارزش‌های آن هم‌سو باشد.

ویژگی	وابستگی
نمایش یک شیء از دنیای واقعی	زمان‌بر بودن پیوند زدن لوگو با برند در ذهن
تنوع در طراحی	تأثیرگذاری بالا
نشان دادن ارزش یا پیام برند	ایجاد تصویری واضح و قابل یادآوری

• لوگوی انتزاعی

لوگوهای انتزاعی نیز مبتنی بر تصویر هستند و برخلاف تصاویری که شیء واقعی را نشان می‌دهند، این لوگوها بیشتر استعاری هستند. مثل تصویر شیر که کنایه از قدرت برند است. از آن‌جایی که لوگوهای انتزاعی، یک شیء قابل تشخیص و خاص را به تصویر نمی‌کشند، این قابلیت را دارند که طرحی منحصربه‌فرد را ایجاد کنند. باید به طور دقیق بدانید که قصد انتقال چه پیامی را دارید. از آن‌جایی که نام برخی برندها در زبان‌های مختلف قابل درک نیست، استفاده از لوگوی انتزاعی برای برندهایی که قصد فعالیت در سطح بین‌المللی دارند، توصیه می‌شود.

ویژگی	وابستگی
مبتنی بر تصویر استعاری	مناسب برای برندهای جهانی
منحصربه‌فرد	تمایز بین رقبا
انعکاسی ساده و هندسی از ارزش‌ها	کاربرد در برندهای مشهور

• مسکات لوگو

مسکات، نوعی لوگو است که براساس یک شخصیت طرح می‌شود. مثل تصویر گاوی که معرّف شیر میهن است. این شخصیت، نماینده و سفیر برند است و می‌تواند یک موجود ساختگی یا یک فرد واقعی باشد که هویّت برند را بازتاب می‌دهد. لوگوهای مسکات، ارتباط خوبی با مشتریان برقرار می‌کنند، زیرا افراد به‌طور طبیعی با انسان‌ها و شخصیت‌های دیگر بهتر از اشیا ارتباط می‌گیرند. ابتدا بررسی کنید که نوع فعالیت و کسب‌وکار شما مناسب این لوگو هست یا خیر. لوگوهایی مثل چی‌توز و چاکلز نمونه‌های موفقی از لوگوهای مسکات در بازار ایران هستند.

ویژگی	وابستگی
شخصیت‌های مصور سفیر برند	ایجاد فضایی سرگرم‌کننده
دوستانه و جذّاب	مناسب برای خانواده و کودکان
کارتونی و شاد	نمادی قوی در ذهن مخاطبان

• لوگوهای ترکیبی

این سبک از لوگو به‌دلیل تنوع بین کسب‌وکارها بسیار محبوب است. کسب‌وکارها نسخه‌های مختلفی از لوگو را ایجاد می‌کنند و از آن‌ها برای اهداف مختلف بهره می‌گیرند. نکتهٔ جالب توجه این است که همهٔ نسخه‌ها باید زبان بصری واضح و منسجمی داشته باشند. برای مثال، برند لاگوست از لوگوی ترکیبی در وب‌سایت خود استفاده می‌کند، امّا در بیشتر محصولات آن تنها تصویر تمساح سبز دیده می‌شود. برای شرکت‌هایی که هنوز شناخته‌شده نیستند، لوگوهای ترکیبی نقطهٔ شروع خوبی هستند و در ایجاد آگاهی و شناخت نسبت به برند کمک می‌کنند. با گذشت زمان، این آزادی را خواهید داشت که فقط از بخش متنی یا تصویری لوگوی خود استفاده کنید و در عین‌حال، مخاطبان برند شما را تشخیص دهند.

ویژگی	وابستگی
هم دارای تصویر و هم دارای متن	انتقال بهتر پیام برند (مخصوصاً اگر پیام‌های متعدد داشته باشید)
اثربخشی در برقراری ارتباط	کمک به شناخت برند
انعطاف‌پذیری در نحوهٔ استفاده	اتصال سریع به برند

• لوگوهای پویا

یکی از انواع لوگو، لوگوهای پویاست که خلاف قاعده عمل می‌کنند و می‌توانند شکل‌های مختلفی را به خود بگیرند. این موضوع عجیب به‌نظر می‌رسد، زیرا قانون کلی طراحی لوگو، ثبات و یک‌نواختی است. امّا این دقیقاً همان چیزی است که باعث می‌شود لوگوهای پویا همه جا کاربرد داشته باشند. این سبک لوگوها به چارچوبی به‌عنوان اصل نیاز دارند که در هر نسخه از لوگو ظاهر شود. برای مثال، وب‌سایت گوگل را باز می‌کنیم و تایپوگرافی آشنای آن را می‌بینیم که بنا بر مناسبت، نمادی از شخصیت‌های تاریخی، جشن‌ها یا تعطیلات را نشان می‌دهد. بااین‌حال، همیشه می‌دانیم که این لوگوی گوگل است. درواقع، برند به‌قدری شناخته‌شده است که لوگو در هر شکل و اندازه‌ای قابل تشخیص است. این لوگو نه‌تنها مرتبط و به‌روز است، بلکه پیام برند را نیز تقویت می‌کند.

ویژگی	وابستگی
خلاف قاعده	برندهایی با نفوذ زیاد
متکی به چارچوب اصلی امّا منعطف	تقویت پیام برند
مولد خلاقیت	انتقال داستان‌ها و ارزش‌های برند

◀ اثر رنگ در برندسازی

از آن جایی که رنگ در برانگیختن احساسات مخاطبان نقش مهمی دارد، به همین دلیل خاصیت خاطره‌انگیزی و به یادسپاری آن بیشتر است. البته درنظر گرفتن رنگ متناسب با اهداف و ارزش‌های سازمان، نکتهٔ بسیار مهمی است که طراحان باید به آن‌ها توجه کنند. شرکتی که مخاطبان خود را جوانان می‌داند، باید از رنگ‌های شاد و پرهیجان استفاده کند. توجه به طیف مخاطبان، از لحاظ جنسیتی، طبقهٔ اجتماعی، سن و فرهنگ، در تصمیم‌گیری دربارهٔ انتخاب رنگ حائز اهمیّت است.

سؤالات مهم در انتخاب رنگ برند

- آیا در بازار هدف، این رنگ معنای مثبتی دارد؟
- این رنگ یادآور محصولات رقبا نیست؟
- این رنگ در بازار خارجی معنا دارد؟
- این رنگ ماندگاری دارد؟
- از چه رنگ‌هایی در پس‌زمینه می‌توان استفاده کرد؟
- آیا این رنگ پس از چاپ به خوبی نشان داده می‌شود؟
- چه معنایی برای این رنگ درنظر گرفته شده است؟

آن‌چه در ادامه ملاحظه می‌کنید، رنگ‌هایی است که بیش از همه در برندها استفاده می‌شود:

رنگ	ویژگی مثبت	ویژگی منفی	مناسب	نامناسب
سفید	◄ خلوص و بی‌گناهی ◄ تازگی و نو بودن ◄ تمیزی ◄ شفافیت ◄ سادگی ◄ کمال ◄ افتخار ◄ فضیلت	◄ استریلیزه بودن ◄ سردی ◄ دوستانه نبودن ◄ منزوی بودن و تنهایی ◄ پوچی ◄ تازه‌کار بودن ◄ آموزش‌ندیده بودن	◄ بیمارستان و محیط‌های بهداشتی ◄ ازدواج و جشن عروسی ◄ لبنیات ◄ خودرو ◄ پوشاک ◄ خیریه	◄ صنایع غذایی گرم ◄ کشاورزی ◄ مالی ◄ انرژی
مشکی	◄ قدرت ◄ امنیت ◄ اعتبار ◄ ظرافت ◄ استحکام ◄ تشریفات ◄ مجلل بودن	◄ ظلم و ستم ◄ تاریکی ◄ وحشت ◄ شیطانی ◄ عزا ◄ رعب و تهدید	◄ باشگاه‌ها ◄ برندهای بسیار لوکس ◄ تکنولوژی ◄ پوشاک ◄ وسایل نقلیه	◄ غذا ◄ مراقبت‌های بهداشتی ◄ مالی ◄ انرژی

قرمز				
◄ شور و اشتیاق و عشق	◄ کاهش تفکّر	◄ صنایع غذایی	◄ هواپیما	
◄ افزایش اشتها	◄ تجزیه و تحلیل	◄ ورزشی	◄ پوشاک	
◄ قدرت	◄ خشم	◄ تفریحی	◄ مالی	
◄ بی‌باکی	◄ خطر	◄ حمل‌ونقل	◄ صنایع مرتبط با انرژی	
◄ هیجان	◄ هشدار	◄ خودرو	◄ پزشکی و مراقبت‌های بهداشتی	
◄ انرژی زیاد	◄ سرپیچی			
◄ گرمی	◄ درد			
◄ آتش	◄ جنگ			
◄ اعتمادبه‌نفس				
◄ اهمیّت و توجه				

| آبی «بیشترین طرفدار را در بین مردم جهان دارد.» | ◄ رنگ مردانه
◄ آرامش‌بخش
◄ بالغ
◄ شفافیت
◄ ارتباطات
◄ ثبات و اعتماد
◄ وفاداری
◄ منطق
◄ معصومیت
◄ حرفه‌ای بودن | ◄ کم‌اشتهایی
◄ مسمومیت
◄ فاسد بودن
◄ سردی
◄ بی‌احساسی
◄ نامهربانی
◄ ناراحتی | ◄ رژیم‌های غذایی با هدف کاهش وزن
◄ بانک‌ها
◄ باشگاه یوگا
◄ برندهای حفاظتی
◄ پزشکی
◄ مراقبت‌های بهداشتی
◄ تکنولوژی
◄ مشاوره
◄ انرژی
◄ مالی
◄ ارتباطات | ◄ پوشاک
◄ صنایع غذایی |

سبز				
	◄ چشم را اذیت نمی‌کند	◄ کسالت	◄ سالن‌های انتظار	◄ هواپیما
	◄ در تاریکی بهتر دیده می‌شود	◄ رکود	◄ سازمان‌های مالی	◄ پوشاک
	◄ تداعی‌کنندهٔ طبیعت	◄ حسادت	◄ مراکز درمانی	◄ وسایل نقلیه
	◄ تعادل	◄ رخوت و بی‌حسی	◄ صنایع غذایی	
	◄ امنیت	◄ بی‌انرژی بودن	◄ کشاورزی	
	◄ اطمینان خاطر	◄ بیماری (تجربه‌گران عمل جراحی)	◄ محیط زیست	
	◄ سلامتی		◄ پزشکی و سلامتی	
	◄ خوش‌بختی		◄ آموزش	
	◄ امید		◄ امور مذهبی	
	◄ تازگی		◄ تکنولوژی	
	◄ سعادت		◄ انرژی	
	◄ کاهش‌دهندهٔ فشار خون و ضربان قلب		◄ لوازم خانگی	
	◄ خوش‌شانسی			
	◄ رشد			
	◄ ثروت			
	◄ تسکین			
	◄ بازسازی			
	◄ رفاه			
	◄ ثبات			

زرد	◂ افزایش متابولیسم ◂ مولد عزت نفس ◂ بهتر از رنگ‌های دیگر به چشم می‌آید ◂ محرک ◂ جلب‌کنندهٔ توجه ◂ گرما ◂ شادی ◂ خلاقیت ◂ درایت ◂ مقرون‌به‌صرفه بودن ◂ برون‌گرایی ◂ خوش‌بینی ◂ استطاعت مالی	◂ باعث گریه کردن نوزادان ◂ غیرمنطقی بودن ◂ ترس ◂ احتیاط ◂ اضطراب ◂ ناامیدی ◂ عصبانیت ◂ خطر	◂ صنایع غذایی ◂ انرژی ◂ لوازم خانگی ◂ ورزشی ◂ حمل‌ونقل	◂ هواپیما ◂ پوشاک ◂ مالی

قهوه‌ای «بیشتر موردعلاقهٔ مردان است تا زنان»	◄ جدی ◄ محکم ◄ قابل اتکا ◄ رنگ زمین ◄ خاکی بودن ◄ حمایت ◄ گرما ◄ قدیمی	◄ محافظه‌کاری ◄ احساس گیجی ◄ پشیمانی ◄ عاری از شوخ طبعی ◄ سنگینی ◄ نداشتن حس دل‌فریبی و اغواگری ◄ غمگینی ◄ کثیفی ◄ خشونت ◄ قدیمی	◄ صنایع غذایی ◄ کشاورزی ◄ نجاری ◄ امور قانونی	◄ پوشاک ◄ حمل ونقل ◄ مد و زیبایی ◄ تفریحی

ارغوانی				
	◂ پیچیدگی درعین برنامه‌ریزی ◂ منطق ◂ فراست و زیرکی ◂ شفقت و مهربانی ◂ احترام به خود ◂ رضایت ◂ تغییر و تحول ◂ پذیرش ◂ ایده‌های جدید ◂ شور و اشتیاق ◂ خلاقیت ◂ نوآوری ◂ تعادل	◂ شوک‌آور ◂ ظالمانه ◂ مخالفت و عدم انطباق ◂ بی‌ملاحظگی و گستاخی ◂ تحریک‌پذیری ◂ بی‌قاعدگی ◂ زودگذر بودن		

بنفش	◄ سلطنت ◄ ثروت ◄ لوکس بودن ◄ اغواگری ◄ پیچیدگی ◄ خلاقیت ◄ تخیلات ◄ دل‌فریبی ◄ معنویت ◄ شعبده‌بازی ◄ رمزوراز ◄ خیال‌پردازی	◄ درون‌گرایی ◄ انحطاط و فساد ◄ سرکوب ◄ خودکم‌بینی ◄ زیاده‌روی ◄ مودی بودن (تغییر ناگهانی خلق‌وخو)	◄ مشاغل لوکس و مدرن ◄ پزشکی و مراقبت‌های بهداشتی ◄ تکنولوژی ◄ مالی ◄ روان‌شناسی ◄ انسان‌دوستانه	◄ کشاورزی ◄ انرژی
نارنجی	◄ نشاط ◄ انگیزه ◄ تحرک ◄ برانگیزاننده ◄ هیجان ◄ اشتیاق ◄ انرژی‌زا ◄ شادی‌بخش ◄ القای حس ارزشمندی ◄ القای حس راحتی ◄ گرما، پناه و غذا ◄ شجاعت ◄ اعتمادبه‌نفس ◄ نوآوری ◄ بازیگوشی ◄ دوستی	◄ محرومیت ◄ ناامیدی ◄ نابالغی	◄ تبلیغات کودکان ◄ برندهای پوشاک خلاقانه و هنری ◄ تکنولوژی ◄ پزشکی و مراقبت‌های بهداشتی ◄ صنایع غذایی ◄ ورزشی ◄ تفریحی ◄ حمل‌ونقل	◄ هواپیما ◄ پوشاک ◄ انرژی ◄ مالی

صورتی	◂ زنانگی و جوانی ◂ معصومیت ◂ سرگرمی ◂ دخترانه بودن ◂ مدرن ◂ شادکامی ◂ شیرینی ◂ ظرافت ◂ عشق ◂ آرامش	◂ کنایه‌آمیز	◂ کیک و شیرینی ◂ برندهای زنانه ◂ مشاغل لوکس و مدرن ◂ مد و زیبایی ◂ محصولات آرایشی و بهداشتی	◂ هواپیما ◂ وسایل نقلیه ◂ مالی
طوسی	◂ حرفه‌ای بودن ◂ خنثی ◂ کارآمد بودن ◂ رسمی بودن ◂ کلاسیک ◂ جدی ◂ مرموز ◂ بالغ		◂ شرکت‌های بزرگ حقوقی ◂ سایت‌های فروش لباس‌های بچگانه	

◀ فرمول ساخت رنگ برند
برای انتخاب سه رنگ برنامه‌ریزی کنید:

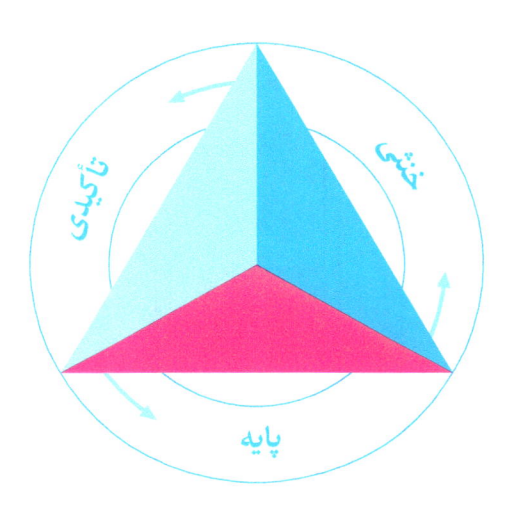

رنگِ پایهٔ شما نه‌تنها باید منعکس‌کنندهٔ مهم‌ترین ویژگی شخصیت برند شما باشد، بلکه باید برای مخاطب هدفی که می‌خواهید به آن دسترسی پیدا کنید نیز جذّاب باشد.

رنگِ تأکیدی شما همان رنگی خواهد بود که بعد از رنگ پایه بیشتر از آن استفاده می‌کنید. این کمی پیچیده‌تر از انتخاب رنگ پایه است، زیرا محدودیت‌های بیشتری وجود دارد و جدای از تطابق با ویژگی شخصیتی برند، رنگ تأکیدی شما باید از نظر بصری با رنگ پایه هم‌خوانی داشته باشد.

رنگ خنثی معمولاً به‌عنوان رنگ پس‌زمینه استفاده می‌شود تا از توجه دور شود. این رنگ‌ها معمولاً خاکستری، بژ، سفید یا مایل به سفید هستند. مشکی نیز یک گزینه است، امّا باید با احتیاط استفاده شود، زیرا می‌تواند بر سایر رنگ‌ها غالب شود.

در ادامه چک‌لیست هویّت بصری برند از سایت www.hosseintaheri.ir برای شما قرار داده شده است.

چک‌لیست هویّت بصری برند

گرافیک محیطی
- ☐ لوگو
- ☐ فونت
- ☐ سربرگ
- ☐ کاغذ یادداشت
- ☐ امضا
- ☐ کارت ویزیت
- ☐ تابلو

ابزارهای بازاریابی و تبلیغات
- ☐ طراحی تبلیغات بنری و چاپی
- ☐ طراحی پوستر
- ☐ روزنامه
- ☐ طراحی قالب گرافیک وب
- ☐ عکس‌های مرتبط با استراتژی برند
- ☐ فایل‌های دانلودی
- ☐ ماشین‌های حمل و اداره
- ☐ بسته‌بندی
- ☐ لیبل
- ☐ کارتن

وب سایت
- ☐ بروشور
- ☐ کاتالوگ
- ☐ لیست قیمت
- ☐ نمونه کارها
- ☐ تگ اسم (بج)

اسناد داخلی و خارجی
- ☐ طراحی امضای ایمیل
- ☐ طراحی خبرنامه‌های ایمیل
- ☐ پروفایل و کاور فیس‌بوک
- ☐ پروفایل و کاور لینکدین
- ☐ پروفایل و کاور اینستاگرام
- ☐ پروفایل و کاور توییتر

بازاریابی آنلاین
- ☐ فرم‌های اداری
- ☐ فرم‌های پرسنلی
- ☐ کارت پرسنلی
- ☐ شبکه‌های اجتماعی

هویّت سازمانی
- ☐ نشانه‌گذاری مستقیم
- ☐ ورودی دفتر
- ☐ ورودی ساختمان

◀ هویّت کلامی برند

به گفت‌وگوی یک برند با مخاطبان با ترکیب سه عنصر ادبیات، متن و لحن مشخص، هویّت کلامی برند گفته می‌شود.

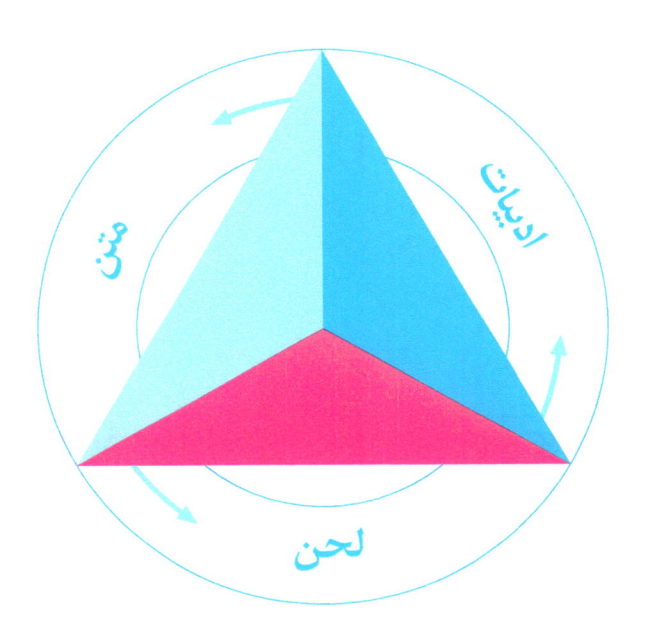

در ابتدا، برای معرفی برند خود، باید یک متن قوی و جامع بنویسید که پرسش‌ها و دغدغه‌های مشتریان را نیز درنظر بگیرد. لحن، نحوهٔ گفت‌وگوی شما با مخاطبان است و از کلمات و آهنگ کلام تشکیل می‌شود. به عنوان مثال، جملهٔ «آقای فلانی چقدر شخصیت وزینی دارند» حس‌وحال متفاوتی نسبت به جملهٔ «آقای فلانی چقدر شخصیت سنگینی دارند» ایجاد می‌کند. این تفاوت به‌دلیل جابه‌جایی کلمات «وزین» و «سنگین» است. شما با تغییر کلمات و آهنگ کلام، می‌توانید در هویّت کلامی برند خود تفاوت ایجاد کنید.

در هویّت کلامی تعیین می‌کنید که ساده و صمیمی باشید یا جدّی و رسمی. شخصیت برند، بستگی به فلسفهٔ وجودی برندتان دارد. اگر برندتان مردمی است و مثلاً در حوزهٔ کودک و نوجوان فعالیت می‌کنید، نمی‌توانید جدّی و رسمی باشید. هویّت کلامی یعنی از طرف یک سازمان حرف می‌زنید یا از طرف یک تیم؟ چقدر منطقی حرف می‌زنید و چقدر احساسی؟ آیا در متن و ادبیاتی که به‌واسطهٔ آن با مخاطبان ارتباط می‌گیرید، از واقعیت‌ها و آمارهای واقعی استفاده می‌کنید یا از رؤیاها و آرزوها صحبت می‌کنید؟ در پیام‌های تبلیغاتی چه‌طور؟ در هویّت کلامی، باید زبان و ادبیات برند خود را بررسی کنید تا ببینید آیا با فلسفهٔ وجودی و قول برند شما مطابقت دارد یا خیر. تمام متونی که برای وب‌سایت، ابزارهای بازاریابی، شعار تبلیغاتی و... طراحی می‌کنید، باید براساس نوع مخاطبان هدف شما باشد. کلمات و جملات را با دقّت انتخاب کنید تا بتوانید کار خود را به شکل حرفه‌ای پیش ببرید. هویّت کلامی به ویژگی‌های منحصربه‌فردی اشاره دارد که بر شخصیت، ظاهر و رفتار درک شدهٔ یک برند تأثیر می‌گذارد.

• صدای برند

حافظهٔ دیداری یا بصری ضعیف و شکننده است، امّا حافظهٔ شنوایی غیرارادی است و اطلاعات را به‌صورت طولانی‌مدّت در خود ذخیره می‌کند. به همین دلیل، ترانه‌هایی را که در دوران کودکی و نوجوانی شنیده‌اید، بعد از سی سال به یاد دارید و زمزمه می‌کنید. انسان‌ها می‌توانند به‌راحتی چشمان خود را ببندند، امّا نمی‌توانند گوش‌های خود را ببندند. این به این دلیل است که صدا یک پدیدهٔ ناخواسته و غیرقابل کنترل است که بدون اجازهٔ قبلی و خارج از اختیار افراد به گوش می‌رسد.

• بسته‌بندی برند

اغلب برندها تنها روی محصول تمرکز می‌کنند. تأکید آن‌ها بر طراحی و تولید محصولی است که برتری‌اش در رقابت با دیگران ثابت شود. به بسته‌بندی به‌عنوان بخشی از فرایند برندسازی، در بسیاری مواقع بی‌توجهی می‌شود. بسته‌بندی محصولات و کالاها، فارغ از نوع آن‌ها، بسیار مهم است. به همین دلیل، شرکت‌های بزرگِ تولیدی دنیا با شرکت‌های حرفه‌ای در زمینهٔ چاپ و بسته‌بندی همکاری می‌کنند تا فروش بالای محصولات خود را تضمین کنند. شرکت‌های استارتاپی و تازه‌تأسیس که می‌خواهند وارد بازار شوند، باید

با برندهای بزرگی رقابت کنند و در ابتدا نیز سرمایهٔ زیادی برای تبلیغات به شیوه‌های مختلف در اختیار ندارند، پس تنها روش مؤثری که هزینهٔ اضافی برای آن‌ها درپی ندارد، بسته‌بندی است. البته این به معنای کم‌اهمیّت بودن بسته‌بندی در مقایسه با سایر روش‌های بازاریابی و برندینگ نیست، بلکه روشی است که حتی شناخته‌شده‌ترین برندهای دنیا هم اگر آن را رعایت نکنند، هویّت برند آن‌ها خدشه‌دار می‌شود. مسئولیت اجتماعی را می‌توان به‌عنوان یک مزیّت رقابتی در بسته‌بندی محصولات و خدمات ارائه کرد. این کار می‌تواند هم با نیت خیرخواهانه و هم با نیت تجاری انجام شود. در هر دو صورت، مسئولیت اجتماعی می‌تواند تأثیر مثبتی بر زندگی مردم داشته باشد. در بسته‌بندی آدامس بایودنت، از نوشته‌هایی با خط بریل استفاده شده است. این نکته که شاید به‌ظاهر ساده باشد، در شکل‌گیری نگرش مصرف‌کننده نسبت به برند، تأثیر مثبتی دارد. وقتی مشتری بسته‌بندی بایودنت را می‌بیند، احتمالاً به این فکر می‌کند که برند بایودنت اهمیّت خاصی برای تمام مشتریانش قائل است و سعی دارد به تفاوت بین مصرف‌کنندگان توجه کند و از نیازهای آن‌ها غافل نباشد.

• طراحی پیام برند

مخاطب باید پیامی از شما دریافت کند تا متوجه شود که مخاطب، هدف شماست و قادر به حل کردن مشکل او هستید و می‌توانید ارزشی برای او ایجاد کنید.

• طراحی شعار تبلیغاتی

طبق تحقیقات شرکت یانکلویچ، هر فرد به‌طور میانگین در هر روز ۵۰۰۰ نام تجاری را می‌بیند. این میزان نسبت به سی سال قبل ۱۵۰ درصد افزایش یافته است. به تبلیغات در رسانه‌های اجتماعی، بیلبوردها، محصولات و مواد غذایی، تبلیغات رادیویی و... فکر کنید. بنابراین، چگونه می‌توانید برند خود را متمایز کنید؟ شعارها کمک می‌کنند تا افراد برند شما را به خاطر بسپارند. شعارهای تبلیغاتی عباراتی به یادماندنی هستند که احساسات مثبتی را دربارهٔ یک محصول خاص به مخاطب انتقال می‌دهند و درعین حال، مهم‌ترین ویژگی آن را معرفی می‌کنند.

تمرین

فرض کنید که به شما گفته‌اند برای برندهای زیر و کمپین‌های تبلیغاتی آن‌ها، شعار بنویسید. چه شعارهای خلاقانه‌ای به ذهن‌تان می‌رسد؟

برند	پیشنهاد شما
اسنپ	
سن‌ایچ	
چی‌توز موتوری	
ایران‌خودرو	
بانک پاسارگاد	
شبکهٔ پویا	
پاکسان	
مزمز	
رونیکس	
امرسان	
پودر کیک رشد	

برندهای دیگری را شما اضافه کنید و برای آن‌ها شعارهای پیشنهادی‌تان را بنویسید.

۲۶۲ ◀ فصل پنجم: برندسازی

برند	پیشنهاد شما

انجام این تمرین به شما کمک می‌کند تا در انتخاب شعار کمپین‌های تبلیغاتی خود خلاق‌تر باشید، زیرا وقتی برای کسب‌وکار یا برند دیگری شعار انتخاب می‌کنید، ذهن شما بازتر و منعطف‌تر است. در ادامه، به نمونه‌هایی از شعارهایی که این برندها در کمپین‌های تبلیغاتی خود از آن‌ها استفاده کرده‌اند، اشاره می‌کنیم:

- **اسنپ: تو مسیرته**
- **سن‌ایچ: هم میوه هم آب‌میوه**
- **چی توز موتوری: یه گاز خوشمزه**
- **ایران خودرو: راه تو را می‌خواند**
- **بانک پاسارگاد: بانک هزارهٔ سوم**
- **شبکهٔ پویا: دوست خوب بچه‌ها**
- **پاکسان: به سلامت خانواده می‌اندیشد**
- **مزمز: هم‌مزهٔ هر لحظه**
- **رونیکس: آخرین ابزاری که می‌خرید**
- **امرسان: زیبا، جادار، مطمئن**
- **پودر کیک رشد: به همین سادگی، به همین خوشمزگی**

◀ **چک‌لیست طراحی شعار تبلیغاتی**

برای سهولت طراحی اسلوگان و تگ‌لاین، می‌توانید از جدول سریالی زیر استفاده کنید. تفاوت تگ‌لاین و اسلوگان در این است که تگ‌لاین بیانگر هویّت برند و ارزش‌های آن در طولانی‌مدّت و برای تمام محصولات است، درحالی‌که اسلوگان بیان‌گر یک رویداد یا کمپین خاص است.

محتوای شعار
آیا هدف شما را به روشنی بیان می‌کند؟
آیا بیانگر یک مزیّت احساسی برای مخاطبان است؟
آیا معنای خود را در تمام فرهنگ‌ها حفظ می‌کند؟
آیا به اندازهٔ کافی قدرتمند است که بتوان برای بلندمدّت از آن به عنوان تگ‌لاین استفاده کرد؟

کلمات کلیدی شعار

کلمات هم‌قافیه‌ای را که به معنای شعار آسیب نمی‌رسانند، بنویسید (برای ریتم‌سازی در شعار).

مترادف‌های مرتبط با کلمات کلیدی شعارتان را بنویسید.

چه کلمات اضافه‌ای در شعارتان وجود دارد که هیچ تصویری در ذهن ایجاد نمی‌کنند؟ آن‌ها را حذف کنید.

چه کلماتی را می‌توانید استفاده کنید تا حس واقعی و مثبتی ایجاد کند؟

چگونگی درک شعار

چه مفاهیمی را می‌توان از شعار شما استخراج کرد؟

آیا این شعار بیشتر دربارهٔ شماست یا دربارهٔ مزیّت‌هایی که مخاطبان درک می‌کنند؟

آیا این شعار را به نفع خودشان و جامعه می‌بینند یا به نفع شما و سازمان‌تان؟

چگونه می‌توان درک منفعت را از حالت فردی به حالت اجتماعی تغییر داد؟

◀ داستان برند

علاوه‌بر وعدهٔ برند، نیاز به داستان برند نیز داریم. آن‌قدر داستان برند مهم است که بسیاری از سازمان‌ها، واحدی را به آن اختصاص داده‌اند. کار این برند این است که ببیند امروز چه اتفاق خوبی برای شرکت افتاده است. داستان برند، می‌تواند همان داستان اصلی باشد که در آن، داستان برند، فلسفهٔ وجودی و وعدهٔ برند تعریف شده است. همچنین، می‌تواند داستان‌های موفقیت مشتریان باشد که نشان می‌دهد چگونه برند، زندگی آن‌ها را بهبود بخشیده است. داستان، دغدغه یا چالشی است که شخصیت اصلی داستان با آن روبه‌رو می‌شود، بعد فکر می‌کند که این چالش و دغدغه را چه‌طور رفع کند و ایده‌ها و افکاری به ذهنش می‌آید و براساس آن ایده‌ها و افکار اقداماتی انجام می‌دهد و در آخر، به نتیجه می‌رسد. یعنی بر آن چالشی که در ابتدای داستان برایش به‌وجود آمده بود، فائق می‌آید. در اغلب رمان‌ها و داستان‌ها این را می‌بینیم. داستان برند، داستان مشتریان است. سازمان‌ها برای بهبود زندگی مشتریان خود تأسیس می‌شوند. آن‌ها می‌خواهند منابع، زمان، پول و روحیهٔ مشتریان خود را بهبود ببخشند. داستان‌های برند، ابزاری برای برقراری ارتباط با مشتریان و ایجاد ارتباط عاطفی با آن‌ها هستند.

کلید یافتن داستان برند این است که خودتان را جای مشتری بگذارید. فرض کنید که من به‌عنوان یک بازرگان، به یک شرکت طراحی سایت نیاز دارم تا بتوانم خودم را به مشتریانم بهتر معرفی کنم و زمینهٔ خرید راحت آن‌ها را به‌وجود بیاورم. حالا شما خودتان را جای مشتری بگذارید و سه جمله به این شکل بنویسید: «من به‌عنوان ... به ... نیاز دارم تا ... کنم.» برای مثال، «من به‌عنوان پدر یک دختر دوازده‌ساله به یک مجموعهٔ مشاورهٔ کودک و نوجوان نیاز دارم تا بتوانم ارتباط بهتری با فرزندم داشته باشم.» یا «من به‌عنوان یک تاجر به یک گروه مشاورهٔ حرفه‌ای و تخصصی در زمینهٔ صادرات به ارمنستان نیاز دارم تا بتوانم تجزیه و تحلیل بهتری داشته باشم و بدانم که چه محصولی برای عرضه در آن بازار هدف تولید کنم.»

تابه‌حال این‌گونه به کسب‌وکار نگاه کرده بودید؟ بیزنس مستری چشم‌تان را به داشته‌های‌تان باز می‌کند. وقتی خودتان را جای مشتری می‌گذارید، نسبت به خودتان و کسب‌وکارتان احساس بهتری می‌یابید، دقیقاً همین احساس را مشتری نیز باید پیدا کند.

فصل پنجم: برندسازی

برای اینکه مشتریان حس واقعی و معتبری به برندتان داشته باشند، چه اقداماتی انجام دادهاید؟ رشد کسبوکار بیشتر از اینکه به دولتها مربوط باشد، به سازوکار مناسب و درستی بستگی دارد که تدارک دیدهاید. نوشتن داستانهای مشتریان در حوزهٔ برندینگ کمک میکند که تعاملات بهتری با مخاطبان و مشتریان داشته باشید. بهطور مستمر این داستان را بهبود ببخشید و تکمیل کنید. فرایند کسبوکار فقط دوام آوردن و ادامه دادن است. آنچه را که کار میکند بهتر کنید و کمک کنید تا چرخ بهتر بچرخد.

هر روز به این بیندیشید که چه کنید تا کمی بهتر شوید. کمی **ارزشگذاری** و **بازاریابی** شما بهتر شود. کمی برندینگتان بهتر شود. کمی چابکی سازمانیتان بهتر شود. کمی برتری رقابتیتان بیشتر شود. کمی تیمداری و تیمسازیتان بهتر شود و هزاران بهتر و بهتر شدن در عناصر اصلی کسبوکار. شرکتهای خودروسازی چه میکنند؟ ماشین از اجزایی تشکیل شده است و این شرکتها هر بار همان اجزا را بهبود میبخشند. کمی شاسی را قویتر میکنند، کمی موتور را قویتر میکنند، همه چیز را نسبت به قبل کمی بهتر میکنند و همین یعنی رشد. فلسفهٔ وجودی، وعدهٔ برند و داستان برند باید در کنار هم کامل شوند و خودشان نیز یکدیگر را کامل میکنند. وقتی این تمرین را انجام میدهید، فلسفه، وعده و داستان برندتان بهتر و بهتر میشود. این ایدهها از قبل وجود داشتهاند و با انجام این تمرین، جایگاه آنها در کسبوکارتان مشخص میشود. این شما هستید که آنها را کشف و از آنها استفاده میکنید.

هر روز روی این موارد کار کنید و آنچه را تا این جا خواندهاید، پیدرپی و پیوسته مرور کنید، زیرا در خلوت خود تمرکز بیشتری دارید و کشف بهتری خواهید داشت. در سازمانتان به کسبوکارتان فکر کنید. ایجاد فضای رشد زمانی امکانپذیر است که به جزئیات کسبوکار فکر شده باشد. چرا به جزئیات کسبوکار باید فکر کرد؟ زیرا مشتریان وقتی میخواهند با ما تعامل کنند، به جزئیات سیستم ما فکر میکنند و میگویند: «واووو! این سازمان فکر این جا را هم کرده.» فلسفهٔ وجودی برند، وعدهٔ برند و داستان برند میتوانند مسائل زیادی را حل کنند. ارزشهایی که برای سازمانتان بهوجود میآورید و داستانهای برند، ذاتاً کارشان این است که تعریف بهتری از سازمان به مخاطبان ارائه دهند. خیلیها عاشق شنیدن داستان هستند، حتی اگر آن داستان تکراری باشد. بچه

بیزنس مَستری

که بودیم، پدربزرگ و مادربزرگ‌مان چقدر داستان تکراری برای‌مان می‌گفتند، ولی ما باز دوست داشتیم آن‌ها را بشنویم. زیرا داستان قابلیت تصویرپردازی دارد. وقتی برای کسی داستانی تعریف می‌کنید، هم‌زمان تصویرهای ذهنی برایش به‌وجود می‌آید. او ناخودآگاه این تصاویر ذهنی را باور می‌کند، زیرا با تصویری که در ذهنش نقش می‌بندد، فکر می‌کند که این اتفاق واقعاً رخ داده است.

داستان بزبزقندی، هرچند واقعی نیست، امّا به‌دلیل قدرت بصری بالا، برای ما باورپذیر است. همین امر باعث می‌شود که کودکان مشتاق شنیدن آن باشند، زیرا تصویری جذّاب در ذهن آن‌ها ایجاد می‌کند. در کسب‌وکار نیز باید همین کار را انجام دهید. داستان مشتریان خود را بگویید، داستانی که از تجربیات موفق آن‌ها ایجاد شده است. این داستان‌ها، جذّابیت زیادی دارند و باعث می‌شوند که مشتریان، تجربهٔ خرید خود را تکرار کنند و همواره از شما خرید کنند. تداوم خرید یعنی وفاداری. وفاداری میوهٔ برند است، یعنی مشتری وفادار ایجاد کرده‌اید. آیفون به‌گونه‌ای عمل کرده است که وقتی هنوز نسخهٔ جدیدش نیامده، خیلی‌ها برای خرید آن صف می‌کشند. ایجاد حس خوب در مشتریان و انتقال این حس به دیگران، از طریق ارائه و نمایش تجربیات مثبت مشتریان به‌عنوان داستان برند، تأثیر بسیار زیادی در تکرار خرید دارد. در داستان برند، تعامل مستقیم با مخاطبان‌تان ایجاد کنید و بر مبنای آن فعالیت کنید. داستان برند باید عامل جهت‌دهی به افکار و معرفی درست کسب‌وکار باشد. در داستان برند به پنج سؤال باید پاسخ دهید. اولین سؤال این است که چه کسی هستید؟ یعنی فلسفهٔ وجودی برند شما چیست؟ با داستان، فلسفهٔ وجودی‌تان را به گوش مخاطب برسانید. در داستان برند ارزش‌تان را معرفی می‌کنید و اگر این داستان را خوب تعریف کنید، افراد آن را برای هم بازگو می‌کنند و به این ترتیب، تبلیغ دهان‌به‌دهان صورت می‌گیرد. افرادی که از خدمات شما استفاده کرده‌اند یا سازمان‌تان را می‌شناسند، به رایگان سفیر برند شما می‌شوند. چه چیزی از این بهتر؟

فصل پنجم: برندسازی

سؤالاتی که باید در داستان برند به آن‌ها پاسخ دهید:

چه کسی هستید؟ (فلسفهٔ وجودی برند شما)

دقیقاً چه‌کار می‌کنید؟

چه‌طور مشکلات را حل می‌کنید؟

چه‌طور ارزش را ایجاد و آن را حفظ می‌کنید؟

چه‌طور و چگونه این ارزش و خدمات را به مشتریان انتقال می‌دهید؟

داستان‌ها قدرت عجیبی دارند و می‌توانند کاری کنند که مخاطبان شما علاوه بر استفاده از محصولات و خدمات‌تان، با آن‌ها زندگی کنند و به این ترتیب بخشی از حال خوب‌شان شوید.

◀ انواع داستان
داستان شخصی صاحب برند

سرگذشت بنیان‌گذار کسب‌وکار و برندش که مملو از تجربه‌های بی‌نظیری است و اگر به خوبی روایت شود، می‌تواند چراغ راه نسل‌های بعدی باشد.

- قصهٔ شروع و چالش‌های هنگام شروع؛
- انسان‌های تأثیرگذار در زندگی؛
- دستاوردها؛
- شکست‌ها؛
- لحظه‌های حساس و تعیین‌کننده.

داستان همدلی‌کننده

داستانی که اگر دیگران از آن باخبر شوند، نگاهشان به برند تغییر می‌کند و دوست دارند اطرافیان‌شان هم از آن باخبر شوند. انگار که بخواهند حس هم‌دلی و هم‌راهی با آن برند داشته باشند.

- نشدن‌ها؛
- خلاقیت‌ها؛
- ترس‌ها؛
- ادامه دادن مسیر.

داستان توجیه قیمت با معرفی وعدهٔ برند

اگر مشتریان شما با قیمت مسئله داشتند، داستان‌ها می‌توانند راهگشا باشند.

- وعدهٔ برند؛
- پولی که در جیب مشتری نگه می‌دارید.
- مثال: می‌دانیم که می‌توانید همین کالا را با قیمت پایین‌تری تهیه کنید، ولی ما راضی به ضرر شما نیستیم. زیرا اگر بخواهیم این کالا را با قیمت پایین‌تر تولید

کنیم، باید از کیفیت مواد اولیهٔ آن کم کنیم و شما ناچار به هزینهٔ مجدّد خواهید شد. با این حرف وعدهٔ برندتان را معرفی می‌کنید. یعنی قول می‌دهید کالایی به دست مشتری برسانید که ناچار نباشد دوباره هزینه کند.

داستان ارزشی که خلق می‌کنید

ارزشی را که ایجاد می‌کنید، معرفی کنید تا افرادی که این ارزش برای‌شان مهم است سراغ شما بیایند. ارزشی که فقط شما خلق می‌کنید و هیچ‌کس دیگری تا به حال خلق نکرده است.

داستان اعضای تیم

داستان یک نیروی متعهد و متخصص را بگویید که عملکردش منجر به رشد خود و سازمانش شده است.

داستان مشتریان ما

این مهم‌ترین داستانی است که نقل می‌کنید، چراکه بیانگر اهداف محقق‌شدهٔ شما برای جامعه‌تان است. موفقیت آن‌ها، دستاورد شماست.

- ماجرای شروع کارشان با شما؛
- تغییری که در زندگی‌شان ایجاد شده؛
- تأثیری که روی اطرافیان‌شان گذاشته‌اند.

اما خلق داستان برند و روایت آن نیاز به خلاقیت دارد تا بتوان آن را به بهترین شکل بیان کرد و به تصویر کشید.

وقتی از **مسعود صرامی (بنیان‌گذار شهرک سلامت و سیتی‌سنتر اصفهان)** دربارهٔ شهرک سلامت می‌پرسیم، این‌گونه داستان آن را بیان می‌کند:

"یک پـروژۀ عظیم به نام شـهرک سلامت اصفهان را به جای اینکه در مرکز شـهر یا بالای شهر ساخته شـود، در حاشیۀ شـهر و جایی که هیچ‌کس فکرش را هم نمی‌کرد، کلیـد زدم. طـوری که بعد از سـاخت این پـروژه، ارزش زمین‌هـای آن منطقه چندین برابر می‌شود. البته این داستان به همین جا ختم نمی‌شود. چراکه این جا قرار است منطقه‌ای برای جذب گردشگری سلامت در خاورمیانه باشد. در کنار بیمارستان، هتل و دانشگاه ساخته شده تا افرادی که در این بیمارستان خدمت می‌کنند، آموزش‌ها و تخصص‌های لازم را نیز ببینند و همراهان بیمار دغدغۀ مکان استراحت نداشته باشند." شما شاید از نزدیک آن جا را ندیده باشید، ولی حالا دیگر فقط به‌عنوان یک بیمارستان به آن محل نگاه نمی‌کنید. درواقع، الان تصویر جدیدی برای شما خلق شد و این تأثیر داستان‌ها بر ذهن و احساس مخاطبان است.

◀ الگوی طراحی داستان

به کمک الگویی که برای شما ترسیم کردیم، می‌توانید داستانی متمایز برای مشتریان‌تان طراحی کنید.

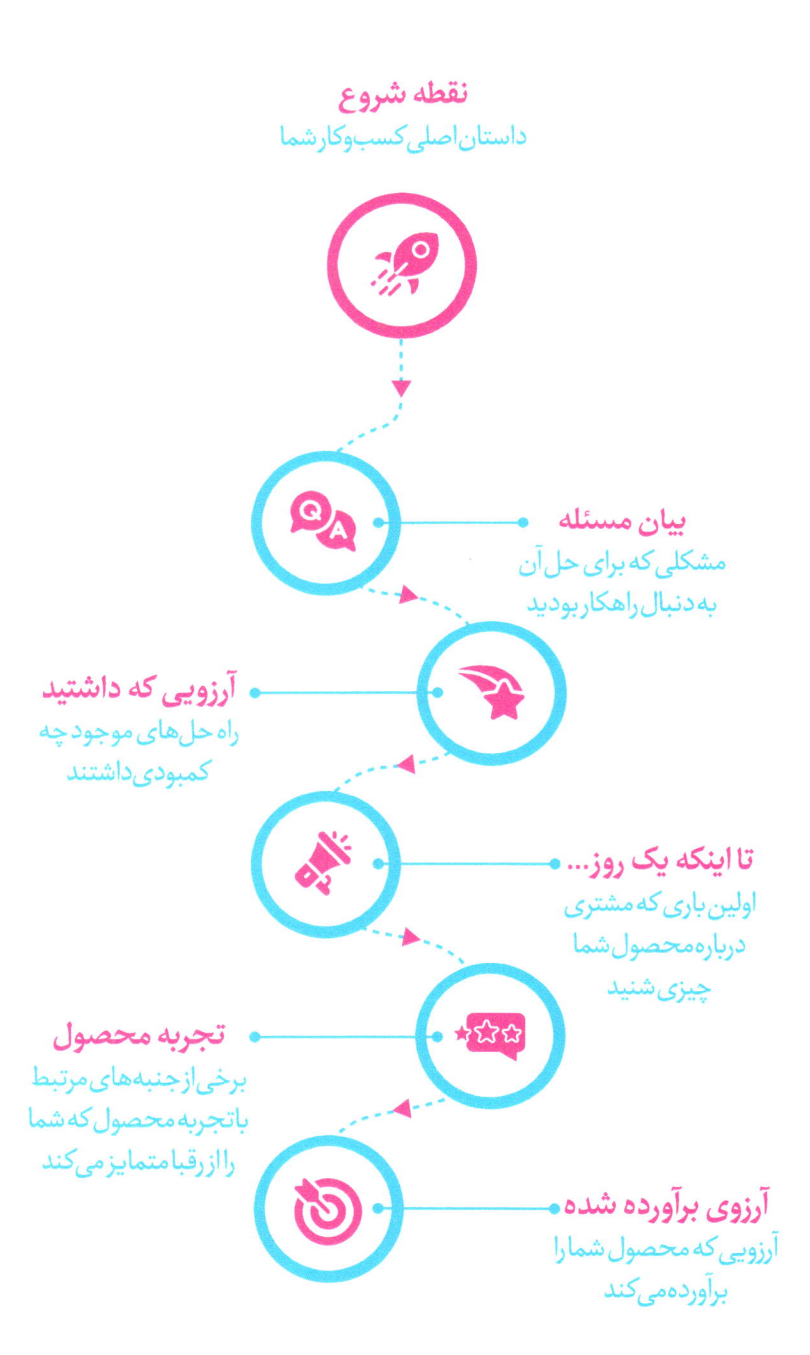

نقطه شروع
داستان اصلی کسب‌وکار شما

بیان مسئله
مشکلی که برای حل آن
به دنبال راهکار بودید

آرزویی که داشتید
راه‌حل‌های موجود چه
کمبودی داشتند

تا اینکه یک روز...
اولین باری که مشتری
درباره محصول شما
چیزی شنید

تجربه محصول
برخی از جنبه‌های مرتبط
با تجربه محصول که شما
را از رقبا متمایز می‌کند

آرزوی برآورده شده
آرزویی که محصول شما را
برآورده می‌کند

• نقطهٔ شروع

هر برندی از لحظهٔ تولد، سرگذشت پرفرازونشیبی را طی می‌کند. به همین دلیل، پشت هر کسب‌وکاری داستان جذّابی نیز نهفته است. افراد عاشق شنیدن این داستان‌ها هستند. برای تکمیل این بخش، شما باید به سؤالات زیر پاسخ دهید:

کی فعالیت خود را آغاز کردید؟

شهر یا کشور شما از نظر اقتصادی و اجتماعی در چه وضعیتی بوده است؟

آیا به‌تنهایی شروع کردید یا افرادی شما را همراهی کردند؟

از نظر موقعیت اقتصادی و خانوادگی، در چه شرایطی بودید؟

فعالیت خود را با چند نفر و در چه متراژی آغاز کردید؟

در ابتدای کار، تخصص و مهارت شما چه بود؟

فصل پنجم: برندسازی

• بیان مسئله

روایتی یکپارچه و پیوسته از تمام آن چیزی که برای برند شما رخ داد و چالش جدیدی که برای رشدتان فراهم شد. بیان تمام اتفاقات، رخدادها، تلخیها و شیرینیها، دستاوردها و حقایقی که پشت کسبوکار شماست. برای تکمیل این بخش، به سؤالات زیر پاسخ دهید:

چه مشکلاتی سر راه شما وجود داشت که باید آنها را حل میکردید؟

رقبا چگونه با این مشکل برخورد میکردند؟

باور ذهنی شما در شروع کار چگونه بود؟

• آرزویی که داشتید

در مسیر تکامل برند، دانش و توانایی شما قطعاً رشد پیدا کرده و ممکن است حتی فرایند محصول و خدمتی که به مخاطبان خود ارائه می‌کنید، کاملاً تغییر کند و این می‌تواند یک دستاورد مهم و نشانهٔ تحول و رشد شما باشد. برای این‌که بتوانید از این بخش در داستان برند خود استفاده کنید، باید به سؤالات زیر پاسخ دهید:

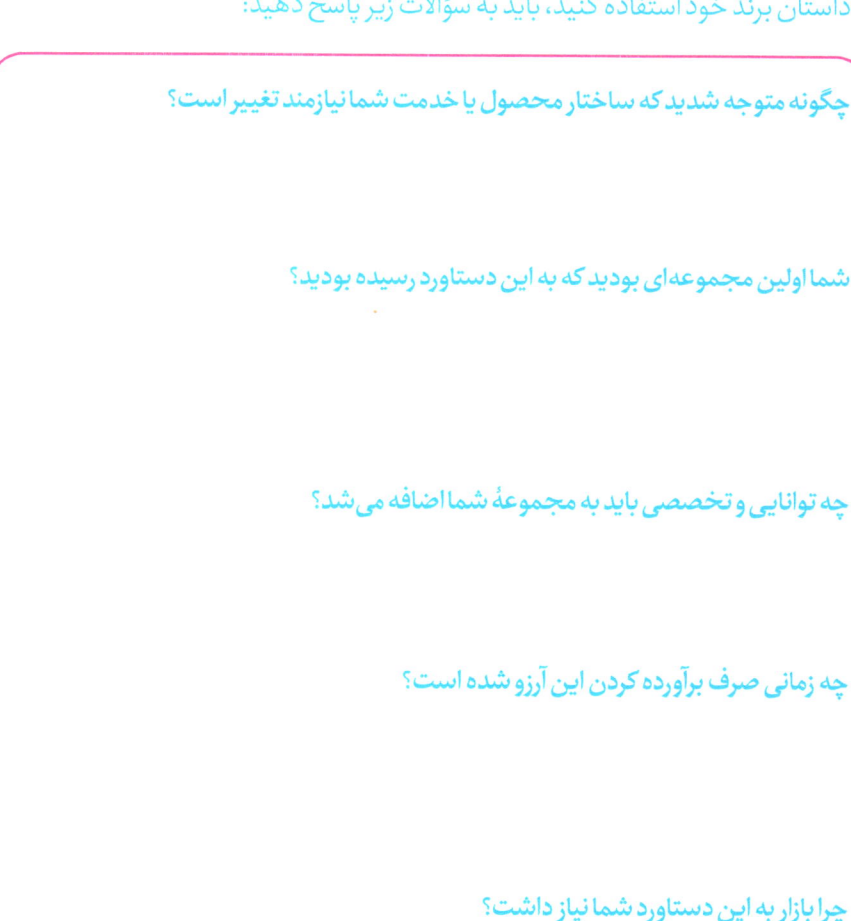

چگونه متوجه شدید که ساختار محصول یا خدمت شما نیازمند تغییر است؟

شما اولین مجموعه‌ای بودید که به این دستاورد رسیده بودید؟

چه توانایی و تخصصی باید به مجموعهٔ شما اضافه می‌شد؟

چه زمانی صرف برآورده کردن این آرزو شده است؟

چرا بازار به این دستاورد شما نیاز داشت؟

• تا این‌که یک روز ...

در تحقیقات بازار خود به این نتیجه رسیده‌اید که باید تغییر انجام دهید، ولی زمانی به کاری که انجام دادید مطمئن می‌شوید که محصول یا خدمت به دست مشتری رسیده باشد و بتوانید بازخورد اصلی را از او دریافت کنید. تا قبل از آن، شما به آرزوی خودتان دست یافته‌اید؛ امّا هنوز نمی‌دانید که آرزوی شما همان آرزوی مشتریان‌تان هم بوده است یا خیر. با پاسخ دادن به سؤالات زیر، می‌توانید داستان خود را تکمیل کنید:

اولین بازخورد مشتریان بعد از تغییر در محصول و خدمات چه بود؟

بازار چگونه به این تغییرات واکنش نشان داده است؟

تقاضا برای محصول و خدمات شما افزایش یافته است؟

برای معرفی این تغییرات به بازار، از چه ابزارها و راه‌کارهایی استفاده کرده‌اید؟

چه افتخاراتی برای سازمان و حتی کشور به همراه داشته است؟

• تجربهٔ محصول

وقتی از بازار و مشتریان بازخورد مثبت دریافت می‌کنید، یعنی کاری که انجام داده‌اید، رضایت آن‌ها را جلب کرده است. این بازخورد، فرصتی عالی برای شما فراهم می‌کند تا درمورد کاری که انجام داده‌اید، افراد بیشتری را آگاه کنید.

> محصول مجهز به چه ویژگی‌هایی شده است؟
>
> برای کدام صنایع و کسب‌وکارها قابل استفاده است؟
>
> اگر امکان سفارشی‌سازی محصول وجود دارد، شرایطش چیست؟

• آرزوی برآورده‌شده

اگر محصول یا خدمت شما به مشتریان شما کمک می‌کند تا دردسرهای خود را کاهش دهند، پس شما به آن‌ها کمک کرده‌اید تا به آرزوهای خود برسند. برای بیان این موضوع، باید دردسرهای قبلی مشتریان خود را به آن‌ها یادآوری کنید و نشان دهید که چگونه محصول یا خدمت شما، این دردسرها را برطرف می‌کند.

> چه دردسرها و هزینه‌هایی را کاهش داده است؟
>
> اگر نمونهٔ خارجی دارد، چگونه با آن می‌تواند رقابت کند؟

◀ شناسایی مخاطبان هدف

شما قرار نیست برای همه شناخته‌شده باشید، چون فایده‌ای ندارد. باید درمیان کسانی شناخته شوید که به شما نیاز دارند. شما نمی‌توانید همه را راضی کنید و در نقطهٔ مقابل، افراد هم به کسی که ادّعا می‌کند همه چیز را بلد است، اعتماد نمی‌کنند. یک بخش از بازار را انتخاب کنید و تمام تمرکز خود را به ارائهٔ خدمت به همان بخش معطوف کنید.

مخاطبان هدف شما چه کسانی هستند؟
سن، شغل، فرهنگ، وضعیت اجتماعی، جنسیت، سطح تحصیلات

چه مشکلاتی دارند؟

چه ترس‌هایی دارند؟

در کدام یک از شبکه‌های اجتماعی حضور فعال دارند؟

با چه کسانی مشورت می‌کنند؟

از چه الگوهایی پیروی می‌کنند؟

چه علایقی دارند؟

تمام جامعه، مخاطبان شما نیستند. شما قرار نیست خدمات خود را به همه ارائه کنید. مخاطبان اصلی شما چه تصویر و ویژگی شاخصی دارند؟ مهم‌ترین سؤالاتی که باید به آن‌ها پاسخ دهید:

مهم‌ترین سؤالاتی که باید به آن‌ها پاسخ داده شود:

چه افرادی باید شما را بشناسند؟

مهم‌ترین گروه‌ها کدامند؟

شما برای رسیدن به اهداف خود، چه راه‌کارهایی دارید؟

چه کسی می‌تواند بر افراد مدنظر شما تأثیر بگذارد؟

کجا می‌توانید آن‌ها را پیدا کنید؟

چه کسانی مشتری شما نیستند و چرا؟

راهنمای داستان برند
قبل از نوشتن داستان برند خود به سؤالات زیر پاسخ دهید:

- چه کسی هستیم؟
- چه کاری انجام می‌دهیم؟
- چرا این تجارت را انتخاب کردیم و ادامه دادیم؟
- چه تاریخچه‌ای داریم؟
- خصوصیت اصلی تجارت ما چیست؟
- چشم‌انداز و اهداف ما چیست؟
- چگونه به شرایط کنونی خود دست یافته‌ایم؟
- نقاط ضعف و گپ‌های تجارت‌مان چیست؟

کسب اطلاعات از مشتریان
- مشتریان‌تان چه کسانی هستند؟ مخاطبان هدف‌تان چه خصوصیاتی دارند؟
- مشتریان‌تان با چه عناوینی شما را می‌یابند؟
- چه مزیّتی را به مشتریان‌تان ارائه می‌دهید؟
- شما را با چه عناوینی می‌شناسند؟
- از نظر آن‌ها، شما در کدام محصول یا خدمات مرجع هستید؟
- از طریق چه کانال‌هایی می‌توانید با مشتریان‌تان ارتباط برقرار کنید؟

رصد رقبا و پیشرو بودن
- مزیّت رقابتی شما نسبت به رقبای‌تان چیست؟
- نقاط قوّت و ارزش‌های قابل ارائه شما چیست؟

- [ ] تفاوت شما با رقبا در چیست؟
- [ ] روش داستان‌نویسی رقبای‌تان چگونه است؟

ایجاد ارتباط بین پاسخ‌های داده شده

- [ ] با زبانی صمیمی و دوستانه قصه بگویید و به صورتی ساده آن را بیان کنید.
- [ ] به نحوی داستان را روایت کنید که تصویری ذهنی برای مخاطب ایجاد کنید.
- [ ] هر داستان باید ابتدا و پایانی قوی داشته باشد.
- [ ] پاراگراف‌های کوتاه و انرژی بخش بنویسید.
- [ ] مهم‌تر از همه فراموش نکنید که قهرمان داستان، مشتری است.
- [ ] و در انتهای داستان وب‌سایت و رسانه‌های اجتماعی خود را به گوش مخاطبان برسانید.

◄ ارتباطات

راه‌های ارتباطی‌ای که به کمک آن‌ها مخاطبان با شما بیشتر آشنا شوند و شما بتوانید با آن‌ها در ارتباط باشید.

شما را چگونه خواهند شناخت؟

چگونه به وسیله مخاطبان خود شناخته خواهید شد؟

چگونه رابطه قدرت‌مندی با مخاطبان خود ایجاد خواهید کرد؟

فصل پنجم: برندسازی

چگونه موقعیت خود را برجسته می‌کنید؟

مخاطبان بیشتر کجا رفت‌وآمد می‌کنند؟

الگوی استفاده آن‌ها از شبکه‌های اجتماعی چیست؟

در اوقات فراغت چه کارهایی انجام می‌دهند؟

◀ دلایل باور کردن

آن چه به شما اعتبار می‌بخشد. وقتی مخاطبان پیشنهاد شما را می‌شنوند، گفت‌وگویی درونی در آن‌ها ایجاد می‌شود که پیشنهاد شما را قبول کنند یا خیر.

چرا مخاطبان باید حرف شما را قبول کنند؟

چه چیزی باعث می‌شود شما از نظر مخاطب خود قابل اعتماد باشید؟

برای جلب اعتماد مخاطبان چه مستنداتی دارید؟

سی عنصر اصلی برندینگ

جایگاه برند، وعده و قول برند:	کانال ارتباطی با مخاطبان:
مخاطبان چگونه درباره شما فکر می‌کنند؟	رسانه‌های اجتماعی مقاله بیلبورد تبلیغاتی وب‌سایت ایمیل مارکتینگ

چه کاری انجام می‌دهید:	چه تصویری از شما در ذهن مخاطبان ثبت می‌شود:
محصول و خدمات پشتیبانی قیمت‌گذاری مخاطبان هدف تجربه مشتری	لوگو تصویر برند فونت رنگ برند گرافیک برند بسته‌بندی رایحه برند

رسالت شما چیست؟	شما چه کسی هستید؟
ارزش برند مأموریت برند چشم‌انداز برند	نام برند شخصیت برند داستان برند

چک لیست برندینگ

ضروریات کسب و کار

- [ ] لوگو
- [ ] صدای برند
- [ ] امضای ایمیل
- [ ] بروشور / کاتالوگ / کتابچه
- [ ] نماد
- [ ] اوراق اداری، کارت ویزیت، سربرگ
- [ ] پاکت نامه، فولدر
- [ ] کارت پستال
- [ ] بنرهای بزرگ
- [ ] پوستر
- [ ] کارت هدیه
- [ ] استیکر

ضروریات کسب و کار

- [ ] وب سایت
- [ ] ریسپانسیو
- [ ] صفحه فرود
- [ ] مدیریت وب
- [ ] توسعه وب
- [ ] تجارت الکترونیک
- [ ] اپلیکیشن موبایل
- [ ] بنرهای وب سایت
- [ ] وردپرس

رسانه های اجتماعی

- [ ] استراتژی توسعه
- [ ] شرح بایو
- [ ] طراحی های مرتبط با شبکه های اجتماعی
- [ ] مدیریت ارتباطات
- [ ] تبلیغات مجازی

بازاریابی

- [ ] پست مستقیم
- [ ] ارزش پیشنهادی
- [ ] تبلیغات مکتوب
- [ ] خبرنامه الکترونیک
- [ ] طرح توجیه قیمت
- [ ] بهینه سازی موتور جست وجو
- [ ] تبلیغات کلیکی و نمایشی

برگزاری ملزومات رویداد

- [ ] اقدامات اجرایی
- [ ] تبلیغات محیطی
- [ ] بک روم
- [ ] کارت پستال
- [ ] کاتالوگ / بروشور

هویّت سازمانی

- [ ] پرچم
- [ ] فرم پرسنل
- [ ] بج
- [ ] تبلیغات اینترنتی
- [ ] آیتم های پروموشن

چک لیست هویّت برند

در ذهن افراد دربارهٔ شما، شرکت، کالاها یا خدمات‌تان مجموعه‌ای از باورها و برداشت‌ها شکل گرفته است. این برداشت‌ها و اعتقادات شکل‌دهنده برند شما هستند. ممکن است تصویری که از برند در ذهن مشتریان وجود دارد با تصویری که شما تمایل دارید در ذهن مشتری شکل بگیرد، تفاوت داشته باشد. قبل از اقدام به طراحی در پروسه برند خود به این سؤالات پاسخ دهید.

آنالیز مشتری

- [ ] مشتری برای استفاده از محصولات و خدمات شما چه روندی را طی می‌کند؟
- [ ] چرا باید از شما خرید کند؟
- [ ] چه نیازهایی دارد که هنوز برآورده نشده است؟
- [ ] ویژگی شاخص مخاطبان شما چیست؟
- [ ] چه زمانی از شما خرید می‌کنند؟

آنالیز رقیب

- [ ] نقاط قوّت و استراتژی‌های رقیب شما چیست؟
- [ ] نقاط آسیب‌پذیر رقیب شما چیست؟
- [ ] رقیب شما از چه المان‌های تصویری استفاده می‌کنند؟
- [ ] دلیل محبوبیت رقیب‌تان چیست؟

آنالیز برند

- [ ] المان‌های تصویری برند شما چیست؟
- [ ] نقاط قوّت برندتان چیست؟
- [ ] ارزش‌های متمایز شما برای مشتریان چه چیزهایی است؟
- [ ] آیا برند شما ضمانت دارد؟

آنالیز ارتباطات برند

- ☐ شعار برند
- ☐ آوای برند
- ☐ رنگ سازمانی برند
- ☐ نشان گرافیکی برند
- ☐ شخصیت برند
- ☐ گرافیک برند
- ☐ داستان برند
- ☐ تجربه برند

فصل پنجم: برندسازی

◀ پنج نکته‌ای که از این فصل یاد گرفتم:

۱.

۲.

۳.

۴.

۵.

◀ سه گامی که باید بلافاصله شروع کنم:

۱.

۲.

۳.

◀ یک نکتهٔ طلایی که می‌توانم به دیگران یاد بدهم:

کلیهٔ جدول‌ها و تمرین‌های این فصل را
از سایت حسین طاهری و صفحهٔ زیر دانلود کنید:
hosseintaheri.ir/bmtools

بازاریابی

فصل ششم
بازاریابی

بازاریابی به این معناست که بازار شما را بیابد، نه شما بازار را.

بعد از مطالعه این فصل شما مسلط خواهید بود بر:

- مفهوم بازاریابی
- چهار اصل تسلط بر کسب‌وکار
- مهم‌ترین هدف بازاریابی مسلط
- مفهوم نیاز، خواسته و تقاضا
- هفت عنصر تعیین‌کننده بازاریابی
- قیف CATT در بازاریابی دیجیتال
- چگونگی بازاریابی محتوا

«بازاریابی» از آن مفاهیمی است که وقتی دربارهٔ آن صحبت می‌شود، اغلب مدیران و صاحبان کسب‌وکار دچار دوگانگی‌های بسیاری در فهم آن می‌شوند. بسیاری از افراد، بازاریابی را با تبلیغات اشتباه می‌گیرند. شاید به این علت که در گذشته، بازاریابی را می‌شد همان تبلیغات معنا کرد، چرا که کمپانی‌ها و برندها برای خدمات و محصولات‌شان از تبلیغات انبوه استفاده می‌کردند و این منجر به درآمد و فروش بیشتر برای آن‌ها می‌شد. امّا با گسترش فضای دیجیتال و تغییر ماهیت بازار، نیازها و خواسته‌های مخاطبان نیز تغییر کرد. این امر باعث شد تا سازمان‌ها و برندها به‌دنبال درک عمیق‌تری از بازاریابی عصر حاضر باشند و از بازاریابی انبوه به سمت بازاریابی متمرکز و هدفمند حرکت کنند.

شاید شما هم داستان فردی را که یک کلید داشت و در تمام شهر می‌گشت تا قفل متناسب با آن را پیدا کند، شنیده باشید. این داستان، مصداق تفکّر و نگرش بسیاری از مدیران و صاحبان کسب‌وکار است که درصدد گسترش بازار، همچنین افزایش سود و درآمد خود در عصر حاضر هستند. این در صورتی است که یک بازاریاب هوشمند یا

بهتر بگوییم یک مسترِ بازاریابی، باید بتواند قفل‌های موجود در بازار (مسئله‌ها، دردها، چالش‌ها، ای کاش‌ها) را کشف کند و برای باز کردن آن‌ها، کلیدهایی را طراحی و خلق کند (پاسخ، راه‌حل و ...).

بازار دنبال ما بیاید یا ما دنبال بازار برویم؟

مفهوم بازاریابی فراتر از تبلیغ یک محصول یا خدمت است. در دنیای امروز، هر خرید، هر بازدید، هر پیام تبلیغاتی و هر انتخاب، نقطهٔ عطفی در فرایند بازاریابی است. متخصصان بازاریابی با تحلیل و پیش‌بینی این نقاط عطف، می‌توانند به درک عمیق‌تری از رفتار و نیازهای مشتریان دست پیدا کنند و در نهایت، تجربهٔ خریدی بهتر و مناسب‌تر را برای آن‌ها رقم بزنند. برای درک بهتر این مفهوم، تعریف بازاریابی را از چند منظر بررسی می‌کنیم.

تعریف بازاریابی از نظر انجمن بازاریابی آمریکا

بازاریابی مجموعه‌ای از فعالیت‌ها و فرایندهایی است که به‌منظور ایجاد، ارائه، هدایت و تبادل پیشنهادها و توصیه‌هایی انجام می‌شود که برای مشتریان و جامعه ارزشمند باشد.

تعریف بازاریابی از نظر فیلیپ کاتلر (پدر علم بازاریابی نوین)

بازاریابی فرایندی مدیریتی-اجتماعی است که به‌وسیلهٔ آن، افراد و گروه‌ها از طریق تولید و مبادلهٔ ارزش، به رفع نیاز (و خواستهٔ) خود می‌پردازند. در این‌جا کاتلر بر مفهوم ارزش تأکید دارد، زیرا ارزش، مفهومی فراتر از کالا یا خدمات دارد. به‌طور خلاصه: «فرایند رفع نیاز، از طریق تولید و مبادلهٔ ارزش.»

تعریف بازاریابی از نظر دکتر احمد روستا (پدر بازاریابی ایران)

بازاریابی شامل سه رکن است:

- بازارشناسی: شناخت مشتریان و نیاز آن‌ها؛
- بازارسازی: خلق و به‌دست آوردن سهم بازار (جذب مشتری)؛
- بازارداری: حفظ سهم بازار (حفظ مشتری).

با توجه به تعاریفی که از بازاریابی شد، متوجه شدیم که بازاریابی مستری با مفهومی که امروزه در ذهن مدیران و صاحبان کسب‌وکار است، بسیار متفاوت است. بازاریابی روایت داستانی واقعی برای جامعهٔ مخاطب‌مان است که علاقه‌مند به شنیدن آن داستان هستند و می‌توانند نقش خودشان را در این داستان و راهی که برای آن‌ها طراحی کرده‌ایم، پیدا کنند و پاسخ بسیاری از مسائل و درمان بسیاری از دردهای‌شان را از دل آن بگیرند تا بتوانند تغییری در سبک زندگی خود ایجاد کنند. همین داستان است که اگر به‌درستی روایت شود و به‌درستی به گوش مخاطب برسد، به‌جای این‌که شما بازار را بیابید، بازار شما را می‌یابد.

درواقع زمانه، زمانهٔ خدمت است. مردم بسیار باهوش هستند و کاملاً متوجه این مسئله خواهند شد که ما به عنوان یک سازمان، هدف‌مان خدمت و ارائهٔ ارزش‌ها و راه‌حل‌ها و منفعت‌رسانی است یا صرفاً افزایش درآمد، پرداخت بدهی‌ها و تأمین منفعت خودمان. رسالت ما ایجاد تغییر و خلق فرصت‌ها و طراحی پیشنهادهایی است که با آن‌ها بتوانیم خدمت‌رسانی بیشتری به مردم و مخاطبان‌مان داشته باشیم.

◀ قول سه جمله‌ای

در بازاریابی مفهومی وجود دارد به نام «قول سه جمله‌ای». پیشنهاد می‌کنم قبل از مطالعهٔ این مبحث، سه جملهٔ کلیدی زیر را در ذهن خود مرور و سپس در جدول یادداشت کنید. پیشنهاد: سه مورد اولی را که به ذهن‌تان می‌رسد، کنار بگذارید و موارد بعدی را در جدول یادداشت کنید.

محصول من برای کسانی است که باور دارند ...

روی افرادی تمرکز خواهم کرد که می‌خواهند ...

قول می‌دهم که استفاده از کالا یا خدمتم به شما کمک کند تا ...

◀ اهمیّت بازاریابی برای کسب‌وکارها

در بین صاحبان کسب‌وکار و تولیدکنندگان بسیاری که در این سال‌ها با آن‌ها ارتباط داشته‌ام، تفکّر رایجی وجود دارد و آن این است که کالاها یا خدمات من آن‌قدر خوب و عالی هستند که نیازی به بازاریابی ندارم. بازار و مشتریان محصولات من را پیدا می‌کنند و از آن‌ها استفاده خواهند کرد. امّا به این توجه نمی‌کنند که مردم زمانی متوجه خوب یا بد بودن محصولات می‌شوند که از آن استفاده کرده باشند. معرفی نکردن صحیح کالا و خدمات به مخاطبان هدف، مانند نبودن خود شما در بازار است. انتظار جذب مشتری بدون معرفی و اطلاع‌رسانی، انتظاری بیهوده و غیرمنطقی است.

◀ سندروم نزدیک‌بینی

مسئلهٔ بعدی، «سندروم نزدیک‌بینی» است. به این معنا که ما آن‌قدر عاشق کالاها و خدمات‌مان می‌شویم که عیب‌ها و کاستی‌های آن را نمی‌توانیم تشخیص دهیم. در نتیجه، این احساس را داریم که ما عالی هستیم و اگر هم بازارمان کساد است، مقصر ما نیستیم. در چنین شرایطی، تقصیر را بر گردن هر چیزی می‌اندازیم جز خودمان. امّا من همیشه معتقدم که پشت میز، جای نامناسبی است برای دیدن بازار. به داستان زیر توجه کنید.

◀ سندروم آنتون

در اوایل قرن نوزدهم میلادی، دکتر گابریل آنتون، دچار بیماری خاصی با علائم سردرد، سرگیجه و خستگی شد. به مرور زمان، وضعیت او بدتر شد و پس از گذشت مدّتی، بینایی خود را از دست داد. موضوع قابل‌توجه این بود که بیمار اصلاً متوجه نمی‌شد که بینایی‌اش درحال از دست رفتن است. اگر از او می‌پرسیدند که چه چیزی روی میز است، نمی‌توانست توضیح دهد و می‌گفت که خوب می‌بیند. دائماً هم گله می‌کرد که چرا اتاق تاریک است یا چه کسی چراغ‌ها را خاموش کرده است. آنتون نمی‌خواست باور کند که بینایی‌اش را از دست داده است. امروزه این پدیده با نام «سندروم آنتون» یا «سندروم انکار فقدان بینایی» شناخته می‌شود.

بسیاری از مدیران و صاحبان کسب‌وکار بدون این‌که توجهی به تحقیقات بازار، شناخت مخاطبان خود یا طراحی و برنامه‌ریزی یک استراتژی بازاریابی قدرتمند و هوشمندانه داشته باشند، دائماً از نبود مشتری یا کم بودن حجم فروش و درآمد خود گله می‌کنند و تمامی تقصیرات را بر گردن دیگران می‌اندازند، چون فکر می‌کنند محصولات و خدمات‌شان آن‌قدر عالی است که نیازی به بازاریابی یا حتی تبلیغات ندارند. این نگرش، مشابه همان سندروم آنتون است که بسیاری از اوقات دچار آن می‌شویم.

اگر بازار را به چنگ خود درنیاورید، به چنگ آن خواهید افتاد

از سال ۲۰۲۳، بازاریابی بیش از هر زمان دیگری اهمیّت یافته است. با ظهور فناوری‌های جدید، تغییر رفتار مصرف‌کننده و افزایش رقابت، شرکت‌ها باید یک استراتژی بازاریابی قوی داشته باشند تا عقب نمانند. یکی از دلایل اصلی اهمیّت بازاریابی در سال ۲۰۲۳ این است که مصرف‌کنندگان، بیش از هر زمان دیگری آگاه شده‌اند. با وجود اینترنت و رسانه‌های اجتماعی، آن‌ها به انبوهی از اطلاعات درمورد محصولات و خدمات دسترسی دارند. به‌راحتی می‌توانند دربارهٔ شرکت‌ها تحقیق کنند و قیمت‌ها، ویژگی‌ها و نظرات را با هم مقایسه کنند. این به این معناست که شرکت‌ها برای متمایز شدن از سایرین، نیاز به حضور قوی آنلاین و ارزش پیشنهادی واضح دارند. همچنین، میزان رقابت در هر صنعتی رو به افزایش است. پس سازمان‌ها باید همیشه نوآور باشند و رشد کنند، نه این‌که تنها به حیات خود ادامه دهند. علاوه‌بر این، بازاریابی در سال ۲۰۲۳ مبتنی بر داده‌هاست. با ظهور هوش مصنوعی، یادگیری ماشین و کلان‌داده‌ها، شرکت‌ها اکنون می‌توانند حجم وسیعی از اطلاعات را درمورد مشتریان و مخاطبان هدف خود جمع‌آوری و تجزیه و تحلیل کنند. این کار به آن‌ها امکان می‌دهد تا کمپین‌های بازاریابی شخصی‌سازی‌شده و مؤثرتری ایجاد کنند که با بازار هدف آن‌ها متناسب باشد. در نهایت، می‌توانیم بگوییم که بازاریابی در سال ۲۰۲۳ از آن جهت مهم است که می‌تواند به شرکت‌ها کمک کند تا با روندها و ترجیحات درحال تغییر سازگار شوند. با افزایش اهمیّت پایداری، اخلاق و مسئولیت اجتماعی، شرکت‌ها باید نشان دهند که با این ارزش‌ها هم‌سو بوده و متعهد به ایجاد تأثیر مثبت بر جامعه هستند.

در نتیجه، بازاریابی در سال ۲۰۲۳ برای شرکت‌هایی که می‌خواهند در یک محیط تجاری رقابتی و به‌سرعت درحال تغییر موفق شوند، ضروری است. چه برای یک استارتاپ کوچک چه برای یک شرکت بزرگ، داشتن یک استراتژی بازاریابی قوی می‌تواند نقشی حیاتی در موفقیت ایفا کند. با تدوین و اجرای یک استراتژی بازاریابی قوی، می‌توانید به‌طور مؤثر به مخاطبان خود دسترسی پیدا کنید، آگاهی از برند خود را افزایش دهید، سرنخ‌های بیشتری ایجاد کنید و در نهایت، به فروش و سودآوری بیشتری دست پیدا کنید. پس می‌توانیم بگوییم که بازاریابی نجات‌دهنده است. چراکه اگر شما نتوانید بازار را به چنگ خود درآورید و آن را کنترل کنید، بازار است که شما را کنترل می‌کند، نوساناتش شما را به عقب می‌راند، تورمش سودتان را از بین می‌برد، و بر کسب‌وکارتان تأثیر می‌گذارد.

◀ چهار اصل تسلّط بر کسب‌وکار

تصمیمـات شما در ایـن چهار حـوزه می‌توانـد موفقیت یا شکسـت شـما را در تسلّط بر کسب‌وکارتان تعیین کنند.

- تخصص
- تمایز
- بخش‌بندی
- تمرکز

چهار اصل تسلط بر کسب و کار

تخصص

حوزهٔ تخصص شما چیست؟

اگر امروز دوباره از ابتدا شروع کنید، چه تخصصی را انتخاب می‌کنید؟

تمرکز

زمان، سرمایه و تلاش خود را باید روی کدام مشتریان متمرکز کنید؟

بهترین راه‌ها برای ارتباط با مشتری ایده‌آل‌تان چیست؟

تمرکز

بهترین رسانه برای ارتباط با آن‌ها چیست؟

با توجه به موارد بالا، سه محصول یا خدمت محبوب شما چه هستند؟

کدام محصولات، بازارها یا مشتریان هستند که باید آن‌ها را حذف کنید؟

کدام مشتریان هستند که بیشترین هزینه را برای کاری که شما در حوزهٔ تخصصی خود انجام می‌دهید، پرداخت می‌کنند؟

تمایز

مزیّت رقابتی شما چیست؟

در چه چیزی خود را برتر می‌بینید؟

پیشنهاد فروش منحصربه‌فرد شما چیست؟ (آن ارزش یا مزیّتی که محصول و خدمت شما را نسبت به رقبا خواستنی‌تر می‌کند).

شما در کجا می‌توانید بهترین باشید یا بهترین هستید؟

بخش‌بندی

مشتریان قدردان شما چه کسانی هستند؟

جمعیت‌شناسی آن‌ها چگونه است؟ (جدول جمعیت‌شناسی در ادامه آمده است).

روان‌شناسی و تفکّر آن‌ها چگونه است؟ (جدول روان‌شناسی و تفکّر در ادامه آمده است).

شما مشتری بی‌نقص را چگونه تعریف می‌کنید؟

مشتریان

جمعیت‌شناسی

ردهٔ سنی آن‌ها چیست؟

جنسیت آن‌ها چیست؟

میانگین درآمد ماهانهٔ آن‌ها چقدر است؟

جمعیت‌شناسی

چه میزان تحصیلات دارند؟

عموماً در چه صنعتی اشتغال دارند؟

محل زندگی آن‌ها کجاست؟

شرایط خانوادگی آن‌ها چه طور است؟

روان‌شناسی

چه اهدافی را دنبال می‌کنند؟

خواسته‌ها، نیازها و انگیزه‌های‌شان چیست؟

امیدها، رؤیاها و آرزوهای‌شان چیست؟

کدام مشکلات آن‌ها باید حل شود؟

یک برنامهٔ بازاریابی عالی، جریان ثابتی از مشتریان واجد شرایط را جذب می‌کند و با تأکید بر پیشنهاد فروش منحصربه‌فرد خود، محصول‌تان را به‌عنوان اولین و بهترین گزینه در ذهن مخاطب جای می‌دهد. تفکّر خلاق و برنامه‌ریزی استراتژیک به شما کمک می‌کند تا نتایج بهتر را با هزینهٔ کم‌تر خلق کنید. **با توجه به پاسخ‌های خود به سؤالات بالا بگویید:**

کدام اقدام را فوراً انجام خواهید داد؟

چگونه موفقیت اقدام خود را می‌سنجید؟

چه زمانی را برای رسیدن به موفقیت درنظر گرفته‌اید؟

◀ به حداکثررسانی

آن‌چه هیچ‌وقت تغییر نمی‌کند، تغییر دائمی بازار است. پس تنها چیزی که به‌عنوان یک صاحب کسب‌وکار مسلّط در نقش بازاریاب به آن نیاز دارید، آمادگی است. آمادگی، آگاه نگه داشتن خودتان نسبت به بازار، و واکنش این بازار به محصول و عملکردهای شماست. مهم‌ترین هدف یک برنامهٔ بازاریابی مسلّط بر بازار، به حداکثر رساندن موارد زیر است:

به حداکثر رساندن

- رضایت مصرف‌کننده
- ارتباط با مشتریان
- حق انتخاب
- سطح مصرف
- کیفیت زندگی
- توسعه بازار

◀ به حداکثر رساندن سطح مصرف

افزایش سطح مصرف به معنای تشویق به اسراف نیست. قرار نیست افراد را به خرید بیش از اندازۀ نیازشان وادار کنیم، بلکه منظور این است که برای برقراری تعادل بین سطح تولید و سطح مصرف، بتوانید متناسب با ظرفیت تولیدتان، همیشه مشتری داشته باشید.

◀ به حداکثر رساندن رضایت مصرف‌کننده

همیشه فروخته‌اید، درست. امّا تا حالا از خودتان پرسیده‌اید که به چه کسی؟ رضایت مصرف‌کننده به خودی خود ایجاد نمی‌شود. اگر قبل از فروختن به این فکر کنید که به چه کسانی بفروشید، یعنی فکر کرده‌اید که این افراد چه چیزهایی می‌خواهند، و چه چیزهایی دل‌سردشان می‌کند. پس اقداماتی را طراحی می‌کنید تا سطح رضایت مشتریان‌تان را بالا ببرید.

◀ به حداکثر رساندن حق انتخاب

این‌جا نقطهٔ عطف بازاریابی است. به حداکثر رساندن حق انتخاب، به‌معنای تنوع یا تعدد محصولات نیست، بلکه به‌معنای توسعهٔ محصول است. آن چیزی است که اهرم خلق تمایز شماست.

◀ به حداکثر رساندن کیفیت زندگی

اگر در ازای پول، انرژی و زمانی که از مشتری دریافت می‌کنید، نقشی در بهبود سطح زندگی شخصی یا تجاری مخاطب‌تان نداشته باشید و اگر ارزشی که طراحی می‌کنید به مشتری‌تان چیزی اضافه نکند، پس چه رسالت و هدفی را دنبال می‌کنید؟ درواقع، مشتری در ازای خریدی که می‌کند، منابعش را از دست می‌دهد. به این فکر کنید که برای جبران کمبودی که حاصل می‌شود، چه چیزی را پر یا حتی سرریز می‌کنید. رسالت برنامهٔ بازاریابی مسلّط این است که وقتی صحبت شما درمیان است، بگویند این مجموعه، این برند، این محصول همیشه به ما چیزی اضافه کرده است، کیفیت زندگی ما را بالا برده و عامل رشد ما شده است.

◀ به حداکثر رساندن توسعه بازار

وقتی صحبت از توسعه بازار می‌شود، به این بیندیشید که در این بازار قرار است عامل تغییر چه چیزهایی باشید؟ برای پاسخ به این سؤال باید بدانید که چه ارزش‌هایی را قرار است برای چه بازاری و در چه مقیاسی (حجم معاملات موجود در بازار) خلق کنید. توسعه بازار بخش گریزناپذیر تسلّط بر آن است که همیشه درگیر آن هستید. همیشه بیشتر می‌خواهید. می‌خواهید بیشتر شما را بشناسند، بیشتر از هر رقیبی از شما خرید کنند و بیشتر از شما تعریف کنند. شرکت‌های بسیاری را دیده‌ام که چون از توسعهٔ بازارشان جا مانده‌اند، به بن‌بست رسیده و شکست خورده‌اند. بسیاری دیگر نیز به‌دلیل اجرای روش‌های ناکارآمد و هیجانی توسعهٔ بازار، ورشکست شده‌اند. بنابراین، بازار هدفی که می‌خواهید آن را توسعه بدهید، باید از منظر موقعیت مالی و سطح نیاز و دغدغه‌ای که دارد، با محصول شما هم‌راستا باشد، ارزش آن را درک کند و خودآگاه یا ناخودآگاه آن را بخواهد.

۳۱۰ ◀ فصل ششم: **بازاریابی**

◀ به حداکثر رساندن رضایت مشتریان

تسلّط یک کسب‌وکار، در غیرقابل جایگزین بودنش با دیگر رقبای آن صنعت معنا می‌شود. این وجه مشترک تمام آن‌هایی است که مستر تجارت‌شان هستند. این‌که مشتری‌های‌شان به هیچ‌وجه حاضر نباشند آن‌ها و محصول‌شان را با چیز دیگری عوض کنند، حتی اگر ناچار به پرداخت پول، انرژی و زمان بیشتری باشند. این ارزشمندترین دستاوردی است که حفظ و ارتقای رضایت مشتریان برای‌تان به ارمغان می‌آورد و من دوست دارم آن را «تسلّط صنفی» بنامم. **درواقع، قدرت یک کسب‌وکار به قدرت افرادی وابسته است که آن را همراهی می‌کنند. افرادی که ممکن است از ذی‌نفعان، شرکا، اعضای تیم یا مشتریان باشند.**

مشتری زمانی احساس قدرت می‌کند که او را شگفت‌زده کرده باشید. در نتیجه، رضایتش سرریز خواهد شد. امّا یادتان نرود که این امر فقط برای مشتریانی محقق می‌شود که درست انتخاب شده باشند. همین حالا مشتریانی را که دارید، درنظر بگیرید. در بین آن‌ها، نسبت به تعدادی متعصب‌تر از دیگران هستید، زیرا مشتری‌های قدرت‌مندی هستند. رضایت مشتریان، قدرتی دوسویه است که به نفع شما و کسب‌وکارتان خواهد بود. اما اگر فقط روی یکی از این اهداف تمرکز کنید، در این چرخه گم خواهید شد.

گم شدن از عدم تعادل حاصل می‌شود. وقتی هدفی را قربانی هدف دیگری می‌کنید، به هیچ‌کدام دست نخواهید یافت. برنامه‌ای که فقط به‌دنبال افزایش فروش و جذب مشتری بیشتر باشد، بدون توجه به نیازها و خواسته‌های آن‌ها، محکوم به شکست است. برخلاف تصور رایج، افزایش فروش هدف اصلی بازاریابی نیست، بلکه ثمرهٔ آن است. هرکدام از رسالت‌های بازاریابی را که دنبال کنید، اگر تعادل را نیز حفظ کنید، به‌طور طبیعی شاهد افزایش فروش هم خواهید بود.

◀ بازاریابی از چه چیزی به‌وجود می‌آید؟

می‌خواهیم ببینیم که بازاریابی چه‌طور شکل می‌گیرد. می‌دانیم که مشتری نیازهایی دارد، امّا اگر در سطح همین نیازها به او خدمات بدهید، ولو این‌که ارزش‌گذاری هم کنید، بازاریابی نکرده‌اید، بلکه فقط فروخته‌اید. فرض کنید در خیابانی قدم می‌زنید و تشنه

می‌شوید. آب می خرید و پس از نوشیدن آن، تشنگی شما رفع می‌شود. یعنی نیاز به آب در این لحظه برآورده شده است. امّا آیا کسی که آب را به شما فروخت، بازاریابی کرد؟ سطح مصرف یا رضایت شما را بالا برد؟ هدفش افزایش ارتباط با شما بود؟ بپذیرید که کار کردن در سطح نیازهای مشتری، نه عامل تمایز است و نه به بازاریابی احتیاج دارد. نیاز یعنی مشتری مسئله‌ای ساده و فوری دارد که خودش درصدد برطرف کردن آن است. پس عملکرد شما در سطح نیازش بازاریابی محسوب نمی‌شود.

بسیاری از کالاها و خدمات، صرفاً در سطح نیاز مخاطب ارائه می شوند. این محصولات و خدمات، مزیّت رقابتی خاصی ندارند و در نتیجه، رشدی در آن‌ها ایجاد نمی‌شود. امّا اگر به جای تمرکز بر نیازها، بر خواسته های مخاطبان تمرکز کنید، می‌توانید از قدرت بازاریابی برای خلق رشد و پیشرفت استفاده کنید. به عنوان مثال، نیاز دارید که بدانید الان ساعت چند است. برای این کار، یک ساعت می‌خرید. امّا در سطح بالاتر، اگرچه نیاز دارید که بدانید ساعت چند است، می‌خواهید اگر کسی آن را روی دست شما دید، مورد توجه قرار بگیرید. می‌خواهید با داشتن این کالا اعتبار پیدا کنید، به‌عنوان فردی متمول شناخته شوید و در برابر دیگران قدرت‌مند به‌نظر برسید. پس ساعت را فقط برای اطلاع داشتن از زمان و رفع چنین نیازی نمی‌خرید، بلکه می‌خرید چون می‌خواهید به دیگران نشان دهید که قدرت مالی بالایی دارید و به خودتان اهمیّت می‌دهید.

بسیاری از مواقع، مشتری خواسته‌ای در دل دارد، امّا هنوز آن خواسته به تقاضا تبدیل نشده است. دلیل این امر، آگاهی نداشتن مشتری از وجود محصول یا خدمتی است که می‌تواند خواستهٔ او را برآورده کند. بارها شاهد بوده‌اید که مشتری خودش هم نمی‌داند چه می‌خواهد و شما باید خواسته هایش را شناسایی و تبدیل به تقاضا کنید. به همین دلیل، ارتباط با مشتری و افزایش سطح این ارتباط از اهداف مهم بازاریابی است. چراکه اگر تقاضا شکل نگیرد، هیچ اقتصادی شکل نمی‌گیرد. بازاریابی، بازی بین عرضه و تقاضاست. تقاضا که به‌وجود بیاید، تازه مشتری شروع به هزینه کردن می‌کند.

درواقع، خواستنِ چیزی دقیقاً به‌معنای تقاضای آن نیست. فرض کنید یک خانه می‌خواهید. امّا آیا تقاضایش را هم دارید؟ برای مثال، من یک خانه می‌خواهم، خانه

داشتن هم یک نیاز است، امّا چه خانه‌ای؟ خانه‌ای که پارکینگش پیلوت باشد، از دو طرف نور داشته باشد، دسترسی محلی مناسبی هم داشته باشد. این جا نیازی را که دارم به خواسته تبدیل می‌کنم. امّا آیا تقاضایش را کرده‌ام؟ نه. وقتی برای این خانه شروع به جست‌وجو می‌کنم، تازه تقاضا شکل می‌گیرد. بنابراین، در بازاریابی باید مسیرهایی را ایجاد کنید که این تقاضا اتفاق بیفتد.

پس اگر فردی خانه‌ای نیاز داشت و می‌دانست که چه خانه‌ای و با چه امکاناتی می‌خواهد، و برای داشتن آن اقدام کرد، از همان لحظه شروع به هزینه کردن می‌کند، و به‌دنبال شواهد، نقشه و نشانی می‌گردد. درست همین جاست که بازاریابی به کمک‌تان می‌آید.

بازاریابی در مرحله تقاضا شکل می‌گیرد، در جایی که افراد اقدام می‌کنند. تمام تلاش‌تان در بازاریابی باید معطوف این باشد که چه‌طور می‌توانید تقاضاها را مدیریت و جمع‌بندی کنید تا در خلق نتیجهٔ بهتر، به شما کمک کنند. در بیزنس مستری، بازاریابی رابطه مستقیمی با خلق نتیجه دارد. اگر خلق نتیجه نکرده باشید، یعنی نیاز و خواسته و تقاضا را درست تشخیص نداده‌اید، یا اگر هم درست تشخیص داده باشید، نمی‌توانید درست معرفی‌اش کنید. بنابراین، نتیجه‌ای هم خلق نمی‌کنید. خلق نتیجه در بازاریابی مستری یعنی آن‌چه برایش برنامه‌ریزی کرده بودید، رخ داده است و به نتیجه رسیده‌اید.

گاهی مشتری خواسته‌ای دارد که برای ما بدیهی است، امّا وقتی برآورده می‌شود، تعجب می‌کند که این خواسته‌اش هم محقق شده است. او می‌گوید: «واقعاً چقدر عالی.» دقّت کنید این شما هستید که به تقاضاها جهت می‌دهید. به این شکل شما منفعت‌داری، منفعت‌مداری، صداقت و ارزش در کسب‌وکارتان را نشان خواهید داد. پس نیاز را به خواسته تبدیل کنید و خواسته را با مدیریت درست به سمت تقاضا سوق دهید.

وقتی خودتان تقاضا را شکل دهید، نسبت به رقبا هم دغدغهٔ چندانی نخواهید داشت. عمده آن‌ها نهایتاً ۵ تا ۱۰ درصد تفاوت‌های محصولی یا رفتاری دارند. در صورتی

که سازمان‌های قدرت‌مند و مسلّط به بازار، درگیر رقابت‌های دم‌دستی نمی‌شوند و به هر نیازی پاسخ نمی‌دهند، بلکه به خواسته و تقاضای مشتری رسیدگی می‌کنند.

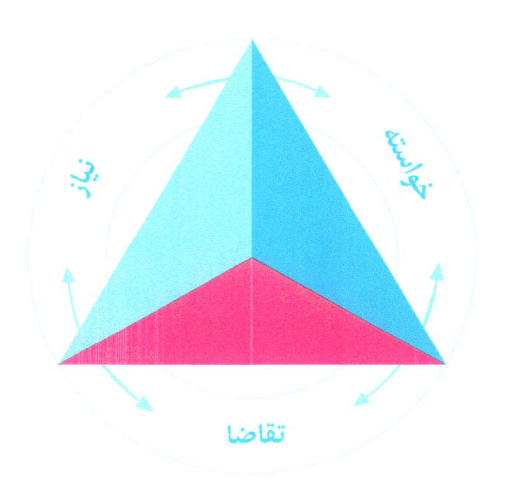

◄ **چرا می‌گویم تقاضا مهم است؟**
تا این‌جا متوجه شدیم که یک نیاز داریم، یک خواسته و یک تقاضا که باید آن‌ها را تفکیک کنیم و بر مبنای مدیریت تقاضا بازاریابی را انجام دهیم؛ زیرا تقاضاست که منجر به خلق نتیجه می‌شود.

فصل ششم: بازاریابی

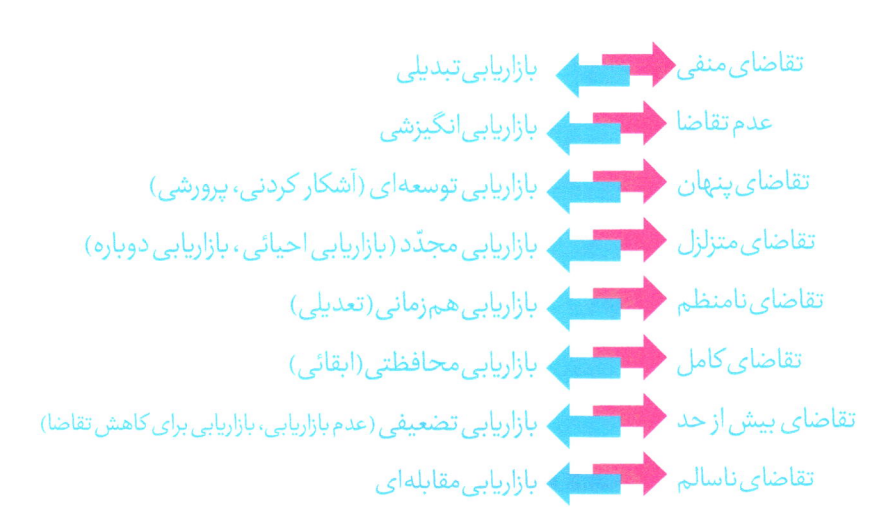

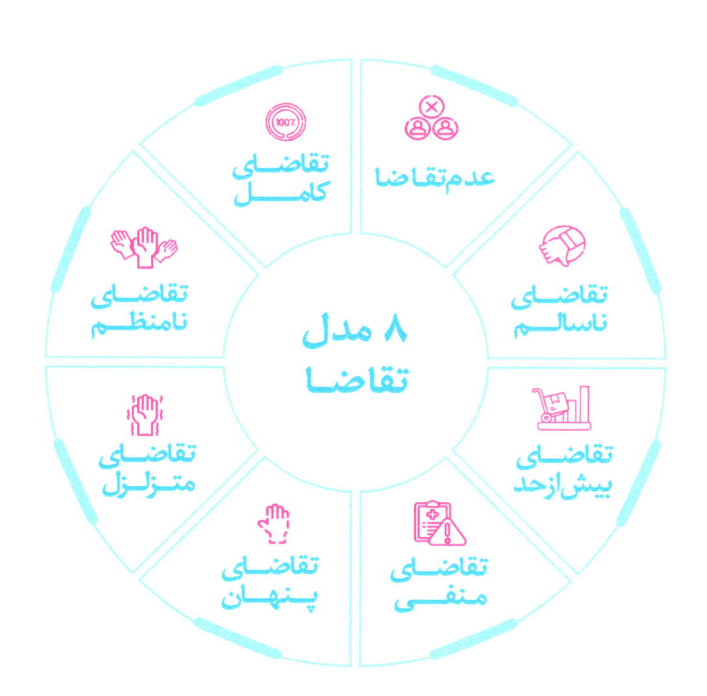

تقاضای منفی	←	بازاریابی تبدیلی
عدم تقاضا	←	بازاریابی انگیزشی
تقاضای پنهان	←	بازاریابی توسعه‌ای (آشکار کردنی، پرورشی)
تقاضای متزلزل	←	بازاریابی مجدّد (بازاریابی احیائی، بازاریابی دوباره)
تقاضای نامنظم	←	بازاریابی هم‌زمانی (تعدیلی)
تقاضای کامل	←	بازاریابی محافظتی (ابقائی)
تقاضای بیش از حد	←	بازاریابی تضعیفی (عدم بازاریابی، بازاریابی برای کاهش تقاضا)
تقاضای ناسالم	←	بازاریابی مقابله‌ای

۸ مدل تقاضا

- تقاضای کامل
- عدم تقاضا
- تقاضای ناسالم
- تقاضای بیش‌ازحد
- تقاضای منفی
- تقاضای پنهان
- تقاضای متزلزل
- تقاضای نامنظم

بر مبنای تقاضاست که مدل بازاریابی مسلّط انجام می‌گیرد، زیرا در این مدل تمرکز اصلی بر مشتریان است.

تقاضای منفی	
شرح	راه‌کار
تقاضای منفی به این معناست که مردم تمایلی برای خرید یا استفاده از کالاها یا خدمات‌تان ندارند یا اگر تمایل دارند، نگرشی منفی به سبب کارکردهای نادرست شما در ارائهٔ محصول‌تان پیدا کرده‌اند. گاهی حتی حاضرند جریمهٔ خرید از شما را پرداخت کنند، امّا از گرفتن کالا یا خدمات از شما صرف نظر کنند.	در تقاضای منفی، بازاریابی تبدیلی به کارتان می‌آید. به این شکل که تقاضا را معکوس، یعنی تقاضای منفی را به تقاضای مثبت تبدیل کنید. تبلیغات آگاه‌کننده و ترغیبی که در جریان آفرها، پروموشن‌ها، جشنواره‌های فروش و جوایز تعریف می‌شوند، این کار را برای‌تان انجام می‌دهند.

عدم تقاضا	
شرح	راه‌کار
عدم تقاضا یعنی تقاضایی وجود ندارد و مردم نسبت به داشتن یک کالا یا خدمت بی‌اعتنا هستند. مثل بیمه‌های عمر که مردم توجه خاصی به آن نمی‌کنند. در این شرایط شما نیاز دارید دیگر تقاضاهای مشتری را که در حاشیهٔ خدمات یا کالاهای شما هستند، قلقلک کنید.	در نبود تقاضا، بازاریابی انگیزشی یا تحریک‌کننده، کمک‌کننده است. در این روش، به مردم بابت خرید محصول‌تان ارزشی مضاعف می‌دهید تا ذهن‌شان برای خرید از شما انگیزه بگیرد. مثل هدیه دادن چیزی که محصول شما نیست، امّا می‌تواند مکمل آن باشد. یا ایجاد تفاوت در سیستم تحویل محصول تا مشتری دغدغه‌ای در این خصوص نداشته باشد.

تقاضای پنهان

شرح	راه‌کار
تقاضای پنهان، همان خواسته بالقوه مصرف‌کننده است. زمانی‌که یک خدمت واقعاً مورد نیاز عده زیادی از افراد است، امّا از آن خبر ندارند.	بازاریابی توسعه‌ای پاسخ مؤثری نسبت به تقاضای پنهان است. بازاریابی توسعه‌ای تلاش شما برای به‌کارانداختن سنسورهای فکری افراد، به منظور پی بردن آن‌ها به نیازشان است. جایی که می‌گویند: «چه جالب، مثل این‌که من دقیقاً به چنین چیزی نیاز داشتم.» این تلاش می‌تواند در توصیهٔ صادقانهٔ فروشندهٔ شما باشد یا در برنامه‌های تولید محتوای‌تان.

تقاضای متزلزل

شرح	راه‌کار
تقاضای متزلزل، تقاضایی است که پر از تردید است و زمانی اتفاق می‌افتد که در ابتدای جریان کمپین بازاریابی، فروش خوبی را تجربه کرده‌اید، امّا در ادامه باوجود تبلیغات و تولید بیشتر، سطح تقاضای قبل را تجربه نمی‌کنید. گویی بازار کشش خود را در مقابل خرید محصول شما از دست داده است. در نتیجه، حتی امکان دارد بخشی از مشتریان‌تان را هم از دست بدهید.	این‌جاست که نیاز به بازاریابی مجدّد دارید. بازاریابی مجدّد تلاش شماست برای به‌دست گرفتن بازارهای جدید، مشتریان جدید، ابتکار و نوآوری در تولید محصول و خدمت، روش‌های توزیع و پخش، تغییر سیاست‌های قیمت‌گذاری و حتی تغییر در شیوه‌های تبلیغاتی.

تقاضای نامنظم

شرح	راه‌کار
در بعضی از فصل‌ها، عرضه و تقاضا با هم برابر نیستند. مثلاً در صنعت پوشاک، شب عید یا زمان بازگشایی مدارس و دانشگاه‌ها، تقاضا بیشتر از عرضه است، و در دیگر زمان‌ها، عرضه از تقاضا پیشی می‌گیرد. همین‌طور هتل‌ها که در فصل امتحانات، با تقاضای کم‌تری روبه‌رو می‌شوند.	تقاضای نامنظم نیاز به بازاریابی هم‌زمانی یا اصطلاحاً «بازاریابی تعدیلی» دارد که به معنای تلاش برای تنظیم تقاضاست. اگرچه بهترین زمان برای بازاریابی همیشه هست، امّا اندازه هم دارد. نمی‌توان مبلغ ثابتی را تعیین کرد و همیشه به همان اندازه در تبلیغات هزینه کرد. در فصل کاهش فروش، تبلیغات بی‌فایده است، چراکه نزدیک به زمان خرید مخاطب نیست. مثلاً در زمان برگزاری نمایشگاه، بهترین انتخاب برای تبلیغات محیطی، بیلبوردهای شهری در نزدیکی نمایشگاه است. مردم آخرین پیامی را که می‌گیرند بیشتر به خاطر می‌سپارند. در این جا شما تقاضا را با عرضه هماهنگ و هم‌زمان کرده‌اید.

تقاضای کامل

شرح	راه‌کار
این مطلوب‌ترین حالتی است که یک کسب و کار با آن مواجه می‌شود. زمانی‌که سطح عرضه و تقاضا در یک زمان معین با هم برابر هستند که البته به‌ندرت پیش می‌آید.	در این جا به بازاریابی محافظتی نیاز دارید. کاری کنید که مشتری برای حفظ تقاضای کامل تلاش کند. شما از طریق پاسخ‌گویی به خواسته‌ها و برآوردن ترجیحات آنی مصرف‌کننده‌ها، تهدیدات رقبا را رفع خواهید کرد.

تقاضای بیش از حد

شرح	راه‌کار
تقاضای بیش از حد آن جایی است که تقاضا از عرضه بیشتر می‌شود و معمولاً در شرایط سخت بازار یا در بحران‌ها اتفاق می‌افتد. گاهی به دلیل وقوع بحران‌ها، عرضهٔ شما پاسخ‌گوی حجم تقاضا نیست.	در این حالت به بازاریابی تضعیفی یا اصطلاحاً کاهشی نیاز دارید. یعنی به صورت موقت بازاریابی را کم می‌کنید، چراکه ناتوانی در پاسخ‌گویی به تقاضای مشتریان، می‌تواند منجر به دل‌سردی و نارضایتی آن‌ها شود. حتی می‌توانید بازاریابی خود را بر دیگر محصولاتی متمرکز کنید که ظرفیت عرضهٔ آن‌ها را دارید.

تقاضای ناسالم

شرح	راه‌کار
تقاضای ناسالم، تقاضایی است که تأمین آن برای ما نه‌تنها سودآور نیست، بلکه به‌صرفه هم نیست.	در این حالت به بازاریابی مقابله‌ای نیاز دارید. این شیوه سعی بر این دارد که با بازاریابی و فروش یک کالا یا خدمت مقابله کند.

◀ هفت عنصر تعیین‌کنندهٔ بازاریابی
می‌دانیم که بازاریابی هفت عنصر مؤثر دارد:

- قیمت
- محصول
- محلِ توزیع
- مردم (کارکنان)
- پیشبرد
- شواهد
- فرآیند

وقتی از تسلّط بر کسب‌وکار حرف می‌زنیم، یعنی هرکدام از این عناصر را کشف کنید و ببینید که چقدر بر آن‌ها مسلّط هستید. شماره یک بودن، اتفاقی به‌دست نمی‌آید، بلکه نیازمند هماهنگی این هفت عنصر است. به این معناکه وقتی از محصول حرف می‌زنیم، شما باید بدانید که محصول دقیقاً چگونه تعریف می‌شود و چه منافعی ایجاد می‌کند. این منفعت باید برای خودتان باشد یا جامعه‌تان؟ و برای حصول آن باید روی چه چیزهایی کار شود؟ وقتی می‌گوییم قیمت، یعنی چه بخشی از آن هزینه است و چه بخشی درآمد؟ چه بخشی از آن برخواهد گشت؟

قیمت‌گذاری به‌معنای انتخاب صرف یک عدد نیست. درواقع، قیمت‌ها نمایانگر ارزش‌هایی هستند که محصولات می‌آفرینند. پیش‌تر درباره ارزش به تفصیل گفته‌ام. محل توزیع یا روش توزیع آن خدمت یا کالا در کنار قیمتی که مشخص کرده‌ایم، چه‌طور می‌تواند باشد؟ برنامه‌های پیشبرد برای توسعه بازار که یکی از اهداف مهم بازاریابی است، چگونه طراحی می‌شود؟ کیفیت زندگی مشتری را چه طور می‌توانیم ارتقا دهیم؟ برنامه‌های عمومی و شواهد عینی چه چیزی می‌تواند باشد؟ فرایندها در چه مسیرهایی تعریف می‌شوند؟

همهٔ این‌ها بازوان هفت‌گانهٔ بازاریابی مسلّط هستند که کمک می‌کنند تا به‌راحتی بین عرضه و تقاضا تعادل ایجاد کنیم. هماهنگی این هفت عنصر، فروش را بهبود نمی‌بخشد، بلکه آن را جادو می‌کند و به طور معجزه‌آسایی افزایش می‌دهد.

محصول (Product)
نام محصول، معروفیت تجاری، کیفیت محصول، شکل، طرح و رنگ، ابعاد و اندازه، شرایط تحویل، تسهیلات خرید، ضمانت و گارانتی، خدمات بعد از فروش.

قیمت (Price)
سطح قیمت، میزان تخفیف، میزان کسورات، کارمزدها، شرایط پرداخت، لیست قیمت، انعطاف‌پذیری، خط مشی، قیمت‌گذاری.

محل توزیع (Place)
تعیین محل توزیع، امکان دسترسی به محل، کانال‌های توزیع کالا، ابزار و وسایل توزیع، میزان پوشش توزیع، استفاده از واسطه‌ها، کنترل مجاری فروش.

پیشبرد (Promotion)
تبلیغات، فروش شخصی، ترویج فروش، روابط عمومی، انتخاب رسانه تبلیغاتی، خط مشی فروش، تهیه پیام تبلیغاتی.

مردم (People)
آموزش کارکنان، بررسی صلاحیت آن‌ها، مشارکت دادن کارکنان، تشویق کارکنان، توجه به ظاهر کارکنان، طرز برخورد آنان، رفتار مشتریان، تماس با مشتری.

شواهد (Public Witnesses)
بررسی محیط، مهیاسازی آن، رنگ محیط، میزان سر و صدا، تسهیلات ارائه شده.

فرایند (Process)
خط‌مشی‌ها، میزان اتوماسیون، جریان امور، میزان فعالیت‌ها، هدایت مشتری، نقشه سفر مشتریان.

◄ محصول

محصول، هر چیزی است که شما آن را می‌فروشید و قرار است خواسته و تقاضای مشتریان‌تان را به شکلی محسوس برطرف کند. تفاوتی ندارد که محصول یا خدمت شما چیست، در هر صورت قبل از فروش باید ماهیت آن را مشخص و روش ارائهٔ آن به مشتری را تعیین کنید. توسعهٔ محصول یا خدمتی که هیچ شخصی برای خرید آن‌ها تمایلی ندارد، هیچ مزیّتی برای شما نخواهد داشت. این نکتهٔ مهمی است که بسیاری از کسب‌وکارها به آن توجهی ندارند. آن‌ها ابتدا یک محصول را معرفی و سپس تلاش می‌کنند تا مشتری و بازار آن را پیدا کنند.

رویکرد شرکت‌های موفق مطابق با مفهوم بازاریابی است. آن‌ها در ابتدا خواستهٔ مشتری را شناسایی می‌کنند و سپس محصول یا خدمتی متناسب با سطح خواستهٔ مشتریان توسعه می‌دهند. درواقع، آن‌ها به جای این‌که برای محصولات خود مشتری پیدا کنند، برای مشتریان‌شان محصول پیدا می‌کنند.

در ادامه، برخی نکات مهم دربارهٔ محصول را بررسی می‌کنیم:

- یک محصول لزوماً یک شیء یا یک چیز ملموس نیست. برای مثال، بیمه‌نامه نیز می‌تواند یک محصول باشد؛
- محصولی را می‌توان عالی دانست که برای مشتری ارزش ایجاد کند. ارزشی که مطابق با نظر مشتری است. درواقع، باید برای مشتری آن‌چه را که می خواهد عرضه کرد، نه آنچه را که ما فکر می‌کنیم می خواهد؛
- دریافت بازخورد از مشتریان برای بهبود محصول یا خدمات بسیار مهم است.

محصول

چه می‌فروشید؟ چه مزایایی برای شما دارد؟

چه چیزی را حذف، اضافه یا حفظ می‌کند؟

زندگی یا کار مشتری چگونه کسب‌وکار شما را تغییر می دهد یا بهبود می بخشد؟

محصول

نام محصول: نام‌گذاری محصول یکی از عناصر مهم در بازاریابی مشتری است. نمی‌شود هر اسمی برای محصول انتخاب کنید و بعد انتظار داشته باشید که در بازار نفوذ کند و بر آن مسلّط شود.

معروفیت تجاری: محصول باید قابلیت معروفیت تجاری داشته باشد. معروفیت تجاری به این معناست که نگرشی قدرت‌مند در بازار بیافریند. برای مثال، بیمه‌هایی که به «بیمهٔ عمر» معروف هستند، این نگرش را به مخاطب القا می‌کنند که بعد از فوت، چه کسی صاحب ارث آن‌ها خواهد بود. در صورتی که در جوامع دیگر، به «بیمهٔ زندگی» معروف هستند. در نتیجه، این نگرش را القا می‌کنند که مخاطب در طول زندگی‌اش، چه مزایا و امکاناتی را دریافت می‌کند.

کیفیت محصول: کسی دنبال محصول بی‌کیفیت نمی‌گردد. کیفیت، نه تمایز، بلکه وظیفهٔ اصلی هر کسب‌وکار مسلّط است.

شکل، طرح، رنگ و ابعاد: شاید باور نکنید، امّا حتی شکل محصول شما می‌تواند بسیاری از دغدغه‌های مخاطب را رفع، خواسته‌هایش را برآورده و هیجاناتش را برانگیزد.

شرایط تحویل: با رعایت تمام موارد ذکرشده، به هویّت محصول می‌پردازیم. فرض کنید قرار است محصول باکیفیتی را دریافت کنید که ضمن داشتن شکل قابل‌توجه، معروفیت تجاری هم دارد. چه‌طور، چه زمانی و کجا به دست‌تان می‌رسد؟ طراحی شرایط تحویل محصول می‌تواند طراحی منفعت یک محصول باشد. چه چیزی را حذف، اضافه یا حفظ می‌کند؟

تسهیلات خرید: تسهیلاتی که برای خرید درنظر می‌گیرید، چیست؟ چقدر ترغیب‌کننده است؟ تسهیلات خرید فقط کمک شما به مشتری نیست و طراحی درست آن می‌تواند برای شما سودآور هم باشد.

ضمانت و گارانتی: ضمانت، بخش قابل‌توجهی از ارزش محصول شما و اشتراک اعتبار آن با مخاطبان‌تان است. وقتی می‌گویید محصول‌تان گارانتی دارد، حس امنیت بیشتری به مشتری می‌دهید، ولو این‌که بابت آن پول بیشتری هم گرفته باشید. پولی که مشتری با جان و دل پرداخت می‌کند، درواقع همان حس امنیت است.

خدمات پس از فروش: وای بر کسب‌وکارهایی که خدمات و پشتیبانی پس از فروش ندارند. پس از فروش است که ادّعاهای‌تان سنجیده می‌شود. آیا پس از فروش هم پیگیر مشتری هستید؟ از او می‌پرسید که محصول‌تان چقدر به کارش آمده است؟ اصلاً حال او را پرسیده‌اید؟

بسیاری از کسب‌وکارهای مسلّط، برای هرکدام از محصولات‌شان مدیر محصول دارند. وظیفهٔ هر مدیر محصول این است که به تمام موارد ذکرشده فکر کند و برای آن‌ها برنامه‌های لازم را طراحی کند تا آن محصول خبرگی و چیرگی را در بازار از دست ندهد.

تمرین
با توجه به موارد گفته‌شده، جدول زیر را تکمیل کنید:

محصول
نام محصول
معروفیت تجاری
کیفیت محصول

۳۲۶ فصل ششم: بازاریابی

شکل، طرح، رنگ و ابعاد

شرایط تحویل

تسهیلات خرید

ضمانت و گارانتی

خدمات پس از فروش

چه تغییراتی را می‌توانید روی محصولات یا خدمات خود اعمال کنید تا آن‌ها جذّاب‌تر شوند؟

◀ قیمت

در مفهوم بازاریابی، یک محصول همان‌قدر قیمت دارد که مشتری حاضر به پرداخت آن است.

- قیمت محصولات یا خدمات شما، نشان‌دهندهٔ جایگاه‌تان درمیان رقبای‌تان است. اگر مشتریان شما قشر پردرآمد جامعه هستند، نباید محصولات‌تان را با قیمت ارزان عرضه کنید؛
- هرچه قیمت محصولات یا خدمات شما بالاتر باشد، مشتریان انتظار کیفیت یا ارزش بیشتری دارند؛

• مشتریان فعلی در مقایسه با مشتریان جدید حساسیت بیشتری نسبت به قیمت محصولات یا خدمات‌تان دارند. به همین خاطر، اگر افزایش قیمت ایجاد می‌کنید، باید ارزشی متناسب نیز به مشتریان ارائه دهید.

قیمت
محصول شما چه قیمتی دارد؟
شما چگونه آن را دریافت می‌کنید؟
مشتری چگونه پرداخت می‌کند؟
آیا راه بهتری برای پرداخت یا دریافت هزینه وجود دارد؟

قیمت

سطح قیمت: سطح قیمت‌هایتان بر چه مبنایی تعریف می‌شود؟ بر مبنای نیاز، خواسته یا تقاضا؟ در بسیاری از مواقع چون نمی‌توانید تقاضای درستی برای مخاطبان‌تان شکل دهید، به سطح قیمت خود آسیب می‌زنید. قیمت در سطح محصولی که فقط نیازی را رفع کند، به‌دلیل نداشتن مزیّت رقابتی، همیشه پایین است و جایی می‌تواند اوج بگیرد که به خواسته و بالاتر از آن تقاضای مخاطب فکر شده باشد و برایش ارزشی خلق کند.

آفرها: باید مشوق خرید باشند و ترغیب به اقدام کنند. آفرها می‌توانند در قالب کم شدن پرداختی مشتری در خریدهای زودهنگام و جشنواره‌ها باشد یا ارائهٔ کالا یا خدمتی مکمل بدون دریافت هزینهٔ آن در کنار خرید محصول.

میزان کسورات: ممکن است در جایی مجبور شوید قیمت خود را تعدیل کنید. پس عددی را به عنوان میزان کسورات درنظر بگیرید. پیشنهادم این است که به عدد دست نزنید و به جای آن، ویژگی یا امکانی خاص به مشتری بدهید. فرض کنید هتل‌دار هستید و قرار نیست روی اتاق‌های‌تان تخفیف بدهید، امّا می‌توانید ساعت تخلیهٔ اتاق‌ها را تغییر بدهید.

کارمزدها: کارمزدهایی که به قیمت اضافه می‌شوند، اغلب اساس ارتباط ما را به خطر می‌اندازند. چراکه بعد از خرید به مشتری می‌گویید n درصد بابت حمل‌ونقل یا کارشناسی بپردازید. ضمن این‌که مشتری ۹ درصد مالیاتش را هم محاسبه می‌کند و این محاسبه‌گری، سطح رضایت او را کاهش می‌دهد. سعی کنید در قیمت‌گذاری، همهٔ این موارد را ضمن حفظ و ارتقای ارزش چیزی که ارائه می‌دهید، محاسبه کنید.

شرایط پرداخت: گاهی اگرچه از اول می‌دانید که از مشتری چقدر باید پول بگیرید، ولی بنابر نظریهٔ قیمت‌گذاری تکمیلی، اثر مقایسه‌ای ایجاد می‌کنید.

لیست قیمت: برای محصول یک قیمت پایه انتخاب می‌شود و براساس لیست قیمت، مشتری می‌تواند نسبت به امکاناتی که انتخاب می‌کند، تغییرات قیمت را تشخیص بدهد.

انعطاف‌پذیری: شاید مشتری با قیمت مشکلی نداشته باشد، امّا با شرایط پرداخت مشکل داشته باشد. همان‌طور که پیش‌تر گفتیم، با آفرها و میزان کسورات می‌توانید انعطاف‌پذیرتر قیمت بدهید.

خط‌مشی قیمت‌گذاری: یکی از استراتژی‌های قیمت‌گذاری این است که خط‌مشی قیمت‌گذاری نفوذی را انتخاب کنید. به این شکل که با حاشیهٔ سود کم وارد بازار شوید تا بتوانید بازار را در دست بگیرید، یا استراتژی قیمت بالا را درنظر بگیرید که وقتی ارزش ایجاد شد، توجیه‌پذیر باشد.

در شرایطی که افزایش قیمت کالاها یا خدمات دولتی یا دارای قیمت ثابت امکان‌پذیر نیست، تمرکز بازاریابی بر حجم سفارش، خدمات جانبی، محصولات مکمل و ساخت برند، بیشتر می‌شود.

تمرین

با توجه به موارد گفته‌شده، جدول زیر را تکمیل کنید:

قیمت
سطح قیمت
آفرها
میزان کسورات
کارمزدها

فصل ششم: بازاریابی

شرایط پرداخت

لیست قیمت

انعطاف‌پذیری

خط‌مشی قیمت‌گذاری

آیا محصولات و خدمات شما برای بازار کنونی به شکل درست قیمت‌گذاری شده‌اند؟ چگونه می‌توانید قیمت‌گذاری خود را تغییر دهید تا رقابتی‌تر شود؟

◀ محل توزیع

طبق مفهوم بازاریابی، محصول شما باید در مکان مناسب، زمان مناسب و به مقدار مناسب در دسترس مشتریان باشد. به زبان ساده‌تر، شما باید محصول خود را در جایی بفروشید که تقاضا یا پتانسیل تقاضا برای آن وجود دارد. برای مثال، راه‌اندازی یک فروشگاه کولرگازی در قطب شمال اصلاً منطقی نیست! همچنین، فروش کاپشن و لباس گرم در شهر اهواز و در فصل تابستان.

مکان توزیع به‌معنای روش ارائهٔ محصول نیز هست. در نتیجه، ویترین شما، چه شیشهٔ مغازه باشد، چه طرح وب‌سایت یا بسته‌بندی محصول‌تان، باید چشم‌گیر باشد.

محل توزیع

کجا محصولات یا خدمات‌تان را عرضه می‌کنید؟

در چه مکان‌های دیگری می‌توانید محصولات یا خدمات‌تان را بفروشید؟

چگونه می‌توانید مکان فروش خود را تغییر دهید یا بهبود ببخشید؟

محل توزیع

تعیین محل‌های توزیع

شما یک محصول خیلی عالی با قیمتی توجیه‌پذیر دارید، ولی در قفسه نیست (قفسهٔ فیزیکی فروشگاه یا قفسهٔ مجازی سایت). چنین وضعیتی هیچ فرقی با نقطهٔ صفر ندارد. تعیین محل‌های توزیع و تأمین آن‌ها، در بالا بردن کیفیت بازاریابی شما تأثیر به‌سزایی دارد.

امکان دسترسی به محل

اگر دسترسی به محل توزیع برای مشتری سخت باشد، به این معناست که بازاریاب موفق و مسلّطی نبوده‌اید (دسترسی جغرافیایی یا دسترسی مجازی در وب‌سایت یا اپلیکیشن).

کانال‌های توزیع کالا

کانال‌های توزیع محصول، کیفیت عملکرد آن‌ها و طراحی رفتار این کانال‌ها نیز از آن دسته مواردی هستند که نباید از آن‌ها غافل شوید، چراکه در بازاریابی تعیین‌کننده هستند.

ابزار و وسایل توزیع

ابزار و وسایلی که برای توزیع محصول یا خدمت خود استفاده می‌کنید، نباید دم‌دستی انتخاب شوند. باور کنید یا نه، «تمایز» از تفاوت عملکرد در چنین مواردی حاصل می‌شود.

میزان پوشش توزیع

میزان پوشش یا دایره پوشش، توصیف میزان پوشش بازار توسط یک محصول مشخص است. آیا میزان پوشش مدنظر خود را مشخص کرده‌اید؟

استفاده از واسطه‌ها

واسطه‌های توزیع هرکس یا هر چیزی است که در فرایند توزیع محصول و رساندن آن به بازار هدف دخالت دارد. نمایندگان شرکت، عمده‌فروشان و خرده‌فروشان از این دسته هستند. واسطه‌های توزیع می‌توانند مراحل این فرایند را افزایش یا کاهش دهند.

کنترل مجاری فروش

همیشه با کنترل خروجی می‌توانید ورودی را مدیریت کنید. کنترل مجاری فروش، به شما امکان توزیع به موقع، به تعداد و متناسب را می‌دهد.

تمرین

با توجه به موارد گفته‌شده، جدول زیر را تکمیل کنید:

محل توزیع
تعیین محل‌های توزیع
امکان دسترسی به محل

فصل ششم: بازاریابی

کانال‌های توزیع کالا

ابزار و وسایل توزیع

میزان پوشش توزیع

استفاده از واسطه‌ها

کنترل مجاری فروش

آیا محصولات و خدمات شما برای بازار کنونی به شکل درست قیمت‌گذاری شده‌اند؟ چگونه می‌توانید قیمت‌گذاری خود را تغییر دهید تا رقابتی‌تر شود؟

◀ پیشبرد

اصل پیشبرد یا ترویج در مفهوم بازاریابی به‌معنای اطلاع‌رسانی یک شرکت دربارۀ توانایی‌ها و محصولات خود به مشتریان است. این اصل شامل برندسازی، تبلیغات، هویّت سازمانی، گسترش شبکه‌های اجتماعی، حضور در نمایشگاه‌ها و پیشنهادهای ویژه است.

درواقع، اصل ترویج مطمئن می‌شود که تبلیغات شما جذّاب هستند، پیامی ثابت ارسال می‌کنند، توانایی جذب مشتریان را دارند و از همه مهم‌تر، مزیّت رقابتی محصول شما را برای مشتریان پررنگ می‌کنند.

برخی نکات مهم دربارۀ پیشبرد را مرور می‌کنیم:

- یک پروموت خوب اصلاً یک‌طرفه نیست، بلکه باید راه ارتباط با مشتریان را به‌صورت حضوری و آنلاین فراهم کند؛
- یک تبلیغ خوب باید علاوه بر ویژگی‌ها، مزایای یک محصول برای مشتری را هم نمایش دهد؛

فصل ششم: بازاریابی

- وب‌سایت شما در مفهوم بازاریابـی و به‌خصوص اصل پیشـبرد، اهمیّت زیادی دارد. چراکه برداشت اولیهٔ مشتری می‌تواند روی تصمیم او برای خرید از شما تأثیر بسـیار زیادی بگذارد. به همین خاطر، همیشـه مطمئن شـوید که وب‌سایت‌تان به‌روز است و ظاهر مناسبی دارد؛

- از کانال‌های جدید برای تبلیغات استفاده کنید. دنیای امروز گزینه‌های تبلیغات بسیار زیادی را در اختیار صاحبان کسب‌وکارها قرار می‌دهد؛

- تبلیغات متنی باید بتوانند در سریع‌ترین زمان ممکن توجه مشتریان را جلب کنند. به همین خاطر، باید خوانا و کاملاً واضح باشند تا مشتریان سریعاً متوجه شوند که چرا باید محصولات شما را بخرند.

پیشبرد

تبلیغات
هر چیزی که مشتریان‌تان را حفظ و تشویق به خرید مجدّد کند.

فروش شخصی
با این‌که روشی قدیمی است، امّا همچنان اهمیّت بسیار زیادی دارد. برخورد مستقیم و فرد به فرد فروشندگان با مشتریان، از راهبردهای کارآمد بسیاری از سازمان‌ها برای پیشبرد فروش محصولات‌شان است. در فروش شخصی، فروشندگان شما باید درباره تفاوت، تمایز و ارزش‌هایی که دارید، صحبت کنند.

ترویج فروش
این روش روی افزایش فروش در کوتاه مدّت متمرکز است که با افزایش ارزش پیشنهادی یا کاهش هزینه‌های خرید انجام می‌شود.

روابط عمومی
روابط عمومی اقداماتی است که بر نیازها، خواسته‌ها و تقاضاهای مشتریان متمرکز باشد، بدون این‌که بخواهید محصولی بفروشید. هدف‌تان فقط کمک‌رسانی است تا مشتری هرچه بهتر و بیشتر نسبت به نیازهای خودش و عرضه محصول شما آگاه شود. درواقع، در روابط عمومی باید درباره ارزش‌هایی که کالا و خدمات‌تان به زندگی مخاطبان اضافه می‌کند، صحبت کنید. رسانه‌های درست را برای همین انتخاب می‌کنید.

انتخاب رسانهٔ تبلیغاتی
انتخاب رسانه‌های تبلیغاتی کمک می‌کند تا بدانید محتوا و داستان خود را چه طور و بر مبنای چه نوع رسانه‌ای ایجاد کنید. بسته به این‌که مخاطبان شما در چه رسانه‌هایی بیشتر حضور دارند، می‌توانید انتخاب کنید که در چه رسانه‌ای فعال‌تر باشید.

خط‌مشی فروش

خط‌مشی فروش یعنی محصول شما در چه شرایطی به فروش می‌رود و چه آفر و دلیلی برای خرید به مشتری ارائه می‌دهد.

تهیهٔ پیام تبلیغاتی

سوژهٔ تبلیغاتی شما چه چیزی است؟ پیام‌تان حول چه محوری می‌چرخد؟ آیا از آن دسته شرکت‌هایی هستید که برای طراحی محتوای تبلیغاتی خود وقت نمی‌گذارند؟ بهترین پیام در تبلیغات، نمایش ارزش‌ها، شخصیت و رسالت برندتان است.

تمرین

با توجه به موارد گفته‌شده، جدول زیر را تکمیل کنید:

پیشبرد	
تبلیغات	
فروش شخصی	

بیزنس‌مَستری ◀ ۳۴۱

ترویج فروش

روابط عمومی

انتخاب رسانهٔ تبلیغاتی

خط‌مشی فروش

تهیهٔ پیام تبلیغاتی

چگونه می‌توانید بازاریابی یا فروش محصولات یا خدمات خود را بهینه‌تر کنید؟

مردم

مردم به همهٔ افرادی که در بازاریابی و فروش یک کسب‌وکار دخیل هستند، گفته می‌شود؛ افرادی که در مقدار فروش یک محصول تأثیرگذارند. یک استراتژی بازاریابی مؤثر تنها در صورتی نتایج مطلوبی به همراه خواهد داشت که توسط افراد مناسب انجام شود. این اصل یکی از اسرار بازاریابی است که شما بدانید چه کسی و در چه موقعیتی برای انجام کاری خاص مناسب است.

مردم
افراد کلیدی در درون و بیرون از کسب‌وکار شما چه کسانی هستند؟
کدام افراد مقدار فروش شما را مشخص می‌کنند؟

مردم	
آموزش کارکنان	برای آموزش کارکنان‌تان باید برنامه‌های ویژه‌ای داشته باشید. امروزه آموزش کارکنان بخشی از بازاریابی است.
بررسی صلاحیت کارکنان	افرادی که با شما کار می‌کنند و در کنار شما رشد می‌کنند و مهارت‌های جدید یاد می‌گیرند، باید براساس نوع زمانی که می‌گذارند و تجربیاتی که فرامی‌گیرند، هر چند وقت یک بار صلاحیت‌شان بررسی شود؛ نه از این جهت که آیا قابلیت ادامه همکاری با سازمان را دارند یا نه، بلکه از این بابت که آیا آماده پذیرفتن مسئولیت‌های بیشتر و بهینه‌تر و تعدیل‌یافته‌تر هستند؟ چه ابزاری نیاز دارند؟ به چه روش‌هایی باید مجهز شوند؟
مشارکت دادن کارکنان	کارکنان را در فعالیت‌های کلیدی سازمان مشارکت دهید تا حس برتری، تخصص و مفید بودن به آن‌ها بدهید. بگذارید سازمان شما را سازمان خود بدانند و نسبت به آن دغدغه‌مند باشند.
تشویق کارکنان	تشویق و پاداش‌ها فقط جنبهٔ مالی ندارند. تشویق کارکنان، بیش از این‌که به‌معنای تشکر از آن‌ها باشد، باید مفهوم دیده شدن را دربر داشته باشد. این‌که تیم‌تان بفهمد تلاش، فکر و عملکردش و مهم‌تر از همه زمانی را که صرف کرده، شما دیده‌اید.
توجه به ظاهر کارکنان	به ظاهر و پوشش آن‌ها توجه داشته باشید. ظاهر و پوشش، به رفتار آن‌ها جهت می‌دهد.
طرز برخورد کارکنان	آیا درباره طرز برخورد کارکنان فکر کرده‌اید؟ با آن‌ها درموردش صحبت کرده‌اید؟ آیا چارچوبی برای نوع برخورد با مشتریان دارید؟ کسب‌وکار مسلّط، تیمی مسلّط دارد و تیم مسلّط می‌داند که چگونه با مشتری باید برخورد کند.

رفتار با مشتریان	رفتار با مشتریان، شیوهٔ عملکرد آن‌ها در انتقال محصولات، نحوهٔ اعلام قیمت‌ها، ویژگی‌ها و منافع و مزایای همکاری با شرکت را شامل می‌شود.
تماس با مشتریان	تماس با مشتریان، به تماس تلفنی محدود نمی‌شود. هر نوع تماسی را که بین کارمندان شما و مشتری ایجاد می‌شود، باید در نظر بگیرید، به کیفیت آن فکر کنید و ببینید که به چه شکل می‌تواند نیازهای مشتری را کشف کند، در آن‌ها خواسته ایجاد کند، آن‌ها را وادار به تقاضا کند و در نتیجه، در فرایند بازاریابی شما نقش مؤثری داشته باشد.

تمرین
با توجه به موارد گفته‌شده، جدول زیر را تکمیل کنید:

مردم
آموزش کارکنان
بررسی صلاحیت کارکنان
مشارکت دادن کارکنان
تشویق کارکنان

فصل ششم: بازاریابی

توجه به ظاهر کارکنان

طرز برخورد کارکنان

رفتار با مشتریان

تماس با مشتریان

◄ شواهد عمومی

شما، محصول شما، افرادتان، محیطی که در آن فعالیت می‌کنید، فرایندهای تسهیل‌کننده، صداها و رنگ‌ها چه‌طور به‌نظر مخاطب می‌رسد؟ در مدل 7P کم‌تر به شواهد عمومی پرداخته می‌شود، درحالی‌که نکات قابل‌توجهی به همراه دارد.

شواهد عمومی

بررسی محیط
محیط و محل ارائه خدمات‌تان چه ویژگی‌هایی دارد؟ چه احساسی به مخاطب انتقال می‌دهد؟ دکوراسیونی که طراحی کرده‌اید، گویای اهمیّتی که به محیط می‌دهید هست؟ آیا این محیط این قدرت را دارد که عامل تمایز شما در ذهن مخاطب باشد، به‌گونه‌ای که بگوید این کسب‌وکار کامل‌تر از دیگران است؟

مهیاسازی محیط
محیطی را که برای ارائه خدمت درنظر گرفته‌اید، از جنبه‌های مختلف مهیا کنید. کاستی‌ها را در بازهٔ زمانی معینی بسنجید و برای بهبود آن‌ها اقدام کنید. حتی نقاط قوّت را هم بررسی کنید و بپرسید در دنیایی که در هر لحظه تغییری اتفاق می‌افتد، آیا هنوز هم این‌ها نقاط قوّت محسوب می‌شوند؟

رنگ محیط
بسیاری از کسب‌وکارها نگاه درستی به رنگ و نور محیط ندارند. نور یک محیط می‌تواند ناخودآگاه به مخاطب احساس امنیت یا ناامنی دهد. نورها و رنگ‌ها این قدرت را دارند که مخاطب را از تصمیمش منصرف کنند یا برعکس، او را وادار به اقدام و خرید کنند.

میزان سروصدا
در محیط شما، چه صداهایی به گوش می‌رسد؟ اگر در یک محیط شلوغ هستید، برای کنترل و کاهش صداها چه ملاحظاتی را درنظر می‌گیرید؟ چه صدایی می‌توانید پخش کنید تا افراد از شنیدن آن لذّت ببرند و بتوانند بهتر تصمیم‌گیری کنند؟

تسهیلات ارائه شده

روند کارها را چگونه تسهیل می‌کنید؟ آیا این تسهیل‌گری فقط به فرایند ارائهٔ خدمات‌تان محدود می‌شود؟ چه طور می‌توانید حس خوبی از سرعت عمل، دقّت، تعهد و توجه را به مخاطب بدهید؟

فکر نکنید که برای تغییر و تمایز حتماً باید کارهای بزرگ انجام بدهید. پس از همایشی، ماشین‌ها به‌سرعت و خیلی راحت از پارکینگ خارج می‌شدند، زیرا برگزارکننده از قبل هزینه پارکینگ را پرداخته بود و چه‌بسا اگر این کار را نکرده بود، معطلی برای خروج سیصد ماشین از پارکینگ، اثر مثبت آن همایش را تحت‌الشعاع قرار می‌داد. انجام این کار ساده، نشان‌دهندهٔ احترام به ارزش زمان مخاطبان بود و حس خوشایندی را به آن‌ها القا کرد.

تمرین

با توجه به موارد گفته‌شده، جدول زیر را تکمیل کنید:

شواهد عمومی
بررسی محیط
مهیاسازی محیط

بیزنس‌مَستری ۳۴۹

رنگ محیط

میزان سروصدا

تسهیلات ارائه‌شده

◀ فرایند

فرایند شامل نحوهٔ اجرای کسب‌وکار شما، نحوهٔ ارائهٔ خدمات، نحوهٔ بسته‌بندی محصول، نحوهٔ حرکت مشتریان شما به سمت قیف فروش، پرداخت، حمل‌ونقل، تحویل و ... است. اساساً فرایند، مجموعه‌ای از اقدامات یا عناصر اساسی را توصیف می‌کند که در ارائهٔ محصولات یا خدمات به مشتری دخیل هستند.

فرایند
خط‌مشی‌ها
خط‌مشی‌های سازمانی را چگونه تعریف می‌کنید؟ برای اینکه یک نفر به اتاق مدیرعامل یا اتاق فروش برسد، چه مراحلی را می‌تواند طی کند که در بازاریابی شما مؤثر باشد؟
اتوماسیون
اتوماسیونی که استفاده می‌کنید، باعث تسریع در روند کارها و عملکرد سازمان شما می‌شود یا برعکس، مانع ایجاد می‌کند؟
جریان امور
آیا جریان امور در سازمان شما، فرایندی در گردش است یا صرفاً سلسله‌مراتبی است که کارها را بیش از آن‌که تسهیل کند، به تعویق می‌اندازد؟ جریان فرایندهای مالی، بازاریابی، پذیرش و دیگر بخش‌ها منظم کار می‌کنند؟
فعالیت‌های بازاریابی
فعالیت‌های بازاریابی چگونه تعریف می‌شوند؟ از نسخه‌ای آماده استفاده می‌کنید یا آن‌ها را براساس فاکتورهایی که گفتیم طراحی می‌کنید؟
هدایت مشتری
مشتری را با چه روشی در مسیر موردنظر خود هدایت می‌کنید؟

تماس با مشتریان

آیا برای سفری که مشتری به مقصد شما طی می‌کند، نقشه‌ای طراحی می‌کنید؟ نقاط تماس‌تان در این سفر چگونه مشتری را همراهی می‌کنند؟ نقشهٔ سفر مشتری، داستان همراهی او با برند شماست، از اولین آشنایی تا تعاملات عمیق‌تر. در حین این سفر هر بار از خودش می‌پرسد: «آیا آن چه تصور می‌کردم و آن چه این کسب‌وکار وعده داده بود، با چیزهایی که می‌بینم تناسب دارد یا نه؟» با بررسی و تحلیل پنج تا ده خرید آخر مشتریان، می‌توان الگوهای رفتاری و پرسش‌های رایج آن‌ها را شناسایی کرد.

این اطلاعات به شما کمک می‌کند تا فرایند خرید را بهبود ببخشید، به سؤالات مشتریان به طور مؤثرتری پاسخ دهید و در نهایت، تجربهٔ خرید بهتری را برای آن‌ها رقم بزنید. شما در این سفر، زمانی برنده‌اید که او با خودش بگوید: «واووو! فکر این جا را هم کرده بودند.»

فرایند

خط‌مشی‌ها

اتوماسیون

فصل ششم: بازاریابی ▶ ۳۵۲

جریان امور

فعالیت‌های بازاریابی

هدایت مشتری

تماس با مشتریان

◀ هفت مورد بازاریابی در سازمان چگونه اجرا خواهند شد؟

برای تحقق هفت مورد بازاریابی، برنامه‌ریزی کنید. سپس آن‌ها را اجرا و در نهایت ارزیابی کنید. برای مثال، بسنجید که ثبت کد ملی برای ورود به نرم‌افزار یا سایت‌تان، باعث بهبود ارتباط با مشتری می‌شود یا به این ارتباط آسیب می‌زند؟ بعد از ارزیابی‌ها، متوجه می‌شوید از فعالیت‌هایی که تاکنون انجام داده‌اید، تعدادی از آن‌ها مؤثر بوده‌اند و تعدادی نه. پس یادگیری را از سر بگیرید. «یادگیری مداوم» به‌معنای سرمایه‌گذاری روی خود، سازمان و صنف‌تان از طریق صرف زمان و پول برای ارتقای دانش و مهارت‌های‌تان است. شاید درحین یادگیری از خودتان بپرسید: «پس من تا الان چه‌کار می‌کرده‌ام؟»

پیوسته در حال یادگیری باشید؛ حتی به قیمت این‌که کل کسب‌وکارتان را زیر و رو کنید. اجازه دهید نوآوری‌ها در شما و کسب‌وکارتان متولد شوند. بعد از آن دوباره به اجرا برگردید. دوباره برنامه‌ریزی، اجرا و ارزیابی کنید و باز هم از چرخهٔ آموزش رها نشوید. اجازه دهید این چرخه ادامه یابد. با ادامه یافتن، سرعت چرخه‌ها بیشتر می‌شود و در نتیجه، سرعت رشد شما نیز افزایش می‌یابد. حواس‌تان باشد که کار شما اختراع دوباره چرخ نیست، کارتان این است که کاری کنید تا این چرخ تندتر بچرخد. توقف چرخه باعث متوقف شدن تسلّط شما در صنعت خودتان می‌شود، توقف یک مسابقه، توقف قهرمان‌آفرینی و دودستی تقدیم کردن زمین بازی به دیگر رقبای‌تان.

مفهوم بازاریابی روی اقدامات مهمی مانند شناسایی مشتریان هدف، تشخیص نیاز آن‌ها و تجزیه و تحلیل عوامل تأثیرگذار بر تصمیم‌گیری برای خرید مشتریان تمرکز دارد. همچنین، در بازاریابی مهم است که شما بتوانید مشتریان را متقاعد کنید تا به‌جای رقبا، محصول موردنیازشان را از شما خریداری کنند. انجام تمام این کارها به یک استراتژی هماهنگ، سنجیده، دقیق و واقع‌بینانه نیاز دارد. تعیین استراتژی در بازاریابی با بررسی دقیق و مداوم بازارهای اصلی و فرعی شروع می‌شود. شرکت‌ها به روندهای اجتماعی، سیاسی، اقتصادی، فرهنگی و تکنولوژیکی بازار نگاه می‌کنند. همچنین نیم‌نگاهی به موقعیت خود در این روندها و منابع موردنیاز برای تغییر یا تأثیرگذاری بر آن دارند. در مرحلهٔ بعدی، استراتژی در بازاریابی با یک هدف و بودجهٔ مشخص تعیین می‌شود. با تعیین هدف استراتژی بازاریابی، امکان انتخاب جایگزین‌های وضع فعلی و روش‌های

دسترسی به آن‌ها نیز مشخص می‌شود. به‌طور کلی، برنامه‌ریزی یک استراتژی مؤثر بازاریابی، ارتباط بسیار نزدیکی با فرایند برنامه‌ریزی کلی یک کسب‌وکار دارد. چراکه با یکدیگر مرتبط هستند و باید از طرف مدیران تأیید شوند. درواقع، باید تأکید کنم که بازاریابی یک تلاش گروهی است که به هماهنگی مهارت‌ها، دیدگاه‌ها و اشخاص مختلف در یک مجموعه نیاز دارد.

◄ قیف CATT در بازاریابی دیجیتال

خلق ثروت کنید!

دوست دارید بدانید که چرا بازاریابی دیجیتال برای برخی کسب‌وکارها بسیار خوب عمل می‌کند و برای برخی دیگر هیچ نتیجه‌ای دربر ندارد؟ من به شما می‌گویم. قیف CATT یک چارچوب قدرتمند است که کمک می‌کند تا مخاطبان هدف خود را به‌درستی جذب و درگیر کنید. امّا CATT دقیقاً مخفف چیست و چه نقشی در مفهوم بازاریابی دارد؟ **قیف CATT عبارت است از: محتوا (Content)، توجه (Attention)، اعتماد (Trust) و معامله (Transaction).**

در ادامه، با اصول قیف CATT و مفهوم آن در بازاریابی بیشتر آشنا می‌شویم.

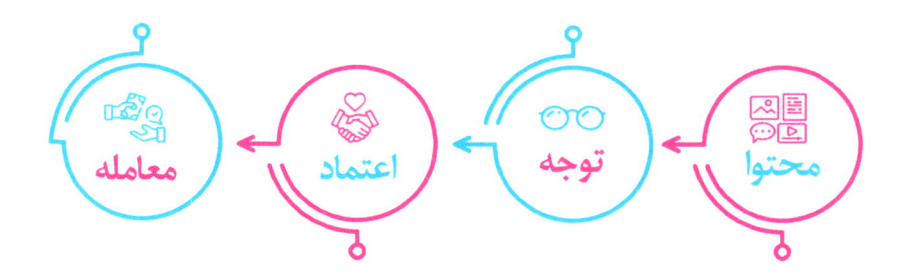

محتوا

برای داشتن یک برند قوی، باید نبض مشتری و علاقهٔ او را بشناسید. به همین خاطر، درمورد محصولات یا خدمات خود به مشتری اطلاعات زیادی بدهید. درواقع، شما باید

تمام توانایی خود را از طریق محتوا به مشتریان نمایش دهید. اگر محتوای شما با کیفیت باشد، مخاطب به‌صورت خودکار وارد قیف CATT شده و به مشتری تبدیل می‌شود. طی سال‌های اخیر، بازاریابی محتوا اهمیّت بسیار زیادی پیدا کرده است، چراکه «محتوا پادشاه است». اگر محتوای تولیدی شما جذاب باشد و بتواند توجه مخاطبین را جلب کند، در تمام پلتفرم‌ها بازدید و نرخ تعامل بالایی خواهد داشت.

توجه

اگر محتوای تولیدی شما جذاب باشد و بتواند توجه مخاطبین را جلب کند، در تمام پلتفرم‌ها بازدید و نرخ تعامل بالایی خواهد داشت.

اعتماد

حس شما وقتی وارد یک رستوران تمیز می‌شوید، دقیقاً چیست؟ شما پیش خود می‌گویید: «من به این رستوران اعتماد دارم و برای غذا خوردن در این‌جا هزینه می‌کنم.» با ایجاد حس اعتماد است که مشتریان شما را دنبال خواهند کرد و این شما هستید که نیازهای آن‌ها را مشخص می‌کنید.

معامله (خرید)

بعد از اعتماد، مشتریان حاضر هستند محصولات یا خدمات شما را خریداری کنند. با استفاده از قیف CATT، شما از طریق محتوا، توجه مخاطب را جلب می‌کنید و اعتماد او را به‌دست می‌آورید. در نهایت نیز او حاضر می‌شود تا با شما معامله کند. در انتهای قیف CATT، ثروت قرار دارد. فرمولی ساده که می‌تواند شما را به اوج برساند.

◀ بازاریابی محتوا
هر سخن جایی و هر نکته مکانی دارد

تصور کنید قرار است یک تلفن همراه بخرید. یک تبلیغ به شما می‌گوید: «این گوشی دیگه آخرشه!» یک محتوا ویژگی‌های این گوشی و سخت‌افزارها و نرم‌افزارهای آن را شرح می‌دهد و یک محتوای دیگر از تکنیک مقایسهٔ محصول استفاده می‌کند. کدام یک از این شیوه‌های تبلیغاتی، بیشتر شما را جذب می‌کند؟ آمارها نشان می‌دهند محتوایی که

بیش‌ترین سرنخ (مخاطب راغب به خرید) را ایجاد می‌کند، بهترین نوع محتواست. امّا چه‌طور باید بدانیم که از کدام تکنیک برای تولید محتوا استفاده کنیم و کدام محتوا را در چه جایی قرار بدهیم؟

حتماً این جمله را در حوزهٔ بازاریابی شنیده‌اید: «محتوا پادشاه است.»

پس بیایید کمی با پادشاه عرصهٔ بازاریابی آشنا شویم. «بازاریابی محتوا» فرایند برنامه‌ریزی، تولید، توزیع، اشتراک‌گذاری و انتشار انواع محتوا با استفاده از کانال‌های بازاریابی است. امّا چیزی که می‌خواهم بگویم این است که اگر محتوا پادشاه است، پس مهم‌ترین کار او در این نقش، حکم کردن است. اندرو دیویس می‌گوید: «محتوا باعث ایجاد روابط می‌شود. روابط براساس اعتماد ساخته می‌شود و اعتماد مقدمهٔ کسب درآمد است.»

• انواع بازاریابی محتوا کدامند؟

محتواهای مورد استفاده در بازاریابی انواع مختلفی دارد که از آن جمله می‌توان به تصاویر، اینفوگرافیک، پادکست، موشن‌گرافی، تیزرهای تبلیغاتی، محتواهای متنی و ... اشاره کرد. از طرفی، کانال‌های متعددی برای انتشار این محتواها وجود دارد. بنابراین، شما انتخاب‌های زیادی از نظر نوع محتوا و مکان انتشار و حتی زمان انتشار دارید.

• بازاریابی محتوای آنلاین

بازاریابی محتوا می‌تواند آنلاین یا آفلاین باشد. بنابراین، تمام اقدامات بازاریابی متمرکز بر محتوا که مربوط به انتشار در فضای اینترنت باشد، در گروه بازاریابی محتوای آنلاین قرار می‌گیرد. در مقابل، انتشار محتوای خبری درمورد کسب‌وکار شما در یک روزنامهٔ محلی، خارج از این گروه است. از سوی دیگر، معمولاً اصطلاح بازاریابی محتوای آنلاین دارای یک معنای رایج‌تر است که آن را از بازاریابی محتوای شبکه‌های اجتماعی و وبلاگ جدا می‌کند.

در این مفهوم، همهٔ اقدامات به صفحات اصلی سایت شما و صفحات فرود و ... ارتباط دارد. این روش بازاریابی محتوایی به شما کمک می‌کند تا در موتورهای جست‌وجو رتبهٔ بالاتری را کسب کنید و از این طریق مخاطبان برند را نیز افزایش دهید.

برای مثال، وقتی صفحهٔ اصلی سایت دیجی‌کالا را باز می‌کنید، این سایت به سرعت پیشنهادهای خود را در زمینه‌های مختلف پیش روی شما قرار می‌دهد. وجود عکس‌ها و متون تبلیغاتی برای انواع مختلف محصولات، این سایت را به سایتی موفق در این زمینه تبدیل کرده است.

• بازاریابی محتوای متمرکز بر وبلاگ

اولین وبلاگ در سال ۱۹۹۴ توسط جاستین هال ایجاد شد و از آن زمان، وبلاگ‌نویسی به یکی از مهم‌ترین ابزارها برای بازاریابی تبدیل شده است. استراتژی کلیدواژهٔ مناسب، هم به سئوی محتوای‌تان کمک می‌کند و هم شما را در مسیر تولید محتوای جذّاب برای مخاطبان‌تان هدایت می‌کند. طول محتواهای وبلاگی معمولاً از حدود ۱۰۰۰ تا ۴۰۰۰ کلمه است، امّا نرخ متوسط در حدود ۱۵۰۰ تا ۲۵۰۰ کلمه است. ربات موتورهای جست‌وجو برای رتبه‌بندی صفحات وبلاگ‌ها از مواردی مانند طول وبلاگ، کلیدواژه، ساختار و ... استفاده می‌کنند.

برخی از مهم‌ترین نکات برای تولید محتواهای وبلاگی مؤثر عبارتند از:

- محتوا را برای مخاطبان خود بنویسید، نه برای موتورهای جست‌وجو؛
- صفحات وبلاگ و محتوای آن باید از نظر سرعت بارگذاری بهینه‌سازی شوند؛
- متون وبلاگی باید دارای لینک‌های خروجی به سایت‌های معتبر و پربازدید باشند؛
- از تصاویر باکیفیت برای متون خود استفاده کنید؛
- تیترهای جذّابی برای محتواهای متنی انتخاب کنید.

• بازاریابی محتوای شبکه‌های اجتماعی

مجموع کاربران شبکه‌های اجتماعی در دنیا به بیش از ۴٫۵ میلیارد نفر می‌رسند. بنابراین، باوجود این‌که من سایت کسب‌وکار را همچون دفتر اصلی شرکت در فضای مجازی می‌دانم، امّا ظرفیت شبکه‌های اجتماعی در جذب مخاطبان را هم نادیده نمی‌گیرم، چراکه بسیاری از برندهای بزرگ دنیا نیز دارای صفحاتی در شبکه‌های اجتماعی هستند.

تعداد کاربران در شبکه‌های اجتماعی

- فیسبوک: 2958 میلیارد نفر
- یوتیوب: 2514 میلیارد نفر
- اینستاگرام: 2 میلیارد نفر
- واتساپ: 2 میلیارد نفر
- فیسبوک مسنجر: 931 میلیون نفر
- وی چت: 1309 میلیارد نفر
- تیک تاک: 1051 میلیارد نفر
- تلگرام: 700 میلیون نفر

جالب است بدانید که بسیاری از مخاطبان برندها اولین بار در این شبکه‌ها با کسب‌وکار شما آشنا می‌شوند. سپس از این طریق سایت شما را در گوگل جست‌وجو می‌کنند یا از طریق لینک وارد سایت شما می‌شوند. لی اودن، از بزرگان دنیای بازاریابی محتوا، معتقد است که: **«محتوا، موتور محرّک جست‌وجوست.»** برای انتخاب بهترین شبکهٔ اجتماعی برای کسب‌وکار خود، به این موارد توجه کنید:

- بررسی کنید که مخاطبان هدف شما در کدام پلتفرم حضور بیشتری دارند؛
- بررسی کنید که کدام پلتفرم برای زمینهٔ کسب‌وکار شما بهتر است؛
- بررسی کنید که رقبای شما در کدام پلتفرم حضور پررنگی دارند؛

- امکانات پلتفرم را برای تبلیغات در آن بررسی کنید؛
- هزینه‌های انتشار محتوا و بازاریابی در پلتفرم موردنظر را بررسی و محاسبه کنید.

بازاریابی محتوا با استفاده از اینفوگرافیک

اینفوگرافیک‌ها نوعی نمایش بصری گرافیکی هستند که از طریق آن‌ها می‌توان اطلاعات مختلف و گاه پیچیده را در سریع‌ترین زمان و به ساده‌ترین شکل به مخاطب منتقل کرد. کسب‌وکارها برای افزایش آگاهی از برند، ایجاد سرنخ و افزایش فروش آنلاین از اینفوگرافیک‌ها استفاده می‌کنند و موتورهای جست‌وجو نیز وجود اینفوگرافیک‌ها را یک امتیاز برای سایت درنظر می‌گیرند. اینفوگرافیک‌ها می‌توانند اطلاعات را در قالب یک داستان بصری در چندین بخش منتقل کنند. گاهی نیز ممکن است اینفوگرافیک شامل نکات اصلی یک موضوع باشد. نمودارها، عکس‌ها، تصاویر گرافیکی و داده‌های آماری را نیز می‌توان در اینفوگرافیک‌ها قرار داد.

بازاریابی محتوا با استفاده از پادکست

براساس آمارها، حدود ۶۰ میلیون نفر از طریق پلتفرم‌های مختلف به پادکست‌ها گوش می‌دهند. از طرف دیگر، بسیاری از افراد پادکست‌ها و انواع محتوای صوتی را به محتواهای متنی ترجیح می‌دهند. پادکست‌ها را می‌توان یک مرحلهٔ تکامل دیجیتالی در پخش رادیویی دانست که شامل تولید یک یا چند فایل صوتی می‌شود. برای مثال، شما می‌توانید اصول کسب‌وکار یا روش تولید محصولات خود را در قالب پادکست‌های اپیزودیک (چندقسمتی) به مخاطبان خود توضیح دهید. یکی از نمونه‌های موفق استفاده از پادکست برای بازاریابی، مجموعه پادکست‌های «آینده» است که توسط برند مایکروسافت منتشر شده‌اند. این شرکت در این مجموعه پادکست نگاهی گسترده به دنیای فناوری دارد. در این پادکست‌ها با آخرین پیشرفت‌های فناورانه در زمینه‌های بهداشت و سلامت عمومی، رایانه و تلفن همراه، نرم‌افزار و سخت‌افزار، اتوماسیون فرایندها، مدیریت داده‌ها و... آشنا می‌شوید.

برخی از مزایای استفاده از پادکست‌ها به شرح زیر است:

- مخاطبان می‌توانند پادکست‌ها را در هر مکانی با استفاده از تلفن همراه و هدفون بشنوند؛
- مخاطبان پادکست‌ها پس از شنیدن چندین فایل با برند شما بیشتر آشنا می‌شوند؛
- پادکست‌ها عاملی برای تعامل ملموس‌تر مخاطبان با برند می‌شوند؛
- امکان انتشار پادکست‌ها در سایت، وبلاگ و برخی از شبکه‌های اجتماعی و نرم‌افزارها وجود دارد.

• بازاریابی محتوایی ویدئویی

شرکت وایزول[1] به‌عنوان یکی از پیشروترین شرکت‌های تولید انیمیشن در دنیا، طی تحقیقاتی اعلام کرده است که بیشتر از ۷۳ درصد از مصرف‌کنندگان ترجیح می‌دهند از طریق ویدئوها با محصولات آشنا شوند. بر این اساس، بازاریابی محتوایی ویدئویی نوعی استراتژی بازاریابی محتواست که از اصول ساخت و انتشار انواع محتوای ویدئویی برای افزایش سرنخ (مخاطب راغب) و افزایش فروش استفاده می‌کند.

برای مثال، بازاریابان براساس این استراتژی می‌آموزند که چگونه جذّاب‌ترین ویدئوها متناسب با نوع محصول یا خدمت و زمینهٔ کسب‌وکار ایجاد می‌شوند، کدام نوع ویدئو با اهداف بازاریابی کمپین هماهنگی بیشتری دارد و چگونه می‌توانند میزان بازخورد ویدئوها را بررسی کنند.

برخی از مزایای این نوع بازاریابی محتوا عبارتند از:

- استفاده از ویدئوها می‌تواند تا ۷۶ درصد ترافیک سایت را افزایش دهد (تحقیقات وایزول)؛
- محتواهای ویدئویی، انیمیشن و موشن‌گرافی می‌توانند ایده‌های پیچیده یا مفاهیم انتزاعی را به تصویر بکشند که توضیح آن‌ها حتی در محتواهای متنی هم دشوار است؛
- نرخ بازگشت سرمایه در ویدئوهای تبلیغاتی بسیار بالاست؛

---

1. Wyzowl

- ویدئوها تأثیر بسیار زیادی در اعتمادسازی دارند، چراکه آن چه به چشم می‌آید در ذهن ماندگارتر است.

• بازاریابی محتوایی تبلیغات پولی

گاهی بازاریابان، «بازاریابیِ محتـوا» را با «تبلیغـات پولی» به عنوان دو اسـتراتژی و روش مجزا مقایسه می‌کنند. امّا یک زیرمجموعهٔ مشترک نیز برای این دو استراتژی وجود دارد و آن «بازاریابی محتوایی تبلیغات پولی»[1] است. زیرا هر تبلیغی نیاز به محتوای جذّاب و حرفه‌ای دارد. برای مثال، در روش تبلیغات گوگل شما نیاز به تیترهای جذّاب، انتخاب بهترین کلیدواژه‌ها، تصاویر یا ویدئوهای جذّاب (متناسب با نوع کمپین گوگل ادز) دارید و از سوی دیگر، اگر صفحات فرود شما دارای محتواهای مناسب و ترغیب‌کننده نباشند، بازگشت سرمایهٔ مناسبی نخواهید داشت. یکی از نکات مهم درمورد محتواهای متنی تبلیغاتی، استفاده از کلماتی است که تأثیر زیادی روی مخاطبان دارند. برخی از کلمات، باعث جلب توجه مخاطب می‌شوند، برخی دیگر ارتباط حسی ایجاد می‌کنند و برخی دیگر نیز احساس برتر بودن برند، محصول یا خدمت را القا می‌کنند.

در جدول زیر، برخی از این‌گونه کلمات و عبارات را با هم مرور می‌کنیم:

لذّت‌بخش	بهشتی	جایزه	رایگان	هدیه
راز	دسترسی محدود	ویژه	برترین	درجه یک
امروز	نهایی	عجله	آخرین شانس	لحظه آخری
شمارش معکوس	جدید	کیفیت	تضمین	بی‌خطر
فوراً	معتبر	ایمن	تست شده	بی‌نظیر

---

1. Paid Ad Content Marketing

برای «بازاریابی محتوایی تبلیغات پولی» نیز گزینه‌های مختلفی وجود دارد که برخی از آن‌ها عبارتند از:

- تبلیغات پولی در یوتیوب؛
- تبلیغات گوگل ادز؛
- تبلیغات پولی اینستاگرام؛
- تبلیغات بازاریابی مجدّد (ریتارگتینگ)؛
- تبلیغات اسپانسری جیمیل.

• بازاریابی محتوا با استفاده از ایمیل

نوشتن و ارسال ایمیل هنوز هم یکی از روش‌های مؤثر در بازاریابی است. با استفاده از ایمیل می‌توانید محصولات جدید را معرفی کنید، اطلاعات لازم دربارهٔ جشنواره‌های فروش را به مشتریان بدهید یا فرم‌های نظرخواهی را برای آن‌ها ارسال کنید. در روش‌های جدید بازاریابی، دیگر از ارسال انبوه ایمیل‌ها استفاده نمی‌شود، بلکه مشتریان به گروه‌های مختلف تقسیم می‌شوند و محتوای ایمیل بر این اساس تولید می‌شود.

چک لیست مارکتینگ

زمان‌بندی

- ☐ تاریخ و ساعت ارسال
- ☐ ثبت در تقویم (بهتر است در گوگل کلندر یا تقویم سرویس ایمیل مارکتینگ باشد)
- ☐ عدم تداخل با دیگر ایمیل‌ها (مطمئن شوید ایمیل دیگری ارسال نشده)

جزئیات ارسال

- ☐ خط موضوع (شخصی‌سازی)
- ☐ هدرها به روز شده
- ☐ پاورقی
- ☐ ارسال آدرس (آدرس محل کسب و کار)
- ☐ پیوندهای لغو عضویت
- ☐ آیکون شبکه‌های اجتماعی

محتوای ایمیل

- ☐ بدنه (خوانا با فونت مناسب)
- ☐ تصاویر (مرتبط با استفاده از ALT)
- ☐ تصاویر (مرتبط برای پس‌زمینه سرفصل‌ها)
- ☐ دعوت به اقدام (CTA)
- ☐ شخصی‌سازی محتوای ایمیل
- ☐ محتوای پویا (به‌روز، تخصصی و دنباله‌دار)

لیست ارسال

- ☐ Suppression (لغو اشتراک اسپمینگ)
- ☐ Exclusione انحصارات (حذف بخشی از فهرست)
- ☐ داده‌ها (مشترکین زمینه مورد نظر شما)

ارسال ایمیل

- ☐ کنترل ورودی (ارسال نمونه برای خود)
- ☐ روش ای/بی تستینگ (A/B testing)
- ☐ زمان‌بندی ارسال (ارسال در همان لحظه، ارسال در آینده)
- ☐ تجزیه و تحلیل پس از ارسال (کارتان چگونه انجام شده؟)

استراتژی بازاریابی محتوا چیست و چگونه انجام می‌شود؟

در بازار رقابتی امروز، حتی تأمین محصولاتی که موردعلاقهٔ مخاطبان برند هستند، به‌تنهایی کافی نیست. زیرا شما باید بتوانید با روش‌های مختلف بازاریابی، مانند بازاریابی محتوا، محصولات را به بهترین شکل معرفی کرده و مخاطبان را به خرید ترغیب کنید. بر این اساس، بازاریابی محتوا رویکردی برنامه‌ریزی‌شده و هدفمند در بازاریابی است که بر تولید محتوای ارزشمند و مرتبط با موضوع، انتشار محتوا و آنالیز نتایج تمرکز دارد. بنابر تحقیقات هاب‌اسپات[1]، حدود ۷۰ درصد از شرکت‌ها در سراسر دنیا دارای بودجهٔ مخصوص برای بازاریابی محتوایی هستند و همگی آن‌ها اطمینان دارند که این سرمایه‌گذاری به رونق کسب‌وکار آن‌ها کمک می‌کند. امّا برای شروع این کار باید چه اقداماتی را انجام دهیم؟

◀ تعیین اهداف

- **چهار هدف رایج در بازاریابی محتوا عبارتند از:**
  - افزایش آگاهی از برند؛
  - وفادارسازی مشتریان؛
  - آموزش مخاطبان؛
  - افزایش تعامل با مشتری.

ترکیب این اهداف می‌تواند عاملی برای افزایش فروش باشد.

◀ شناخت پرسونای مخاطب

منظور از پرسونای مخاطبان برند، شناخت ویژگی‌هایی مانند سن، جنسیت، مکان جغرافیایی، عادت‌ها، سبک زندگی و سلایق مشتریان است. برای مثال، متنی که برای مخاطبان نوجوان می‌نویسید با متنی که برای مدیران میان‌سال شرکت‌ها می‌نویسید، تفاوت دارد.

---

1. HubSpot

◄ یادداشت کردن ایده‌ها

زمانی را به یادداشت کردن تمامی ایده‌ها و نکات درمورد بازاریابی محتوایی اختصاص دهید و از همکاران خود نیز برای این کار کمک بگیرید و در پایان، ایده‌ها را اولویت‌بندی کنید.

- بهترین کانال‌های بازاریابی را انتخاب کنید.
- انتخاب کنید که هر محتوا باید در کدام پلتفرم و چگونه ارائه شود.
- یک تقویم محتوایی ایجاد کنید.
- زمان انتشار محتوا بسیار اهمیّت دارد. برای مثال، مخاطبان برند در شبکه‌های اجتماعی این انتظار را دارند که شما هر روز یک پست جدید داشته باشید.
- نتایج را تجزیه و تحلیل کنید.
- تنها با گردآوری و بررسی داده‌های بازاریابی محتوایی می‌توانید میزان موفقیت اقدامات خود را ارزیابی کنید.

در بازاریابی محتوا به یاد داشته باشید که:

- بازاریابی محتوا روشی برای معرفی برند، محصولات و خدمات است؛
- با استفاده از محتواهای مختلف می‌توانید روش استفاده از محصولات را توضیح دهید؛
- محتوا می‌تواند نشان‌دهندهٔ نقاط تمایز محصول یا خدمت نسبت به موارد مشابه باشد؛
- بازاریابی محتوا می‌تواند مخاطب را به سرنخ (مخاطب راغب) تبدیل کند؛
- افزایش سرنخ، باعث افزایش فروش می‌شود؛
- ایجاد ارتباطات مؤثر با مخاطب از طریق محتوا باعث افزایش وفاداری مشتریان می‌شود؛
- محتوا می‌تواند ارزش‌های برند شما را نشان دهد.

چک لیست تقویم تولید محتوا

تقویم تولید محتوا، ابزاری است که جهت تدوین استراتژی محتوا و بازاریابی به کار می‌رود. با استفاده از این ابزار، راهنمای کاملی جهت تکراری نبودن مطالب، انتشار به‌موقع و شرح وظایف اعضای تیم خواهیم داشت. به کارگیری تقویم محتوا می‌تواند تصویر واضحی

از برنامه یک‌ساله را برای ما ترسیم کند. چک‌لیست زیر شما را گام‌به‌گام در آماده‌سازی تقویم محتوا کمک می‌کند.

پروتکل و ساختار

- [ ] شناسایی مخاطبان
- [ ] انتخاب محتوای مناسب
- [ ] هدف از محتوا
- [ ] انتخاب نوع محتوا
- [ ] مشخص کردن روزهای کلیدی
- [ ] بررسی استانداردها و منابع
- [ ] مشخص کردن روزهای تعطیل یا مناسبت‌ها

پروتکل و ساختار

- [ ] انتخاب عنوان محتوا
- [ ] مشخص کردن تاریخ انتشار
- [ ] در نظر گرفتن cta مناسب
- [ ] مشخص کردن نویسنده محتوا
- [ ] استفاده از کلمات کلیدی در متن
- [ ] درج لینک در متن

تست محتوا قبل از انتشار

- [ ] آیا تحلیل آماری برای محتوا انجام شده است؟
- [ ] آیا محتوا قابلیت سئو دارد؟
- [ ] آیا محتوا قابلیت ارتقا و اشتراک گذاری دارد؟
- [ ] آیا محتوا متناسب با سلیقه مخاطبان است؟
- [ ] آیا نکات بازاریابی در آن رعایت شده است؟
- [ ] آیا در تمام دستگاه‌ها (موبایل و لپ‌تاپ) به خوبی نمایش داده می‌شود؟

ابزارهای ایجاد تقویم تولید محتوا

- [ ] Excel
- [ ] Google sheets
- [ ] Google Analytics
- [ ] Google Calendar

◀ محتوا راه اصلی تعامل با مخاطبان کسب‌وکار

قدمت بازاریابی محتوایی به پیش از دوران ظهور اینترنت می‌رسد و بسیاری از کسب‌وکارها در نشریات و رسانه‌هایی مانند تلویزیون، برند یا محصولات خود را معرفی می‌کردند. امّا در دنیای دیجیتال امروز، بازاریابی محتوایی اهمیّت بیشتری یافته است، زیرا کسب‌وکارهای کوچک و بزرگ با بودجه‌های مختلف می‌توانند انواع محتوا را تولید کرده و در کانال‌های متعدد بازاریابی منتشر کنند. آشنایی با این کانال‌ها و نکات بازاریابی محتوا برای افزایش تأثیرگذاری این استراتژی اهمیّت بسیار زیادی دارد.

اقتصاد ارزش‌آفرینی و کارآفرینی، شما را وادار می‌کند تا روی این موارد خیلی جدی‌تر فکر کنید. چرا؟ زیرا پلی بین بازاریابی و برندسازی است. این‌جاست که محصولی که در دل کسب‌وکارتان است، نیاز به معرفی دارد. این‌که این محصول برای مشتری چه می‌کند؟ چه ارزشی دارد؟ چه مسئله‌ای از مشتری را حل می‌کند؟ چه‌طور کیفیت زندگی مشتری را بهبود می‌بخشد؟ از طریق چه کانال‌هایی باید توزیع شود؟ قبل از توزیع، از چه کانال‌هایی باید معرفی شود؟ چه ماهیتی دارد؟ چه محتوایی قرار است از آن در بازار حمایت کند؟ درواقع محصول، محصور در دایره‌ای است که به آن بازاریابی می‌گویند.

این محصول قرار است به چه چیزی شهره شود؟ بگذارید با یک سؤال منظورم را بهتر بیان کنم. وقتی می‌گویید بنز، بنز به چه چیزی شهره شده است؟ پراید چه‌طور؟ این یعنی هویّت. برند یعنی درک دنیا از کسب‌وکار شما. برند یعنی هویّت بخشیدن به کسب‌وکار و جایگاه‌یابی ارزش آن. شاید بپرسید منظور از جایگاه‌یابی ارزش چیست؟ همان‌طور که پیش‌تر درباره نیاز و خواسته و تقاضا گفتم، کسی که ساعت رولکس می‌خرد، متمول بودن را جایگاه‌یابی کرده است. ارزشی که رولکس می‌فروشد، نشان دادن زمان نیست، بلکه نمایش متمول بودن است. نمایش قشر خاصی از جامعه بودن است. این همان پل بین برندسازی و بازاریابی است.

برندسازی در بیزنس مستری عامل مهمی در نگرش‌های بازاریابی و درک دنیا از شرکت شماست. شرکت شما را به چه چیزی می‌شناسند؟ درک دنیا از شرکت شما چیست؟ جامعه بازار هدف‌تان از شما چه درکی دارد؟ دربارهٔ شرکت شما چه می‌گویند؟

فصل ششم: بازاریابی

اینکه شرکت خوبی است؟ مسئولیت‌پذیر است؟ محصول گرانی دارد، امّا می‌ارزد؟ نحوه توزیع مناسبی دارد؟ می‌بینید که هفت مورد بازاریابی در دل برندسازی است.

به شکل زیر خوب دقّت کنید. جمع مثلث‌ها بازاریابی است و بازاریابی در دل برندسازی جای دارد. برندسازی برایند فعالیت‌های تجاری است که برای شکل‌دهی به برندتان انجام می‌دهید.

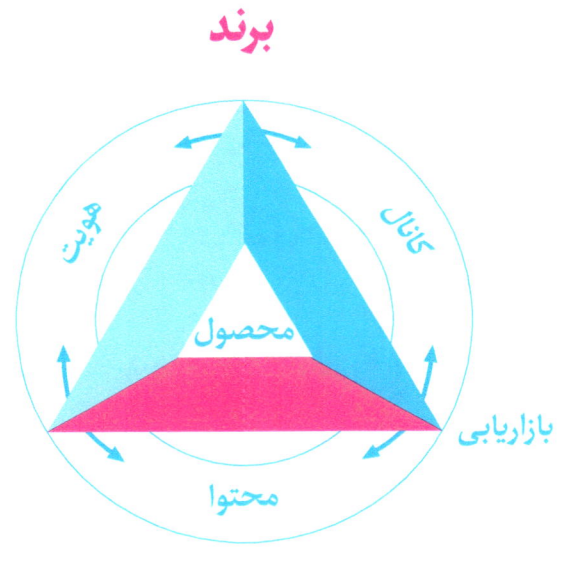

برند

هویر / کانال / محصول / بازاریابی / محتوا

هویّت بخشیدن به کسب‌وکار
جایگاه‌یابی ارزش

بیزنس‌مَستری

◄ پنج نکته‌ای که از این فصل یاد گرفتم:
۱.

۲.

۳.

۴.

۵.

◄ سه گامی که باید بلافاصله شروع کنم:
۱.

۲.

۳.

◄ یک نکتهٔ طلایی که می‌توانم به دیگران یاد بدهم:

کلیهٔ جدول‌ها و تمرین‌های این فصل را
از سایت حسین طاهری و صفحهٔ زیر دانلود کنید:
hosseintaheri.ir/bmtools

فروش

فصل هفتم
خلقِ فروش

فروش، کنترل مشتری نیست، کنترلِ نیازِ مشتری است.

بعد از مطالعه این فصل شما مسلط خواهید بود بر:

- شناخت و تفکیک مشتریان
- اصول، فرایندها و راهکارهای مشتری‌یابی
- سفر مشتری
- اصول مراقبت از مشتری
- نگرش و مهارت‌های یک فروشنده مسلط
- ویژگی‌های یک سیستم فروش مؤثر

بخش اول: مشتری

می‌دانم که فروش هیجان‌انگیز است، امّا همه مشتری شما نیستند. تلاش برای جذب همهٔ افراد، یعنی صرف تمام زمان، انرژی و منابع‌تان برای افرادی که ممکن است به محصول شما حتی علاقه‌ای هم نداشته باشند. فروش نه با هیجان، بلکه با اشتیاق حاصل می‌شود. چراکه «اشتیاق» میل به «اطمینان» دارد و اطمینان ثمرهٔ «تمرکز» است؛ تمرکز بر یک بازار هدف مطلوب و معقول.

بازار هدف مطلوب: بازاری که علاقه‌مند و حاضر است در ازای منفعت ناشی از محصول شما، پول پرداخت کند.

بازار هدف معقول: بازاری که شما طبق معیارها و محاسبات‌تان انتخاب می‌کنید تا بتوانید از آن کسب درآمد کنید.

بازار مطلوب — منطقه تمرکز — بازار معقول

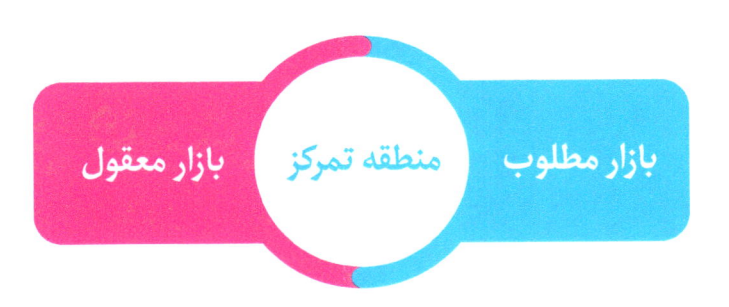

◄ هر مشتری پرداخت‌کننده، مشتری شما نیست

همهٔ ما در جریان فروش کالاها و خدمات‌مان، با افراد زیادی مواجه می‌شویم که اتفاقاً خریدار هستند، امّا مشتری ما نیستند، چون:

- بیشتر از آن چه پرداخت می‌کنند، می‌خواهند؛
- همیشه شاکی هستند و شما را از تمرکز بر سایر مشتریان بازمی‌دارند؛
- ارزش محصول‌تان را درک نمی‌کنند و فقط می‌خواهند برای یک بار خرید از شما را تجربه کنند؛
- پس از توافق بر سر قیمت، باز هم چانه‌زنی می‌کنند؛
- به قیمت بیش از کیفیت اهمیّت می‌دهند؛
- محصول شما، مناسب آن‌ها نیست.

طبیعی است که شما نمی‌توانید تابلوی «**ورود ممنوع**» در دست بگیرید و از ورود افرادی که نمی‌توانند مشتری‌تان باشند، جلوگیری کنید. امّا می‌توانید یک سیستم اسکن طراحی کنید تا با بررسی رفتار یا سوابق خرید مشتریان، وضعیت آن‌ها را بسنجید.

◀ اسکنرها چه چیزهایی هستند؟
۱. دریافت فرم بریف مشتری قبل از معامله (اطلاعات دقیق مشتری)

فرم‌های بریف با هدف دریافت اطلاعات رسمی مشتری، می‌توانند در سایت و در صفحهٔ خرید محصول یا خدمت شما قرار بگیرند یا بلافاصله پس از اولین تماس مشتری به‌منظور خرید، برای او ایمیل شوند.

۲. برگزاری جلسات مصاحبه برای اندازه‌گیری تناسب رفتار خریدار با دیگر مشتریان کلیدی

جلسات مصاحبه بین فروشنده و خریدار، از مؤثرترین روش‌های شناسایی یک مشتری است. زیرا علاوه بر ایجاد تعامل، به فرد مصاحبه‌شونده اطمینان می‌دهد که سازمان، برای پول او و زمان خودش ارزش قائل است. مصاحبه‌ها با دریافت اطلاعات مخاطب شروع می‌شود و با پرسش، گفت‌وگو و گوش دادن شما به نیازها و دغدغه‌های او، ادامه می‌یابد. آن چه این جلسات را متمایز می‌کند، فقط خروجی آن‌ها نیست، بلکه تأثیرشان بر اکثر افرادی است که حتی اگر مشتری شما نشوند، از اهمیّتی که برای‌شان قائل شده‌اید، همه جا صحبت خواهند کرد.

۳. استعلام وضعیت مالی و رفتار خریدار

اگر بازارتان قابل استعلام باشد، می‌توانید به طور محسوس یا نامحسوس، از دیگر مجموعه‌های حوزهٔ فعالیت خود، نحوهٔ تعامل و وضعیت مالی خریداران خود را بپرسید. به این نکته توجه داشته باشید که در چنین شرایطی، به پاسخ‌های یک مجموعه برای گرفتن تصمیم نهایی اکتفا نکنید.

۴. دنبال کردن سفر مشتری، از اولین تماس تا آخرین ارتباط

برای این‌که بتوانید مشتریان ایده‌آل خود را جذب و حفظ کنید، باید سفر آن‌ها را به‌طور کامل درک کنید. چه‌طور با شما آشنا شده‌اند؟ چه اقداماتی انجام داده‌اند؟ با پاسخ به این سؤالات، می‌توانید به نیازها و خواسته‌های آن‌ها پی ببرید و متوجه شوید که مشتری مدنظر شما هستند یا نه.

◀ چه کسی «مشتری اصلی» است؟

تا این‌جا برای این‌که پاسخی شفاف به این سؤال بدهیم، مشخص کردیم که چه کسی مشتری نیست. مشتری در معنای حقیقی به فرد، گروه یا سازمانی گفته می‌شود که خریدار کالا یا خدمتی از یک کسب‌وکار است و معمولاً قصد دارد که از آن‌ها برای ارضای یک نیاز یا خواستهٔ خود استفاده کند، حتی اگر مصرف‌کنندهٔ مستقیم این کالا یا خدمت هم نباشد. ما تعریف فوق را با تفاوتی جزئی تکمیل می‌کنیم و «مشتری» را به «مشتری اصلی»[1] تغییر می‌دهیم. مشتری اصلی شما کسی است که:

- ارزش محصول‌تان را درک می‌کند و حاضر است بهای آن را بی‌چون‌وچرا بپردازد؛
- توانایی بالقوه برای تبدیل شدن به مشتری وفادار را دارد؛
- اخبار و اطلاعات مربوط به شما را همیشه دنبال می‌کند؛
- استفاده از محصول و خدمت شما، بخشی از سبک زندگی او شده است؛
- منتقد خوبی است و انتقادهایش به بهبود محصول یا خدمت شما کمک می‌کند.

این مشتریان، گروهی را تشکیل می‌دهند که متغیرهای رفتاری شبیه به هم دارند و براساس معیارها و شاخص‌های کلیدی عملکرد مشخص‌شده در «سیستم پس از فروشِ» شما، از دیگران تفکیک شده و در نهایت، مشتری اصلی محسوب می‌شوند.

◀ مشتری‌یابی[2]

در سال ۱۹۸۶، آلن پراست، قهرمان اتومبیل‌رانی فرانسه، بدون این‌که باک سوخت خود را کاملاً پر کند، در مسابقهٔ گرند پری آلمان شرکت کرد. در مرحلهٔ نیمه‌نهایی، بنزین اتومبیل او تمام شد و علی‌رغم این‌که از رقیبانش جلوتر بود، به خط پایان مسابقه نرسید، گرچه حتی وقتی اتومبیلش متوقف شد، شکست را نپذیرفت و سعی کرد آن را تا خط پایان مسابقه هل بدهد. امّا واقعیت این بود که خط پایان بسیار دور بود و پراست فقط توانست تماشاگر اتومبیل‌هایی باشد که از کنارش می‌گذشتند.

---

1. Primary Customer
2. Prospecting

اگر شما قهرمان اتومبیل‌رانی باشید و سوار بهترین اتومبیل هم بشوید، ولی باک آن را پر نکنید، برنده نخواهید شد. سوخت همان چیزی است که یک چرخه را در حرکت نگه می‌دارد. آن چه می‌خواهم بگویم، ساده است. مشتری‌یابی، پر کردن سوخت قیف فروش شماست که چرخهٔ فروش‌تان را در حرکت نگه می‌دارد. هر فعالیتی در فروش، متأثر از توانایی شما در پر نگه داشتن این قیف، با فرصت‌ها، سرنخ‌ها و مشتریان بالقوه است. آن چه باید به آن توجه کنید، این است که از موجودی قیف خود آگاه باشید و به طور مداوم آن را پر کنید. شاید بگویید «چه طور؟» نگران نباشید. به شما می‌گویم.

◀ چه کسی در پی چه کسی است؟

این جا سکوی پرتاب اقتصادی شماست. مشتری‌یابی ستونی از هر فرایند فروش سالم است. هر مشتری واجد شرایط با حضور در چرخهٔ فروش منحصربه‌فرد شما، وارد قیف فروش‌تان می‌شود و در فرایند عبور از قیف و تبدیل شدن به مشتری اصلی، موج زمانی مربوط به خود را طی می‌کند که با ضریب درگیری او در نقاط تماسی که ایجاد می‌کنید، مرتبط است. به تمام فعالیت‌های هدفمند شما در این فرایند، از نقطهٔ خلق سرنخ‌ها تا تبدیل فرد به مشتری اصلی، «مشتری‌یابی» می‌گویند.

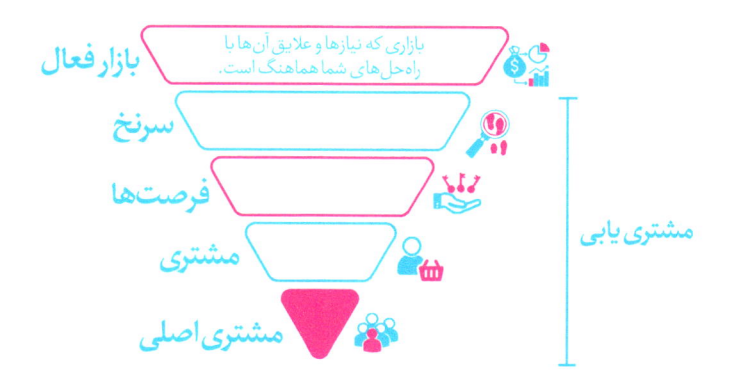

فصل هفتم: فروش

با مشتری‌یابی، اطمینان حاصل می‌کنید با مخاطبانی در ارتباط هستید که پذیرای ارزش پیشنهادی شما هستند. به همین دلیل، این مرحله چالش‌برانگیزترین و زمان‌برترین بخش فرایند فروش شماست و اغلب مثل هر کار مهم دیگری به تعویق می‌افتد. شاید به این دلیل که به‌اندازهٔ انعقاد یک قرارداد هیجان‌انگیز نیست.

شما در بازار، قبل از هر چیز دیگری، کاسبی می‌آموزید. زبان کاسبی نیز ریاضیات و دو دوتا چهارتاست. این یعنی در چنین فرایندی، هرچه سرنخ‌های بیشتری تولید کنید، شانس بیشتری برای فروش دارید، زیرا هر مشتری برابر با یک فرصت است. امّا هر فرصت الزاماً به فروش ختم نمی‌شود و ممکن است با تبدیل فرصت‌ها به مشتریان اصلی، فروش‌های متعددی را در طول رابطه‌تان با مشتری خلق کنید. «سکوی پرتاب اقتصادی» این‌جا معنا می‌گیرد.

◀ چرا فروش هم در مشتری‌یابی نقش دارد؟

زمین بازی تغییر کرده است. خریداران خودشان فرایند فروش را برعهده گرفته‌اند و قبل از برقراری تماس با شما، درحال جست‌وجو برای خرید خود هستند. در چنین شرایطی، شما به‌عنوان فروشنده نمی‌توانید برای مشتری‌یابی تلاش نکنید و بگویید که ایجاد سرنخ، وظیفهٔ بازاریابی است. پس اوضاع آن‌قدرها هم بد نیست و افرادی که به‌دنبال آن‌ها هستید، درواقع خودشان به‌دنبال شما هستند. مشتری‌یابی نیازمند صبر، حوصله و جست‌وجوست و اگر درست انجام شود، می‌تواند ضمن خلق تجربه‌ای هیجان‌انگیز، مهارت‌های فروش شما را نیز تقویت کند.

چه‌طور مشتری‌یابی کنیم؟
۱. طراحی پروفایل‌های فرصت‌ساز

از کجا شروع کنیم؟ وقتی طیف گسترده‌ای از افراد، سازمان‌ها و صنایع با ویژگی‌های منحصربه‌فرد وجود دارند، این دقیق‌ترین سؤالی است که در نقطهٔ شروع باید بپرسیم.

تمرین:

نام پنج نفر از بهترین مشتریان خود را بنویسید.	نام پنج نفر از بدترین مشتریان خود را بنویسید.

کدام مشتریان بیشترین سود را برای شما دارند؟	کدام مشتریان کم‌ترین سود را برای شما دارند؟

حالا برای هرکدام از چهار گروه بالا، یک پروفایل طراحی کنید:

پروفایل رفتاری مشتریان	پروفایل رفتاری سازمان
◀ چه ویژگی‌هایی دارند؟	◀ چه‌طور با آن‌ها ارتباط گرفته‌اید؟
◀ آن‌ها در اولین برخورد چه‌طور ظاهر شدند؟	◀ شما در اولین برخورد چه‌طور ظاهر شدید؟
◀ چه سؤالاتی داشتند؟	◀ چه سؤالاتی از آن‌ها پرسیدید؟

پروفایل رفتاری مشتریان	پروفایل رفتاری سازمان
◀ چه پاسخ‌هایی دادند؟	◀ چه پاسخ‌هایی برای سؤالات‌شان داشتید؟
◀ عادات پرداختی‌شان به چه شکل است؟	◀ شرایط پرداخت را چه‌طور مشخص می‌کنید؟
◀ چه دغدغه‌هایی دارند؟	◀ چه راه‌حل‌هایی به آن‌ها ارائه می‌کنید؟

پروفایل رفتاری مشتریان	پروفایل رفتاری سازمان
◂ بر چه چیزی تأکید زیادی دارند؟	◂ درمورد چه چیزهایی به آن‌ها اطمینان می‌دهید؟
◂ رفتار خریدشان به چه شکل است؟	◂ محصول‌تان را چگونه ارائه می‌کنید؟
◂ چه چیزهایی بر تصمیم‌شان اثر می‌گذارد؟	◂ چقدر توانستید با تصمیم‌گیرنده‌ها ارتباط بگیرید؟

«همهٔ افرادی که می‌خواهند از ما بخرند و اطلاعات آن‌ها را داریم، مشتریان ما هستند.» این مخرّب‌ترین و سطحی‌ترین رویکرد فروش است که پیش‌تر درمورد آن صحبت کردیم و انجام تمرین بالا شما را به این نتیجه می‌رساند که در خوش‌بینانه‌ترین حالت ممکن، حداقل نیمی از مشتریان بالقوهٔ شما برای چیزی که می‌خواهید به آن‌ها بفروشید، مناسب نیستند.

حال باید از خودتان بپرسید که چه پروفایل‌هایی ارزش سرمایه‌گذاری و تخصیص منابع (باتوجه به زمان، محتوا، اطلاعات محصول، ارتباط و طراحی کمپین) دارند؟ چقدر باید ارتباط خود را با آن‌ها تقویت کنید؟ بعد از پاسخ به این سؤال، ببینید چه شرکت‌های دیگری هستند که هنوز مشتری شما نیستند، امّا با پروفایل مشتری ایده‌آل شما مطابقت دارند و می‌توانند فرصت تلقی شوند. این تکنیک که «بازاریابی مبتنی بر حساب کاربری» نام دارد، تیم بازاریابی و فروش شما را هماهنگ‌تر می‌کند.

۲. تدوین گشت تجاری (مکان‌یابی فرصت‌ها)

به نقطهٔ آغاز مسیر برگردید. بهترین مشتریان خود را کجا ملاقات کردید؟ سودآورترین مشتریان، کجا یافت می‌شوند؟

• رسانه‌های اجتماعی

با بهره‌گیری از رسانه‌های اجتماعی، نظیر اینستاگرام، فیس‌بوک، توییتر، یوتیوب و البته لینکدین، می‌توانید از آن‌ها برای ایجاد تعامل مؤثر با مشتریان هدف خود استفاده کنید. لینکدین که صاحبان کسب‌وکار معمولاً از آن غافل می‌شوند، به شما این امکان را می‌دهد که با افراد و رهبران حوزهٔ کاری خود آشنا شوید و بتوانید با آن‌ها تعامل داشته باشید. توییتر نیز محلی برای اشتراک‌گذاری نظرات و تصمیم‌های شما با مخاطبان‌تان است. هرچه بتوانید تصویر بهتری از ایده‌ها و محصولات خود ارائه دهید، افراد بیشتری جذب می‌شوند.

فصل هفتم: فروش

• وب‌سایت

وب‌سایت حرفه‌ای، بازوی قدرتمند مشتری‌یابی است. وب‌سایت می‌تواند در معرفی برند شما و ارائهٔ اطلاعات مربوط به محصول‌تان مؤثر باشد و از این طریق، مخاطبان را جذب کسب‌وکارتان کند.

• تبلیغات ری‌تارگتینگ

مخاطبانی را که حداقل یک بار به سایت شما سر زده‌اند، فراموش نکنید. با تبلیغات ری‌تارگتینگ می‌توانید محصولات و خدمات‌تان را به آن‌ها یادآوری و معرفی کنید و ضمن ترغیب این افراد، آن‌ها را به قیف فروش خود برگردانید.

• رویدادهای تجاری

هیچ چیز به اندازهٔ معاشرت، پتانسیل خلق فرصت ندارد. رویدادهای حضوری شما را در معرض دید شبکهٔ مخاطبان‌تان قرار می‌دهد و این ارزشمندترین چیزی است که می‌توانید داشته باشید.

در سمینارها و کنفرانس‌ها، می‌توانید با افرادی که هدف یا علاقهٔ مشترکی با آن‌ها دارید، آشنا شوید. آن چه شما را در انجام رسالت‌تان (که مشتری‌یابی است) موفق می‌کند، این است که با آن‌ها دربارهٔ تجربه‌ها، نقاط توجه و علایق متقابل شروع به گفت‌وگو کنید. زیرا هرچه اشتراک‌گذاری شما با آن‌ها بیشتر باشد، احتمال این‌که در آینده نیز با هم در تماس باشید، بیشتر خواهد بود.

نمایشگاه‌های تجاری، بهترین مکان برای «معرفی» محصولات و خدمات به جامعه‌ای از مخاطبان است. دقّت کنید که گفتم «معرفی»، نه «فروش». این نمایشگاه‌ها، نگرش، سبک ارائه و نحوهٔ تعامل کسب‌وکار شما با دیگران را نمایان می‌کنند و باعث ایجاد فرصت‌ها و رابطه‌های تجاری سودآور می‌شوند.

۳. اولویت‌بخشی به لیست تماس‌ها

کلیهٔ اطلاعات تماس با مخاطبان‌تان باید سازماندهی شود. افراد بالقوه، تفکیک شوند و تماس با آن‌ها در یک روز خاص انجام شود. برقراری تماس تلفنی با مشتریان می‌تواند بهترین تأثیر را برای هدایت افراد در چرخهٔ فروش‌تان داشته باشد. دقّت کنید که این تماس‌ها نه برای فروش، بلکه برای مشتری‌یابی است.

- سؤالاتی که باید در تماس‌ها مدنظر داشته باشید:
- آن‌ها به دنبال چه هستند؟
- چه چیزی ذهن‌شان را درگیر می‌کند؟
- آیا راه‌حلی در ذهن‌شان دارند؟
- آیا اطلاعات کافی دارند؟
- آیا اطلاعاتی هست که بتوانید به‌صورت شخصی‌سازی‌شده برای آن‌ها ارسال کنید؟

۴. ارسال ایمیل‌های شخصی‌سازی‌شده

حتی اجازه ندهید این فکر به ذهن‌تان خطور کند که مشتری‌یابی با ایمیل فایده‌ای ندارد، چراکه این روش یکی از پرطرفدارترین کانال‌های ارتباط‌سازی است. آن‌چه مخاطبان‌تان را در ایمیل‌ها تحت تأثیر قرار می‌دهد، این است که:

- به آن‌ها نشان دهید درخصوص حوزهٔ فعالیت‌شان دانش، اطلاعات و تجربیات ارزنده دارید؛
- محتوای ایمیل‌ها، نیاز آن‌ها را برآورده کند؛
- بدانید چه چیزی را چگونه بگویید و آن را در چه زمانی ارسال کنید.

ارسال ایمیل، روشی قدرتمند برای دستیابی به مشتریان هدف و حفظ و نگهداری آن‌هاست. ایمیل‌ها و خبرنامه‌های ایمیلی به شما این امکان را می‌دهند که مخاطبان خود را نسبت به آن‌چه ارائه می‌دهید و برنامه‌هایی که دارید، مطلع کنید (راهنمای ارسال ایمیل از سایت www.hosseintaheri.ir).

۵. مشتری خوشحال

هیچ فروشنده‌ای، بهتر از یک مشتری خوشحال عمل نمی‌کند. زیرا این مشتری، خوشحالی خود را به افرادی که می‌شناسد، انتقال می‌دهد. اغلب صاحبان کسب‌وکار، با فروشندگانی که با آن‌ها از طریق دوستان‌شان آشنا شده‌اند، راحت‌تر ارتباط برقرار کرده و خرید می‌کنند.

یک مشتری وقتی از خرید خود خوشحال است که تجربهٔ خوشایندی برای او داشته باشد. تجربهٔ خوشایند، منجر به این می‌شود که آن مشتری، شما را به دیگران معرفی کند و احساس خوبی را که با شما تجربه کرده‌است، با آن‌ها به‌اشتراک بگذارد. همچنین، می‌توانید مشتریان‌تان را به یک رویداد خاص دعوت کنید و با اهدای یک دعوت‌نامهٔ اضافه، از آن‌ها بخواهید که یکی از دوستان‌شان را نیز به آن رویداد بیاورند. فقط توجه داشته باشید که این رویدادها نه برای فروش، بلکه برای مشتری‌یابی و خلق تجربهٔ خوشایند هستند.

۶. مرجع باشید

برای خوشحال کردن مشتریان، باید مرجع باشید. مردم از مراجعی سؤال می‌کنند که به آن‌ها راه‌حل‌های مفید و مؤثر ارائه می‌کنند. **دایره‌المنافع بودن همهٔ** آن چیزی است که شما را در حوزهٔ کاری خودتان متمایز می‌کند.

۷. پیگیری

ثمرهٔ کسب‌وکار شما تنها با یک کار به دست نمی‌آید. پیگیری‌های به‌موقع، شما را معتمد و متعهد نشان می‌دهد. ارسال ایمیل‌های متنوع، ارائهٔ اطلاعات مفید و برقراری تماس‌های مؤثر درعین رابطه‌سازی، شانس شما برای فروش را افزایش می‌دهد.

پیگیری می‌تواند کارهایی نظیر مشخص کردن زمان تماس بعدی، ارسال مشخصات محصول، راهنمایی دربارهٔ دستورالعمل استفاده از محصول، یا فقط یک تشکر ساده در قالب متن، ویدئو، عکس یا صوت باشد. پیگیری، از نظر مشتریان کار

ارزشمندی است. مشتری‌یابی گرچه فعالیتی زمان‌بر است، امّا **نرخ بازگشت ارزش زمان** شما را حداکثر می‌کند.

◀ سفر مشتری

هیچ‌کسی ناگهان تصمیم به خرید محصول و خدمات شما نمی‌گیرد. در مسیر خرید هر مشتری، از «آگاهی» تا «وفاداری»، چرخهٔ کاملی است که می‌توانید آن را در دست گرفته و مدیریت و کنترل کنید. سفر مشتری، تمام تعاملاتی است که مشتری با یک برند یا کسب‌وکار دارد. مشتری از لحظه‌ای که از نیاز خود آگاه می‌شود، محصولات و خدمات جدیدی را در نظر می‌گیرد و آن‌ها را ارزیابی می‌کند تا به تصمیم خرید برسد.

◀ آیا هم‌سفر خوبی هستیم؟

مشتری، مهم‌ترین سرمایهٔ هر کسب‌وکاری است. سازمان‌هایی که مشتری را در کانون توجه خود قرار می‌دهند، سود بیشتری نسبت به رقبای خود کسب می‌کنند. وقتی از سفر مشتری حرف می‌زنیم، می‌خواهیم به جزئیات مسیری بپردازیم که مشتری از نخستین برخورد تا این لحظه با ما طی کرده است. اصلی‌ترین دلیل پرداختن به این موضوع، تلاش برای کسب یک عنوان است: «هم‌سفر خوب».

◀ نقشهٔ سفر مشتری

ما نقشه‌ای نیاز داریم که مسیر تعامل مشتری را ترسیم کند و به ما این امکان را بدهد که محصول و رفتار خود را از منظری متفاوت مشاهده کنیم تا بتوانیم رفتارهای متفاوت مشتری را تحلیل، نقاط ضعف خود را شناسایی و راه‌حل‌های مناسب ارائه کنیم. نقشهٔ سفر مشتری در پنج مرحله به شما کمک می‌کند که عوامل مؤثر در ایجاد یک تجربهٔ رضایت‌بخش برای مشتری را کشف کنید. بعد از درک این سفر، بهتر می‌توانید برای ارائهٔ محصولات و خدمات‌تان برنامه‌ریزی کنید:

	آگاهی	توجه	تصمیم	خدمات	وفاداری
اقدام کاربر	◄ بررسی تبلیغات و کمپین‌ها ◄ پرس‌وجو از دوستان و همکاران	◄ بررسی رقبا ◄ ارزیابی مزیّت‌ها ◄ پاسخ به چرایی خرید	◄ خرید و دریافت محصول	◄ جست‌وجو دربارهٔ کاربرد و کارکرد محصول ◄ استفاده از محصول	◄ ایجاد رابطهٔ مثبت با محصول ◄ اشتراک‌گذاری تجربهٔ خرید ◄ تکرار خرید
نقاط تماس	**دیجیتال:** ◄ تبلیغات آنلاین ◄ ایمیل فراگیر ◄ بیلبورد دیجیتال **فیزیکی:** ◄ روابط عمومی ◄ رادیو ◄ تلویزیون	**دیجیتال:** ◄ صفحهٔ فرود وبلاگ ◄ سایت فردی دیگر **فیزیکی:** ◄ بسته‌بندی	**دیجیتال:** ◄ وب‌سایت **فیزیکی:** ◄ محیط فروشگاه ◄ مرکز تماس ◄ رفتار فروشنده/ صندوق‌دار	**دیجیتال:** ◄ گفت‌وگوی اینترنتی ◄ سیستم تحویل محصول **فیزیکی:** ◄ تلفن ◄ سیستم تحویل محصول	**دیجیتال:** ◄ خبرنامهٔ ایمیلی ◄ ارسال محتوا در شبکه‌های اجتماعی **فیزیکی:** ◄ بولتن ◄ نمایشگاه ◄ سمینار
تجربهٔ کاربر					
نقطه‌ضعف		◄ پیچیدگی پیام ◄ صفحهٔ فرود گیج‌کننده ◄ کاتالوگ شلوغ		◄ ارسال‌های پشتیبانی‌نشده ◄ نبود راهنمای محصول	
راه‌حل		◄ بهبود صفحات فرود ◄ تفکیک تبلیغات ◄ ایجاد لینک راهنما ◄ دسته‌بندی محصولات		◄ طراحی سیستم ارسال طبق ترجیحات مشتری ◄ تولید محتوای راهنمای پس از خرید	

۱. مرحلهٔ قبل از خرید
• آگاهی
در مرحلهٔ آگاهی، مشتری از خدمات شما آگاه است، امّا هنوز درگیر نیست. کاری که باید انجام دهید، این است که او را وادار به تحقیق کنید تا ببیند از شما خرید کند یا نه. می‌توانید در نقاط تماسی که در این مرحله ایجاد می‌کنید، پاسخ‌های سؤالاتش (این محصول چیست؟ چه منفعتی دارد؟ برای چه کسانی مناسب است؟) را به نمایش بگذارید.

توجه: در این مرحله، شما مشتری‌ای دارید که نسبت به محصول شما آگاهی دارد. حال باید آگاهی او را با جست‌وجوهایش به ارزیابی تبدیل کنید تا جنبه‌های مثبت و منفی استفاده از محصول را بسنجد. مزیّت‌های رقابتی شما این‌جا باید در مسیر مشتری قرار بگیرد.

۲. مرحلهٔ خرید
• تصمیم خرید
در این مرحله، مشتری با خرید محصول شما، درگیر آن می‌شود. نقاط تماس در این مرحله باید بسیار با وسواس طراحی و چیده شوند تا مبادا مشتری منصرف شود.

۳. مراحل پس از خرید
• خدمات
در این مرحله از خدمات، مشتری شروع به استفاده از محصول شما می‌کند. تجربهٔ مشتری در این مرحله تنها با استفاده از محصول رقم نمی‌خورد، بلکه راهنمای همراه محصول، پشتیبانی از محصول، توضیح دربارهٔ کاربردهای محصول، و بسیاری از خدمات دیگر که باعث برجستگی برند شما می‌شود، می‌تواند تجربهٔ خوشایندتری برای او به ارمغان بیاورد.

• وفاداری
هر عاملی که مشتری را متقاعد کند که قیمت، فاکتور تعیین‌کننده‌ای در خرید محصول شما نیست، حس رضایت و تمایل به معرفی شما به دیگران را در او ایجاد می‌کند.

◀ بوم سفر مشتری

سفر مشتری یک مسیر خطی و قابل پیش‌بینی نیست. مشتری بسته به عوامل متعددی می‌تواند از یک فاز به فاز دیگری برود. با برخی از نقاط تماس ارتباط بگیرد و برخی دیگر را از دست بدهد. **بوم سفر مشتری این امکان را به شما می‌دهد که هر درگیری احتمالی مشتری با محصول و سازمان‌تان را درک کنید تا بتوانید تجربیات بهتری در اختیار او بگذارید.** چراکه این بوم، نه‌تنها دورهٔ زمانی مرتبط با خرید، بلکه مراحل قبل و بعد از خرید را نیز پوشش می‌دهد. به این شکل، شما فراتر از پاسخ به نیاز مشتری قدم برمی‌دارید و می‌توانید بهترین نحوهٔ ارتباط با مشتری خود و حمایت از او در طول سفر را شناسایی کنید.

توجه کنید که این بوم با جمع‌آوری اطلاعات از مشتری در نظرسنجی‌ها، مصاحبه‌ها، فرم‌ها و همچنین با کمک تیم شما تکمیل می‌شود.

بیزنس‌مَستری ◀ ۳۹۱

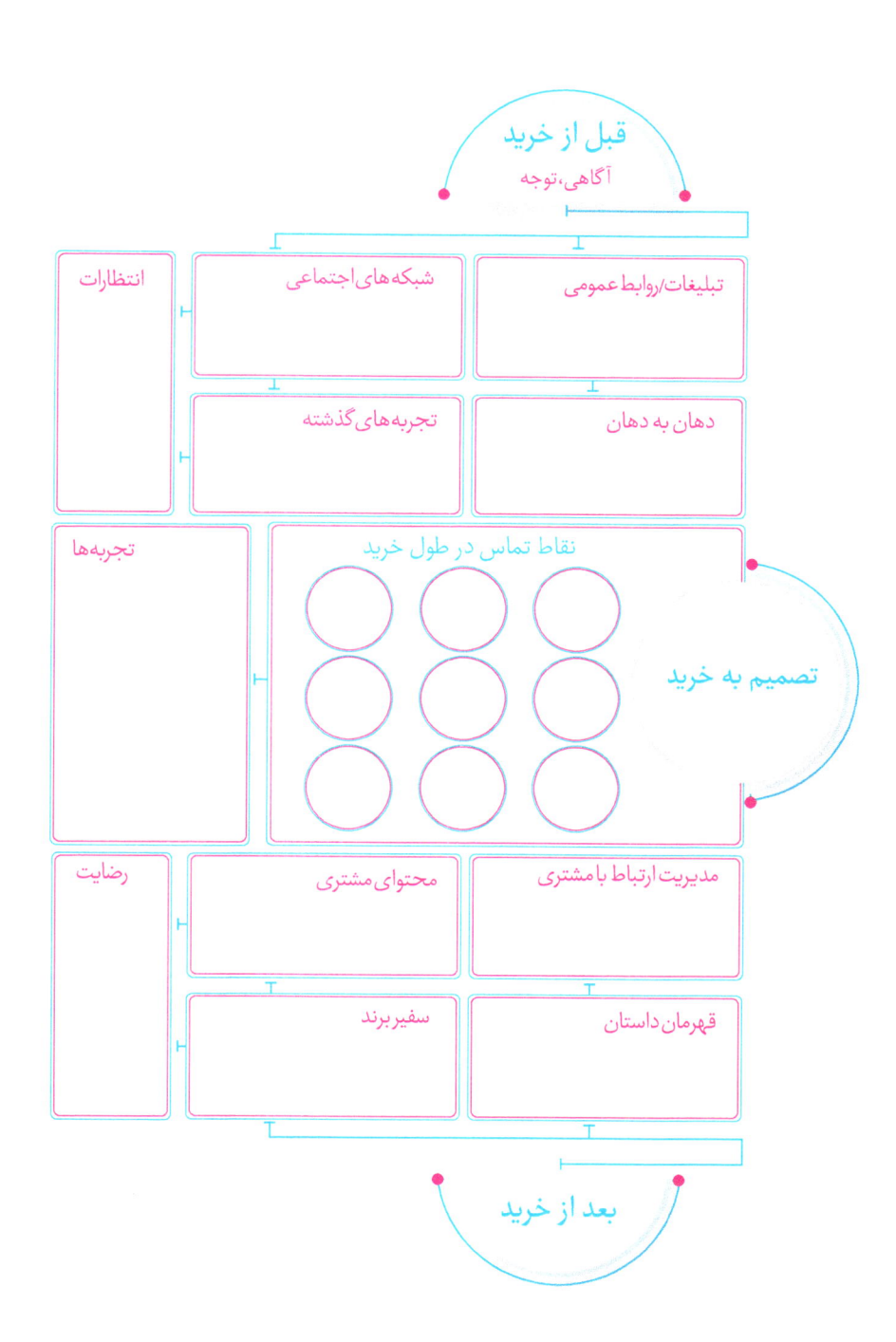

قبل از خرید
آگاهی، توجه

- انتظارات
- شبکه‌های اجتماعی
- تبلیغات/روابط عمومی
- تجربه‌های گذشته
- دهان به دهان

تصمیم به خرید

- تجربه‌ها
- نقاط تماس در طول خرید

بعد از خرید

- رضایت
- محتوای مشتری
- مدیریت ارتباط با مشتری
- سفیر برند
- قهرمان داستان

در ادامـه، برخی از سـؤالاتی که می‌توانـد به شـما در تکمیل این بـوم کمک کند، آمده است.

◀ قبل از خرید
• تبلیغات و روابط عمومی
ارزش‌ها و خدمـات پیشـنهادی‌تان را به چه شکل به مخاطب نشـان می‌دهید؟ کدام تبلیغات درخصوص محصول، مخاطب شما را درگیر و برای او آگاهی ایجاد کرده است؟

• شبکه‌های اجتماعی
محتوای شبکه‌های اجتماعی چه اطلاعاتی دربارهٔ محصول به مخاطب می‌دهند؟ کدام محتوا در کدام شبکه بر تصمیم‌گیری مخاطب تأثیرگذار بوده است؟

• معرفی دهان‌به‌دهان
آیا از خانواده، دوستان یا همکاران‌شان دربارهٔ محصول شما چیزی شنیده‌اند؟ نظر آن‌ها دربارهٔ تجربهٔ خرید از شما چه بوده است؟ چه راه‌حلی برای رفع نقاط منفی و چه ایده‌ای برای پرورش نقاط مثبت دارید؟

• تجربه‌های گذشته
مخاطبان شما چه تجربه‌هایی از سرویس‌دهندگان مشـابه و محصولات آن‌ها دارند؟ بهترین رقیبان شما برای ایجاد چنین تجربه‌هایی، به چه شکلی عمل کرده‌اند؟

• نقاط تماس در طول خرید
از همان لحظه‌ای که مشتری وارد فروشگاه شما (شعبهٔ فیزیکی یا وب‌سایت) می‌شود، این مرحله آغاز می‌شود. در این مرحله، نقاط تماس زیادی هستند که می‌توانند در نهایی کردن یا نکردن خرید مشتری مؤثر باشند. در این‌جا نقاط تماس موجود خود را بنویسید و به هرکدام از آن‌ها براساس توانایی‌شان برای تأثیر گذاشتن در تصمیم مشتری، از یک (کم‌ترین) تا پنج (بیشترین) امتیاز دهید. سپس ببینید کدام نقطه را باید پرورش و کدام یک را باید بهبود دهید (مثال نقاط تماس در این مرحله: محیط فروشگاه، رفتار

فروشنده، رفتار صندوق‌دار، صفحهٔ فرود با تجربهٔ کاربری بهینه‌شده، دسترسی آسان به محصولات).

- **مدیریت ارتباط با مشتری**

آیا پس از خرید، با مشتری‌تان ارتباطی برقرار کرده‌اید؟ آیا پیگیر نحوهٔ استفادهٔ او از محصول بوده‌اید؟

- **محتوای پشتیبان**

آیا راهنمای پس از خرید برای مشتری خود ارسال کرده‌اید؟ (این راهنما می‌تواند یک کاتالوگ الکترونیکی یا یک ویدئوی کوتاه باشد که دربرگیرندهٔ توصیه‌هایی برای استفاده از کالا یا خدمات شماست).

- **قهرمان داستان**

چه چیزهایی در استفاده از محصول شما وجود دارد که به مشتری احساس برنده بودن بدهد؟ چه چیزهایی باعث می‌شود مشتری، داستان برد خود را برای خانواده، دوستان و همکارانش تعریف کرده و شما را به آن‌ها توصیه کند؟

- **سفیر برند**

چه افرادی حاضرند هرجایی از سازمان و محصول شما دفاع کنند و آن را بی چون‌وچرا به دیگران توصیه کنند؟ آیا توصیهٔ شما به دیگران، اعتباری برای آن‌ها دارد؟

- **انتظارات**

مشتریان پیش از خرید چه انتظاراتی از محصولات و خدمات‌تان داشتند؟

- **تجربه‌ها**

از لحظهٔ تماس با سازمان شما تا زمان خرید، از یک (کم‌ترین) تا پنج (بیشترین) چه امتیازی به تجربه‌ای که دریافت کرده‌اند می‌دهند؟ چه تجربه‌هایی داشتند که در ذهن‌شان مانده است؟

• رضایت

آیا انجام تعهدات شما توانسته به انتظارات آن‌ها پاسخ بدهد و رضایت‌شان را به‌دست آورد یا بین تعهدات شما و انتظاری که ایجاد کرده‌اید، فاصلهٔ زیادی وجود داشته است؟ بررسی سفر مشتری به شما این امکان را می‌دهد که تشخیص دهید مشتریان شما کجا درگیر کسب‌وکارتان می‌شوند و کسب تجربه می‌کنند. به این صورت می‌توانید با هم‌سفر خوبی شدن، سفری بی‌نظیر و جذّاب برای مشتریان‌تان طراحی کنید.

◀ حفظ مشتری

نگهداری، نتیجهٔ مراقبت است

فقط کافی است به مشتری بفهمانید که «مراقب» او و نیازها، احساسات و البته جیبش هستید. مراقبت منجر به دو اتفاق خوشایند می‌شود:

- کسی‌که مشتری شماست، تمایل پیدا می‌کند که بیشتر از شما خرید کند.
- حوزه‌ای که در آن فعالیت می‌کنید، دیگر با محصولات و خدمات ناکارآمد و ضعیف کنار نخواهد آمد.

اگر بخواهیم کلمهٔ «CARE» را بررسی کنیم، می‌توانیم آن را ترکیبی از چهار عنصر سازندهٔ یک کسب‌وکار مشتری‌محور درنظر بگیریم:

C (creativity) خلاقیت:

خلاقیت، اولین ویژگی بارز سازمان‌های مراقبت‌کننده است. آن‌ها در ارائهٔ خدمات، طراحی ارتباطات و برنامه‌های پشتیبانی‌شان، خلاقیت را چاشنی می‌کنند تا خود را در ذهن مشتری جای دهند.

A (appreciation) قدردانی:

قدردانی از انتخاب مشتری در کلام و عمل، لازمهٔ هر سازمان مشتری‌محور است.

R (responsibility) مسئولیت‌پذیری:

مسئولیت‌پذیری، منشأ ایجاد اعتماد و روابط تجاری بلندمدّت است.

E (effectiveness) تأثیرگذاری:

در نهایت، تأثیرگذاری آن چیزی است که برای ماندگاری انجام می‌دهیم. در ادامهٔ این بخش به ایده‌ها، اصول و راهکارهایی می‌پردازیم که می‌توانند این چهار عنصر را پرورش دهند و در نتیجه، باعث حفظ و نگهداری مشتری یا به عبارتی افزایش طول عمر مشتری و ارزش آن شوند.

فصل هفتم: فروش

قبل از هر چیز، به جای خلوت و ساکتی بروید و صادقانه به این هفده سؤال مهم پاسخ دهید.

سؤالات	تقریباً همیشه	گاهی	تقریباً هیچ‌وقت
۱. اسم مشتریانم را یاد می‌گیرم تا بهتر بتوانم با آن‌ها گفت‌وگو کنم.	☐	☐	☐
۲. در گفت‌وگوهایم، توصیه‌های مناسبی برای هر فرد ارائه می‌دهم.	☐	☐	☐
۳. در بازه‌های زمانی مشخص، کارهایی را تحت عنوان «فراتر از وظیفه» انجام می‌دهم.	☐	☐	☐
۴. هر هفته به طور تصادفی امور مربوط به چند مشتری را شخصاً پیگیری می‌کنم.	☐	☐	☐
۵. برای سؤالات و نگرانی‌های مشتریانم، تیم و سامانهٔ پاسخ‌گویی طراحی کرده‌ام.	☐	☐	☐
۶. گزینه‌های جایگزین طراحی می‌کنم تا مشتریانم بتوانند تجزیه و تحلیل کنند و درست تصمیم بگیرند.	☐	☐	☐
۷. منفعتی را که محصولم ایجاد می‌کند می‌شناسم و سعی می‌کنم آن را به اطلاع مشتریانم برسانم.	☐	☐	☐
۸. اگر مشتری واقعاً به من نیاز داشته باشد، مقداری از وقت شخصی خودم را (ساعت صرف ناهار، پایان ساعت کاری، زمان استراحت) برای او صرف می‌کنم.	☐	☐	☐

۹. مراودهٔ تجاری‌ام با مشتری را به‌گونه‌ای طراحی می‌کنم که گویی دوست من است.			
۱۰. برنامه‌هایی طراحی می‌کنم که با جهان اطراف مشتری (خانواده یا شغل او) هم مرتبط باشد و هنگامی که با او صحبت می‌کنم، دربارهٔ آن‌ها از او می‌پرسم.			
۱۱. وقتی سازمانم مرتکب اشتباه می‌شود، صادقانه از مشتری عذرخواهی می‌کنم و درصدد جبران آن برمی‌آیم.			
۱۲. ضمن این‌که از مشتری بابت این‌که ما را انتخاب کرده است تشکر می‌کنم، این قدردانی را در عمل هم به او نشان می‌دهم.			
۱۳. اگر سازمانم نتواند مشکل مشتری را حل کند، منبع دیگری (حتی اگر رقیب باشد) را به او معرفی می‌کنم.			
۱۴. حتی زمانی‌که مشتریانم حضور ندارند، کاری را که برای آن‌ها مفید است انجام می‌دهم، نه آن‌چه برای من سریع‌تر و راحت‌تر است.			
۱۵. سؤالات شفافی از مشتری می‌پرسم تا مطمئن شوم که وضعیت او را به‌خوبی درک کرده‌ام.			
۱۶. اگر قولی به مشتری دادم، در اسرع وقت آن را عملی می‌کنم.			
۱۷. سعی می‌کنم در اکثر تعاملاتم با مشتری، با خلاقیت چیزی را اضافه کنم که امضای شخصی من باشد و لبخند به لبش بیاورد.			

اول سراغ سؤالاتی بروید که **تقریباً همیشه** را علامت زده‌اید. بابت‌شان به خودتان تبریک بگویید. فکر کنید که چه کاری می‌توانید انجام دهید تا آن‌ها را پرورش دهید. کنار هرکدام بنویسید.

سپس سراغ سؤالاتی بروید که **گاهی** را علامت زده‌اید. با مدیران سازمان و تیم‌تان دربارهٔ آن‌ها گفت‌وگو کنید. چه کاری می‌توانید برای بهبود آن‌ها انجام دهید؟ کنار هرکدام بنویسید.

حالا سراغ سؤالاتی بروید که **تقریباً هیچ‌وقت** را علامت زده‌اید. علّت را بررسی کنید و برای هرکدام راه‌کاری بنویسید تا ذهن‌تان آن را به رسمیت بشناسد و سپس از تیم و سازمان‌تان بخواهید که آن را اجرا کنند.

در آخر، دوباره به این هفده سؤال نگاه کنید. اگر خودتان نیز مشتری باشید، انتظار دارید که فروشنده درقبال شما چنین رفتارهایی را درپیش بگیرد؟ آیا چیز دیگری هست که بخواهید به این سؤالات اضافه کنید؟

در ادامه بوم وفادارسازی مشتری از سایت حسین طاهری برای شما آورده شده است.

پاداش‌ها	شرایط (سناریوها)
بخش‌ها	اهداف
کانال‌ها	داده‌ها
فرایندها	یک‌پارچه‌سازی

فصل هفتم: فروش

پاداش‌ها

بخش‌های مختلف می‌توانند با انواع مختلفی از پاداش برانگیخته شوند.

- در حال حاضر چگونه مشتریان را برای خرید ترغیب کنیم؟

- اکنون چگونه به مشتریان وفادار پاداش دهیم؟

- چگونه می‌خواهیم در برنامه وفاداری به مشتریان پاداش دهیم؟

ما سعی می‌کنیم بخش‌ها، شرایط و پاداش‌ها را با هم مرتبط سازیم. در واقع به همین دلیل است که این بخش‌ها در بوم وفاداری در کنار یکدیگر قرار گرفته‌اند.

شرایط (سناریوها)

برای تعریف سناریوها سؤالاتی مانند نمونه‌های زیر می‌پرسیم:

- کدام یک از رفتارهای خرید را از طریق برنامه وفاداری مشتری بهبود می‌بخشیم؟

- چه نوع شرایطی باید در برنامه وفاداری ایجاد شود؟

شرایط کاملاً مشخص و واضح به رفتار مشتریان مربوط می‌شود. این رفتارها سودمند هستند و ما می‌خواهیم این رفتارها بیشتر تکرار شوند.

بخش‌ها

ایـن قسـمت بیان‌گـر انواع مختلفی از گروه‌هـای ذی‌نفع اسـت و اینکـه چگونـه می‌توانیم مشتریان خود را بخش‌بندی کنیم. در این قسمت سؤالات زیر را می‌پرسیم:

◄ در حال حاضر مشتریان چگونه بخش‌بندی شده‌اند؟

◄ سه مورد از مهم‌ترین بخش‌ها کدام هستند؟

◄ عادت‌های خرید بخش‌های خاص شامل چه نکاتی است؟

اهداف

در این قسمت باید چالش‌های کسب و کار خود را با پاسخ به سؤال زیر تأیید کنیم:

◄ بعد از معرفی یک برنامه وفاداری، نتیجه مورد نظر ما چه چیزی را در بر می‌گیرد؟

فصل هفتم: **فروش**

کانال‌ها

در این قسمت نشان می‌دهیم که چگونه راهکار وفاداری نمایش داده خواهد شد و به کاربران بالقوه هم ارائه می‌شود. در این قسمت می‌پرسیم:

◂ چگونه مشتریان برای پیوستن به برنامه وفاداری تشویق می‌شوند؟

◂ چگونه یک برنامه وفاداری به صورت آنلاین تبلیغ می‌شود؟

◂ چگونه یک برنامه وفاداری به صورت آفلاین تبلیغ می‌شود؟

داده‌ها

در بخش داده می‌خواهیم تعریف کنیم که اگر بخواهیم برنامه وفاداری ایده‌آل خود را اجرا کنیم، چه نوع از منابع داده را در حال حاضر در اختیار داریم و برای شروع جمع‌آوری به چه نوع داده نیاز داریم، در نتیجه سؤالات زیر را می‌پرسیم:

◂ چه نوع داده‌هایی از مشتری در اختیار داریم؟

◂ داده‌ها از کجا جمع‌آوری می‌شوند؟

◂ چه داده‌هایی را باید جمع‌آوری کنیم؟

بیزنس مَستری ◀ ۴۰۳

فرایندها

در این بخش می‌پرسیم:

- اخیراً چه زمانی اطلاعات مشتری را جمع آوری کرده‌ایم؟

- چه فرایندهایی باید برای جمع آوری داده‌ها دربارهٔ مشتریان انجام شود؟

- برای تحریک یک برنامه وفاداری، چه فرایندهایی باید انجام شود؟

یک‌پارچه‌سازی

برای پایان دادن به تعریف ماهیت راه‌کارهای وفاداری، باید نیازهای یک‌پارچه‌سازی خود را مشخص کنیم. در واقع باید بررسی کنیم که کدام ابزارهای داخلی و خارجی برای اجرای راه‌کار وفاداری که طراحی کردیم، ضروری هستند. در این قسمت می‌پرسیم:

- برنامه وفاداری با کدام یک از سیستم‌ها باید یک‌پارچه شود؟

◀ مدل کسب‌وکار انسان‌محور[1]

در هر معاملهٔ تجاری، شما دو سطح تعامل را تجربه می‌کنید: سطح تجاری[2] و سطح انسانی[3].

امروزه دیگر تمایز ناشی از «تمرکز شما بر سطح تجاری» نیست، بلکه در تأثیرگذاری فعالیت‌های‌تان در سطح انسانی است. درواقع، افراد مشتاق هستند که به عنوان انسان به رسمیت شناخته شوند. درک آن چه مردم می‌خواهند و طراحی چیزهایی که آن‌ها را راضی کرده و از آن‌ها مراقبت می‌کند، مهم‌ترین راه برای دست‌یابی به اهداف تجاری شماست. پس آن چه نیاز داریم، مدل کسب‌وکار انسان‌محور است و این کار مستلزم آگاهی از نیازهای انسانی مشتری است. اجرای این مدل برای مشتریان تجربه‌های ارزشمندی خلق می‌کند و برای ما نیز سود به ارمغان می‌آورد.

---

1. The Human-Centered Business Model
2. Business Level
3. Human Level

سود اینجاست

سطح انسانی

سطح تجاری

◀ **اصل غافل‌گیری**
کاری غیرعادی و جالب توجه انجام دهید. غافل‌گیری، کنشی از سمت ما برای ایجاد حس «هیجان» در ذهن مشتری است. وقتی درحال مراقبت از فرد ارزشمندی هستیم، برای بهبود آنچه با ما تجربه می‌کند، تلاش می‌کنیم. غافل‌گیری یکی از راه‌های شگفت‌انگیز مراقبت و نگهداری از مشتری است. زمانی می‌توانیم آن را رقم بزنیم که فراتر از انتظارات او و تعهدات خودمان فکر و در نهایت، عمل کنیم. بـرای طراحی غافل‌گیری‌ها، با تیم خود گفت‌وگو کنید و جلسـات طوفان فکری تشکیل دهید. از بی‌ربط‌ترین ایده‌ها شروع کنید و از اعضای تیم‌تان بخواهید که در ارائهٔ نظرات‌شان جسور و صریح باشند. در ادامه، ایده‌هایی را برای کسب‌وکارهای مختلف آورده‌ایم. شما می‌توانید از آن‌ها کمک بگیرید، بعضی از آن‌ها را تقویت کرده و در کسب‌وکار خود استفاده کنید.

فصل هفتم: فروش

کسب‌وکار	ایده
آجیل‌فروشی	روی هر پاکت آجیل، یک مسواک هدیه بدهید.
کافه و رستوران	به‌جای غذای «ولکام» یا «خوش‌آمدگویی» غذایی کوچک با بسته‌بندی جالب برای خداحافظی طراحی کنید.
گل‌فروشی	تاریخ تولد یا مناسبت‌های خاص خانواده، همسر یا دوست مشتریان را بگیرید و در آن روز، مناسبت را به مشتری یادآوری کنید (با ارسال پیامک، ایمیل، کارت‌پستال).
آموزشگاه	عکس‌های دانشجویان را در مواقع مختلف (سر کلاس، موقع استراحت، زمان گفت‌وگو با اساتید، هنگام تفریح) بگیرید و در تابلوی اعلانات بچسبانید.
پزشک زنان	عکس‌های سونوگرافی و اولین عکس کودک پس از به دنیا آمدن را در یک آلبوم کوچک بگذارید و به‌عنوان اولین آلبوم نوزاد به خانوادۀ او هدیه بدهید.
بانک	هر متصدی بعد از اتمام کار هر مشتری، کارتی با لوگوی بانک به او بدهد که حاوی این پیام باشد: «از این‌که امروز کار شما را انجام دادم، خوشحالم.»
دندان‌پزشکی	یک روز پس از مراجعۀ بیمار، یک کارت هدیۀ اعتباری برای او ارسال کنید که روی آن نوشته شده باشد: «بابت خرید ماست، چون به بهبود درد و التهاب لثه‌هایت کمک می‌کند.»
فروشگاه پوشاک	یک اسانس خوش‌عطر روی هر لباس هدیه بدهید.
دکوراسیون داخلی	یک بستۀ اکسسوری متناسب با محیط طراحی‌شده هدیه بدهید.

بیزنس مَستری

کیک و شیرینی	آدرس و تاریخ مناسبت‌های مشتریان را بگیرید و در آن روزها، یک کاپ‌کیک با یک شمع برای آن‌ها ارسال کنید یا برای تولد خانوادهٔ مشتری، طرز تهیهٔ یک کیک خانگی را برای او ارسال کنید.
باشگاه بدن‌سازی	بعد از جلسهٔ اول، برای فرد چنین پیامی بفرستید: «اگر بدن‌درد داشتی، این سه تمرین را در منزل انجام بده.»
انتشارات	در بسته‌بندی هر کتاب، یک مداد فانتزی یا یک هایلایتر با جملهٔ «با من بخوان» قرار دهید.
کارواش	پس از اولین مراجعه، یک خوش‌بوکننده در ماشین قرار دهید.
تعمیرگاه اتومبیل	در قالب ویدئو یا متن با عنوان «چیزهایی که خودتان می‌توانید تعمیر کنید» محتوایی تولید و ارسال کنید.

◀ اصل جبران

هر کسب‌وکاری جایزالخطاست. این را همه می‌پذیرند. درواقع، آن چه مشتری شما را از معامله یا خرید مجدّد منصرف می‌کند، یک اشتباه یا خطا نیست، بلکه عدم پذیرش آن خطا یا اشتباه از جانب شماست. سازمان در هر بخشی که مرتکب اشتباه شود، باید آن را بپذیرد و درصدد جبران برآید. رعایت اصل جبران، می‌تواند مشتری شما را حتی وفادارتر از قبل کند، چراکه می‌فهمد در معامله با شما، در صورت بروز هر موردی، جای نگرانی نخواهد بود.

پیگیری	واکنش	پذیرش
تماس مستقیم و اطمینان از حل شدن مسئله	حل مسئله + اقدام غافل‌گیرکننده	عذرخواهی صادقانه

اصل جبران سه مرحله دارد:
• پذیرش
اشتباه را بپذیرد و عذرخواهی کنید. به مشتری بگویید که: «حق با شماست.». به این شکل به او نشان می‌دهید که در مقابلش نایستاده‌اید و نیاز نیست با شما بجنگد.

• واکنش
برای حل و جبران اشتباهی که پیش آمده است، فوراً اقدام کنید. امّا به همین اکتفا نکنید. به‌منظور جبران، کاری را برای مشتری انجام دهید و او را غافل‌گیر کنید.

• پیگیری
پس از گذشت مدّتی، دوباره با مشتری ارتباط برقرار کنید و مطمئن شوید که مشکلش حل شده و از شما رضایت دارد.

تمرین: نام پنج مشتری را که در سه ماه اخیر با شما قطع همکاری کرده‌اند، بنویسید. دلیل آن‌ها چه بوده است؟ شما چه واکنشی نشان داده‌اید؟ برای بازگشت آن‌ها چه کاری می‌توانید انجام دهید.

نام مشتری	مشکل یا مسئلهٔ پیش‌آمده	واکنش شما	تعیین راهکار به‌منظور فراهم کردن فرصت بازگشت

براساس راه‌کارهای مدنظرتان، برای برگرداندن دو نفر از آن‌ها به لیست مشتریان‌تان، فوراً اقدام کنید.

استراتژی‌های نهایی مراقبت از مشتری

۱. طراحی تقویم ارتباط با مشتری

طوری عمل نکنید که مشتری فکر کند هروقت می خواهید چیزی بفروشید با او ارتباط برقرار می‌کنید. تقویمی برای ارتباط با مشتری ایجاد کنید و هرکدام از روزهای مشخص شده در تقویم را برای موضوعی خاص درنظر بگیرید. مثلاً یک روز را فقط به گرفتن بازخورد اختصاص دهید. چنین تماس‌هایی می‌توانند فرصت‌هایی برای فروش بیافرینند.

۲. طراحی برنامهٔ آموزش به مشتری

دربارهٔ استفاده از محصول، به مشتری آموزش دهید. این آموزش‌ها می‌توانند در شبکه‌های اجتماعی منتشر شوند. البته بهتر است که این آموزش‌ها به طور شخصی‌سازی‌شده برای هر مشتری ارسال شود. تأثیر شگفت‌انگیز این تکنیک آن جایی است که درمی‌یابد چیزی از شما می‌آموزد.

۳. ارسال خبرنامهٔ شرکت و محصولات برای مشتری

این‌کار را به‌طور منظم انجام دهید. یک خبرنامهٔ ایمیلی طراحی و تنظیم کنید تا مشتری شما هروقت ایمیل خود را باز می‌کند، اسم شما را ببیند و شما را به یاد آورد. همچنین، می‌توانید یک بولتن از اقدامات خود تهیه کرده و هر ماه برای مشتریان‌تان ارسال کنید.

۴. طراحی اقداماتی برای تقویت حس لحظهٔ انتخاب

برای اولین تماس یا اولین حضور مشتری، اقداماتی درنظر داشته باشید. بدانید که چه می‌خواهید بگویید و چه‌طور می‌توانید حس لحظهٔ انتخاب او را تقویت کنید. حتی اگر از شما خرید نکرد، کاری کنید که در ذهن او بمانید.

۵. طراحی تبلیغات محیطی مراقبت از مشتری

تبلیغات محیطی مراقبت از مشتری، راهی خلاقانه برای تبدیل فضای داخلی سازمان شما به یک محیط دل‌نشین و الهام‌بخش است. با استفاده از این روش، می‌توانید پیام‌های کلیدی مربوط به مراقبت از مشتری را به طور مداوم به کارکنان و مشتریان خود یادآوری کنید.

◂ نرخ حفظ مشتری را چه طور اندازه بگیریم؟

نرخ حفظ مشتری را در بازهٔ زمانی معینی اندازه می‌گیریم که فرمول آن به شکل زیر است:

$$X = \left(\frac{E-N}{S}\right) \times 100$$

- S: تعداد مشتریان در ابتدای یک دورهٔ معین
- E: تعداد مشتریان در انتهای این دوره
- N: تعداد مشتریان جدید اضافه‌شده در این دوره
- X: نرخ حفظ مشتری

بخش دوم: فروشنده
◂ آمادگی و نگرش
وقتی نفروشید، می‌فروشید.

رعایت این قانون منجر به این می‌شود که مشتری فکر نکند هدف شما صرفاً این است که محصول خود را به او بفروشید. فروشنده، مسئول ایجاد محبوبیت برای یک برند است. با پرورش نگرش فروشنده، به فروش خود قدرت می‌بخشید. چراکه نگرش شما به عنوان یک فروشنده، به مراتب مهم‌تر از مهارتی است که دارید.

◀ نگرش چیست؟

نگرش، طرز فکر و احساس شما دربارهٔ مسئله‌ای مشخص است. گفتار و رفتار شما از طرز فکرتان نشئت می‌گیرد. ذهنیت مشتریان نسبت به شما نیز براساس نگرش و طرز فکرتان شکل می‌گیرد.

نگرش درست در فروش، به معنای مثبت‌گرایی نیست، بلکه به این معناست که ذهن شما همیشه فرصت‌های جدید را درمی‌یابد، برای گرفتن نتیجهٔ بهتر از آن‌ها فکر و بلافاصله اقدام می‌کند. درواقع، به جای فکر کردن به این‌که باید بفروشید، به این فکر کنید که چه مسیری را طراحی کنید تا مشتری تصمیم بگیرد از شما خرید کند. چراکه در علم بازاریابی و فروش، دو نوع مالکیت وجود دارد: مالکیت حقوقی (وقتی چیزی از آنِ کسی است) و مالکیت معنوی (زمانی‌که مشتری تصمیم به خرید گرفته و تصور می‌کند که آن محصول از آنِ او شده است). پس تصمیم به خرید، برابر با خرید است.

◀ **سؤال به‌عنوان اهرم مؤثر در پرورش نگرش**

سؤال به ذهن قلاب می‌شود. در هر شرایطی که هستید و برای هر وضعیتی که می‌خواهید خلق کنید و نتایجی که می‌خواهید به‌دست آورید، از خودتان سؤال بپرسید. سؤال شما را متمرکز نگه می‌دارد و به‌دنبال دریافت جواب می‌کشاند. مثلاً از خودتان بپرسید:

چرا باید از من خرید کنند؟

چه کاری می‌توانم انجام دهم تا مشتریان پیشنهادم را رد نکنند؟

چه‌طور به جای تمرکز بر حجم فروش، حجم سودم را افزایش دهم؟

چه چیزی باعث می‌شود که نُقل مجالس مشتریانم شوم؟

فصل هفتم: **فروش**

چه‌طور می‌توانم بین مشتریانم ارتباط برقرار کنم و شبکه‌ای مؤثر تشکیل دهم؟

چه‌طور می‌توانم به آن‌ها محتوای باکیفیت دربارهٔ برند خودم بدهم؟

چه‌طور می‌توانم سیگنال‌های تصمیم به خرید مشتری را تشخیص دهم؟

چرا تعداد مشتریانم کم می‌شود؟

چه خدمت متمایزی را همراه محصولم ارائه کنم تا مشتریان برای خرید از من ترغیب شوند؟

چه چیزی باعث لغو بعضی از سفارش‌ها می‌شود؟

> چه جملات، پیام‌ها و محتواهایی باعث می‌شود که آن‌ها تصمیم بگیرند از من خرید کنند؟
>
>
>
> به چه توانایی‌هایی مجهز هستیم؟

قرار است بهتر شویم. در چه چیزی؟ در تأثیرگذاری بر دیگران. مؤثر واقع شدن ناشی از مجهز بودن و دست پُر بودن است. باید سؤال بپرسیم تا بیشتر بشنویم. باید توانایی برقراری رابطهٔ مؤثر داشته باشیم. همیشه باید وسیع ببینیم. بدانیم کی و کجا، چه واکنشی نشان دهیم. بفهمیم با چه مسائلی مواجه هستیم و چگونه می‌توانیم آن‌ها را حل‌وفصل کنیم. مجموع این مهارت‌ها ما را به فروشنده‌ای حرفه‌ای تبدیل می‌کند و باعث تسلّط ما در فروشندگی خواهد شد.

◄ همهٔ ما فروشنده هستیم

این را همه می‌دانیم. چیزی که نمی‌دانیم، تعیین بها یا ارزش خودمان در نقش فروشنده است. تابه‌حال از خودتان پرسیده‌اید که اگر «شما» کالا یا خدمتی را بفروشید، چه ارزشی دارد؟ داریم از «فروشنده»ای حرف می‌زنیم که اعتبار و توانایی‌اش تأثیرگذار است. **ابتدا خودتان را به خودتان بفروشید.**

فصل هفتم: فروش

◀ بوم توسعه و تسلّط توانایی‌های فروشندهٔ حرفه‌ای

بوم توسعه و تسلّط توانایی‌های فروشندهٔ حرفه‌ای، پانزده مهارت اصلی فروشندگی را دربردارد و شما را آماده می‌کند که بر آن‌ها مسلّط شوید.

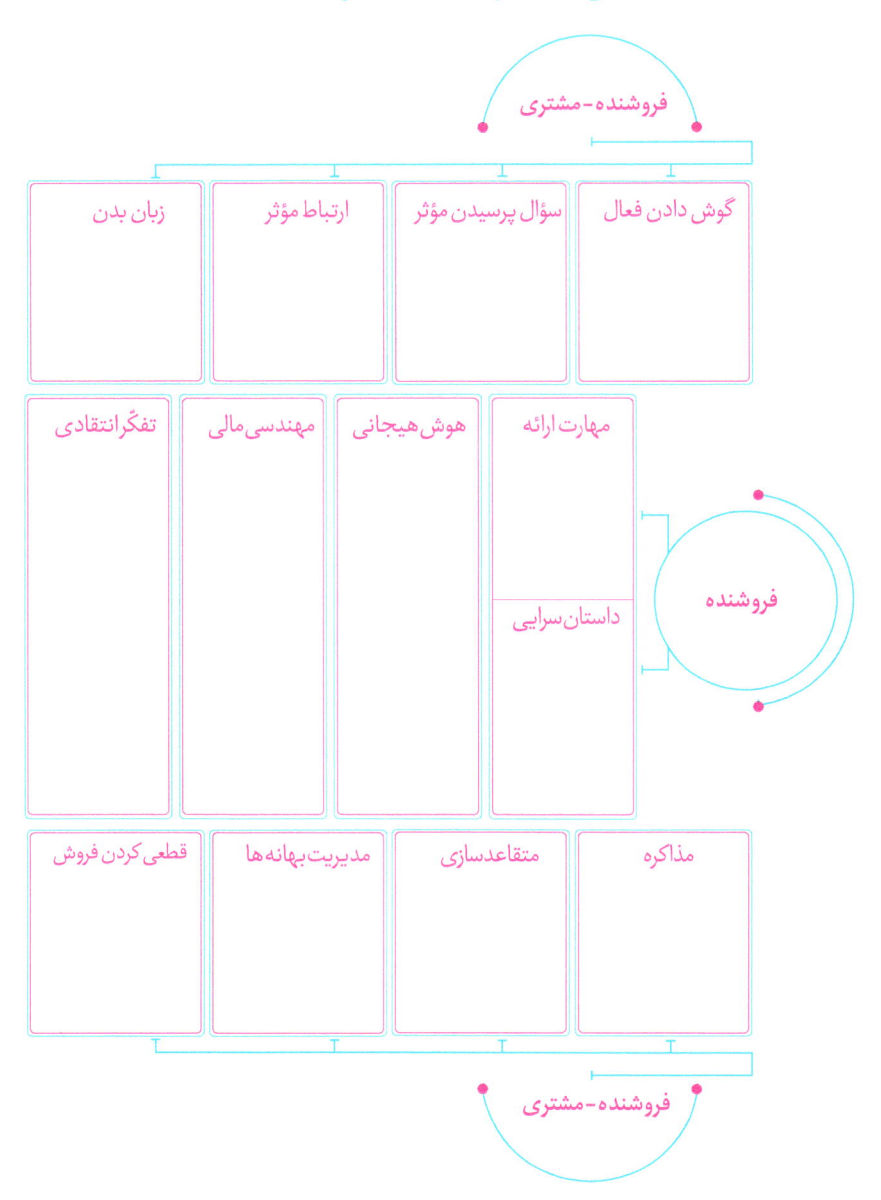

فروشنده - مشتری

| گوش دادن فعال | سؤال پرسیدن مؤثر | ارتباط مؤثر | زبان بدن |

| مهارت ارائه | هوش هیجانی | مهندسی مالی | تفکّر انتقادی |
| داستان‌سرایی | | | |

فروشنده

| مذاکره | متقاعدسازی | مدیریت بهانه‌ها | قطعی کردن فروش |

فروشنده - مشتری

◀ گوش دادن مؤثر
ما مشق گوش دادن نشنیده‌ایم
در مدرسه، به ما آموختند که روی خطوط بنویسیم و کلمات را به شکل صحیح ادا کنیم. به ما فقط نوشتن و حرف زدن را یاد دادند، امّا هیچ‌کس درست گوش دادن را به ما یاد نداد. اگر کسی تا به حال اهمیّت چنین موضوعی را به شما نگفته، من می‌گویم که باید با گوش دادن زندگی کنید. سازمان را با گوش دادن مدیریت کنید. بازار را با گوش دادن دریابید. گوش بدهید و راه حل ارائه کنید.

گوش‌های‌تان، مهم‌ترین ابزار فروش شما هستند
گوش دادن دقیق، در فروش مؤثر است. هدف از گوش دادن در فرایند فروش، رسیدن به توافق بر سر چیستی مشکل و ارائهٔ راه حل است. طبق نظر شارمر، گوش دادن در چهار سطح طبقه‌بندی می‌شود:

۱. دانلود کردن[1]
به صدای محیط بدون تمرکز گوش می‌دهیم.

۲. گوش دادن برای مناظره کردن[2]
گوش می‌دهیم تا جواب بدهیم. اغلب ما در این لایه گیر می‌کنیم.

۳. گوش دادن فعال[3]
گوش می‌دهیم تا خود را جای فرد دیگری بگذاریم و از زاویهٔ دید او به موضوع نگاه کنیم.

---
1. Downloading
2. Debate listening
3. Empathic or Active listening

۴. گوش دادن مولد[1]

می‌شنویم تا ببینیم چه اتفاقی می‌افتد، بدون آن‌که قصد فروش یا هر چیز دیگری را داشته باشیم. در این سطح از گوش دادن که بهترین نوع آن است، ما هیچ چیز را از قبل مشخص نمی‌کنیم. به همین علت، در نتیجهٔ درک متقابل، بینش یا ایدهٔ کاملاً جدیدی کشف خواهد شد. ما قضاوت نمی‌کنیم یا آن را به بعد موکول می‌کنیم. شاید الان بپرسید که چگونه می‌توانیم به این لایه برسیم؟ کار آسانی نیست.

ما معمولاً به طور غریزی از دیدگاه، نظر و بینش خود محافظت می‌کنیم. برای همین، رسیدن به این لایه به تمرین و تکرار نیاز دارد.

generative listening
Empathic listening EMP
Debate listening
Downloading

سه اصل کلیدی برای تقویت گوش دادنِ مولد به شرح زیر است:

---

[1]. Generative listening

بی‌وقفه گوش دهید

حتماً بی‌وقفه حرف زدن را تجربه کرده‌ایم، امّا تقریباً همهٔ ما در بی‌وقفه گوش دادن بی‌تجربه‌ایم. یک بار امتحان کنید. بدون آن‌که وقفه‌ای ایجاد کنید، گوش دهید. این کار را آن‌قدر تمرین کنید که به یکی از عادت‌های بی‌نظیر شما تبدیل شود.

ضمن نگاه کردن گوش دهید

مشتری شما ممکن است به اطراف نگاه کند یا از سر جایش بلند شود و در اتاق راه برود. امّا وقتی ببیند که نگاه شما همچنان متوجه اوست، می‌فهمد که دارد بادقّت شنیده می‌شود.

عوامل حواس‌پرتی را حذف کنید

هرچیزی که حواس‌تان را از دقیق گوش دادن پرت می‌کند، حذف کنید. حالا برای پر کردن این قسمت از بوم، به سؤالات زیر پاسخ دهید:

- چه عواملی تمرکز شما را درحین صحبت طرف مقابل به‌هم می‌زند و مانع درک کامل صحبت او می‌شود؟
- چه چیزهایی در محیط اطراف شما، توجه شما را از صحبت طرف مقابل دور می‌کند؟

◀ سؤال کردن

چه‌طور «عامل» خواهید بود؟

پرسش‌ها منجی شما هستند. هر سؤالی که پاسخ داده می‌شود، یک گام شما را در فرایند فروش جلو می‌برد. پس این‌که چه سؤالی می‌پرسید، بسیار مهم است.

بوم خلق سؤالات باکیفیت

پرسیدن سؤالات باکیفیت، مخاطب شما را وادار به مقایسه می‌کند. میوهٔ هر مقایسه‌ای، نشانه‌ای است که در ذهن فرد می‌ماند. بوم خلق سؤال به شما کمک می‌کند نسبت به موقعیتی که در آن قرار دارید، آگاه شوید و بتوانید خود و مشتری‌تان را در موقعیت مناسب و سودده قرار دهید.

فصل هفتم: فروش

سؤالات تشویقی

سؤالات عطفی

سؤالات کشفی

سؤالات گزینه‌ای

سؤالات نهایی

سؤالات پیگیری

• سؤالات تشویقی

سؤالاتی که پاسخ دادن به آن‌ها در کم‌تر از یک جمله دشوار است و مخاطب را تشویق به گفت‌وگو با شما می‌کند:

- دربارهٔ ... به من توضیح می‌دهید؟
- توضیح دهید که چه طور ...؟
- نظرتان دربارهٔ ... چیست؟
- چه چیزی را توصیف می‌کند؟
- شما اضافه کنید:

• سؤالات عطفی

سؤالاتی که اگر مخاطب شما از موضوع منحرف شد یا صحبت‌های خود را متوقف کرد، تمرکزش را با آن‌ها برگردانید. این سؤالات اغلب با «چه زمانی، کجا، چه کسی، چه طور و چگونه» همراه خواهند بود و روی مزایا متمرکزند، نه ویژگی‌ها (مزیّت یعنی فایده‌ای که کالا یا خدمت شما برای مشتری دارد).

- این تغییرات را چه زمانی مشاهده کردید؟
- چه چیزی از این محصول به‌دست می‌آورید؟
- چه طور خدمات ... به شما کمک می‌کند؟
- چه کسی از این سرویس استفاده می‌کند؟
- این ... شما را یاد چه چیزی می‌اندازد؟
- این مشکل چه طور ایجاد شد؟
- به نظر شما، چرا این اتفاق می‌افتد؟
- شما اضافه کنید:

فصل هفتم: فروش

• سؤالات کشفی

سؤالاتی که به شما کمک می‌کنند تا دریابید مشتریان در محصولات و خدمات شما به‌دنبال چه هستند. پاسخ این سؤالات جزئیات بیشتری به شما می‌دهند.

- وقتی می‌گویید بهترین زمان، دقیقاً چه زمانی را مدنظر دارید؟
- از «قیمت بهتر»، قیمت اولیه را می‌فرمایید یا هزینهٔ نهایی؟
- می‌توانید مثالی بزنید؟
- می‌توانید جزئیات بیشتری را مطرح کنید؟
- چه کسی بودجه را پرداخت می‌کند؟
- چه معیارهایی را در تخصیص بودجه مدنظر قرار داده‌اید؟
- آیا ترجیح دیگری دارید؟
- بزرگ‌ترین چالشی که پیش‌رو دارید، چیست؟

شما اضافه کنید:

• سؤالات گزینه‌ای (جایگزین)

سؤالاتی که ترجیحات، اولویت‌ها و تمایلات مخاطب را آشکار می‌کنند و دریچه‌ای به سوی درک عمیق‌تر نیازها و خواسته‌های او می‌گشایند. با طرح این سؤالات، تصویر روشنی از معامله در ذهن مخاطب نقش می‌بندد و او را در موقعیتی قرار می‌دهد که انگار تنها یک راه پیش رو دارد و آن انتخاب از میان گزینه‌هایی است که شما به او ارائه داده‌اید.

◄ نقد خرید می‌کنید یا قسطی؟

◄ زرد را ترجیح می‌دهید یا مشکی؟

◄ محصول را حضوری دریافت می‌کنید یا با پیک؟

شما اضافه کنید:

• سؤالات نهایی

این سؤالات، درک شـما را از مزایایـی که مشـتری به دنبال آن هاسـت، بررسـی و ارزیابی می‌کند.

- تحت هر شرایطی، زمان برای شما اولویت دارد، درست است؟
- پس با پیشنهاد دوم موافق هستید؟
- مسئلهٔ دیگری هم هست که نیازمند توجه باشد؟

شما اضافه کنید:

• سؤالات پیگیری

این سـؤالات به شـما کمک می‌کنند تا گفت‌وگو را با مخاطب خـود حفظ کـرده و تداوم ببخشید و نیازها و خواسته‌های او را بهتر درک کنید.

- چه مانعی پیش روی‌تان وجود دارد؟
- چه چیزی بیشتر از این برای‌تان اولویت دارد؟
- ما چه طور می‌توانیم فرایند خرید را برای شما ساده‌تر کنیم؟

شما اضافه کنید:

نکتهٔ مهم این است که بدانید با چه کسی صحبت می‌کنید. آیا این فرد تصمیم‌گیرنده است یا این فرد در تصمیمِ تصمیم‌گیرنده تأثیرگذار است؟

◀ ارتباط مؤثر

مشتری شما، تنها بخشی از یک معامله نیست. ایجاد یک سطح مطلوب برای ارتباط تجاری، مهم‌تر از ایجاد تراکنش مالی است. مشتری زمانی با شما به این سطح از ارتباط می‌رسد که ببیند بابت ارزش‌هایی که دریافت می‌کند، نیازی نیست هزینه‌ای بپردازد یا به‌نوعی جبران کند. یعنی شما ارتباط خود با مشتری را نسبت به سایر جنبه‌های فروش، در اولویت قرار دهید. چنین فرایندی شاید در کوتاه‌مدّت نتیجهٔ ملموسی نداشته باشد، امّا آن‌چه در بلندمدّت ایجاد می‌کند، بی‌نظیر خواهد بود. فروشِ رابطه‌ای برای کسب‌وکارهایی که چرخهٔ فروش طولانی‌تر و محصولات گران دارند، ضروری است. ارتباط مؤثر زمانی شکل می‌گیرد که به‌جای «فروش»، بر ایجاد تعامل بین خریدار و فروشنده متمرکز باشید. برای ایجاد ارتباط مؤثر با مشتریان‌تان، به‌جای بهانه آوردن باید به اقدام و عمل روی بیاورید. اصلاً برای برقراری ارتباط با آن‌ها دلیل بتراشید.

در کمپین فروش خود، به نکات زیر توجه داشته باشید:

- محتواهایی تولید کنید که مشتریان به آن‌ها علاقه دارند؛ مانند پادکست، مقاله، کتاب الکترونیکی؛
- حتماً سازوکاری برای سنجش و ارزیابی نظرات آن‌ها دربارهٔ محصولات و خدمات‌تان ترتیب دهید؛
- از موفقیت‌های شخصی و تجاری آن‌ها آگاه شوید و به روشی منحصربه‌فرد به آن‌ها تبریک بگویید؛
- آن‌ها را به رویدادهای موردعلاقه‌شان دعوت کنید.

شما مثال‌های دیگری اضافه کنید و ببینید برای خلق چنین رابطه‌ای، به چه منابعی نیاز دارید. تقویمی تهیه کنید و در آن پیگیری‌ها، محتواهای تولیدشده، رویدادها و ... را درج کنید.

◀ زبان بدن

مهم‌ترین نکته در ارتباط کلامی، ارتباط غیرکلامی است.

این‌که «چگونه» می‌گویید، از این‌که «چه» می‌گویید، مهم‌تر است. در هر تعاملی، به‌ویژه تعامل‌های تجاری، آن چه از کلام برداشت می‌شود، به مراتب تعیین‌کننده‌تر از خود کلام است. درواقع، ذهن مخاطب در همان چند ثانیهٔ اول، برچسبی به شما می‌زند (مانند قدرت‌مند، قابل اعتماد، مشکوک، طلب‌کار، دلسوز و...) که پس از آن، هر کاری انجام دهید یا هر چیزی بگویید، براساس آن برچسب، شما را ارزیابی و قضاوت می‌کند. حقیقت این است که نمی‌توانید جلوی فکر مردم را بگیرید، امّا می‌توانید به آن جهت دهید و بر آن تأثیر بگذارید. **مردم تحت کنترل شما نیستند، امّا می‌توانند تحت تأثیر شما قرار بگیرند.**

افراد ویژگی‌هایی همچون اعتبار، اعتماد، قابل اتکا بودن، همدل بودن و قدرت شما را به طور ناخودآگاه ارزیابی می‌کنند. حالات چهره، وضعیت بدنی، ارتباط چشمی، ریتم صدا و سایر حرکات شما می‌توانند باعث تقویت و تأثیرگذاری کلام‌تان شوند یا برعکس، موجب تضعیف آن.

عناصر مؤثر در زبان بدن

- بازو
- نگرش
- چشم
- دست
- حرکت
- لبخند
- پا
- صدا

• نگرش

افراد خیلی سریع متوجه نگرش شما می‌شوند. درواقع، تمام حالات زبان بدن شما منعکس‌کنندهٔ نگرش شماست. برای همین، اولین عنصری که باید به آن توجه کنید، همین نگرش است. پس قبل از این‌که قواعد زبان بدن را برای خودتان سخت کنید، بر شکل‌گیری نگرش خود تمرکز کنید. اگر آن‌چه می‌گویید با نگرش شما و زبان بدن‌تان هم‌سو نباشد، باید فاتحهٔ آن معامله را بخوانید.

• چشم

چشم‌ها قدرت بی‌بدیلی دارند. ارتباط چشمی یعنی ارتباط از طریق چشم‌ها و این به معنای ایجاد حس کنترل یا مزاحمت نیست. این یک مهارت است که بتوانید با مخاطب خود ارتباط چشمی برقرار کنید و متمرکز بمانید. البته باید حواس‌تان باشد طوری خیره نشوید که به طرف مقابل‌تان احساس ناخوشایندی دست بدهد. دزدیدن چشم‌های‌تان از مخاطب نیز ممکن است احساس بی‌اهمیّتی و بی‌علاقگی را منتقل کند.

• صدا

اگر با مخاطب‌تان بسیار تند و سریع صحبت کنید، ممکن است او به خوبی متوجه حرف‌های شما نشود. اگر بیش از حد آرام و یک‌نواخت صحبت کنید نیز ممکن است سبب شود حوصله‌اش سر برود. ریتم کلام شما باید با حالات بدن‌تان هماهنگ باشد.

• دست

دست‌های پنهان (در جیب، زیر میز، پشت کمر)، ویژگی غیرقابل اتکا بودن را تداعی و منتقل می‌کند. حین صحبت از دست‌های‌تان کمک بگیرید، امّا به‌اندازه. به آن‌چه می‌خواهید مورد توجه قرار بگیرد، اشاره کنید تا مخاطب آن را دنبال کند. شیوهٔ دست دادن با دیگران نیز حائز اهمیّت است و باید به آن دقّت کنید.

• حرکت

شما می‌توانید هنگامی که گوش می‌دهید، به نشانهٔ تایید، سرتان را تکان دهید. هنگامی که صحبت می‌کنید، به طرف مخاطب خود قدم بردارید، کمی بایستید، مکث کنید و

سپس ادامه دهید. حرکات مختصر و قاطعانه‌ای داشته باشید. با این کار مخاطبان ترغیب می‌شوند تا بیشتر به شما اعتماد کنند. حرکات خود را گاهی تغییر دهید، امّا نه آن‌قدر که بی‌ثبات، گیج یا مبهم به‌نظر برسید.

• لبخند

لبخند زدن می‌تواند نشانه‌ای برای شکل‌گیری یک تعامل باشد. لبخندها می‌توانند مخاطب شما را درخصوص تصمیمی که می‌خواهند دربارهٔ شما بگیرند، مطمئن‌تر کنند. امّا باید مراقب باشید که لبخند شما صرفاً به‌خاطر گرفتن تأییدیهٔ طرف مقابل نباشد.

• پا

اگر هنگام صحبت کردن یا گوش کردن، با پای‌تان مرتّب روی زمین ضربه بزنید یا بیشتر وزن‌تان را روی یکی از پاهای‌تان بیندازید، این پیام را منتقل می‌کنید که متمرکز نیستید و بر موضوع و اوضاع تسلّطی ندارید. یعنی سعی می‌کنید با این حرکات، فشاری را که تحمل می‌کنید، به‌نحوی از بدن‌تان خارج کنید. اگر ایستاده‌اید، وزن‌تان را با هر دو پا کنترل کنید. این قدرت و تسلّط شما را نشان می‌دهد. اگر نشسته‌اید، بهتر است کف هر دو پای خود را روی زمین بگذارید.

• بازو

دست به سینه نباشید. بازوهای‌تان را باز نگه دارید، زیرا باعث می‌شود بهتر نفس بکشید. در نتیجه، احساس آرامش بیشتری خواهید داشت و آرام‌تر به‌نظر می‌رسید. بازوان بسته، شما را در موضع تدافعی قرار می‌دهد. همچنین، این تصور را ایجاد می‌کنید که تمایلی به برقراری ارتباط با مخاطب خود ندارید.

◂ ارائهٔ مؤثر

شیوهٔ ارائه در ارزش هر چیزی مؤثر است. وقتی قرار است محصولی را ارائه کنید، تمرکز شما باید حول نقطهٔ ارزش آن محصول باشد، نه خود محصول. **افراد فقط بابت یک چیز پول خرج می‌کنند:** بهبود؛ بهبود سلامتی، بهبود زیبایی، بهبود حال خود، بهبود عملکرد، بهبود درآمد و .... از خودتان بپرسید برای بهبود زندگی یا کار مشتری‌تان چه می‌کنید؟

این همان چیزی است که باید روی آن سرمایه‌گذاری کنید، تبلیغات کنید و به بهترین شکل ممکن و آن‌طور که درخور برند شماست، آن را برای مخاطبان خود فراهم کنید. چراکه ارزش هر چیزی را شیوهٔ ارائهٔ آن تعیین می‌کند.

ارائهٔ مؤثر چه چیزهایی می‌تواند باشد؟

- بسته‌بندی خلاق؛
- طراحی متفاوت نمایشگاه؛
- طراحی یک رویداد پروموشن؛
- دورچین محصول؛
- سیستم تحویل محصول.

اصول ارائهٔ مؤثر

ارائهٔ مؤثر چهار اصل اساسی دارد:

- ساده است؛
- داستانی قانع‌کننده دربردارد؛
- ارزش پیشنهادی شما را برجسته می‌کند؛
- بیشتر بر تجسم و تصویر تمرکز دارد تا متن و عدد.

◄ شما چگونه محصول‌تان را ارائه می‌کنید؟

◄ بسته‌بندی شما چه نقشی در ارزش محصول‌تان ایفا می‌کند؟

◄ چه محصولات مرتبط، نیمه‌مرتبط یا نامرتبطی را می‌توانید با محصول‌تان همراه کنید؟

◄ محصول جدید خود را چگونه رونمایی می‌کنید؟ چه کسی این کار را انجام می‌دهد؟

◄ سیستم تحویل محصول شما تا چه حد با شأن برندتان هم‌خوانی دارد؟

◀ داستان‌سرایی

نیاز، عامل حرکت است و حرکت، نتیجهٔ اختلاف فاز است. داستان باید راوی تفاوت و تمایزی باشد که شما ایجاد می‌کنید. آن چه باید به مردم بدهید، اطلاعات نیست. اشتباه ما این است که برای فروش، اطلاعات محصول، سازمان، رقبا و بازار را به مردم می‌دهیم. امّا حقیقت این است که مردم براساس اطلاعات تصمیم نمی‌گیرند، بلکه براساس داستان‌ها تصمیم می‌گیرند.

به بیان ساده‌تر می‌توانیم بگوییم که:

حقایق + احساسات = داستان
حقایق − احساسات = اخبار

ذهن انسان در مواجهه با اخبار و اطلاعات گارد می‌گیرد. در نتیجه، دامنهٔ توجه و تمرکزش نسبت به آن چه دریافت می‌کند، کاهش می‌یابد و آن را به خاطر نمی‌سپارد. داستان‌ها، با برانگیختن احساسات، می‌توانند اطلاعات را به گونه‌ای جذّاب و به یادماندنی در ذهن مخاطبان‌تان حک کنند. **هر زمانی که احساسی برانگیخته می‌شود، اقدامی نیز انجام می‌شود.** داستان‌ها نیاز به بزرگ‌نمایی و نمایشی شدن ندارند. فقط ملزم به رعایت یک اصل ساده هستند و آن ایجاد احساس در افراد است، مانند حس شادی، هیجان، رضایت، دیده شدن، توجه، انگیزه، درک شدن، رفاقت، امیدواری، قدرت، تعلّق، غافل‌گیری و احساسات دیگر. یک فروشندهٔ حرفه‌ای به خوبی می‌داند که هدف صرفاً «فروش» نیست، بلکه به‌اشتراک گذاشتن است. فروش، انعکاسی از عملکرد است.

◀ بوم داستان‌سرایی فروش

بوم داستان‌سرایی فروش می‌تواند به افکار شما برای داستانی که ایجاد می‌کنید، جهت بدهد. هر خانه از این بوم، با نگاه واقع‌گرایانهٔ شما آمیخته می‌شود و بخشی از داستان‌تان را تکمیل می‌کند. دقت کنید که داستان شما باید به افراد بینش بدهد، نه دانش. چراکه آن‌ها براساس بینش‌های‌شان تصمیم می‌گیرند، نه اطلاعات‌شان.

۴۳۲ فصل هفتم: **فروش**

بوم داستان سرایی فروش

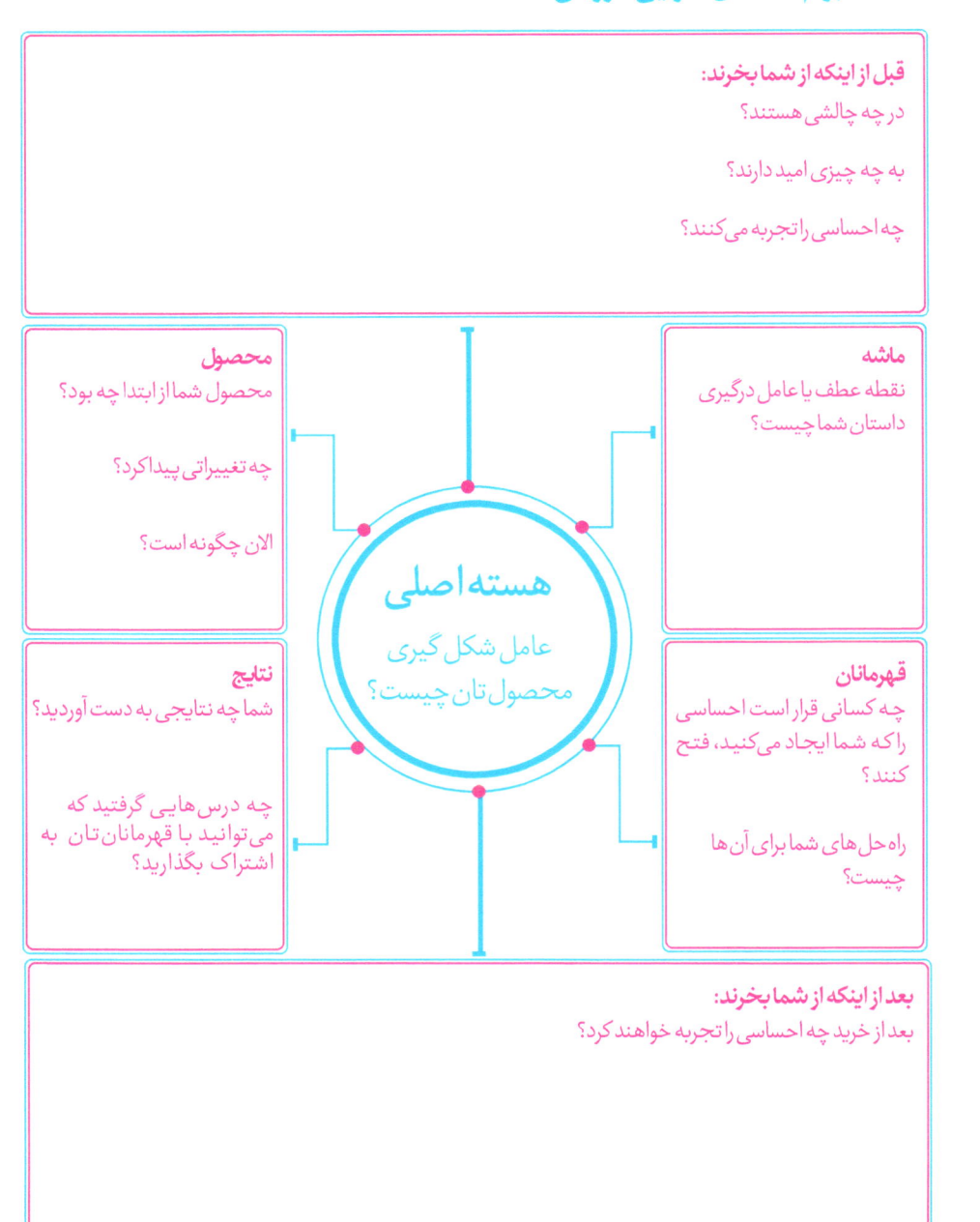

قبل از اینکه از شما بخرند:

در چه چالشی هستند؟

به چه چیزی امید دارند؟

چه احساسی را تجربه می کنند؟

ماشه

نقطه عطف یا عامل درگیری داستان شما چیست؟

محصول

محصول شما از ابتدا چه بود؟

چه تغییراتی پیدا کرد؟

الان چگونه است؟

هسته اصلی

عامل شکل گیری محصول تان چیست؟

قهرمانان

چه کسانی قرار است احساسی را که شما ایجاد می کنید، فتح کنند؟

راه حل های شما برای آن ها چیست؟

نتایج

شما چه نتایجی به دست آوردید؟

چه درس هایی گرفتید که می توانید با قهرمانان تان به اشتراک بگذارید؟

بعد از اینکه از شما بخرند:

بعد از خرید چه احساسی را تجربه خواهند کرد؟

قرار نیست آن‌چه در این بوم نوشته می‌شود، به ترتیب در داستان شما قرار بگیرد. بوم داستان‌سرایی، الهام‌بخش شما خواهد بود تا بتوانید احساسات مخاطب را هدایت کنید. در هر فعالیت مرتبط با بازاریابی، تبلیغات و فروش، چیزی تحت عنوان «فراخوانی برای اقدام» (CTA) طراحی می‌کنید. در داستان‌سرایی نیز باید همین کار را انجام دهید. مهم‌ترین اقدام در داستان‌سرایی، برانگیختن احساسات مخاطبان است.

◀ هوش هیجانی

فروشندگان موفق به‌جای «در رابطه بودن» با مخاطبان، بر عمیق «در ارتباط بودن» در هر مرحله از فرایند فروش تمرکز می‌کنند. ارتباط عمیق، اعتماد، تعهد و وفاداری را به ارمغان می‌آورد و تجربهٔ خریدی لذّت‌بخش را خلق می‌کند. هوش هیجانی هم مثل دیگر مهارت‌های فروش، مهارتی اکتسابی است که به شما کمک می‌کند تا احساسات خود و دیگران را بشناسید و با مدیریت واکنش‌های ناشی از احساسات‌تان، آن‌ها را با موقعیت دیگران منطبق کنید تا رابطهٔ عمیق‌تری بسازید. اغلب فکر می‌کنند که هوش هیجانی برای بروز ندادن است و همین تفکّر غلط، پرورش هوش هیجانی را سرکوب می‌کند. درواقع، هوش هیجانی برای برقراری تعادل در تعاملات زندگی و تجاری است.

هوش هیجانی به زبان دنیل گلمن

دانیل گلمن، مطرح‌کنندهٔ ایدهٔ EQ در دههٔ ۱۹۶۰، مهارت‌های هوش هیجانی را در پنج سطح تعریف کرد.

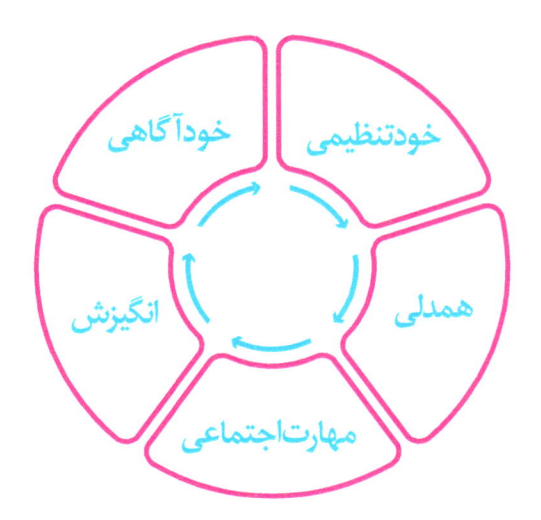

• خودآگاهی

خودآگاهی، مهارت آگاهی شما در ارتباط با احساسی است که تجربه می‌کنید. فروشنده‌ای که هوش هیجانی خود را تقویت کرده است، می‌داند که چگونه انرژی‌اش را مدیریت کند. کم‌تر به مشتری، احساسی را منتقل می‌کند که خود از آن ناآگاه است و حس نادیده گرفته شدن را از مشتری دور می‌کند.

• خودتنظیمی

توانایی تطبیق واکنش‌های ناشی از احساسات با موقعیت دیگران است. فروشندهٔ دارای هوش هیجانی، خود را در موقعیت مشتری قرار می‌دهد تا بتواند بهتر فکر کند، احساس کند و در نتیجه، پاسخ بهتری بدهد.

• مهارت‌های اجتماعی

داشتن آگاهی جمعی برای ایجاد رابطه و حفظ ارتباط در یک بازهٔ زمانی طولانی‌مدّت است. مهارت‌های اجتماعی کمک می‌کنند که شبکهٔ قوی‌تری را برای ایجاد فرصت‌های مولد فروش خلق کنید. مهارت‌های اجتماعیِ هوش هیجانی، از شما فروشنده‌ای حرفه‌ای در همکاری و مشارکت با رقبای‌تان می‌سازد.

- **همدلی**

نقطهٔ مقابل خودآگاهی است. در همدلی، شما سعی می‌کنید احساسات مشتری‌تان را درک کنید تا رویکرد خود را در جهت برآوردن انتظارات آن‌ها طراحی کنید. فروشندهٔ همدل به‌معنای فروشندهٔ همراه است.

- **انگیزش**

همه چیز از درون شما منعکس می‌شود. انگیزه به شما نمی‌گوید که عالی هستید. به شما خبر خوش نمی‌دهد. انگیزه قرار نیست دست روی چشمان‌تان بگذارد تا حقایق را نبینید. بلکه انگیزه در تعریف درست خود، تمایل و توانایی درونی شما برای روبه‌روشدن با واقعیت‌های موجود است تا بتوانید آن‌ها را حل کنید، بهبود دهید، قدرت ببخشید یا حتی حذف کنید. فروشندهٔ باانگیزه، چالش‌ها را پلی به‌سوی اهداف خود می‌داند.

◀ ۲۷ راه‌کار برای بهبود و برجسته‌سازی هوش هیجانی

- به احساسی که تجربه می‌کنید، توجه کنید؛
- واکنش‌های خود را در تجربهٔ هر احساسی، مشاهده کنید؛
- انتقادپذیری را تمرین کنید؛
- محرّک‌های انگیزه را بشناسید؛
- محرّک‌های احساسات‌تان را بشناسید؛
- تعصبات‌تان را بشناسید؛
- خود را مرتّب به چالش بکشید (خود را به بیرون از منطقهٔ امن‌تان سوق دهید)؛
- اگر نیاز به کمک دارید، کمک بگیرید؛
- نظرات‌تان را بازنگری کنید (تصمیم‌ها و نظرات خود را به‌طور ۳۶۰ درجه‌ای ببینید)؛
- اتفاقات مثبت را برجسته کنید و برای‌شان جشن بگیرید؛
- نکات منفی را نادیده نگیرید (اهمیّت واکنش به اتفاقات منفی)؛
- گوش کنید و شنوندهٔ خوبی باشید؛
- آسان بگیرید (استراحت ذهنی برای جلوگیری از انفجارهای احساسی)؛
- نسبت به احساسات خود منعطف باشید؛

- در دوراهی‌ها، به بینش و نگرش خود اعتماد کنید؛
- واقع‌گرایی را تمرین کنید؛
- در مسیر یادگیری باشید (چیزی برای گفتن داشته باشید)؛
- گفت‌وگوی جدید شکل بدهید، حتی اگر انجام آن برای‌تان دشوار است؛
- به‌جای واکنش، پاسخ دهید (پاسخ‌گو بودن از مهم‌ترین مهارت‌های فروش است)؛
- قبل از قضاوت، تأمّل کنید (آن‌قدر قضاوت کرده‌ایم که گاهی متوجه انجامش نیستیم)؛
- از دیگران انتقاد سازنده کنید؛
- از نگاه دیگران هم خودتان را ببینید (نظرسنجی و نظرخواهی از دیگران)؛
- انتظار اعتماد سریع نداشته باشید؛
- قابل نزدیک شدن باشید؛
- سفر کنید تا با فرهنگ‌های متفاوت آشنا شوید؛
- غذای سالم بخورید (رژیم غذایی شما بر احساسات‌تان مؤثر است)؛
- از بازخوردها استقبال کنید.

◀ مهندسی مالی

فروشنده‌های برنده، افرادی هستند که طرح‌های مالی جذّابی دارند. آن‌ها به مخاطبان خود، نسبت به چیزی که دریافت می‌کنند، پیشنهادهای مالی قابل‌توجهی می‌دهند. مهندسی مالی از آن جهت یک مهارت برنده است که به‌جای تمرکز بر ورودی، تمام توجه را بر خروجی معطوف می‌سازد و به مخاطب هم همین تفکّر را انتقال می‌دهد. برای مثال، توجیه قیمت برای کالاهایی با ارزش مادی و معنوی زیاد، با انتقال تمرکز مشتری بر منافع پس از خرید به‌جای مبلغی که برای خرید باید بپردازد، یکی از رویکردهای مهندسی مالی است. درواقع، تفکّر مهندسی مالی از این قانون تبعیت می‌کند: «اگر چیزی از جیب مشتری برداشتی، چیز ارزشمند دیگری در جیبش بگذار و این حس منفعت‌خواهی برای دیگری را به مشتری نیز انتقال بده.»

- قیمت محصول‌تان چقدر است؟

- چه طور مشتری را برای پرداخت آن متقاعد می‌کنید؟

- چه پیشنهادی می‌توانید به او بدهید تا ریسک او را در هزینه‌ای که می‌کند کاهش دهید؟

- آیا می‌توانید پیشنهادهای جایگزین داشته باشید؟

◀ تفکّر انتقادی

تفکّری برای درک کامل‌تر. تفکّر انتقادی، تحلیل و ارزیابی عینی یک موضوع برای شکل دادن به یک قضاوت است. فروشندگان مجهز به تفکّر انتقادی، هیچ مسئله یا حتی راه‌حلی را بدون دلیل نمی‌پذیرند. آن‌ها تمام مفروضات خود را به چالش می‌کشند و برای کامل‌تر کردن پیش‌فرض‌ها و نتیجه‌ها تلاش می‌کنند. متفکّران انتقادی باور دارند که برای درک شدن توسط بازارشان، باید بتوانند درک کنند و سوگیری‌های ازپیش‌تعیین‌شدهٔ خود را نادیده بگیرند.

در مقابل، سایر افراد ایده‌ها را به‌راحتی می‌پذیرند، مسائل را به‌راحتی قضاوت می‌کنند و زمان کم‌تری را برای ارزیابی پتانسیل بازار و موقعیت مشتریان صرف می‌کنند. در

نتیجه، تلاش‌شان برای به‌دست گرفتن قدرت و در صدر قرار گرفتن، ناکام می‌ماند.

در ذهن متفکّر انتقادی چه مراحلی طی می‌شود؟

جمع‌آوری تمام‌داده‌ها
ایجادطیف گسترده‌ای ازگزینه‌ها
به‌چالش‌کشیدن گزینه‌ها

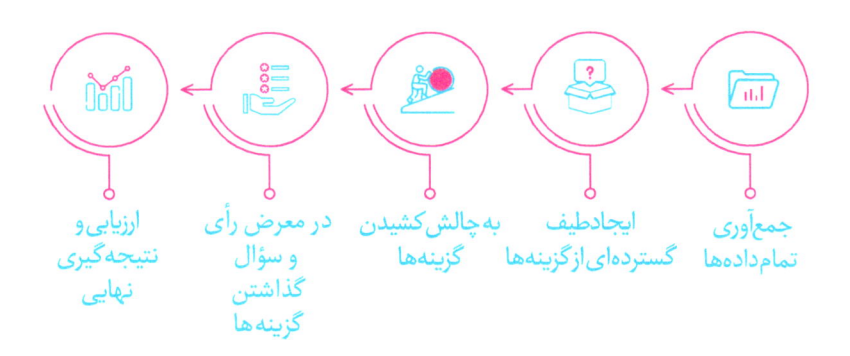

مزایای تفکّر انتقادی

- نپذیرفتن شکست و عقب‌ماندن از بازار؛
- خلق اعتبار و اعتماد در بازار؛
- طرح سؤالات منفعت‌محور؛
- تقویت مهارت حل مسائل پیچیده؛
- خلق تسلّط در مدیریت اعتراضات؛
- حذف روحیهٔ درماندگی؛
- به‌دست آوردن رتبهٔ فروشندهٔ کوچ؛
- ایجاد محرّک‌های مؤثرتر در گفت‌وگو؛
- کمک به استخراج اطلاعات تعیین‌کننده.

تمرین

بومِ سریالی زیر، مسائل، تعارضات، تعصبات و پیش‌فرض‌های شما را به چالش می‌کشد و با وادار کردن شما به خلق سناریوهای مختلف و راه‌های جایگزین، دست شما را در مرحلهٔ اجرا بازتر می‌کند.

اطلاعات وضع موجود	درحال حاضر	پیش‌فرض‌های موجود
	با چه تعارض/مسئله‌ای روبه‌رو هستید؟	درحال حاضر چه رویکردی دربارهٔ هریک از موارد زیر دارید؟
		وضعیت رشد کسب‌وکار:
	چه حقیقت ناخوشایندی هست که دوست ندارید بپذیرید؟	تجربهٔ مشتری:
		موقعیت‌تان در بازار:
	این مسئله بر کاری که برای مشتری انجام می‌دهید، چه تأثیری دارد؟	فرهنگ سازمانی:
		رابطه‌تان با مشتری:
		وضعیت فروش:

فصل هفتم: فروش

بازتاب اطلاعات/تعصبات مانع

به چالش بکشید	از بین ببرید
چه چیزی را درست می‌دانید؟	چه تعصباتی دارید که چشمان شما را برای ایجاد راه‌حل‌های مولد می‌بندد؟
این مسئله از نگاه دیگران چه وضعیتی دارد؟	
چه‌طور می‌توانید این موضوع را از زوایای دیگری ببینید؟	مهم‌ترین موارد را بنویسید.

بینش‌های جدید	سناریوها	جایگزین‌ها
	درحال حاضر، چه سناریوهایی پیش رو دارید؟ خوب و ایده‌آل: متوسط: بد:	برای هرکدام از سناریوها، چه جایگزین‌هایی در همان سطح وجود دارد؟ خوب و ایده‌آل: متوسط: بد:

اجرا	اگر...	آن‌گاه
	در مرحلهٔ شروع هستید، چه نقاط عطفی دارید؟	هرکدام از نقاط عطف، شما را به کجا می‌برد؟ ۱: ۲: ۳:

تفکّر انتقادی، مولد مسیرها، راه حل‌ها و در نتیجه، موقعیت هایی است که پیش از این فکرش را هم نمی‌کردید. تنها راه تقویت آن نیز این است که به‌سادگی از کنار مسائل عبور نکنید. باید در هر عبور، چیزی را با خود ببرید.

◀ مذاکره

میز مذاکره، میز تبدیل است. شما مذاکره می‌کنید یا مسابقه می‌دهید؟ مذاکره، مسابقه نیست. یعنی قرار نیست یکی برنده شود و دیگری بازنده. من ترجیح می‌دهم که آن را هنر «تبدیل» بدانم؛ نه محدود به تبدیل یک معامله به فروش، بلکه خیلی وسیع‌تر. مذاکره، هنر تبدیل موقعیت‌ها به فرصت‌ها، تعارض‌ها به توافق‌ها و نتایج به تصمیمات است. اگر هم قرار به برنده شدن باشد، یادتان نرود که معامله‌های سودآور و برکت‌آفرین، چهار برنده دارد: شما، کسب‌وکار شما، مشتری و کسب‌وکار مشتری.

در ادامه، به عوامل مهم مذاکره که همیشه باید آن‌ها را درنظر داشته باشید، اشاره می‌کنیم:

• زمان مذاکره

مذاکره، زمان خاص خودش را دارد و آن هم موقعی است که مشتری علاقهٔ خود را نسبت به خرید از شما به‌نحوی نشان داده باشد.

• محتوای مذاکره

صحبت دربارهٔ موضوعات بی‌ارزش، زمان ما را هدر می‌دهد، امّا صحبت دربارهٔ موضوعات ارزشمند، برای ما و مخاطب‌مان مفید است. پس یکی از مهم‌ترین کارهای شما در نقش مذاکره‌کنندهٔ فروش، تعریف مسائلی است که ارزش مذاکره کردن دارد. باید آن‌ها را براساس زمان در دسترس و منفعتی که برای شما دارند، اولویت‌بندی کنید.

• تعیین حد انعطاف

«موقعیت آرمانی» و «پایین‌ترین نقطهٔ قابل‌قبول» خود را از قبل تعیین کنید.

امتیازدهی

مذاکره را با دادن امتیازهای کوچک شروع کنید و امتیازهای بزرگ‌تر را با توجه به شرایط معامله به طرف مقابل بدهید.

• نقطهٔ عبور

گاهی انعطاف‌پذیری نتیجه نمی‌دهد و نمی‌توانید از برخی مواضع خود کوتاه بیایید. این زمانی است که حداقلِ خواسته‌های شما تأمین نمی‌شود و توافق به هر قیمتی ممکن نیست. بنابراین، مهم است قبل از هرگونه مذاکره، مشخص کنید که در برابر چه چیزی حاضر به کوتاه آمدن نیستید.

• توافق بر عدم توافق

هنر این‌که بتوانید به‌جای ناامیدی از یک توافق مصنوعی، به این نتیجه برسید که با یکدیگر تفاهم ندارید. چنین چیزی به شما این شانس را می‌دهد که فرصتی برای مذاکره در آینده داشته باشید. اگر از قبل به این مسائل فکر نکنید، تاوان خواهید داد؛ مثل واگذاری امتیازات بیش‌ازحد، پیشنهادهای محاسبه‌نشده، موقعیت‌های برنامه‌ریزی‌نشده و هرچیز دیگری که شما را متحمل ضرر خواهد کرد.

در این‌جا به بیست سؤال اساسی که قبل از هر مذاکره باید درنظر داشته باشید، می‌پردازیم:

۱. موضوعات مورد بحث در این مذاکره چیست؟

۲. منافع و مواضع مخاطب من در این مذاکره چیست؟

۳. ترس‌های مخاطب من در این مذاکره چیست؟

۴. منافع و مواضع من در این مذاکره چیست؟

۵. ذی‌نفعان این مذاکره چه کسانی هستند؟

۶. نقطهٔ شروع مناسب در این مذاکره چیست؟

۷. چگونه حسن نیتم را در ابتدای مذاکره نشان دهم؟

۸. بهتر است چه کسی شروع‌کنندهٔ مذاکره باشد؟

۹. مخاطب من احتمالاً چه چیزهایی را مطرح می‌کند؟

۱۰. آیا من برای همهٔ آن‌ها جواب دارم؟

۱۱. من چه اطلاعاتی در اختیار دارم؟

۱۲. بهترین شکل ارائهٔ اطلاعات در این مذاکره چیست؟

۱۳. چه خط قرمزهایی دارم که نباید از آن‌ها عدول کنم؟

۱۴. چه امتیازات مشروطی ارائه کنم که مخاطب حاضر به معامله باشد؟

۱۵. تقاضا و خواسته‌های من در هریک از موضوعات چیست؟

۱۶. چگونه آن‌ها را تنظیم و بیان کنم؟

۱۷. می‌خواهم این مذاکره با چه نتیجه‌ای به پایان برسد؟

۱۸. اگر این مذاکره و گفت‌وگو به نتیجه نرسد، چه می‌شود؟

۱۹. بهترین مدت زمان توافق در این مذاکره چیست؟

۲۰. چه‌طور این مذاکره را خاتمه دهیم؟

بزرگ‌ترین اشتباه این است که «قیمت» یا «افراد» را به مذاکره بگذارید. یادتان نرود که شما به‌عنوان یک فروشنده، راه‌حل و ارزش می‌فروشید، نه قیمت. پس آن چه باید به مذاکره گذاشته شود، راه‌حل‌ها، ارزش افزوده‌ها و نحوهٔ ارائهٔ آن‌هاست.

◀ متقاعدسازی

متقاعدسازی، تحمیل یا زبان‌بازی نیست. آن چه شما را در مسیر درست متقاعدسازی قرار می‌دهد، خلق اشتراکات است. خلق زمین بازی مشترک، خلق دشمن مشترک، خلق منفعت مشترک، و هر مورد دیگری که شما و مخاطب‌تان بتوانید دربارهٔ آن گفت‌وگو کنید. در چنین شرایطی، مخاطب شما را «هم‌صحبت» خود می‌داند و هم‌صحبتی، مقاومت ذهنی او را کاهش می‌دهد.

متقاعدسازی به کلام محدود نمی‌شود.

تمام عناصر سازمان باید متقاعدکننده باشند. منابع انسانی، فرایندهایی که درحال اجرا هستند، برندی که می‌سازیم و در نهایت، محصولی که ارائه می‌دهیم، یک زنجیرهٔ متقاعدکننده محسوب می‌شود. از آن‌جا که همیشه گفته‌ام قدرت یک زنجیر به ضعیف‌ترین حلقهٔ آن است، کم‌جانی هر بخش می‌تواند باعث گسست فرایند متقاعدسازی شود.

◀ تعهد، مولد تعهد است

خود ما هم همین تجربه را داشته‌ایم. اگر از جایی محصولی را خریده‌ایم و از آن راضی بوده‌ایم، به خرید از همان منبع ادامه داده‌ایم، زیرا متقاعد شده‌ایم که «خودش است، این همان چیزی است که می‌خواهیم.» به یاد داشته باشید که تعهد، همیشه تعهد می‌آورد.

◀ بله‌های کوچک، بله‌های بزرگ‌تر را به دامان شما می‌اندازند

در فرایند متقاعدسازی، ابتدا بله‌های کوچک بگیرید. بله‌های کوچک نقاط شتاب‌دهندهٔ فرایند خرید هستند. مخاطب وقتی ضمن تفاهم با شما به توافق‌های مداوم می‌رسد، احتمال کم‌تری وجود دارد که در آینده با آن چه شما می‌گویید، مخالفت کند.

◀ اصل اثبات اجتماعی

فرایند متقاعدسازی زمانی مؤثرتر است که افراد ببینند دیگرانی مانند خودشان، با استفاده از محصول شما، نتایج بهتری کسب کرده‌اند. درواقع، اثبات اجتماعی به هر نمونه‌ای از شخص، گروه یا چیزی گفته می‌شود که اعتبار محصول شما را تأیید می‌کند.

در زیر نمونه‌هایی از اثبات اجتماعی را آورده‌ایم:

۱. تستی‌مونیال‌ها (نظرات مشتریان دیگر در قالب صوت، تصویر و متن در پلتفرم‌های آنلاین یا آفلاین)؛

۲. داستان‌های موفقیت (نمایش مسیر موفقیت دیگر مشتریان در قالب صوت، تصویر و متن در پلتفرم‌های آنلاین یا آفلاین)؛

۳. کلونی رسانه‌های اجتماعی (کیفیت و تعداد دنبال‌کنندگان، کیفیت و تعداد لایک‌ها، کیفیت و تعداد کامنت‌ها)؛

۴. توصیه و تأیید اینفلوئنسرها یا افراد صاحب‌نظر در صنف شما؛

۵. گواهی‌نامه‌های معتبر، استانداردها (آن‌چه به محصول یا برند شما مهر تأیید بزند).

◂ **آیا محصول شما متقاعدکننده است؟**

◂ **چه داستان‌هایی دارید که اعتبار شما را تأیید می‌کنند، امّا هنوز آن‌ها را به نمایش نگذاشته‌اید؟**

◂ **چه کسانی حاضرند با افتخار دربارهٔ تجربه‌ای که با شما داشته‌اند صحبت کنند؟ سراغ چه کسی باید بروید؟**

◀ قرارداد اجتماعی پنهان

شاید ندانید، امّا غیرممکن است کسی از ما این قرارداد ذهنی پنهان را امضا نکرده باشد: «تلافی». تلافی در علم بازار یعنی «هرچه بدهی، همان را پس می‌گیری». وقتی به مشتری ارزشی ملموس می‌دهید، هرگز شما را رها نمی‌کند. ارزش‌ها همیشه او را متقاعد به تکرار خرید کرده‌اند، در نتیجه ارزش شما را تلافی می‌کند و فارغ از قیمتی که عرضه می‌کنید، باز هم از شما خرید می‌کند. برعکس، اگر بفهمد که هدف شما صرفاً فروختن محصول به او بوده است، خودش هم نمی‌تواند خودش را برای خرید دوباره از شما راضی کند. پس این‌جا هم آن‌چه انجام داده‌اید، تلافی می‌کند و با این طرز تفکّر که شما برای او فقط یک فروشنده بوده‌اید (همان‌طور که او برای شما فقط یک خریدار بوده است)، دیگر سراغ شما نخواهد آمد.

◀ مدیریت بهانه‌ها

همهٔ ما تابه‌حال «نه» شنیده‌ایم. امّا باید بدانید که فرد وقتی برای انجام چیزی آماده یا مطمئن نیست، بهانه می‌آورد. بنابراین، اعتراض به قیمت می‌تواند فقط یک بهانه باشد. این‌که «از چیزی که الان استفاده می‌کنم، راضی‌ام» می‌تواند فقط یک بهانه باشد. درواقع، مهم نیست که در جریان فروش به چه بهانه‌هایی برمی‌خورید، بلکه مهم این است که علت و ریشهٔ آن بهانه را کشف و درک کنید و برای تغییر آن در ذهن مخاطب، برنامه‌ریزی کنید.

فرایند مدیریت بهانه، سه مرحله دارد: گوش کنید، تأیید کنید و پیشنهاد دهید.

همه دوست دارند شنیده شوند. وقتی مخاطب می‌گوید این محصول گران است، نگویید گران است، ولی ارزشش را دارد. به او تأییدیه بدهید. به او نشان دهید که به حرفش گوش می‌دهید. وقتی بگذارید او حرف بزند، شاید درخلال صحبت‌هایش علل گران بودن را که درواقع همان ارزش‌های شما هستند، بیان و مرور کند و در نهایت، نظرش عوض شود.

وقتی می‌گوید از تأمین‌کنندهٔ فعلی‌اش راضی است، رقیب‌تان را این جا تخریب نکنید، بلکه به او تأییدیه بدهید تا ادامه دهد. وقتی از خدمات رقیب‌تان حرف می‌زند، درواقع دارد به شما اطلاعات می‌دهد. چه چیزی بهتر از این؟ بعد از این‌که از رقیب‌تان گفت و به شما اطلاعات داد، نوبت به شما می‌رسد. حالا شما باید پیشنهاد جذّابی به او بدهید. در آخر، حتی اگر چیزی هم به مخاطب‌تان نداده باشید، حس ارزشمندی و حس شنیده شدن را به او داده‌اید. شما به او کمک کرده‌اید تا دربارهٔ دغدغه‌ها و اولویت‌هایی حرف بزند که در قالب بهانه به شما نشان داده بود.

بگویید تا به حال:

◀ در مقابل چه بهانه‌هایی تسلیم شده‌اید؟

◀ چه واکنش‌های تدافعی نشان داده‌اید که منجر به فروش شما نشده است؟

سه بهانه‌ای را بنویسید که بیشتر با آن‌ها روبه‌رو می‌شوید و بگویید چه برنامه‌ای برای برطرف کردن آن‌ها دارید.

◄ قطعی کردن فروش

این‌جا دیگر قرار نیست بگوییم چه مراحلی وجود دارد تا قلّه را فتح کنید. این‌جا خبری از بوم‌ها و جدول‌ها نیست. این‌جا فقط یک لحظه است، یک لحظهٔ تعیین‌کننده: سکوت. این‌جا زمان سکوت است. زمان خلق فضایی امن برای خریدار تا بهتر بتواند فکر کند و تصمیم بگیرد. با این‌که قطعی‌سازی فروش، آخرین مرحله از بوم توانایی‌های فروشنده است، امّا به‌طور کامل سمت فروشنده نیست، بلکه سمت خریدار است. چون او فروش را قطعی می‌کند، نه شما.

فقط کافی است تا این‌جای مسیر، خودتان را به او نشان داده باشید؛ یعنی اعتبار، همراهی، حمایت‌گری و قدرت خود را. فردی که پیش از خرید محصول، به او احساس رضایت داده بودید، مشکلش را حل کرده و دردش را دوا کرده بودید، حالا معلوم است که شما را می‌پذیرد. او می‌داند که با خرید از شما، قرار نیست همه‌چیز تمام شود، بلکه این آغاز یک رابطه و رفاقت است. وقتی به جای مشتری، دوست پیدا می‌کنید، معلوم است که فروش قطعی می‌شود.

حال به نقطهٔ مدنظر رسیده‌ایم. یعنی جایی که از ریشه یا همان «مشتری» عبور کرده‌ایم، توانایی «فروشنده» را پرورش داده‌ایم و به نقطهٔ مهم که همان «فروش» است، رسیده‌ایم. این گُل ماجرای ماست.

بخش سوم: فروش

فروش هر چیزی است به‌غیر از فروختن. فروش، سفارش‌گیری نیست. رفاقت است. دوست‌یابی است و خریدن. فروش، نقطهٔ عطف بازاریابی است. در این نقطه، بازاریابی از قالب فردی خارج می‌شود و به‌عنوان یک سیستم معنا می‌یابد.

◄ سیستم فروش

سیستم فروش، سیستم هدایت‌گری است. امروزه فروش درست متکی به سیستم‌هاست، نه افراد. طراحی سیستم‌های فروش، سودآوری سازمان را تضمین می‌کند و پرورش مداوم این سیستم‌ها، باعث بقای کسب‌وکار شما می‌شود.

بیزنس‌مَستری ▶ ۴۵۱

هر سیستم براساس ورودی، پـردازش، خروجی و بازخورد تعریف می‌شود. سیستم فروش هم از این قاعده مستثنا نیست، با این تفاوت که سعی دارد عمدهٔ تمرکزش را به طراحی، مدیریت و کنترل خروجی‌ها معطوف کند. یعنی هر ورودی را بر مبنای خروجی مدنظر به سیستم می‌دهد و به‌ازای کیفیت خروجی ایده‌آلش، پردازش انجام می‌شود.

بازخورد (feedback)

ورودی (input) → **Sales System / سیستم فروش** → خروجی (output)

درواقع، هر سیستم فروش موفق پنج وظیفهٔ مهم دارد:

- به حداکثر رساندن خروجی‌ها؛
- ساده‌سازی فرایندهای قبلی؛
- قابلیت تکرارپذیری؛
- قابلیت انعطاف در برابر توسعه و گسترش؛
- خوداصلاحی.

◀ به حداکثر رساندن خروجی‌ها

می‌خواهم از شما یک سؤال بپرسم. سؤالی که اگر پاسخش اشتباه باشد، کسب‌وکاری را به قهقرا می‌برد و شاید سالیان سال در یک دور باطل گیر کند. سؤال این است: «خروجی موفق یک سیستم فروش چیست؟» حجم فروش زیاد یا تعداد مشتریان زیاد؟

همیشه گفته‌ام که در «مکتب بازار»، آن‌چه حرف اول را می‌زند، سود است. سیستم فروش شما اگر فقط بفروشد، برنده نیست. چه بسیار کسب‌وکارهایی را دیده‌ام که به‌واقع در فروش مشکلی ندارند، امّا برنده نیستند، چون سودآور نیستند. این **سودآوری** است که شما را در سکوی اول می‌نشاند. سکوی دوم، فقط اولین بازنده است. فکرتان را آزاد کنید. بله، با خود شما هستم. فکرتان را از اعداد و ارقام آزاد کنید. چون سود فقط درآمد نیست. وقتی می‌گوییم سود، یعنی سود مالی، سود در جایگاه برند، سود در رقابت، سود در گزینهٔ اول بودن، سود در به چشم آمدن و مهم‌تر از همه، سود در زمانی که آزاد می‌کنیم.

دومین خروجی موفق یک سیستم فروش، خلق **تصویر بی‌بدیل در ذهن مشتری** است. آن چیزی که در بخش‌های قبلی، از آن تحت عنوان «تجربهٔ مشتری» صحبت کردیم. تصویرها به مشتری داستانی برای تعریف کردن می‌دهند. چه داستانی بیان‌گر خروجی سیستم فروش شماست؟ آن را طراحی کرده‌اید؟

سومین خروجی، **کسب جایگاه غیرقابل مذاکره در ذهن مشتری** است. به این معنا که مشتری نتواند و نخواهد شما را به هیچ قیمتی رها کند و هر صحبتی دربارهٔ جایگزین کردن شما با رقیبان‌تان برایش غیرقابل مذاکره و غیرقابل پذیرش باشد. این موضوع محقق نخواهد شد، مگر در یک تعامل صمیمانه با افراد تیم‌تان که آن را در بخش‌های قبلی توضیح دادیم.

◀ ساده‌سازی فرایندهای قبلی (اثر بازخورد)

سیستم فروش، هرچقدر هم که موفق بوده باشد، نباید در تمامی فرایندهای فروش از همان الگوهای تکراری استفاده کند. این کار، شما را در همان جایی که هستید، نگه می‌دارد. یک سیستم فروش موفق باید خروجی‌های خود را هر بار کارآمدتر کند تا بتواند

در دفعات بعدی، ورودی را راحت‌تر به خروجی هدف تبدیل کند. این مهم محقق نمی‌شود، مگر با ساده‌سازی فرایندهای طی‌شدهٔ قبلی به‌منظور استفاده در فرایندهای پیش رو. بهره‌وری و ساده‌سازی، همیشه آزادسازی زمان را به همراه دارند. زمان بیشتر یعنی تمرکز بیشتر شما روی مسائل مهم دیگر، مانند جریان‌های درآمدی، برنامه‌های بازاریابی، کمپین‌های تبلیغاتی، جایگاه‌سازی برند و پرورش منابع انسانی. یادتان باشد که هر کار کوچکی می‌تواند زمان و تمرکز لازم برای انجام کارهای مهم‌تر را از شما بگیرد.

◀ قابلیت تکرارپذیری

آن‌چه در سیستم فروش انجام می‌شود (با حفظ بهینه‌سازی)، نباید یک بار مصرف تلقی شود. به بیانی ساده‌تر، اگر فروش در سیستم تعریف شود، نباید فرایند آن فقط یک بار قابلیت انجام داشته باشد. از شروط لازم تکرارپذیری، مستندسازی، به‌اشتراک‌گذاری و انتقال تجربه است.

◀ قابلیت انعطاف در برابر توسعه و گسترش

یک سیستم فروش موفق، محدود و بسته نیست و در برابر توسعه و گسترش، منعطف و پذیراست. این سیستم می‌تواند خود را با ابزارهای جدید فروش و تیم‌های توانمند مجهز کند. درکل، سیستم‌های موفق، تربیت‌پذیر هستند، چراکه باور دارند تربیت‌پذیری است که آن‌ها را بزرگ و قدرت‌مند می‌سازد.

◀ خوداصلاحی

در طی ترسیم فرایند، هرچه قدر هم سیستم بزرگ و قدرت‌مندی طراحی کرده باشیم، به مانع برمی‌خوریم یا با حفره‌هایی مواجه می‌شویم. سیستم فروش باید قابلیت هشداردهی در چنین شرایطی را داشته باشد، باگ‌ها را پیدا کند، آن‌ها را بشناسد و با فکرافزارها و ابزارهایی که دارد، آن‌ها را اصلاح کند.

تمامی آن‌چه شما از ابتدای فصل تا به این‌جا خوانده‌اید، چگونگی چیدمان یک سیستم فروش بوده است؛ این‌که چه کسانی مشتری شما نیستند، چگونه باید خود را سر راه مشتری قرار دهید، چه سفری برای مشتری طراحی کنید، چه نقاط تماسی ایجاد

◀ **فصل هفتم: فروش**

کنید، چگونه در هر یک از این نقاط تماس با مشتری تعامل کنید و هدف شما از فروش و کسب منفعت چیست. تمام این‌ها، لازمهٔ طراحی یک سیستم فروش نتیجه‌بخش است. امّا آنچه مهم است، بقا و حیات سیستم‌های فروش است و حیات هیچ سیستمی تداوم نمی‌یابد، مگر آن‌که به فرهنگ آمیخته شود. فرهنگ نه متکی به یک فرد، بلکه متکی به تفکّر یک اجتماع (سازمان) است که در رفتار افراد آن اجتماع انعکاس می‌یابد.

بیزنس‌مَستری

◀ پنج نکته‌ای که از این فصل یاد گرفتم:

۱.

۲.

۳.

۴.

۵.

◀ سه گامی که باید بلافاصله شروع کنم:

۱.

۲.

۳.

◀ یک نکتهٔ طلایی که می‌توانم به دیگران یاد بدهم:

کلیهٔ جدول‌ها و تمرین‌های این فصل را از سایت حسین طاهری و صفحهٔ زیر دانلود کنید:
hosseintaheri.ir/bmtools

جذب، مصاحبه و استخدام

فصل هشتم
جذب، مصاحبه و استخدام

استخدام کردن کاری شبیه شکار کردن است، شکار داوطلبان مناسب در زمان مناسب.

📖 بعد از مطالعه این فصل شما مسلط خواهید بود بر:
- ساخت محیط‌های کاری رقابت‌پذیر برای جذب افراد مستعد
- اهمیت و چرایی و روش‌های طراحی شغل
- ابراز استخدام درست به‌جای استخدام اشتباه
- نوشتن آگهی استخدام متقاعدکننده
- مصاحبه‌ی شغلی مؤثر

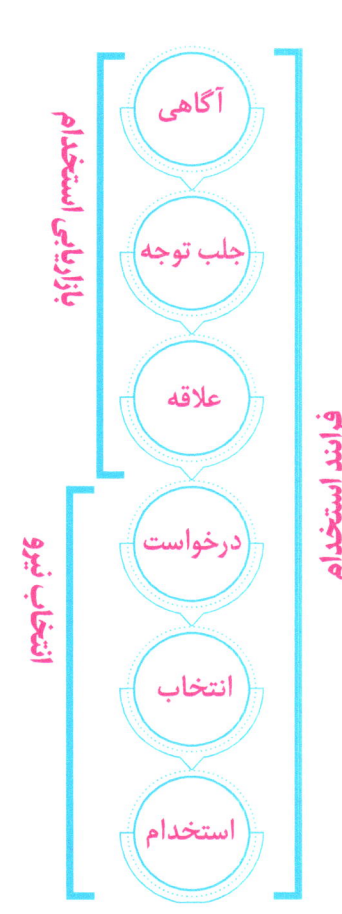

◄ **همهٔ سازمان‌ها به یک اندازه جذّاب نیستند**

فرایند استخدام‌های موفق، به دو بخش «بازاریابی استخدام» و «انتخاب نیرو» تقسیم می‌شود.

فرایند استخدام:

بازاریابی استخدام:
- آگاهی
- جلب توجه
- علاقه

انتخاب نیرو:
- درخواست
- انتخاب
- استخدام

فصل هشتم: جذب، مصاحبه و استخدام

بازاریابی استخدام یا همان جذب سرمایهٔ انسانی در عصر کارآفرینی، از چالش‌های گریزناپذیر صاحبان کسب‌وکار است. هرکدام از آن‌ها می‌خواهند افراد مؤثر و مستعد را در تیم‌های‌شان داشته باشند تا به رشد آن‌ها کمک کنند. این به‌نظر عالی است. امّا چه طور محقق شود؟

بازاریابی استخدام سه مرحله دارد:

• آگاهی و شناخت
در این مرحله، هدف شما ایجاد آگاهی دربارهٔ شرکت و برند کارفرماست.

• توجه
هدف مرحلهٔ توجه، آگاه‌سازی کاندیداهای بالقوهٔ شغل از موقعیت شغلی است.

• علاقه
مرحلهٔ نهایی، متقاعد کردن کاندیداهای انتخابی برای اقدام و درخواست کردن است.

علم جذب افراد مؤثر یا همان بازاریابی استخدام، از علوم بسیار مهم در زمینهٔ سرمایه‌های انسانی است که اغلب نادیده گرفته می‌شود. سازمان‌ها برای این‌که فرد دل‌خواه خود را جذب کنند، صرفاً به آگهی‌های کلیشه‌ای استخدام بسنده می‌کنند و در جلسات مصاحبه‌ای که از قبل برای آن برنامه‌ریزی نمی‌کنند، شکست می‌خورند. این دست از مدیران را همیشه با جملهٔ مشترک «نیروی خوب پیدا نمی‌شود»، که اغلب با غرولند هم بیان می‌شود، دیده‌ایم. کسب‌وکارهای مسلّط، برای جذب، نوع جذب، کانال‌های استخدامی، متن آگهی و حتی جلسات مصاحبه برنامه‌ریزی می‌کنند، چراکه معتقدند اعضای یک کسب‌وکار، نقش تعیین‌کننده‌ای در چگونگی آیندهٔ آن کسب‌وکار دارند. درواقع، کسب‌وکارهای مسلّط، رقابت را از همین جا شروع می‌کنند.

این راز مگوی آن‌هاست: **«ساختن تیم‌هایی مستعد و مسلّط که قرار است با تیم‌های رقیب رقابت کنند.»** بنابراین، توانایی مقابله با رقبا، از جذب افرادی آغاز می‌شود که تمایل به رشد و تلاش برای رسیدن به آن، از خصیصه‌هایی بارز آن‌ها باشد. دقّت کنید که از

استخدام متخصص‌ها حرف نمی‌زنم، بلکه از جذب و ساختن مستعدها و پرورش آن‌ها حرف می‌زنم.

به‌طور کلی، برای جذب افراد مستعد دو روش بسیار مؤثر را دنبال می‌کنیم:
- طراحی محیط‌های کاری رقابت‌پذیر؛
- طراحی تحلیل نامهٔ نیازمندی‌های شغلی.

◀ سازمان‌ها چگونه محیط‌های کاری رقابت‌پذیری برای جذب مستعدها می‌سازند؟

۱. ساخت برند کارفرمایی

برند کارفرمایی، باارزش‌ترین دارایی یک سازمان است و ساخت آن، جهت‌دهی به شهرت و تصویری است که افراد جامعه (تیم، رقیب، مشتری و عموم مردم) از سازمان شما دارند. درواقع، برند کارفرمایی نشان‌دهندهٔ میزان جذّابیت و ارزشی است که سازمان به کارمندان خود ارائه می‌دهد. همچنین، نشان می‌دهد که یک کسب‌وکار چگونه به‌عنوان یک محیط کاری مطلوب و جذّاب شناخته می‌شود و می‌تواند تأثیر مستقیم یا غیرمستقیمی روی جذب، نگهداری و مشارکت افراد در سازمان‌ها داشته باشد. برند کارفرمایی، هدفی دور از دسترس نیست و می‌توان آن را با اقداماتی مانند مراقبت از سلامت روان کارکنان، به نمایش گذاشتن موفقیت‌های تیم در وب‌سایت و شبکه‌های اجتماعی، داستان‌سرایی و بازتاب رسالت سازمان در راستای خدمت به جامعه، و طراحی محیط کاری متمایز و ارائهٔ تجهیزات باکیفیت، محقق کرد. هرکسی از کار کردن در سازمان‌هایی که برند کارفرمایی قدرت‌مندی دارند، هویّت معتبری می‌گیرد. پس هر کسب‌وکاری که در این جهت فکر می‌کند و برای ساخت چنین محیطی اقدام می‌کند، در جذب نیرویی که می‌خواهد، موفق می‌شود.

۲. ساخت فرصت‌های آموزشی

آموزش، افراد تیم شما را به‌روز نگه می‌دارد و آن‌ها را به توانایی‌ها و دانش‌های جدید مجهز می‌کند. افرادی که یادگیری را وظیفهٔ تمام دوران حرفه‌ای خود می‌دانند، جذب شرکتی خواهند شد که در این خصوص آن‌ها را حمایت کند. همچنین، شرکت کردن افراد

در دوره‌های آموزشی مختلف از طرف سازمان شما، نشان‌دهندهٔ اهمیّتی است که سازمان به رشد تیمی کارکنان خود می‌دهد.

۳. خلق محیط کاری الهام‌بخش

اگر کسی تا به حال به شما نگفته است، من می‌گویم که اصل الهام‌بخشی، از اصل منفعت سرچشمه می‌گیرد. این‌که فرد احساس کند چیزی به او اضافه می‌شود و به نفع او رقم می‌خورد. این‌که بداند در چه زمینی بازی می‌کند و قوانین بازی چقدر از او حمایت می‌کنند. محیط‌های الهام‌بخش از گفت‌وگوها، چالش‌ها، طوفان‌های فکری و اجرای ایده‌های خلاق و نوآور حمایت می‌کنند. از خلق محیطی برای تفکّر مستقل هر فرد حمایت می‌کنند. همین‌طور محیط‌هایی را برای هم‌فکری و هم‌صحبتی اعضای تیم پدید می‌آورند. جالب است بدانید که محیط‌های الهام‌بخش، از پذیرش خطا و ریسک، همچنین چندقطبی بودن هم استقبال زیادی می‌کنند، به‌شرط آن‌که نظرات آن‌ها تحت آموزه‌های واحد از یک رهبر سازمانی باشد. درواقع، سازمانی می‌تواند محیط الهام‌بخش خلق کند که رهبری الهام‌بخش داشته باشد. در سازمان‌های الهام‌بخش، تأثیر اقدامات هر فرد مشهود است و افراد با دیدن خروجی‌های مؤثر خود یا دیگران، برای خلق نتایج بهتر، تلاشی مضاعف می‌کنند. افراد جذب محیط‌های الهام‌بخش می‌شوند تا کار کردن برای‌شان لذّت‌بخش‌تر شود.

۴. استفاده از فناوری‌های نو

استفاده از فناوری‌های جدید در محیط‌های کاری، انجام فرایندها را تسهیل می‌کند. بهبود ارتباطات داخلی افراد با استفاده از ابزارهای به‌روز، استفاده از سیستم‌های هوش تجاری (BI)، و به‌طور کلی، فناوری‌های نرم‌افزاری و سخت‌افزاری که زمان بیشتری از افراد را ذخیره می‌کنند و به کیفیت کارشان می‌افزایند، عامل قدرت‌مندی برای جذب سرمایه‌های انسانی مستعد به شمار می‌روند.

۵. رعایت بهداشت روانی سازمان

سازمان‌هایی در جذب افراد موفق عمل می‌کنند که به سلامت روان خود اهمیّت می‌دهند. مدیران حرفه‌ای برای رعایت بهداشت روانی افراد می‌کوشند تا:

- پیش از آن‌که از تیم‌شان انتظاری داشته باشند، منابع کافی در اختیارشان قرار دهند؛
- ارتباطات و فرهنگ سازمانی مؤثری بسازند؛
- بدون مدیریت ذره‌بینی، رهبری کنند؛
- امنیت شغلی آن‌ها را تضمین کنند؛
- به برطرف کردن نقاط ضعف آن‌ها کمک کنند؛
- نقاط قوّت آن‌ها را توسعه دهند؛
- صریح و شفاف باشند؛
- گوش شنوا داشته باشند؛
- الگو باشند.

۶. ساخت فرهنگ سازمانی مبتنی بر همکاری و نوآوری

فرهنگ سازمانی را می‌توان عامل یک‌پارچگی سازمان، پیشبرد اهداف و توسعهٔ ارتباطات داخلی و خارجی سازمان دانست. شرکت‌هایی که فرهنگ سازمانی خود را مبتنی بر همکاری، همبستگی و نوآوری طراحی می‌کنند، به‌مراتب سازمان‌هایی جذّاب‌تر برای افراد محسوب می‌شوند.

۷. توسعهٔ روابط عمومی

سازمان‌ها با ساخت روابط عمومی مؤثر با جامعه‌شان می‌توانند قدرت خود را در تعاملی بودن‌شان نشان دهند. این شامل حضور در رویدادها، ارتباط با رسانه‌های مختلف، مثل رسانه‌های آنلاین، رادیو و تلویزیون و رسانه‌های چاپی، همچنین مشارکت در فعالیت‌های اجتماعی و محیطی است. روابط عمومی مؤثر می‌تواند به‌طور چشم‌گیری به جذب نیروی کار مستعد و اهل تعامل کمک کند. استراتژی‌های رقابتی برای ساخت محیط‌های جذّاب کاری، چیزی است که اغلب صاحبان کسب‌وکار و مدیران منابع انسانی از آن غافل هستند، ولی به‌عنوان کسی که صاحب یک کسب‌وکار مسلّط است، باید بدانیم که دورهٔ استخدام‌های کلیشه‌ای به‌سر آمده است. افراد برای حضور در سازمان‌ها، دیگر به یک آگهی ساده بسنده نمی‌کنند، بلکه می‌خواهند عضوی از جامعه‌ای باشند

که نوآور و خلاق است، مسیری رو به جلو دارد، با مردم در تعاملی مثبت است و همه آن را می‌شناسند.

◀ سازمان‌ها چگونه نیازمندی‌های شغلی را برای جذب افراد مستعد پیدا می‌کنند؟

از رقابت‌پذیری که بگذریم، تحلیل نیازهای نیروی کار مستعد می‌تواند به برآوردن نیازمندی‌های شغلی و در نتیجه، جذب مؤثر افراد کمک بزرگی کند که در ادامه به چهار روش بی‌نظیر برای انجام این فرایند مؤثر اشاره خواهیم کرد.

۱. مصاحبه با تیم فعلی سازمان و مدیران آن

از تیم فعلی خود دربارهٔ وظایف، مهارت‌ها، تخصص‌ها، و منابع موردنیازشان برای انجام کارها بپرسید. فرض کنید که دوباره قرار است آن‌ها را استخدام کنید و از آن‌ها هم بخواهید که چنین سناریویی را تصور کنند. آن‌ها به سبب تجربه‌ای که از کار با سیستم شما دارند، می‌توانند بهترین مشاوره را درخصوص آن‌چه که سازمان‌تان برای ساخت محیط جذّاب کاری به آن احتیاج دارد، به شما ارائه دهند. از آن‌ها بپرسید که چه چیزی انجام کارهای‌شان را لذّت‌بخش‌تر می‌کند؟ در مصاحبه با مدیران سازمان‌تان هم همان سناریو را تکرار کنید و از آن‌ها دربارهٔ چالش‌های‌شان با تیم‌ها بپرسید. از آن‌ها بخواهید تا با بررسی داده‌های عملکردی تیم خود، نقاط قوّت و ضعف اعضای تیم را شناسایی کنند و به شما گزارش دهند که چگونه نقاط قوّت اعضای تیم در طول زمان رشد کرده است و چه نقاط ضعفی مانع دستیابی به نتایج دل‌خواه شده است. مدیران شما به‌دلیل ارتباط نزدیک‌تری که با کارکنان دارند، درک وسیع‌تری از نیازمندی‌های شغلی افراد در این صنعت به شما پیشنهاد می‌کنند.

۲. مطالعهٔ بازار کار

مطالعهٔ بازار کار و صنعت مرتبط با سازمان شما می‌تواند به شما درکی از نیازمندی‌های شغلی فعلی و آینده در صنعت‌تان بدهد. بررسی کنید که رقبای شما چه مزایایی نسبت به سازمان شما دارند که باعث می‌شود افراد را جذب کنند. چه نیازهایی از آن‌ها را تأمین می‌کنند که شما نسبت به آن‌ها بی‌توجه بوده‌اید؟ تیم‌شان چرا همیشه و در هر شرایطی

با آن‌ها همراه است؟ در کدام رسانه‌ها حضور دارند و چه چیزی به افرادشان می‌دهند که شما نداده‌اید؟

۳. تحلیل مجدّد وظایف و مسئولیت‌ها

مسئولیت‌ها و شرح شغلی تیم‌تان را دوباره بررسی کنید. این شامل وظایف اصلی و فرعی، فعالیت‌ها، سطح پیچیدگی و نیازمندی‌های زمانی، مسئولیت‌ها، مهارت‌ها، شرایط کاری، ارتباطات و روابط کاری، محیط کار و زمان‌بندی است. حال از خودتان بپرسید که چه منابع و تجهیزاتی در اختیار آن‌ها قرار داده‌اید؟

۴. گفت‌وگو با مشتریان و کاربران

از مشتریان و مخاطبان‌تان بازخورد بگیرید، چراکه میوهٔ رسالتی که قرار است توسط اعضای سازمان‌تان اجرا شود، به دست آن‌ها می‌رسد. بنابراین، بررسی نظرات آن‌ها به شما می‌گوید که اعضای تیم‌تان برای دریافت بازخوردهای مثبت بیشتر، باید چه‌کار کنند. حال شما مجموعه‌ای از معیارها و مشخصه‌ها را در دست دارید که افراد مستعد موردنظرتان دوست دارند آن‌ها را در محیط کار خود ببینند و درک کنند. درواقع، تحلیل نیازمندی‌های شغلی به شما کمک می‌کند تا از دیدگاه افرادی که می‌خواهند برای شرکت شما کار کنند، خود را ببینید. این مهم، شما را برای طراحی محیط کاری جذّاب‌تر، تهیهٔ آگهی‌های استخدامی مؤثرتر و اجرای مصاحبه‌های بهتر آماده می‌کند. این امر به شما کمک می‌کند تا افراد مستعد را براساس تطابق با نیازمندی‌های شغلی خود شناسایی و جذب کنید.

چهار روش استاندارد برای بهسازی مشاغل

- چرخش در مشاغل
- توسعه فعالیت‌های شغلی
- آشنا کردن کارکنان با مشاغل یکدیگر
- پربار کردن شغل / استقلال کاری

طبق چک لیست، پرسش‌های هر یک از این چهار روش را پاسخ دهید:

چرخش در مشاغل

- آیا می‌توانید ترتیبی دهید که هر یک از اعضای تیم‌تان بین مشاغل سازمان در هر چند ساعت، روز، یا هفته چرخش کنند؟
  ☐ بله   ☐ خیر

- آیا برای بعضی از افراد تنوع کار مفید و رضایت بخش است؟
  ☐ بله   ☐ خیر

توسعه فعالیت‌های شغلی

- آیا می‌توانید ترتیبی دهید که هر یک از اعضای تیم به جای یک کار، چند کار مشابه یکدیگر انجام دهند؟
  ☐ بله   ☐ خیر

- آیا برای بعضی از افراد تنوع کار مفید و رضایت بخش است؟
  ☐ بله   ☐ خیر

- آیا ممکن است در این صورت عواملی مثل بی‌قراری و تغییر زیاد کار، تأثیر منفی بیشتری برای آن‌ها داشته باشد؟
  ☐ بله   ☐ خیر

پربار کردن شغل

- آیا می‌توانید ترتیبی دهید که افراد مسئولیت بیشتری برای اتخاذ تصمیم درباره اهداف یا راه‌های انجام کار تقبل کنند؟
  ☐ بله   ☐ خیر

- آیا افراد می‌توانند بازخوردهایی برای کنترل کارایی خودشان استفاده کنند؟
  ☐ بله   ☐ خیر

- آیا افراد می‌توانند کارهایی در سطح بالاتر را برعهده بگیرند؟   ☐ بله   ☐ خیر

- آیا افراد می‌توانند از مهارت‌ها و تخصص جدید استفاده کنند؟   ☐ بله   ☐ خیر

استقلال کاری تیم‌ها

◄ آیا می‌توانید به تیم‌تان مسئولیت بیشتری برای برنامه‌ریزی، سازمان دادن یا کنترل کار به دست خودشان بدهید؟
☐ بله   ☐ خیر

◄ آیا ممکن است ارتباط کاری نزدیک‌تر همکاران به نفع اعضای گروه باشد؟
☐ بله   ☐ خیر

◄ آیا ممکن است عده‌ای از داشتن ارتباط کاری نزدیک‌تر راضی نباشند؟
☐ بله   ☐ خیر

چه شغلی راضی کننده است؟

در این چک لیست چند مسئله که باید هنگام طراحی شغل برای فرد رعایت شود آورده‌ایم. درباره ارتباط آن‌ها به هر یک از اعضای گروه‌تان فکر کنید.

◄ بخشی از کل است و تأثیر مشخصی در ارائه خدمت یا گروه یا سازمان دارد؟
☐ بله   ☐ خیر

◄ ارزش انجام دادن دارد؟
☐ بله   ☐ خیر

◄ به فرد آزادی کافی برای تصمیم‌گیری درباره نحوه انجام کارش می‌دهد؟
☐ بله   ☐ خیر

◄ زمینه خوبی برای یادگیری و ارتقای او فراهم می‌کند؟
☐ بله   ☐ خیر

به خاطر داشته باشید که افراد با یکدیگر متفاوت هستند، آنچه برای یک فرد متناسب یا کافی به نظر می‌رسد ممکن است برای دیگری خیلی زیاد یا خیلی کم باشد. با این وجود از شما می‌خواهیم افرادی از سازمان‌تان را نام ببرید که از کوشش‌های شما برای بهسازی شغل‌شان استقبال می‌کنند.

۴۶۸ ◀ فصل هشتم: **جذب، مصاحبه و استخدام**

بررسی مزایا و معایب ممکن

در زیر مزایا و معایب ممکن دربارهٔ بهسازی شغل کارکنان ذکر شده است، به موقعیت خودتان فکر کنید و ببینید کدام یک با چرخش در شغل **(چ)** توسعه مشاغل **(ت)**، پربار کردن شغل **(پ)**، و استقلال کاری تیم‌ها **(الف)** مرتبط می‌شوند:

	مزایا	معایب	الف	پ	ت	چ
تولید						
کیفیت کار						
انعطاف‌پذیری						
استفاده از زمان						
ماندگاری نیروی انسانی						
رضایت شغلی افراد						
روحیه تیم						
نیاز به نظارت مدیران						
ارتباط با مدیریت						
مدیریت هزینه‌ها						
سایر موارد						

◀ طراحی شغل

باید بدانید هنگامی که کار شما روی غلتک باشد، بیشتر از سمت کارمندان ضعیف آسیب می‌بینید. همیشه گفته‌ام و باز هم می‌گویم که قدرت یک زنجیر، به ضعیف‌ترین حلقهٔ آن وابسته است. اشتباه نکنید. **منابع انسانی** بزرگ‌ترین دارایی شما نیست، بلکه منابع انسانی شایسته که ترجیح می‌دهم آن‌ها را **سرمایهٔ انسانی** بدانم، بزرگ‌ترین دارایی شماست. چراکه انسان‌ها با این‌که ارزش‌های برابری دارند، امّا ارزش‌های برابری خلق نمی‌کنند. بنابراین، برای این‌که بتوانید سرمایهٔ انسانی استخدام کنید، باید قبل از هر چیزی، جایگاه آن‌ها یا به عبارتی شغل آن‌ها را طراحی کنید.

◀ چه کنیم تا شغل برای شاغل مطلوب‌تر باشد؟

تفکّر قدیمی و سنتی کسب‌وکارها بر این مبنا بود که اگر فردی فقط مسئول بستن یک پیچ باشد و دائماً هم این کار را انجام دهد، هم سرعتش افزایش می‌یابد و هم این کار را با

کیفیت بهتری انجام خواهد داد. امّا طی نیم قرن اخیر، «طراحی شغل» خود را در مفهوم دیگری معرفی کرد. درواقع، مدت‌ها هدف از طراحی شغل این بود که کارها، بیشتر، سریع‌تر و ارزان‌تر انجام شوند؛ امّا طی دهه‌های اخیر، طراحی شغل جهت‌گیری خود را از کار به کارمند و از شغل به شاغل تغییر داد و صاحبان کسب‌وکار را بر آن داشت تا به یک سؤال مهم پاسخ دهند: **چه کنیم تا شغل برای شاغل مطلوب‌تر باشد؟** ما به‌عنوان کارآفرین، شغل را مجموعه‌ای از وظایف، فعالیت‌ها و مسئولیت‌ها می‌دانیم. درحالی‌که طراحی شغل، یافتن ترکیبی مناسب از وظایف، فعالیت‌ها و مسئولیت‌ها برای هر موقعیت شغلی است. طراحی شغل برای یک سرمایهٔ انسانی باید به‌گونه‌ای باشد که تمام جنبه‌های منفی شغل او را از بین ببرد.

◀ هدف از طراحی شغل چیست؟
۱. بیشینه کردن رضایت شغلی
چه نکاتی می‌تواند رضایت فرد شاغل را افزایش دهد؟

- شغل موردنظر، ساده و یک‌نواخت و تکراری نباشد؛
- انجام آن نیازمند تفکّر خلاق باشد؛
- تنوع و آزادی داشته باشد؛
- امکان رشد و پیشرفت را فراهم کند.

۲. بیشینه کردن انگیزه‌های شغلی
یک شغل، چگونه انگیزهٔ درونی افراد را برای انجام آن افزایش می‌دهد؟ چگونه شغلی، افراد را علاقه‌مند می‌کند؟

۳. تعیین معیار شایستگی
شایستگی‌های موردنیاز برای استخدام در چنین شغلی چیست؟

۴. کاهش
چنین شغلی چه چیزهایی را باید به حداقل برساند؟

- کاهش فاصلهٔ شغل و شاغل؛
- کاهش استرس شغلی شاغل؛
- کاهش غیبت، تأخیر و استعفا.

۵. عملکرد کارآمد
چگونه می‌توان عملکرد و خروجی افراد را افزایش داد؟ قبل از آن‌که سراغ روش‌های طراحی شغل برویم، چند مفهوم را با هم مرور می‌کنیم:

• شغل
مجموعه‌ای از وظایف، فعالیت‌ها و مسئولیت‌هاست.

• طراحی شغل
یافتن ترکیبی مناسب از وظایف، فعالیت‌ها و مسئولیت‌ها برای هر موقعیت شغلی است، به‌گونه‌ای که تمام جنبه‌های منفی شغل فرد را از بین ببرد.

• مسئولیت
این‌که هر فرد بتواند اهمیّت کاری را که انجام می‌دهد، تشخیص دهد و بداند که چگونه بر اهداف سازمان تأثیر می‌گذارد.

• اختیار
اختیار، مکمل مسئولیت است. نمی‌توانیم افراد را بازخواست کنیم، امّا به آن‌ها اختیار لازم را ندهیم. دادن اختیار برای تنظیم و کنترل امور در چارچوب پارامترهای تعیین‌شده ضروری است.

روش‌های طراحی شغل:
- ساده‌سازی
- فناوری
- توسعه
- غنی‌سازی

۱. ساده‌سازی

از مهم‌ترین روش‌های طراحی شغل، ساده‌سازی یک شغل پیچیده از طریق جداسازی اجزای مختلف آن است؛ به‌گونه‌ای که هر بخش از آن به یک نفر سپرده می‌شود که باید آن را به طور مستمر انجام دهد. در این تداوم، فرد در انجام آن تبحر پیدا می‌کند و بهترین نتیجه ممکن را کسب خواهد کرد. همین امر، بهره‌وری سازمان را افزایش می‌دهد.

مزایا:

- کاهشِ فشار جسمی، روحی و اضطراب؛
- حذف فرایندها و فعالیت‌های اضافه.

معایب:

- روزمرگی شغلی؛
- خستگی مداوم؛
- عادی شدن فرایند کاری؛
- کاهش میزان توجه؛
- افزایش خطاهای فردی.

۲. چرخش

از روش‌های دیگر طراحی شغل، گردش یا چرخش شغلی افراد تیم است که در آن، افراد به‌صورت چرخشی در بخش‌های مختلف سازمان مشغول به کار می‌شوند.

مزایا:

- افزایش آگاهی نسبت به دیگر وظایف سازمان؛
- ایجاد مهارت‌های چندسطحی؛
- کشف استعدادها و پتانسیل‌های پنهان؛
- یافتن فعالیتی متناسب با روحیات و توانایی‌ها.

معایب:

- کاهش یکپارچگی؛
- ترس از اجرای درست وظایف محول‌شده؛
- وقفه‌های کاری دائم؛
- سوءتفاهم‌های زیاد.

۳. غنی‌سازی

یکی از روش‌های طراحی شغل، غنی‌سازی و پربارسازی شغلی است. به این شکل که به هر فرد مسئولیت‌ها و البته اختیارات بیشتری تعلّق می‌گیرد.

مزایا:

- خلق چالش برای افزایش توانایی؛
- افزایش قدرت پذیرش مسئولیت‌های جدید؛
- کاهش سطوح مدیریتی؛
- افزایش انگیزه و کسب نتایج.

۴. توسعه

یکی از روش‌های رایج در طراحی شغل، استفاده از روش توسعهٔ شغلی است. در این روش، به مسئولیت‌ها و اختیارات افراد اضافه نمی‌شود و فرد با داشتن همان اختیارات فردی در سازمان، وظایف بیشتری را برعهده خواهد داشت.

مزایا:

- مسئولیت کارهای مشابه؛
- آموزش‌های زمان‌بندی‌شده؛
- افزایش انعطاف و سازگاری شغلی.

جدول طراحی شغل

عنوان شغلی	جایگاه شغلی
وظیفه	دانش
مسئولیت	مهارت
شخصیت	تخصص
اختیار	

◀ **استخدام**
از خودتان بپرسید:

◀ تا به حال بابت استخدام کارمندان ضعیف، چه هزینه‌هایی را متحمل شده‌اید؟

◀ اغلب صبر می‌کنید تا از افراد ناامید شوید و بعد به فکر جایگزینی می‌افتید؟

◀ برای جلوگیری از ورود افراد ضعیف به تیم‌تان چه کارهایی انجام داده‌اید؟

◀ اعضای ضعیف تیم‌تان اغلب اخراج می‌شوند یا استعفا می‌دهند؟

حال وقت استخدام کردن است. کاری شبیه شکار کردن. شکار داوطلبان مناسب در مکان‌های مناسب. اغلب مدیران کسب‌وکار وقتی به درماندگی می‌رسند، می‌خواهند استخدام کنند. امّا اگر دقّت کنید، در شکار استخدامی، از زمان مناسب صحبتی نکردم. چراکه باید بدانید بهترین زمان استخدام، «همیشه» است. شما همیشه باید بتوانید جریانی از استعدادها را به کسب‌وکارتان سرریز کنید. آن هم نه‌فقط برای افرادی که شغل ندارند. درواقع، بهترین استعدادهایی که می‌توانید استخدام کنید، همین الان در سازمان‌های دیگر شاغل هستند. قبل از این‌که از روش‌های جذّاب استخدام صحبت کنیم، می‌خواهم شما را با مفهومی تازه در سرمایه‌های انسانی آشنا کنم. مفهومی که همان‌طور که در بازاریابی مشتری، کلیدی است، در بازاریابی استخدام هم تعیین‌کننده است. مفهوم «پرسونای استخدامی»، همان چیزی است که همیشه باید به آن فکر کنیم. به این‌که سازمان ما چه افرادی را در چه سنی می‌پذیرد؟ چه خصیصه‌ای از این افراد می‌تواند در سازمان ما خلق فرصت کند؟ چه مهارت‌هایی باید داشته باشند؟ علایق شغلی آن‌ها چیست؟ چه محتواهایی را دنبال می‌کنند؟ موفقیت‌های پیشین آن‌ها ناشی از چه عواملی بوده است؟ دلیل سرخوردگی‌هایشان چیست؟

بوم پرسونای استخدامی، همان چیزی است که می‌تواند در فرایند پرچالش استخدام، نجات‌بخش باشد.

فصل هشتم: جذب، مصاحبه و استخدام

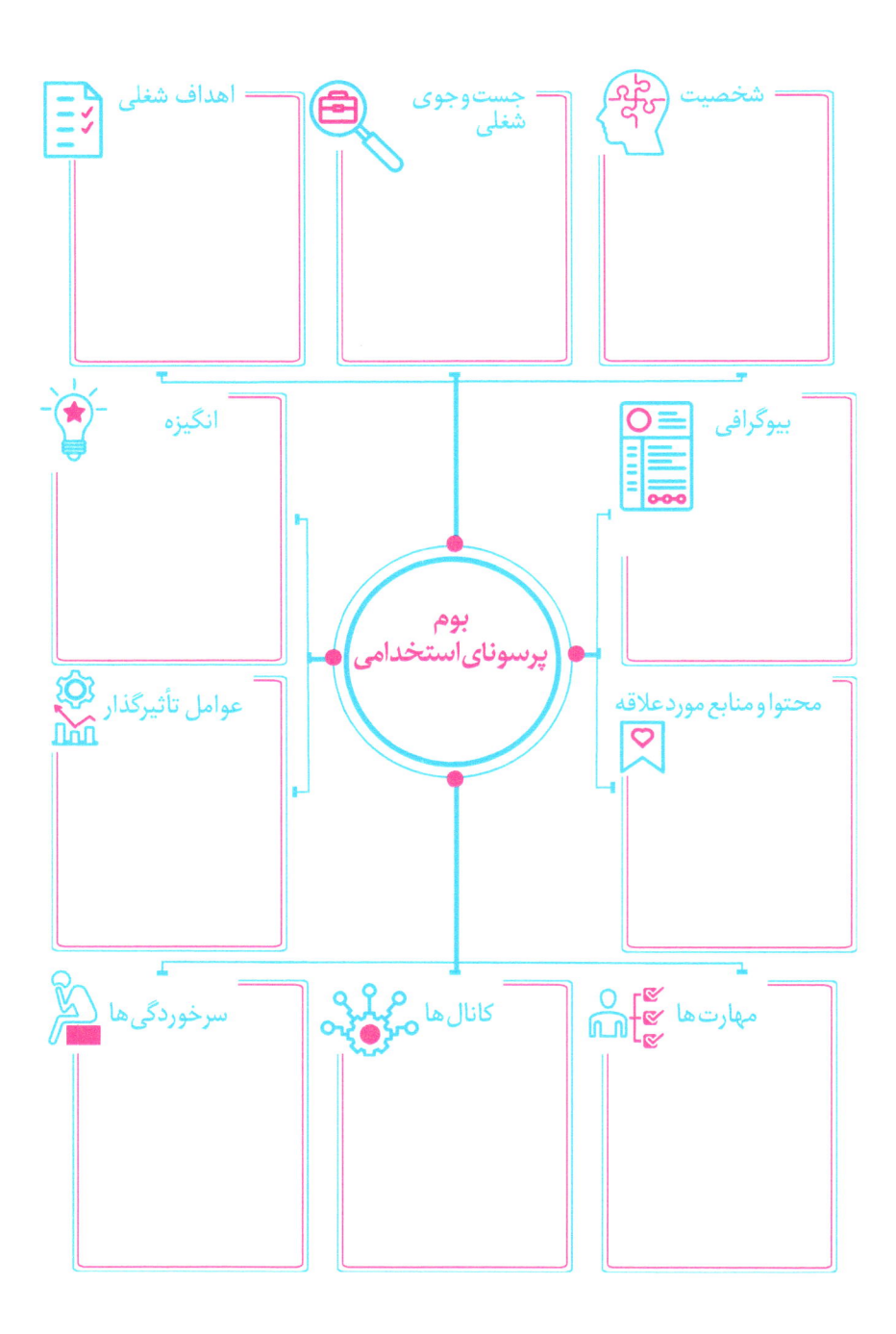

- اهداف شغلی
- جست‌وجوی شغلی
- شخصیت

- انگیزه
- بیوگرافی

بوم پرسونای استخدامی

- عوامل تأثیرگذار
- محتوا و منابع مورد علاقه

- سرخوردگی‌ها
- کانال‌ها
- مهارت‌ها

بیوگرافی

یک بیوگرافی مختصر از شخصی فرضی که می‌خواهید استخدامش کنید، با توجه به محیط و فرهنگ سازمانی خود بنویسید.

- جنسیت:
- سن:
- علایق:
- سرگرمی‌ها:
- وضعیت خانوادگی:
- موقعیت جغرافیایی:

شخصیت

- چه شخصیتی دارد؟
- به چه چیزهایی اهمیّت می‌دهد؟
- خصوصیات اخلاقی‌اش چیست؟
- چه چیزهایی را خط قرمز خود می‌داند؟

مهارت

- چه مهارت‌ها و توانایی‌هایی دارد؟
- چه کارهایی را می‌تواند برای شما انجام دهد؟

جست‌وجوی شغل

- به‌دنبال چه شغلی با چه ویژگی‌هایی می‌گردد؟
- شغل موردنظرش کدام نیازهای او را تأمین می‌کند؟

اهداف شغلی

- چه هدفی را دنبال می‌کند؟
- چه چشم‌انداز شغلی‌ای برای خود درنظر گرفته است؟

سرخوردگی‌ها

- قبلاً چه سرخوردگی‌هایی را در محیط‌های کاری‌اش تجربه کرده است؟
- چه نیازهایی از او نادیده گرفته شده است؟

انگیزه

- مهم‌ترین انگیزه‌ای که دارد، چیست؟
- در اصل، برای چه چیزی کار می‌کند؟
- مهم‌ترین دلیلی که هر روز به‌خاطر آن به شرکت شما می‌آید، چیست؟

محتوا و منابع مورد علاقه

- علاقه‌مند به یادگیری چه چیزهایی است؟
- چه محتوایی را برای سرگرمی دنبال می‌کند؟
- در کدام شبکهٔ اجتماعی فعال‌تر است؟

عوامل تأثیرگذار

- چه افرادی بر او و تصمیماتش تأثیر می‌گذارند؟
- از چه عوامل یا شرایطی تأثیر می‌پذیرد؟

تکمیل کردن بوم پرسونای شغلی، شما را آگاه‌تر می‌کند. اکنون می‌دانید که جای چه کسی در سازمان شما خالی است.

به طور کلی بهترین کارمندان:
- می‌خواهند در کار خود بهترین شوند؛
- سطوح بالایی از مسئولیت را قبول می‌کنند؛
- نگرش ذهنی مثبتی دارند؛
- از زمان خود به‌خوبی استفاده می‌کنند؛
- با دیگر کارمندان تعامل خوبی دارند.

◀ روش‌های استخدام

حال به روش‌های استخدام می‌رسیم. روش‌هایی که نجات‌بخش هستند و سریع‌تر از روش‌های سنتی، نتیجه می‌دهند.

- **تبدیل افراد به کاشفان استعداد**

همهٔ افراد را به کاشف استعداد تبدیل کنید. کارمندان‌تان به‌دلیل تجربه‌ای که در سازمان شما دارند، می‌توانند افراد مستعد مناسب را به شما معرفی کنند. حتی می‌توانید بابت جذب استعدادها، به آن‌ها پاداش دهید. نیمی از پاداش را در شروع استخدام بدهید و نیمی دیگر را پس از پایان ماه ششم همکاری فردی که استخدام شده است. همچنین، از آن‌ها بخواهید آگهی‌های استخدام سازمان را در صفحات اجتماعی خود منتشر کنند. مزیّت چنین کاری این است که وقتی آگهی توسط افرادی که همین الان در سازمان شما مشغول به کار هستند منتشر می‌شود، نشان‌دهندهٔ رضایت آن‌ها از همکاری با شماست.

وب‌سایت شما اهرم استخدامی است که از چشم‌تان دور مانده است.

- **بلاگ**

در انتهای پست‌های بلاگ خود، از کاربران بخواهید تا اگر دوست دارند عضوی از تیم شما شوند، فرم استخدامی را پر کنند.

فصل هشتم: جذب، مصاحبه و استخدام

• چک‌لیست

از کاربران بخواهید تا اگر تمایل دارند، اطلاعات استخدامی خود را قبل از دانلود چک‌لیست‌ها و کتاب‌های الکترونیکی به شما ارائه دهند.

• صفحهٔ فرود

یک صفحهٔ فرود **«شما هم از ما باشید»** یا همان **«به ما بپیوندید»** ایجاد کنید:

از محیط کار خود، اعضای تیم‌تان و روند فعالیت‌هایی که تعریف می‌شود، یک ویدئوی جذّاب تولید کنید و در این صفحه قرار دهید.

علاوه بر این، می‌توانید با افرادی که در سازمان شما به موفقیت رسیده‌اند یا احساس تعلّق به سازمان دارند، مصاحبه کنید و نظرات آن‌ها را در قالب ویدئو در این صفحه قرار دهید. نظر برخی از آن‌ها را می‌توانید به صورت تستی‌مونیال و همراه با عکس و متن قرار دهید.

یک فرم برای دریافت اطلاعات تماس افرادی که تمایل دارند عضوی از سازمان‌تان باشند، قرار دهید.

یک بخش «فرصت‌های شغلی» در همین صفحه ایجاد کرده و مدام آن را به روز کنید.

- شرکت شما چه کاری انجام می‌دهد؟
- ارزش‌ها در محیط کاری شما چگونه تعریف می‌شود؟
- چه فرهنگی را دنبال می‌کند؟
- چه رسالتی دارد؟

این صفحه باید به چهار سؤال به خوبی پاسخ دهد:

• ایمیل و پیامک
می‌توانید به متقاضیان قبلی، پیامک و ایمیل ارسال کنید. تغییرات خودتان را با ارسال لینک وب‌سایت یا صفحات اجتماعی به آن‌ها نشان دهید.

• رسانه‌های اجتماعی
گسترش استفاده از شبکه‌های اجتماعی، مانند توییتر، فیس‌بوک، لینکدین و اینستاگرام، به سازمان‌ها این امکان را می‌دهد تا فرصت‌های شغلی خود را در این پلتفرم‌ها منتشر کنند. این روش امکان دسترسی به جامعهٔ بزرگ‌تری از افراد علاقه‌مند به کار را فراهم می‌کند. همچنین، سازمان‌ها می‌توانند با استفاده از قابلیت‌های هدفمندسازی تبلیغات در این رسانه‌ها، درخواست نیرو را تنها به افرادی که ویژگی‌های موردنیاز را دارند نمایش دهند.

برای مثال، می‌توانم شبکهٔ اجتماعی لینکدین را جایی برای یافتن ابرقهرمانان سازمان معرفی کنم. چراکه تنها شبکهٔ اجتماعی است که بیشتر هویّتی تجاری دارد، افراد متخصص در آن فعالیت می‌کنند و اخبار و داستان‌هایش حول محور برندها و سازمان‌ها و تیم‌های فعال آن‌ها می‌چرخد.

چند راهکار زیر شما را برای شروع فعالیت استخدامی در این شبکه یاری می‌کند:

• ایجاد یک صفحهٔ کارفرما
اگر سازمان شما هنوز یک صفحهٔ کارفرما در لینکدین ندارد، حتماً آن را ایجاد کنید. در این صفحه می‌توانید دربارهٔ شرکت، فعالیت‌ها و فرصت‌های شغلی موجود صحبت کنید.

• استفاده از ابزارهای جست‌وجو
لینکدین ابزارهای جست‌وجوی پیشرفته‌ای را برای پیدا کردن نیروهای موردنظر ارائه می‌دهد. شما می‌توانید با استفاده از فیلترها و پارامترهای مختلف، جست‌وجوی متناسب

با نیازهای شغلی خود را انجام دهید؛ مانند موقعیت جغرافیایی، صنعت، سابقهٔ کار و مهارت‌ها.

دنبال کردن افراد فعال در حوزه‌های مختلف

در لینکدین، صفحات افراد مرتبط با صنعت و حوزهٔ کاری شما وجود دارد. با دنبال کردن این صفحات، می‌توانید با افرادی که در حوزهٔ موردنظر شما فعال هستند، ارتباط برقرار کرده و نیروی کار مناسب را پیدا کنید یا به افرادی که دایرهٔ سبز open to work دور عکس پروفایل آن‌هاست، پیشنهاد کار بدهید.

- **استفاده از تبلیغات**

لینکدین به شما این امکان را می‌دهد تا تبلیغات متنی یا تصویری خود را به‌صورت هدفمند به کاربران نمایش دهید. شما می‌توانید با استفاده از تبلیغات، برند شرکت خود را تقویت کرده و نیروی کار مناسب را جذب کنید.

- **رویدادها، کنفرانس‌ها و نمایشگاه‌های صنعتی**

ارتباط و شبکه‌سازی با افرادی که در صنعت مربوط به شما فعالیت می‌کنند، همیشه می‌تواند افرادی را که به‌دنبال آن‌ها هستید، سر راه‌تان قرار دهد. در این رویدادها می‌توانید به‌طور مستقیم با افراد متخصص صنعت خود در ارتباط باشید. همچنین، حضور در نمایشگاه‌ها می‌تواند فرصتی برای تعامل با افراد بااستعداد، جذب نیروی کار و ارتقای برند شما باشد.

- **همکاری با دانشگاه‌ها و مراکز آموزشی**

دانشگاه‌ها و مراکز آموزشی، پر است از افراد جوان بادانشی که می‌توانند در سازمان شما کسب مهارت کنند. برگزاری کارگاه‌ها دورهمی‌ها در دانشگاه‌ها و مراکز آموزشی، یا حتی شرکت در آن‌ها به شما این امکان را می‌دهد تا ارتباط مستقیم با اساتید و دانشجویان برقرار کرده و نیروهای مستعد را مثل یک آهنربای مؤثر جذب کنید.

• استخدام داخلی

استخدام داخلی به معنای جذب استعدادها از داخل سازمان است. گاهی نیاز نیست که شما فرد جدیدی را برای پست خالی سازمان استخدام کنید، چراکه می توانید با کشف استعدادها و ظرفیت هایی که در سازمان دارید، استخدام داخلی کنید.

• سایت های استخدام

آخرین روشی که در این بخش از آن صحبت می کنیم، اولین بخشی است که شما به سراغش می روید. امّا اگر درست عمل کنید و آگهی مناسبی بنویسید، نمی توانیم اثر آن را نادیده بگیریم. سایت های استخدام، مانند جاب ویژن، ایران تلنت، ای استخدام و جابینجا، به شرکت ها امکان می دهند تا فرصت های شغلی خود را به صورت آنلاین ارائه کنند. این سایت ها به متقاضیان امکان می دهند تا جست وجوی مشاغل را براساس مهارت ها، موقعیت جغرافیایی و سایر فاکتورهای موردنظر انجام دهند. علاوه بر این، سایت های استخدام معمولاً امکاناتی مانند ارسال رزومهٔ آنلاین و ارتباط مستقیم با کارفرما را هم فراهم می کنند.

◀ چه طور یک آگهی استخدام متقاعدکننده بنویسیم؟

برای یک کسب وکار موفق و مسلّط، مهم ترین هدف آگهی استخدام، جذب افرادی است که به دنبال حقوق و مزایا نیستند، بلکه به دنبال چالش ها و فرصت های رشد هستند. شما افرادی را نمی خواهید که چرتکه انداز باشند. افرادی را نمی خواهید که با هر پیشنهاد مالی، سازمان شما را ترک کنند و نسبت به آن تعلّق خاطری نداشته باشند، بلکه آن هایی را می خواهید که اهل چالش باشند. چالش هایی که عضلات سازمان و خودشان را قوی تر کند. درواقع، آگهی استخدام متقاعدکننده، مهم ترین قسمت بازاریابی استخدام شماست. نقطه عطفی است بعد از تمام کارهایی که انجام می دهید، تا افراد را درمعرض پذیرش پیشنهاد ویژه تان قرار دهید.

بیایید دو نمونه آگهی استخدام را با هم مقایسه کنیم:

استخدام نیروی فروش

شرکتی معتبر در اصفهان، با چهل سال سابقه، فردی باانگیزه و بااستعداد را برای واحد فروش استخدام می‌کند.

◂ شرایط

۱. دارای حداقل دو سال سابقهٔ مرتبط؛
۲. داشتن انگیزه برای رشد و پیشرفت؛
۳. صداقت و توانایی انجام کار تیمی.

◂ مزایا

۱. آموزش رایگان، بیمهٔ درمانی و تکمیلی؛
۲. مزایای بازنشستگی؛
۳. پورسانت ماهانه.

استخدام فروشنده

ما مهم‌ترین دغدغهٔ خود را رشد اعضا و تیم خود می‌دانیم. حال با توجه به مسئولیت خود در سازمان، جای خالی فردی را که بتواند موقعیت‌های مختلف را مدیریت و تیم ابرقهرمان ما را تکمیل کند، حس می‌کنیم. اگر شما نیز به‌دنبال رشد هستید، ما بستری را فراهم آورده‌ایم تا بتوانید با منابع و تجهیزاتی که در اختیارتان قرار می‌دهیم، با یکدیگر از پس چالش‌های مسیر برآییم. برای این‌که بتوانیم با شما تماس بگیریم، رزومه‌تان را برای ما ارسال کنید.

راستی، آدرس وب‌سایت، اینستاگرام و دیگر شبکه‌های اجتماعی خود را در پایین همین آگهی نوشته‌ایم. چراکه معتقدیم اگر دریافت اطلاعات شما و رزومه‌تان را حق خود می‌دانیم، شما هم حق دارید که بدانید برای چه شرکتی رزومه ارسال می‌کنید.

حال که این دو نمونه آگهی را بررسی کردیم، بگویید:

◂ اگر شما متقاضی این شغل بودید، برای کدام آگهی رزومه می‌فرستادید؟

◂ کدام آگهی فرد مستعدی را جذب می‌کرد؟

◂ کدام آگهی علاوه بر جذب، رزومه‌های ناکارآمد را فیلتر می‌کرد؟

◂ برای کدام آگهی فقط افرادی که شغل ندارند، رزومه می‌فرستادند؟

◂ کدام آگهی، قابلیت گرفتن رزومه از افرادی را دارد که همین الان هم مشغول به کار هستند؟

آگهی استخدام متقاعدکننده باید مزیّت‌های همکاری با شما را با صدای بلند و رسا به گوش متقاضیان برساند. باید نشان دهد که شرکت شما همیشه در حال رشد و بزرگ شدن است. باید نشان دهد تیمی همراه و خلاق دارید که طرفدار پروپاقرص آموزش و توسعهٔ قابلیت‌های آن‌ها هستید.

توانایی شما برای پیدا کردن و استخدام افراد مناسب، کلید افزایش نفوذ و تکثیر خودتان در کسب‌وکارتان است.

◂ **مصاحبهٔ شغلی**

جلسهٔ مصاحبه را می‌توان «جلسهٔ برداشت» دانست. فرایند مصاحبه، به عنوان گامی اساسی برای پیشرفت و توسعهٔ هر سازمان، اهمیّت بالایی دارد. وقتی نگاهی به آمارها می‌اندازیم، اعداد به معنای واقعی کلمه اهمیّت این مسئله را آشکار می‌کنند.

هرساله، در سطح جهانی، به طور میانگین ۳۳۰۰ دلار برای هر استخدام هزینه می‌شود. علاوه بر این عدد چشم‌گیر، گزارش‌ها حاکی از آن هستند که تا ۸۰ درصد از گردش مالی شرکت‌ها ناشی از تصمیمات نادرست، در فرایند استخدام است. به‌علاوه، تحقیقات انجام‌شده توسط مؤسسهٔ کریر بیلدر[1] نشان داده که ۷۴ درصد از کارفرمایان در انتخاب خود اشتباه کرده‌اند، که معمولاً منجر به افزایش هزینه‌ها و کاهش بهره‌وری در سازمان می‌شود. سؤال این‌جاست که مهم‌ترین عامل به‌کارگیری فرد نامناسب چیست؟ پاسخ ابعاد متعددی دارد، امّا مسلماً یکی از مهم‌ترین آن‌ها، نبود استراتژی مناسب و بهینه در فرایند مصاحبه است.

◀ چرا اشتباه استخدام می‌کنیم؟

انتخاب و استخدام، سهم زیادی در موفقیت یا عدم موفقیت یک سازمان دارد. باید بدانید که هزینهٔ استخدام ضعیف بسیار زیاد است (سه تا شش برابر درآمد سالانه). پس لازم است عوامل استخدام ضعیف را بشناسیم، نسبت به آن‌ها آگاه باشیم تا این فرایند مهم را به طور مؤثر پیش ببریم.

۱. صرفاً براساس رزومهٔ فرد استخدام می‌کنیم

رزومه‌های پروپیمان، عموماً قاتلان بزرگ استخدام مؤثر به‌شمار می‌روند. مخصوصاً برای مصاحبه‌گرانی که فقط به رزومهٔ افراد توجه می‌کنند و دیگر اتفاقات جلسهٔ مصاحبه و استخدام را نادیده می‌گیرند.

۲. درگیر اثر هاله‌ای استخدام می‌شویم

قطعاً شما هم چنین تجربه‌ای داشته‌اید که در جلسهٔ مصاحبه، شیفتهٔ تسلّط متقاضی در خوب حرف زدن و برقراری ارتباطش شده‌اید، و فکر کرده‌اید با فردی مستعد و بامهارت طرف هستید. درواقع، به نخستین برخوردتان با فرد جدید اعتماد می‌کنید. اثر هاله‌ای جلسهٔ استخدام می‌گوید که مصاحبه‌گر با دیدن یکی از ویژگی‌های بارز متقاضی، بقیهٔ مواردی را که نیاز به بررسی دارد، نادیده می‌گیرد و بر این اساس تصمیم‌گیری می‌کند.

---

[1]. Career Builder

۳. بلافاصله پس از خالی شدن یک موقعیت شغلی، برای پر کردن آن اقدام می‌کنیم

استخدام در چنین شرایطی معمولاً عجولانه انجام می‌شود. در بسیاری از موارد، شما هنوز دلیل عملکرد منفی فرد سابق را نمی‌دانید و دست به استخدام فرد جدید می‌زنید. در این شرایط، احتمال اشتباه دوباره، بسیار زیاد است. پس تنها چیزی که به سازمان می‌دهید، هزینه و هدررفت منابع‌تان است.

۴. سؤالات اشتباه می‌پرسیم

از قبل برای مصاحبه آماده نیستیم و با پرسیدن چند سؤال کلیشه‌ای همیشگی، جلسه را به پایان می‌رسانیم. سؤالات شما باید این احساس را به شما منتقل کند که آیا می‌توانید با این فرد در آینده کار کنید یا نه. باید سؤالاتی بپرسید که بتوانید واکنش‌های فرد را در موقعیت‌های مختلفی که در شغلش با آن روبه‌رو می‌شود، ارزیابی کنید.

۵. کنترل مصاحبه را از دست می‌دهیم

جلسۀ مصاحبه جلسۀ خودنمایی سازمان نیست. مدیران بسیاری را دیده‌ام که در جلسات مصاحبه، به جای این‌که از متقاضی اطلاعات دریافت کنند، مدام از بزرگی و شهرت شرکت و برندشان می‌گویند.

۶. دچار خستگی در استخدام شده‌ایم

تعـدد جلسـات اسـتخدام، مصاحبه‌گر را خسـته می‌کند و در آخرین جلسـه‌ای که برگزار می‌کند، این خستگی بر تصمیمی که می‌گیرد اثر می‌گذارد و چون فکر می‌کند همه ممکن است همین ویژگی‌ها یا رزومه‌ها را ارائه دهند، برای رهایی از مسئولیت استخدام، متقاضی را می‌پذیرد.

فصل هشتم: جذب، مصاحبه و استخدام

مصاحبه را می‌توانیم به سه بخش قبل، حین و بعد از مصاحبه تقسیم کنیم.

◀ قبل از مصاحبه
چه هدفی از مصاحبه داریم؟

قبل از هر چیز باید بدانید که چه هدفی از مصاحبه دارید و چرا می‌خواهید با اشخاصی که درنظر گرفته‌اید، مصاحبه کنید. طبق چیزی که همیشه گفته‌ام، هر کاری که چرایی‌اش مشخص باشد، چگونگی‌اش هم معلوم می‌شود.

معمولاً صاحبان کسب‌وکار با اهداف زیر جلسات مصاحبه را برگزار می‌کنند:

- ارزیابی توانمندی‌ها و قابلیت‌های فرد برای سنجش تناسب آن‌ها با موقعیت شغلی موردنظر؛
- بررسی توانایی تطبیق‌پذیری شخص با فرهنگ و محیط سازمانی؛
- ارزیابی صحت مواردی که شخص متقاضی در رزومهٔ خود عنوان کرده؛
- بررسی هدف کارمند از کار کردن در سازمان شما؛
- مطرح کردن انتظارات سازمان از کارمند جدید؛
- تحلیل پاسخ‌ها و واکنش‌های مصاحبه‌شونده؛
- بررسی نقاط ضعف و قوّت مصاحبه‌شونده جهت برنامه‌ریزی و تقویت آن‌ها در آیندهٔ شغلی کارمند.

• چگونه با متقاضی تماس برقرار می‌کنیم؟

همان‌طور که سازمان‌ها حق دارند قبل از مصاحبه، رزومهٔ متقاضی را بررسی کنند، متقاضیان نیز حق دارند که بدانند به مصاحبهٔ چه شرکتی دعوت شده‌اند. بنابراین، در تماسی که برای دعوت افراد به مصاحبه برقرار می‌کنید، چند نکتهٔ مهم را رعایت کنید:

- تماس اول شما فقط نباید به تعیین زمان مصاحبه و ارسال آدرس خلاصه شود. در این حالت، ممکن است فرد متقاضی اصلاً در جلسه حاضر نشود. پس:

- با متقاضی یک گفت‌وگوی اولیهٔ دوستانه برقرار کنید؛
- بـه او بگوییـد که از میـان چندین رزومه، تصمیم گرفته‌اید بـا او تماس بگیرید. از همین‌جا متوجه می‌شود که رزومه‌اش را خوانده‌اید و جلسه با او برای شما ارزش دارد. متعاقباً او هم این ارزش را به شـما برمی‌گرداند و مشـتاقانه در جلسـه حاضر می‌شود.
- سـازمان خـود را بـه او معرفی کنیـد و از او بخواهید قبل از این‌که به جلسـه بیاید، درمورد سازمان شما تحقیق کند. حتماً عنوان کنید که این امر را حق او می‌دانید.
- پس از پایان تماس، آدرس وب‌سایت و شبکه‌های اجتماعی فعال خود را نیز برای او ارسال کنید.
- در پیام‌تان، پیشاپیش از زمانی‌که می‌گذارد تشکر کنید و بگویید که امیدوارید این همکاری، برای او تجربه‌ای لذّت‌بخش باشد.

• چه‌طور برای جلسهٔ مصاحبه آماده می‌شویم؟

آمادهٔ پاسخ‌گویی به سؤالات باشید. معمولاً مصاحبه‌شونده‌ها سؤالات متداولی در رابطه بـا میزان حقوق، سـاعات و محیـط کاری، مرخصی‌ها، امـکان ارتقا و آیندهٔ شـغلی دارند. ضروری است که پیش از مصاحبه، پاسخ این سؤالات را داشته باشید.

ایده: شما می‌توانید یک لیست از سؤالات احتمالی مصاحبه‌شونده همراه با پاسخ آن سؤالات تهیه کنید و پیش از مصاحبه، آن را در اختیار او قرار دهید.

◀ حین مصاحبه

جلسهٔ مصاحبه، جلسهٔ مسابقه نیست. قرار نیسـت رزومه‌های دو طرف به رخ کشیده شود. من ترجیح می‌دهم جلسهٔ مصاحبه را «جلسهٔ تحلیل رفتار» بدانم که محوریت آن باید بر مبنای توانایی حل مسئله باشد. این‌که متوجه شویم در موقعیت‌های گوناگون، چه‌طور می‌توانیم مسائل یکدیگر را حل کنیم. مصاحبه، جلسهٔ ارزیابی میزان درکی است که دو طرف می‌توانند در آیندهٔ کاری خود نسبت به یکدیگر داشته باشند.

فصل هشتم: جذب، مصاحبه و استخدام

تقریباً در تمام جلسه‌های مصاحبه‌ای که داشته‌ام، قبل از شروع جلسه و حین پر کردن فرمی که سازمان به فرد متقاضی داده است، خودکاری را در اختیارش قرار می‌دهم که بیشتر از دو سه کلمه نمی‌نویسد. در این شرایط، اگر متقاضی درخواست خودکار دیگری کرد، برایم به این معناست که او همراه خودش خودکار ندارد. همین جا این مصاحبه برایم تمام شده است. چراکه معتقدم شخصی که برای مصاحبه می‌آید و خودکار همراهش ندارد، مناسب کار در هیچ سازمانی نیست. این یک تحلیل رفتار است.

در ادامه، ترجیح می‌دهم مصاحبه‌گری را قدرتمند بدانم که پرسش‌گری باهوش باشد. درواقع، این شما هستید که با توجه به روند و جریان مصاحبه، باید خلاقیت کافی برای طرح سؤالات ابتکاری داشته باشید. مصاحبه‌گر قدرتمند، بیش از سه دقیقه به معرفی شرکت و اهداف استخدام نمی‌پردازد و بقیۀ جلسه را به پرسش‌گری اختصاص می‌دهد.

لازم است این نکته را عنوان کنم که نیاز نیست همۀ متقاضیان با مدیر عامل سازمان مصاحبه داشته باشند. در بسیاری از مواقع، مدیران میانی یا مدیران تیم‌ها می‌توانند نتایج موفق‌تری در مصاحبه‌ها رقم بزنند.

• سؤالات مصاحبه

از طرح سؤالات کلی پرهیز کنید و سؤالات را به‌دقّت و با جزئیات بپرسید. هرچه جزئیات، اطلاعات بیشتری راجع به مهارت‌های او بدهد، شما به هدف خود نزدیک‌تر شده‌اید. برای مثال، موقعیت‌های پرچالش کاری را برای او تصویرسازی کنید و راه حل او را در این مواقع بپرسید. همچنین، اگر ماهیت شغل تحلیلی است، وزن سؤالات حفظی را کم‌تر کرده و به سؤالاتی بپردازید که قابلیت استنتاج او را محک می‌زنند. در رابطه با هر موضوعی که قرار است در جلسه سؤال کنید، بین سه تا پنج موقعیت واقعی شغلی را از قبل آماده کنید و همراه خود داشته باشید. درحین جلسه، با توجه به روند پیشرفت آن، یکی از این مثال‌ها را ارائه دهید و پاسخ و واکنش فرد را ارزیابی کنید. دقّت کنید که در جریان مصاحبه، شما به دنبال ارزیابی توان شخص در حل مسائل هستید، بنابراین باید به مسائل کاری مورد بحث اشراف کاملی داشته باشید. می‌توانید چالش‌هایی را که تجربه کرده‌اید، برای

متقاضی تصویرسازی کنید و راه‌حل‌های او را جویا شوید. از متقاضی بخواهید تا نظراتش را با مثال و به‌طور مصداقی شرح دهد. معمولاً مصاحبه‌شونده درحین پاسخ‌گویی به سؤالات مختلف، تلاش می‌کند تا ضعف‌های خود را بپوشاند. مصاحبه‌کننده با دریافت پاسخ‌های متقاضی، باید طوری در رابطه با موضوعات مختلف بحث کند که بتواند به ابعاد و زوایای پنهان ذهن مصاحبه‌شونده دست یابد.

سپس سراغ سؤالاتی بروید که می‌توانند در پیش‌برد یک مصاحبهٔ مؤثر، نتیجه‌بخش باشند. باید بدانید که سؤالات مصاحبه، انواع مختلفی دارد و می‌تواند متناسب با موقعیت شغلی موردنظر، تغییر کند. امّا تمرکز عموم مصاحبه‌ها بر سؤالات روان‌شناختی و تحلیلی است.

سؤالات روان‌شناختی و تحلیلی

آیندهٔ خود را در این سازمان چگونه می‌بینید؟

این آگهی را در کجا دیدید؟

چه چیزی باعث شد که برای سازمان ما رزومهٔ خود را ارسال کنید؟

سؤالات روان‌شناختی و تحلیلی

چقدر ما را می‌شناسید؟

دوست دارید سرپرست شما چه تعهداتی در قبال‌تان داشته باشد؟

علاقه دارید کدام یک از مهارت‌های‌تان را ارتقا دهید و چه برنامه‌ای برای آن دارید؟

چرا ما باید شما را استخدام کنیم؟

به کدام یک از دستاوردهای‌تان افتخار می‌کنید؟

فکر می‌کنید حقوق شما باید در چه حدودی باشد؟

چرا باید پیشنهاد حقوقی را که می‌خواهید، قبول کنیم؟

چه سطحی از عملکرد، شما را خیلی راضی می‌کند؟

اگر با همکاران‌تان تعارض پیدا کردید، چگونه آن را حل می‌کنید؟

اگر فردی با شما همکاری نکند و نظر منفی نسبت به شما داشته باشد، چگونه او را به همکاری ترغیب می‌کنید؟

زمان خود را چگونه مدیریت می‌کنید؟

یکی از موقعیت‌هایی را که برای آن برنامه‌ریزی کرده‌اید و توانسته‌اید به اهداف و برنامه‌های خود برسید، شرح دهید.

وقتی باید بین دو فرصت مهم یکی را انتخاب کنید، چگونه تصمیم می‌گیرید؟

نظر شما دربارهٔ کار کردن در روزهای تعطیل و آخر هفته‌ها چیست؟

به چه دلیلی شغل قبلی خود را ترک کرده‌اید؟

اگر با مدیران سابق‌تان تماس بگیریم، شما را چگونه توصیف می‌کنند؟

آیا برای دیگر سازمان‌ها نیز درخواست کار داده‌اید؟

اگر می‌توانستید با هر شرکتی کار کنید، دوست داشتید کجا کار کنید؟

مهم‌ترین نقطه قوّت شما چیست؟

در مواجهه با شکست، چگونه واکنش نشان می‌دهید؟

وقتی فردی بخواهد از شما سوءاستفاده کند، چه واکنشی نشان می‌دهید؟

در مواقعی که بسیار عصبانی می‌شوید، چگونه شرایط را مدیریت می‌کنید؟

مهم‌ترین نقطه ضعف شما چیست؟

دربارهٔ زمانی بگویید که در حین کار روی یک پروژه، عملکرد بالاتر از انتظار داشته‌اید.

چه جنبه‌ای از شغل قبلی خود را بیشتر دوست داشتید؟

با چه شرکت‌هایی بیش‌ترین و کم‌ترین موفقیت را تجربه کرده‌اید و چرا؟

فصل هشتم: جذب، مصاحبه و استخدام

چه‌طور برای این مصاحبهٔ شغلی وقت خالی کرده‌اید؟ رئیس‌تان می‌داند الان کجا هستید؟

موقعیتی را توضیح دهید که دیگران را تحت تأثیر قرار داده‌اید.

اگر از شما خواسته شود تا کاری را انجام دهید و ندانید که چگونه آن را به سرانجام برسانید، چه‌کار می‌کنید؟

یکی از اهداف ما ... است، امکان دارد مرتبط‌ترین تجربه‌ای را که در این حوزه یا مشابه آن داشته‌اید، نام ببرید؟

ما می‌دانیم که همهٔ افراد اشتباه می‌کنند، می‌توانید نمونه‌ای از اشتباهات خود و درسی را که از آن‌ها گرفته‌اید، به ما بگویید؟ (سنجش صداقت)

یکی از اهداف ما ... است. اگر استخدام شوید، چه برنامه‌ای برای رسیدن به آن دارید؟

چه علایق و تفریحاتی را دنبال می‌کنید؟

به نظر شما شرکت ما چه طور می‌تواند عملکرد خود را بهبود دهد؟

تا به حال به کارآفرین شدن فکر کرده‌اید؟

◀ **پاسخ به سؤالات پایانی**

قاعدتاً همان‌طور که شما دنبال نیروهای زبده و ماهر هستید و برای محک زدن آن‌ها پرسش‌هایی را مطرح می‌کنید، آن‌ها نیز سؤالاتی از شما دارند و درصدد ارزیابی شما هستند. آن‌ها می‌خواهند بدانند که آیا در بین کسب‌وکارهای موجود، شما بهترین هستید یا خیر؟ پس به متقاضی اجازه دهید اگر سؤالی دارد، بپرسد و شما با صبر و حوصلهٔ کافی به او پاسخ دهید. بهتر است در پایان مصاحبه مجدّداً از او بخواهید که اگر ابهامی دارد، آن را مطرح کند. علاوه بر این مورد، به متقاضی بگویید آیا سؤالی هست که نپرسیده باشم و علاقه‌مند به طرح آن در این جلسه باشی؟ با گفتن این جمله، ممکن است متقاضی مواردی را مطرح کند که شما حتی به آن‌ها فکر هم نکرده بودید.

نکات مهم را یادداشت کنید

حتی اگر حافظه‌ای قوی داشته باشید، بعید است که بتوانید توانمندی تمام متقاضیان را با جزئیات کامل به خاطر بسپارید. پس یادداشت‌برداری درحین مصاحبه، علاوه بر کمک به ثبت جزئیات دقیق، حرفه‌ای بودن شما را به مصاحبه‌شونده نشان می‌دهد.

ضرورت این امر با افزایش تعداد متقاضیان، بیشتر نیز می‌شود. یادداشت‌برداری مؤثر در کم‌ترین زمان، به شما در ارزیابی نهایی کمک زیادی می‌کند.

دقّت کنید که در یادداشت‌برداری از ذکر موارد کلی بپرهیزید، چراکه موارد کلی ارزیابی را دشوار می‌کنند. برای نمونه، یک ساختار ازپیش طراحی شده که نکات مهم در آن ذکر شده است، پیش روی خود قرار دهید و اگر درحال پر کردن قسمت مربوط به اعتمادبه‌نفس هستید، صرفاً ننویسید که سطح اعتمادبه‌نفس شخص بالاست؛ بلکه رفتارهایی از متقاضی که شما را به چنین نتیجه‌ای رسانده را نیز ذکر کنید.

یک پایان‌بندی خوب می‌تواند سرنوشت ماجرا را عوض کند

هنگامی که جلسه به پایان رسید، متقاضی را در جریان زمان مشخص شدن نتیجهٔ نهایی بگذارید. در بسیاری از شرکت‌ها شاهد این بوده‌ام که برای متقاضی تا این حد ارزش قائل نبوده‌اند که نتیجهٔ مصاحبه را به او اعلام کنند. به او بگویید که در یک تاریخ مشخص، از طریق تماس، پیامک یا ایمیل، شما را از نتیجه مطلع می‌سازیم.

توصیه می‌شود در صورت مردود شدن شخص در فرایند انتخابی، با یک نامه از انتخاب نشدن او ابراز تأسف کرده، دلایل را به‌صورت شفاف برای او توضیح داده و در صورت امکان، اعلام کنید که رزومهٔ او در اختیار سازمان است و در فرصتی دیگر، با وی تماس گرفته خواهد شد. انجام این کار هرچند ساده به نظر می‌رسد، امّا شما را یک سازمان متفاوت و حرفه‌ای نشان خواهد داد و یک تصویر مثبت در ذهن متقاضی ایجاد می‌کند.

نکات مهم در مصاحبه
بایدها و نبایدهای جلسهٔ مصاحبه

- خوش‌بیان و خوش‌رفتار باشید؛
- با مصاحبه‌شونده در صورت امکان دست دهید؛
- به صحبت‌های مصاحبه‌شونده به‌دقّت گوش کنید؛
- با اعتمادبه‌نفس خود را معرفی کنید؛

- به سؤالات و دغدغه‌های او پاسخ دهید؛
- از کلماتی مانند «لطفاً» و «متشکرم» استفاده کنید؛
- در انتهای مصاحبه از او به خاطر وقتی که صرف مصاحبه کرده است، تشکر کنید؛
- گاهی کلمات و جملاتش را تکرار کنید و نظرش را با جزئیات بیشتری جویا شوید؛
- به هیچ عنوان با تأخیر به جلسهٔ مصاحبه نروید؛
- داوطلب را با اشاره و تکان دادن سر راهنمایی نکنید و با بیان شیوای خود جلسه را مدیریت کنید؛
- پاسخ‌های داوطلب را تمسخر نکنید؛
- اجازه ندهید که مدیریت جلسهٔ مصاحبه به دست متقاضی بیفتد؛
- هیجانات درونی خود را کنترل کنید، زیرا در غیر این صورت ممکن است به متقاضی استرس وارد کنید و او نتواند به بهترین شکل توانمندی‌های خود را بیان کند.

◀ بعد از مصاحبه
نحوهٔ ارزیابی متقاضی

نحوهٔ طرح سؤالات به‌گونه‌ای باشد که بتوانید به مخاطب به‌صورت کمّی و عددی نمره بدهید. البته برای این‌که نمره‌دهی صحت و دقّت بالاتری داشته باشد، باید هر شاخص را به چند زیرشاخص تقسیم کنید و با توجه به اهمیّت هر زیرشاخص، نمره‌ای را برای آن درنظر بگیرید.

علاوه بر روش ارزشیابی کمّی می‌توان از ارزشیابی‌های کیفی نیز استفاده کرد. برای مثال، برای هر شاخص عباراتی مانند عالی، خیلی خوب، خوب، متوسط و ضعیف درنظر بگیرید.

◀ ارسال نامهٔ تشکر و پیگیری

کار دیگری که برای بالا بردن جایگاه سازمان در نگاه متقاضیان شغلی می‌توانید انجام دهید، ارسال نامهٔ تشکر از مصاحبه‌شوندگان است. در این نامه می‌توانید ضمن تشکر از مصاحبه‌شونده به خاطر وقتی که صرف حضور در مصاحبه کرده است، مجدّداً یک بار

دیگر زمان اعلام شدن نتایج را در متن نامهٔ تشکر بنویسید. شما می‌توانید این نامه را در قالب پیامک یا ایمیل برای شخص موردنظر ارسال کنید.

◀ ارائهٔ پیشنهاد و شروع به کار

اگر فرد موردنظر را انتخاب کردید، وارد فرایند مذاکره و پیشنهاد شغل به آن‌ها شوید و دربارهٔ میزان حقوق و مزایا با آن‌ها صحبت کنید. در صورتی که فرد به استخدام سازمان درآمد، او را با محیط و فرهنگ سازمانی آشنا سازید.

آشناسازی معمولاً شامل بخش‌های زیر می‌شود:

- تشریح فلسفهٔ وجودی، ارزش‌های سازمان و اهداف آن؛
- آشناکردن فرد متقاضی با مواردی مانند حقوق و دستمزد و مزایا، مرخصی‌ها، مأموریت‌های سازمانی و...؛
- شرح شغل و وظایف به فرد تازه‌وارد؛
- آشناکردن فرد با محیط سازمان و قسمت‌های مختلف آن؛
- معرفی کارمند جدید به همکاران.

معمولاً پس از آشناسازی اولیه، یک یا چند تن از کارکنان باتجربه، مسئولیت آموزش دادن و راهنمایی فرد جدید را برعهده می‌گیرند که به این مدت، دورهٔ «ماه عسل» گفته می‌شود. هرچقدر در این دوره کارمند را بیشتر با ماهیت شغلی‌اش آشنا کنید، عملکرد او در آینده بهتر خواهد بود. در پایان، برای شما یک آزمون ساده به‌منظور ارزیابی مهارت حل مسئله طراحی کرده‌ایم.

◀ آزمون

مهارت‌های بهبود حل مسئله به همراه پاسخ‌نامه و راهنمای طرز تفکّر حل مسئله

بهتر است زمان مورد نیاز برای انجام تمرین‌های هر پله را ثبت و آن را در انتهای تمرینات یادداشت کنید. تلاش کنید سرعت خود را تا جای ممکن افزایش دهید:

• طرز تفکّر حل مسئله

بسیاری از ما انسان‌ها در طول روز با مشکلاتی روبه‌رو می‌شویم که ناچاریم خیلی زود برای آن‌ها راه‌حلی پیدا کنیم. برخی از این مشکلات بسیار آسان حل می‌شوند؛ امّا برخی دیگر به راحتی حل نمی‌شوند و به تفکّری خلاقانه و منطقی نیاز دارند. داشتن این طرز تفکّر به شما کمک می‌کند تا:

• بتوانید مشکل را از زوایای مختلف بررسی کنید و ارتباطات اجزا را با هم در نظر بگیرید. گاهی راه‌حل مشکل در همین ارتباطات پنهان شده است.

• بتوانید نقاط قوّت و ضعف راه‌حل را بسنجید. انتخاب این راه‌حل چه عواقبی به همراه دارد و آیا می‌توان در مقابل جنبه‌های مثبت به دست آمده، از این عواقب چشم‌پوشی کرد؟

• بتوانید مشکل خود را در قالب یک داستان تجسم کنید که شخصیت اول آن، شما هستید که می‌توانید راه‌حل‌های مختلفی انتخاب کنید.

• بتوانید خود را جای تک تک افرادی بگذارید که به گونه‌ای درگیر این مشکل بوده‌اند و راه‌حلی که شما انتخاب می‌کنید در آن‌ها نیز تأثیر بگذارد. تصور کنید برای آن‌ها چه اتفاقی می‌افتد. حتی می‌توانید از این افراد مشورت بگیرید و نظرات آن‌ها را بپرسید.

فصل هشتم: جذب، مصاحبه و استخدام

۱. با کلمات زیر یک داستان کوتاه بنویسید. هرکلمه باید تنها یک بار استفاده شود.
قدرت، توسعه، رهبری، شریک، اخراج، رشد، خودنویس

بیزنس‌مَستری

۲. در این تمرین دوازده گروه دوتایی واژه به شما داده شده است. ده دقیقه آن‌ها را با دقّت بخوانید و سعی کنید میان آن‌ها ارتباط برقرار کنید.
سپس تمرین را ادامه دهید:

یادداشت کمپانی	زنجیر قاب عکس	شرکت زونکن	گلدان کتابخانه
خودنویس ساعت	ماگ انبار	استخدام کاغذ دیواری	سیستم هتل
دست تصمیم	جایگاه کشو	تلفن مذاکره	روزنامه برنده

فصل هشتم: جذب، مصاحبه و استخدام

لغات زیر را به صورت گروه‌های دوتایی، مشابه با تمرین شماره ۲، دسته‌بندی کنید

یادداشت، شرکت، تلفن، گلدان، خودنویس، قاب عکس، ساعت، ماگ، کمپانی، زنجیر، برنده، تصمیم، انبار، هتل، سیستم، زونکن، کاغذ دیواری، کتابخانه، استخدام، مذاکره، کشو، روزنامه، دست، جایگاه

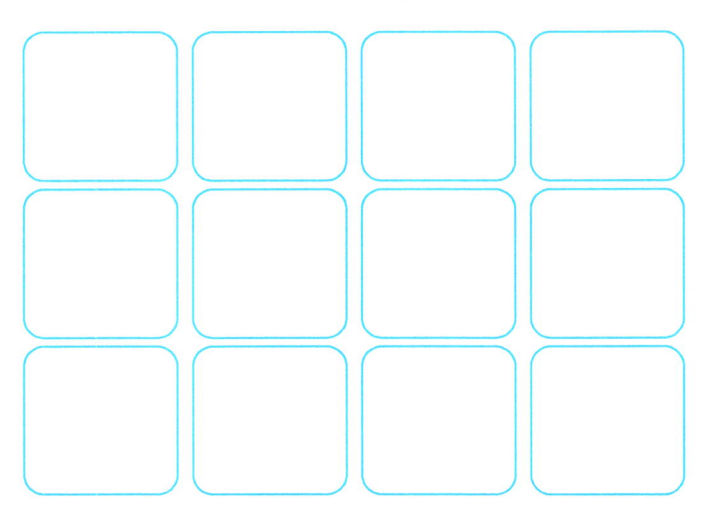

۳. سعی کنید مسیری که شما را به مقصد می‌رساند انتخاب کنید

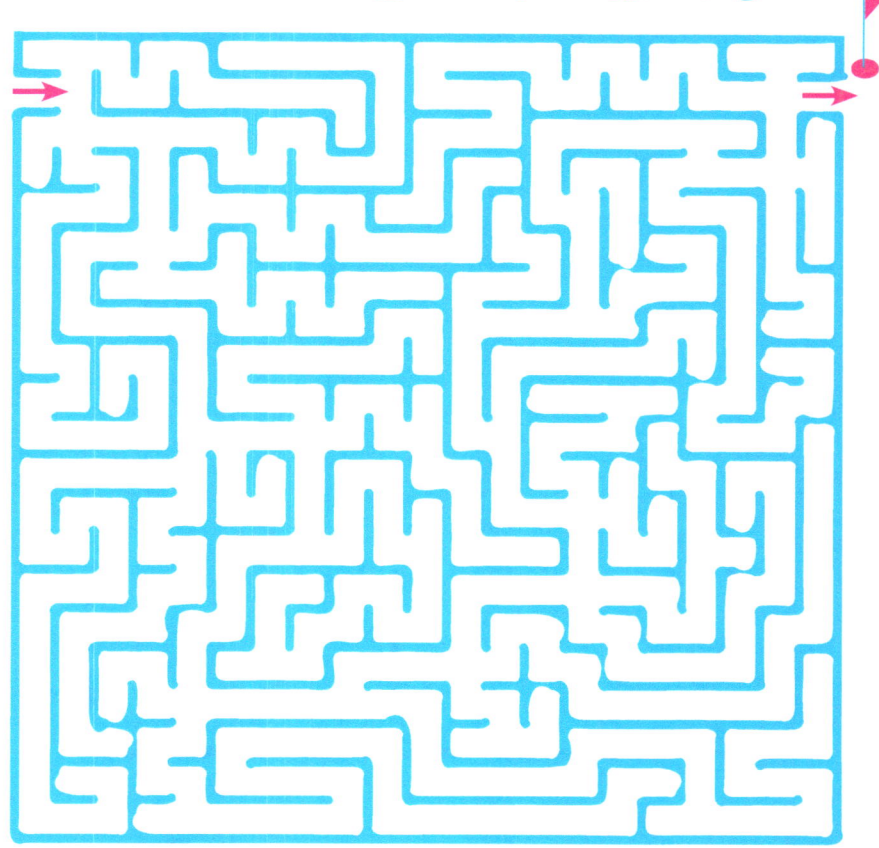

۴. دو دقیقه به تصاویر زیر نگاه کنید، سپس به صفحه بعد بروید.

با توجه به تمرین‌های صفحه قبل، چهره‌ها را کامل کنید.

۵. با دقّت به تصاویر اول و دوم نگاه کنید. در این تمرین باید سعی کنید با کم‌ترین تعداد حرکت، دیسک‌های تصویر اول را همانند تصویر دوم در میله قرار دهید. دقّت کنید که هربار می‌توانید یک دیسک را جابه‌جا کنید، ضمن اینکه نمی‌توانید دیسک بزرگ‌تر را روی دیسک کوچک‌تر قرار دهید.

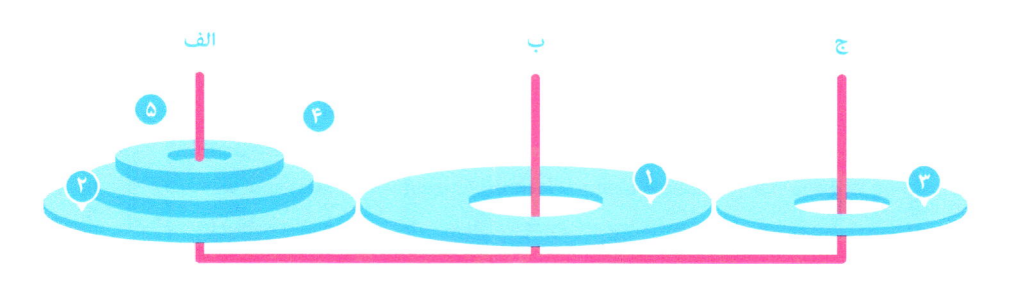

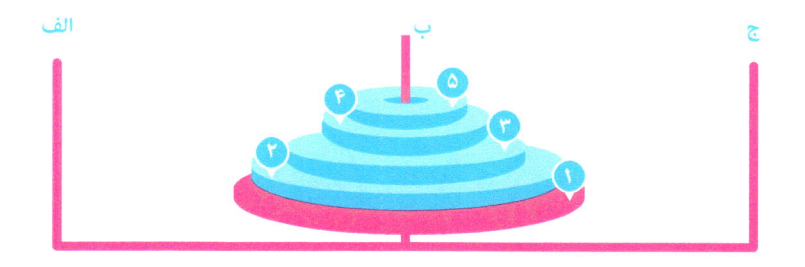

◄ پاسخ‌نامه

آزمون مهارت‌های بهبود حل مسئله

تاریخ انجام تمرین:

مدّت زمان انجام تمرین:

تعداد غلط‌ها:

نقاط ضعف اصلی:

نقاط قوّت:

پاسخ سؤال ۳

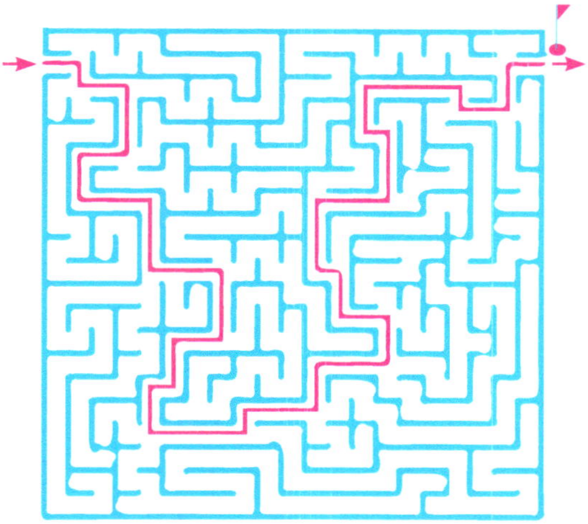

پاسخ سؤال ۵

👉 دیسک ۵ به میله ب 👉 دیسک ۴ به میله الف 👉 دیسک ۲ به میله ب
👉 دیسک ۵ به میله ب 👉 دیسک ۴ به میله ج 👉 دیسک ۵ به میله ج
👉 دیسک ۳ به میله ب 👉 دیسک ۵ به میله الف 👉 دیسک ۴ به میله ب
👉 دیسک ۵ به میله ب

پنج نکته‌ای که از این فصل یاد گرفتم:

۱.

۲.

۳.

۴.

۵.

سه گامی که باید بلافاصله شروع کنم:

۱.

۲.

۳.

یک نکتهٔ طلایی که می‌توانم به دیگران یاد بدهم:

کلیهٔ جدول‌ها و تمرین‌های این فصل را
از سایت حسین طاهری و صفحهٔ زیر دانلود کنید:
hosseintaheri.ir/bmtools

تیم‌سازی

فصل نهم
تیم‌سازی

تیم یعنی مشارکت افراد برای خلق یک ارزش جدید.

بعد از مطالعه این فصل شما مسلط خواهید بود بر:
- چرایی و چگونگی ساخت تیم
- انواع تیم‌های سازمانی
- اثر تماشاگر
- پذیرش و تعدیل تعارض
- انواع پاداش

«تیم» فقط یک کلمه نیست. گروهی از افراد با هدف مشترک که سازمانی را تشکیل داده باشند هم نیست. ترجیح می‌دهم بیشتر از آن‌که تیم را مغز متفکّر سازمان معرفی کنم، آن را «قلب تپندهٔ جامعه» بدانم؛ افرادی که در کنار هم مایهٔ حیات و بقای خودشان، سازمان‌شان و جامعهٔ مشتریان‌شان هستند. به قول کارلو آنچلوتی، «جوهرهٔ شغل هر مربی مسلّط، مراقبت از تیم، کمک به رشد و پیشرفت تیم، جشن گرفتن پیروزی‌ها و بودن در کنار تیم پس از شکست‌هاست.»

در کسب‌وکار، تیم اهمیّت بسیار زیادی دارد و بازیکنان نیز نقش مهمی دارند، چراکه شما هیچ‌وقت به‌تنهایی نمی‌توانید یک برنده باشید.

◀ چرا باید تیم‌سازی کرد؟

هر کاری که چرایی آن معلوم باشد، چگونگی‌اش هم مشخص می‌شود. وقتی اهداف مستقل همهٔ افراد یک اجتماع سازمانی، با اهداف آن سازمان هم‌سو می‌شود، برایند محقق شدن آن اهداف، خواه مستقل خواه سازمانی، خیلی کوتاه‌تر می‌شود. در اقتصاد امروز، دارایی‌ها و سرمایه‌ها و میزان تلاش و مزیّت رقابتی، متفاوت از گذشته تعریف می‌شوند. در دههٔ ۱۹۳۰، زمین و تملکات فیزیکی از مزیّت‌های رقابتی به شمار می‌رفت. یعنی اگر فردی روی زمینی کار می‌کرد و تلاش فیزیکی برای بهره‌وری آن انجام می‌داد، برنده بود، حتی اگر کارش نیازی به فکر کردن هم نداشت.

فصل نهم: تیم‌سازی

در دهه چهل میلادی، بهره‌وری مطلوب از زمین صرفاً با کار یک نفر میسر نمی‌شد. افراد باید کارگرانی را در زمین‌های‌شان به کار می‌گرفتند تا با افزایش فعالیت‌ها، بتوانند محصول بیشتری به دست بیاورند. در دهه پنجاه علاوه بر زمین و کارگران، سرمایه هم لازم بود تا سرعت کشت‌وکار یا سرعت تولید کارخانه افزایش پیدا کند. ظهور تولید صنعتی، نقطهٔ عطفی در تاریخ بشر بود. این پدیده با حذف تلاش‌های فیزیکی طاقت‌فرسا و معرفی روش‌های نوین تولید، مزیّت رقابتی بی‌نظیری را به ارمغان آورد. در دهه هفتاد مسئله فقط تولید صنعتی نبود، مسئلهٔ کیفیت به میان آمد و اجناس باید با کیفیت و خدمات حرفه‌ای به بازار عرضه می‌شدند و به دست مردم می‌رسیدند. مزیّت رقابتی از دههٔ ۱۹۳۰ تا ۱۹۷۰ در بخش‌های مختلف تغییر می‌کرد. دیگر داشتن زمین و کارگر و سرمایه و کیفیت هنر نبود، این خدمات بودند که مورد توجه قرار گرفتند. تلاش فکری اهمیّت پیدا کرده بود، به این معنا که سازمان‌ها باید فکر می‌کردند که چه طور اطلاعات بیشتری از بازار و مشتریان و نیازهای‌شان به دست آورند.

پس از آن، صرف داشتن اطلاعات کافی نبود و این‌که با آگاهی و توانایی بتوانند آن‌چه را که می‌خواهند از اطلاعات استخراج کنند، اهمیّت پیدا کرد.

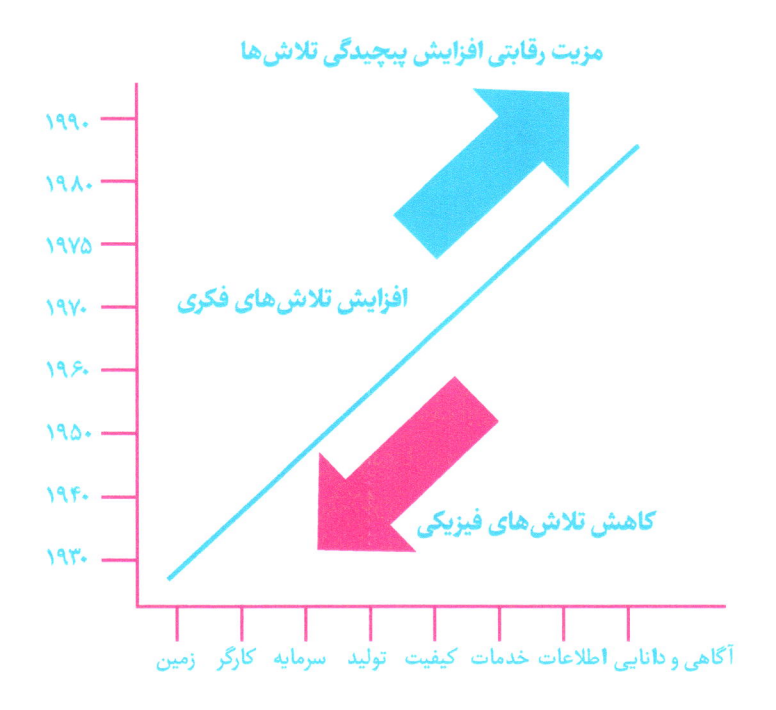

مزیت رقابتی افزایش پیچیدگی تلاش‌ها

افزایش تلاش‌های فکری

کاهش تلاش‌های فیزیکی

۱۹۹۰ | ۱۹۸۰ | ۱۹۷۵ | ۱۹۷۰ | ۱۹۶۰ | ۱۹۵۰ | ۱۹۴۰ | ۱۹۳۰

آگاهی و دانایی — اطلاعات — خدمات — کیفیت — تولید — سرمایه — کارگر — زمین

می‌دانید که افراد نیازهایی دارند و شما باید بتوانید سازمان‌تان را با این نیازها هماهنگ کنید. همهٔ ما نیازهایی داریم که باعث می‌شوند عضو تیم‌ها شویم. موارد زیر عوامل ملحق شدن افراد به تیم‌ها هستند:

- امنیت؛
- جایگاه یا مقام؛
- احساس ارزشمندی؛
- وابستگی؛
- قدرت؛
- تأمین هدف.

چرا افراد به تیم‌ها می‌پیوندند؟	
امنیت	**نکته**: وقتی افراد در کنار ما قرار می‌گیرند، حس می‌کنیم که از ما مراقبت می‌کنند و این همان نیاز به امنیت است.
	اقدام: به او نشان دهید که برای رسیدن به بالاترین سطح از انرژی، انگیزه و تعهد در کار، در کنار او هستید و برای حل مشکلات کمکش می‌کنید.
جایگاه یا مقام	**نکته**: بسیاری از افراد نیاز به جایگاهی دارند تا بتوانند موقعیت و اعتبار اجتماعی خود را تأمین کنند و فضای کاری مختص به خودشان را داشته باشند.
	اقدام: برای افراد تیم‌تان جایگاه بسازید و کمک کنید به آن برسند. جایگاهی که از دست دادن آن برای‌شان دشوار باشد. افراد وقتی جایگاهی را به دست می‌آورند، تمایل دارند که در آن پیشرفت کنند، آن را رشد دهند و ارتقا ببخشند. جایگاه‌سازی مانند یک آهنربای قوی عمل می‌کند. هم فردی را که به نتیجه رسانده‌اید در تیم نگه می‌دارد و هم دیگر افراد تیم یا حتی نیروهای جدید را مشتاق به کار کردن با شما می‌کند.

چرا افراد به تیم‌ها می‌پیوندند؟

احساس ارزشمندی

نکته: احساس ارزشمندی، از دیده شدن و به نتیجه رساندن حاصل می‌شود. افراد وقتی نتایج خود، دیگران و به‌دنبال آن یک سازمان را رقم می‌زنند، احساس مفید بودن و ارزشمندی می‌کنند.

اقدام ۱: افراد تیم‌تان را در تصمیم‌ها و فرایندها مشارکت دهید. بگذارید خود را عامل موفقیت‌ها و بخشی از نتایج بدانند.

اقدام ۲: اجازه دهید اثر کار در سیستم شما، نزد خانواده‌های‌شان نیز مشهود باشد. خانواده‌های آن‌ها از ارزشی که آن‌ها در شغل‌شان خلق می‌کنند و اثر این ارزش، هویّت می‌گیرند. اهمیّت قائل شدن برای خانواده‌ها، گامی کلیدی در آغاز دوره‌ای از تلاش اختیاری و خلاقانه از سوی آن‌هاست.

وابستگی

نکته: بشر ذاتاً وابسته است. هرکدام از ما به چیزی وابسته هستیم. این‌که چه قدرتی ایجاد می‌کنید، به این‌که چگونه افراد را وابسته می‌کنید بستگی دارد. تفکّر رایج یا بهتر بگوییم تفکّر غلط رایج این است که افراد فقط به سبب وابستگی به داشتن پول به تیم‌ها ملحق می‌شوند، امّا نیاز افراد فراتر از این است.

اقدام: به‌عنوان رهبر تیم، اعضای تیم‌تان را به شیوه‌ای از کار عادت دهید که بلامعاوضه باشد، به‌گونه‌ای که خارج از آن نتوانند و نخواهند کار کنند. عواملی مانند تأمین حس امنیت شغلی، ارائهٔ جایگاه و خلق احساس ارزشمندی در آن‌ها، می‌تواند به ایجاد این وابستگی کمک کند.

چرا افراد به تیم‌ها می‌پیوندند؟	
قدرت	**نکته:** انسان‌ها در کنار هم قدرت بیشتری را احساس می‌کنند و به همین دلیل به تیم‌ها می‌پیوندند. این قدرت را می‌توان در قالب تجربه، نفوذ، اقتدار و نوعی آرامش جست‌وجو کرد. در کنار هم بودن، تجربیات افراد را دوچندان می‌کند، نفوذ اثرگذاری آن‌ها را افزایش می‌دهد و با حذف نقص‌ها، بازوان قوی‌تری برای سازمان‌های‌شان می‌سازد.
قدرت	**اقدام:** تیم‌ها باید قدرت‌بخش باشند. تجربیات را به اشتراک بگذارید و فضایی پویا و فراتر از جلسات ایجاد کنید. منابع انرژی و قدرت را تشویق و از افراد منفی دوری کنید.
تأمین هدف	**نکته:** هدف، پیروزی نیست، بلکه توسعهٔ پیروزی است. همیشه باید به توسعهٔ یک موفقیت فکر کرد. همین تفکّر هدف افراد را با هدف سازمان هم‌سو می‌کند. افراد دوست دارند برای جامعه‌شان مؤثر واقع شوند و اگر هدف سازمان تأمین بخشی از منافع جامعه باشد، به آن ملحق می‌شوند.
تأمین هدف	**اقدام:** هدف اصلی سازمان را کوچک نشمارید. آن را به منافع مالی هم گره نزنید. آن را به منفعت جامعه‌تان وصل کنید. در این شرایط است که تیم با جان و دل کار خواهد کرد.

دربارهٔ این شش عامل با اعضای تیم خود گفت‌وگو کنید: چه‌کار کنم تا امنیت شما بیشتر شود؟ امنیت اجتماعی‌ات (جایگاه و مقام) را چه‌طور می‌توانم افزایش دهم؟ چه کنم تا احساس ارزشمندی کنی؟ چه امکاناتی برایت فراهم کنم؟ به چه آموزشی نیاز داری؟ نیاز به مشورت داری؟ چه کنم تا در اعلام قیمت به مشتری قدرت‌مندتر شوی؟ چه کنم تا با افتخار محصول‌مان را ارائه دهی؟ اهدافت را چه‌طور تأمین کنم؟ تو چه‌طور می‌توانی اهداف ما را تأمین کنی؟

مهم است که تمرکزتان روی چه پرسش‌هایی باشد. اگر روی این شش مورد تمرکز کنید، تکلیف شما با تیم‌تان مشخص می‌شود و تیم مسلّط‌تر عمل خواهد کرد.

همان‌طور که پیش از این گفتم، آن چـه دربارۀ تعیین هـدف مؤثرتر عمل می‌کند، «والاسازی» آن است. جلسـه‌ای با تیم خودم ترتیـب دادم و دربـاره این‌که به‌خاطر چه چیزی در سازمان من هسـتند، با آن‌ها صحبت کردم. نقطۀ عطف جلسه جایی بود که عنوان کردم: «کسی‌که در این شرکت کار می‌کند، به‌خاطر من، جیب من و جیب خودش نیاید، بلکه بیاید تا به کمک هم حال کسب‌وکارها را بهتر کنیم. هدف ما این است که ترس از اقدام را از مدیران بگیریم. هدف ما این اسـت که قدرت ایجاد کنیم و کاسبی‌ها را احیا کنیم. به این شکل، برکتش به زندگی همۀ ما می‌آید. هدف اصلی ما این اسـت.» معیارهای افراد برای پیوستن یا نپیوستن به تیم‌های سازمانی همین شش مورد است. ممکن است شرکتی در زمینه ایجاد امنیت یا ایجاد احساس ارزشمندی آن‌قدر قوی کار کرده باشد که همین مسئله سبب پیوستن افراد به آن تیم شود.

تمرین: شما در این شش بخش چه مزیّت‌هایی ایجاد می‌کنید؟

این جدول باید برای سازمان‌تان الگویی ترسیم کند تا با نوشتن مزیّت‌هایی که در هر مورد ایجاد می‌کنید، نسبت به آن‌ها آگاه‌تر شوید، آن‌ها را بهبود ببخشید و در نهایت بر این شش ستون تیم‌سازی مسلّط شوید. چراکه همین مزیّت‌هاست که تعیین می‌کند افراد کجا و در چه سازمانی کنار هم جمع شوند.

	مزیّتی که ایجاد کرده‌اید	مزیّتی که باید ایجاد کنید
امنیت		
جایگاه		

فصل نهم: تیم‌سازی

	وابستگی
	ارزشمندی
	قدرت
	هدف

حالاکه این بخش را خواندید، به این بیندیشید که چرا باید تیم‌سازی کرد؟ بعضی اوقات، هم می‌خواهیم سریع برسیم، هم می‌خواهیم به چشم‌اندازی بزرگ دست پیدا کنیم و هم می‌خواهیم به‌تنهایی حرکت کنیم. جان وودن که یکی از بزرگ‌ترین مربیان بسکتبال جهان است، می‌گوید: «اگر می‌خواهید سریع بروید، تنها بروید؛ ولی اگر می‌خواهید به دوردست‌ها بروید، به تیم نیاز دارید.»

◀ مهارت یا موقعیت؟

فرض کنید که می‌خواهید تیم بسازید و در آن تیم نیاز به یک گرافیست دارید. یعنی در سازمان‌تان این موقعیت شغلی خالی است. همچنین، در سازمان‌تان یک نفر هست که گرچه گرافیست نیست، ولی به‌اندازه آموزشی که دیده است، می‌تواند طرح نسبتاً مناسبی برای پاورپوینت شما طراحی کند. حالا می‌پرسم که برای چه هدفی می‌خواهید تیم بسازید؟ می‌خواهید آن موقعیت شغلی را پر کنید یا به آن مهارت نیاز دارید؟

تیم‌سازی بر مبنای مهارت است، نه بر مبنای موقعیت شغلی. برای همین است که افراد زیادی در سازمان‌تان می‌چرخند، امّا کار پیش نمی‌رود. زیرا زمانی که درصدد تشکیل تیم بودید، صرفاً موقعیت‌های شغلی خالی را پر کرده‌اید، نه مهارت‌های خالی را. بدون این‌که درنظر بگیرید آن‌چه مهم است، مهارت است، نه موقعیت. برای همین است که در بعضی سازمان‌ها با کم شدن تعداد افراد، مشکلی برای تیم پیش نمی‌آید و چه‌بسا کارها بهتر از قبل پیش برود. چراکه در بسیاری مواقع، افراد به‌واسطه مهارت‌هایی که دارند، کار باکیفیت‌تری هم انجام می‌دهند. به عبارتی، یک نفر به اندازهٔ سه نفر کارآیی دارد. بنابراین، اگر قرار شد موقعیتی را در اختیار فردی قرار دهید، از این‌که مهارت موردنظرتان را دارد یا نه، اطمینان حاصل کنید. فردی که در سازمان شما مشغول به کار می‌شود، به سه چیز نیاز دارد: ابزار، مهارت و پیش‌نیازهای دست‌یابی به نتیجه. به‌عنوان مثال، گرافیستی استخدام می‌کنید و او ابزارهایی مثل کامپیوتر و نرم‌افزارهای گرافیکی نیاز دارد. همچنین، باید مهارت کار کردن با نرم‌افزارهای گرافیکی را هم داشته باشد. این ابزارها و ملزومات در اختیار هر فرد دیگری که پتانسیل طراحی گرافیک داشته باشد، قرار بگیرد و به مرور آموزشِ مهارت گرافیکی هم ببیند، خروجی مورد نظر را می‌دهد و شما به مرور خروجی را بهتر می‌کنید. پس اگر نیرویی اضافه و استخدام می‌کنید و به او آموزش

می‌دهید، باید بر مبنای ایجاد مهارت باشد، نه بر مبنای ایجاد موقعیت. در سازمان‌های بسیاری دیده‌ام که ترس از انجام نشدن یا عقب ماندن کارها، دلیل اصلی استخدام بوده است. امّا سؤالی که باید از خودتان بپرسید، این است که: «چرا آن کار انجام نمی‌شود؟» من به شما می‌گویم. چون مهارتش وجود ندارد. خب چرا یک نفر را اضافه می‌کنید؟ چون فکر می‌کنید که اگر فردی را اضافه کنید، حجم کارها کم‌تر می‌شود، درحالی‌که این شخص اول باید آموزش ببیند و با روش‌ها، سبک و فرهنگ سازمان شما آشنا و سازگار شود. تحقق چنین چیزی زمان‌بر است و شاید حجم کارها را هم بیشتر کند. بهتر است ببینید چه استعدادی در سازمان وجود دارد که می‌تواند این مهارت را هم پیدا کند. به این فکر کنید که مبنای تیم‌سازی شما تا به امروز مهارت بوده است یا موقعیت؟

بیزنس مسترها بیهوده نیرو استخدام نمی‌کنند، بلکه افراد ماهر را پیدا می‌کنند یا آن‌ها را پرورش می‌دهند. پس وقتی صحبت از موقعیت و مهارت می‌شود، به این معناست که گاهی نیاز نیست تیم بسازید تا موقعیتی را پر کنید. بارها شاهد بوده‌ایم که پس از اخراج یک فرد، افراد دیگری با مهارت‌های مشابه در سازمان پیدا می‌شوند که پیش از آن در سایهٔ آن موقعیت پنهان بودند. پس وقتی صحبت از تیم‌سازی می‌شود، از خود بپرسید که برای چه تیم‌سازی می‌کنید؟ صرفاً برای این‌که یک موقعیت خالی است؟ یا مهارتی را می‌خواهید پرورش دهید؟

◂ از هم‌افزایی تا هم‌آفرینی

به این تصویر خوب دقّت کنید. اگر تیم، موقعیت و مهارت متناسبی داشته باشد، باعث هم‌افزایی می‌شود و از اتلاف و هدررفت منابع سازمان، مثل منابع مالی و زمانی جلوگیری می‌کند. در بسیاری از سازمان‌ها می‌بینم با این‌که هدف سازمان مشخص است، امّا هرکسی کار خودش را می‌کند و به سمتی که ترجیح می‌دهد می‌رود و منبعی برای جهت‌دهی فکری، مهارتی، ذهنی و عملکردی وجود ندارد.

درواقع، سازمان هیچ تلاشی برای آگاه‌سازی تیم از هم‌راستایی مسیر و فعالیت‌هایش با اهداف سازمان انجام نداده بود. معلوم است که در چنین سازمانی، اتلاف منابع زیاد است. اتلاف منابع مانع دستیابی به اهداف در زمان مقرر می‌شود و پول، وقت و انرژی

هدر می‌رود. امّا در تیمی که هم‌افزایی وجود دارد و فکرها هم جهت هستند، سینرژی ایجاد می‌شود. این حاصل مشارکت‌های تصاعدی است. درواقع، شما تیم تشکیل می‌دهید تا بتوانید به واسطه هم‌افزایی، سریع‌تر و متناسب‌تر به اهداف والای خودتان برسید.

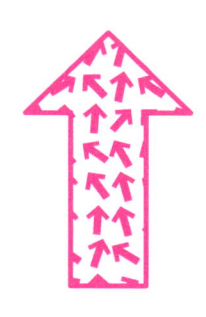

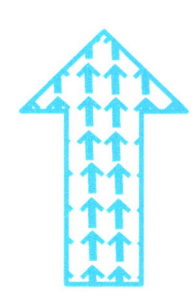

افراد یک تیم باید چند ویژگی داشته باشند:
- دارای مهارت‌های تکمیل‌کننده یکدیگر باشند؛
- دارای اهداف و رویکردی مشترک باشند؛
- دارای وابستگی تطبیقی و تکمیلی با یکدیگر باشند؛
- در تبادل اطلاعات و دانش با یکدیگر مشارکت داشته باشند؛
- یکدیگر را تشویق و ترغیب کنند.

ابتدا باید دارای مهارت‌های مکمل باشند، ولو اینکه در موقعیت‌های مختلف قرار داشته باشند، مثلاً یک نفر در انبار، یک نفر در فروش و دیگری در خدمات مشتریان باشد. این‌ها باید با هم مهارت‌های مکمل داشته باشند. کار هر کدام باید کار دیگری را تکمیل کند. باید هدف و رویکرد مشترک داشته باشند. همچنین دارای وابستگی‌های تطبیقی و تکمیلی باشند. یعنی بتوانند مهارت‌ها، تفکّرات، برنامه‌ها و ایده‌هایی را که دارند، با هم تطبیق بدهند. جایی باید از مواضع خود کوتاه بیایند و جایی دیگر تلاش کنند تا دیگری را متقاعد سازند. به این شکل می‌توانید در تیم‌ها کار کنید. اگر فقط روی مواضع خودتان و در جهت مسیر خودتان بایستید، نمی‌توانید با دیگران هم‌سو باشید. همانند شکل، هر

فصل نهم: تیم‌سازی

پیکانی به جهتی که خودش می‌خواهد حرکت می‌کند. این‌جاست که وابستگی‌ها کارکرد مناسب خود را ندارند. هرکسی حرف خودش را می‌زند و ایدهٔ خودش را دارد. درحالی‌که باید در تبادل اطلاعات و دانش با هم مشارکت داشته باشند و در ارائهٔ آن‌ها خسیس نباشند. چراکه در اصل، هزینهٔ اطلاعات و تجربیاتی را که به‌دست آورده‌اند، سازمان پرداخته است. پس اگر یک نفر به‌دست بیاورد و با دیگران به اشتراک بگذارد، این هزینه سرشکن می‌شود. باید اهل تشویق و ترغیب و غم‌خوار هم باشند. باید بتوانند به هم آفرین بگویند. در سازمانی که افراد یکدیگر را تشویق می‌کنند، نسبت به دستاوردهای یکدیگر احساس بهتری دارند.

اگر چنین مواردی را ندارید، پس شما تیم ندارید، گروه دارید. گروه با تیم فرق دارد. گروه همان تیمی است که این مشخصات را ندارد. در گروه‌ها هزینه‌ها هدر می‌رود، امّا در تیم‌ها به سبب هم‌افزایی، هزینه‌ها تبدیل به درآمد و سود می‌شوند. اگر هزینه‌ای می‌کنید که بابتش درآمد ایجاد می‌شود، پس این هزینه مجاز و بلامانع است.

تیم و ساخت تیم باید در جهت سه اتفاق مهم در کسب‌وکار باشد.

◀ **آن‌چه برای ساخت تیم نیاز دارید:**
تربیت (ت)، یک‌پارچگی (ی) و مشارکت (م).

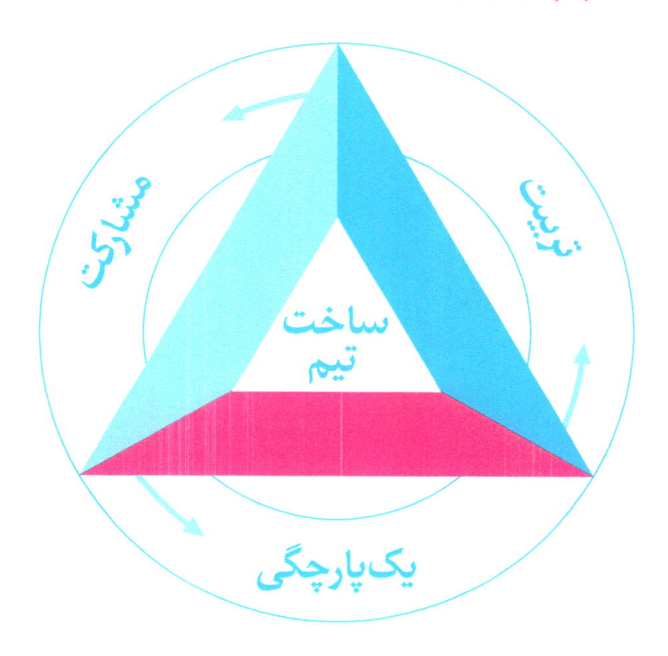

تربیت، یک‌پارچگی ایجاد می‌کند. یک‌پارچگی عامل هم‌افزایی می‌شود و هم‌افزایی افراد را از نظر فکر و عملکرد در یک جهت و در مشارکت با هم نگه می‌دارد. پس تیم، جایی است که در آن تربیت، یک‌پارچگی و مشارکت وجود دارد. از فردا وقتی به تیم فکر می‌کنید، ببینید که برای تربیتش چه کرده‌اید؟ چقدر آموزش داده‌اید؟ چقدر برنامه یا قوانین و دستورالعمل تهیه کرده‌اید تا افراد تیم به صورت یک‌پارچه با هم کار کنند؟ برای ایجاد مشارکت بالا چه کرده‌اید؟

◀ **تربیت**

• **کسب و انتقال تجربه**

اولین کاری که در تربیت خیلی مهم است، ایجاد فضایی است که در آن افراد بتوانند تجربه کنند امّا آن تجربه را تکرار نکنند. تجربه را دوباره تجربه کردن خطاست. شما

فصل نهم: تیم‌سازی

به عنوان صاحب یک کسب‌وکار تجربه‌ای دارید، این تجربه را در جریان تربیت تیم‌تان به آن‌ها هم منتقل می‌کنید. اگر بخواهید بچه‌ای را تربیت کنید، چه چیزی به او یاد می‌دهید؟ نحوهٔ درست غذا خوردن؟ یا تجربه‌ای که خودتان از غذا خوردن دارید؟ پس تربیت را می‌توان «انتقال تجربه» دانست. تجربیات خود را به تیم‌هایتان انتقال دهید و شرایطی را به وجود آورید تا آن‌ها هم تجربیات خود را انتقال بدهند.

وقتی تیم می‌سازید، امّا آن را تربیت نمی‌کنید و آموزش نمی‌دهید، رشد نمی‌کند. زیرا به انجام کارهای کوچک و ساده عادت می‌کند. به این‌که همیشه چشمش به شما باشد و هرچه می‌گویید، ربات‌گونه انجام دهد. امّا وقتی آموزش می‌دهید، وقتی تربیتش می‌کنید و برایش مربی‌گری می‌کنید، استعدادهایش را شکوفا کرده و مهارت‌هایش را ارتقا می‌دهید.

چقدر تأسف می‌خورم وقتی مدیری از من می‌پرسد: «اگر به افراد تیمم آموزش دادم و بعد از آن از شرکتم رفتند، تکلیف من چیست؟» پاسخ می‌دهم: «اگر آموزش ندادی و ماندند چه؟ این‌که دیگر فاجعه است.» تأسفم از این جهت است که نسبت به تیم دیدگاهی سطحی دارند.

بیایید طور دیگری به این موضوع نگاه کنیم:
حالت اول: بعد از آموزشی که می‌دهید، فرد از سازمان شما به سازمان دیگری می‌رود و آن‌چه را یاد گرفته است، اجرا می‌کند.

حالت دوم: آموزش نمی‌دهید و نیروی آموزش‌ندیده در سازمان شما می‌ماند و به زودی سیستم‌تان را نابود می‌کند.

سؤال: کدام حالت شما را بیشتر متضرر می‌کند؟

شما از ترس از دست دادن فردی که به او آموزش داده‌اید، دست از مهارت‌پروری برمی‌دارید. درحالی‌که باید بدانید در دنیای امروز هیچ دانش و مهارتی انتها ندارد. شما

مدام می‌توانید آموزش ببینید، آموزش بدهید و درخت سازمان‌تان را هم تنومندتر کنید و هم پربارتر.

مهارت‌های ذهنی و عملکردی
- **مهارت‌های ذهنی**

مهارت‌های ذهنی، مجموعه‌ای از توانایی‌ها برای فکر کردن، تمرکز کردن و تصمیم‌گیری هستند که نقشه‌ای ذهنی یا تصویری واضح از مسیر پیش‌رو را ترسیم می‌کنند.

- **مهارت‌های عملکردی**

مهارت‌های عملکردی، تسلّط در مدیریت اولویت‌هاست. اولویت‌بندی یعنی محاسبه کنیم که انجام هر کاری چه نرخ بازگشتی (بازگشـت زمان، هزینه، سـود و اعتبار) ایجاد می‌کند. هرچه مهارت‌های عملکردی و ذهنی افراد تیم شما، مانند مهارت‌های ارتباطی، تحلیل رفتار متقابل، گوش دادن برای حل تعارض، و حل مسئله برای مقابله با بحران‌ها، ارتقـا یابد، شـما و تیم‌تان توانمندتر خواهید شـد. مهارت باید قدرت ایجـاد کند. درواقع، پرورش مهـارت ذهنـی و عملکردی، قدرت ذهنـی و عملکردی تیـم را افزایش می‌دهد. نتیجۀ این قدرت، تبدیل منبع به فرصت و موقعیت است و این از ویژگی‌های بی‌نظیر تسلّط بر کسب‌وکار است. شرایطی را مهیا کنید که اعضای تیم‌تان علاوه بر آموزشی که از شما دریافت می‌کنند، خودشان هم به هم‌تیمی‌هایشان آموزش دهند. مهم‌ترین روش یادگیری، یاد دادن است. آن‌ها به خوبی می‌دانند که آموزش آن چه آموخته‌اند، به درک عمیق‌تر و ماندگارتر آن مفاهیم منجر می‌شود.

- **خودارزیابی**

شرایطی برای خودارزیابی به وجود آورید. به آن‌ها یاد دهید که پیش از شما، خودشان به خودشـان نمره دهند. آن‌ها باید بتوانند کمیت و کیفیت کارشـان را رصد کنند و براساس استانداردهایی که از قبل مشـخص اسـت، به خودشـان امتیـاز دهنـد. خودارزیابی، کار پیچیده‌ای نیست، همین که افراد بتوانند عملکرد و تفکّرشان را ارزیابی کنند، خودارزیابی است. خودارزیابی عامل هم‌جهتی و سینرژی است. برای هم‌راستایی اهداف و انتظارات شما به‌عنـوان صاحب کسب‌وکار بـا اهـداف و انگیزه‌هـای اعضـای تیم‌تان، لازم اسـت

معیارهـای شـفافی بـرای سـنجش رضایت هـردو طـرف تعیین کنیـد. این معیارهـا باید به‌وضوح مشـخص کنند که چه عواملی باعث رضایت شـما و چه عواملی باعث رضایت اعضای تیم می‌شوند.

• ارتقا

ایـن کتـاب را بـه افراد تیم‌تان هم بدهید تا مطالعه کنند. وقتـی این کار را بکنید، همین یادگیری جمعی خودش نوعی تربیت کردن است. اصلاً تربیت کردن یک معنا دارد و آن چیزی نیست جز این‌که دیگران را هم ارتقا دهید. هر کاری که برای ارتقای دیگران انجام می‌دهید، یعنی تربیت کردن، یعنی «ت» از کلمهٔ تیم.

◄ یک‌پارچگی

آن‌چه در یک‌پارچگی مدنظر است، عبارت است از:

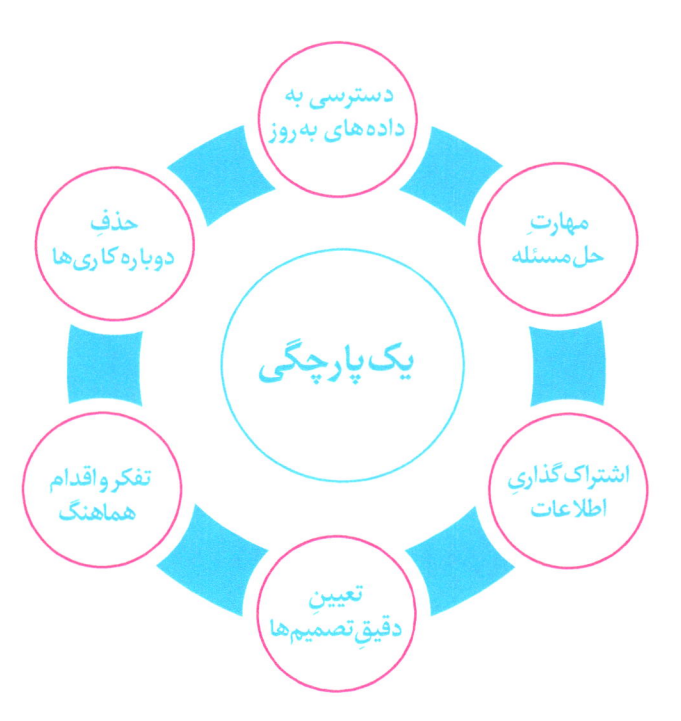

- دسترسی به داده‌های به‌روز
- مهارتِ حل‌مسئله
- اشتراک‌گذاری اطلاعات
- تعیینِ دقیقِ تصمیم‌ها
- تفکر و اقدام هماهنگ
- حذفِ دوباره‌کاری‌ها

یک‌پارچگی

یک‌پارچگی را می‌توان تفکّر و اقدام هماهنگ دانست. افراد در تیم‌ها تربیت می‌شوند تا تفکّر و اقدام هماهنگ داشته باشند. شما تجربیات را انتقال می‌دهید تا دوباره‌کاری‌ها را حذف کنید. یک‌پارچگی یعنی حذف دوباره‌کاری‌ها. وقتی یک‌پارچگی را محقق می‌کنید، می‌توانید مشارکت ایجاد کنید. خب، از کجا دوباره‌کاری‌ها را پیدا کنید؟ از تجربه، از تربیت کردن. می‌بینید که تمام اجزا به هم مربوط هستند. یک‌پارچگی مهارت ایجاد کنید. یعنی در تیم‌تان افراد چندمهارتی پرورش دهید، به‌گونه‌ای که اگر پروژه‌ای تعریف می‌کنید، افراد تیم‌تان بتوانند آن را با هم انجام دهند. در پروژه‌های تیمی، آن‌ها متوجه می‌شوند که چگونه می‌توانند به هم پاس بدهند و چگونه گل بزنند. این همان یک‌پارچگی است. در یک‌پارچگی، من در نقش یک مدیر تصمیم‌گیری می‌کنم. مدیرهای میانی تصمیم‌گیری می‌کنند؛ همین‌طور افراد یک بخش. درعین‌حال، مرز تصمیم‌گیری‌ها

دقیق است و هرکس می‌داند در هر جایگاهی که قرار گرفته است، چگونه ایفای نقش کند. در یک‌پارچگی، می‌توانید مهارت حل مسئله را نقد کنید. وقتی افراد می‌خواهند با یکدیگر هماهنگ شوند، چه کنند تا کم‌تر از هم بپرسند و وقت اضافه برای گفت‌وگوها صرف نکنند. در نتیجه، زمان‌شان برای عمل‌گرایی خرج می‌شود. در یک‌پارچگی، به‌اشتراک‌گذاری اطلاعات اهمیّت زیادی دارد. تا می‌توانید اطلاعات را در سطوح مختلف و با سطح دسترسی مشخص برای هرکس تعریف کنید. عامل مهم در یک‌پارچگی، اعتبار داده‌هایی است که به سازمان می‌رسد، چراکه بر مبنای آن شرایط کاری بهبود می‌یابد، تصمیمات درست گرفته می‌شود و به این ترتیب، افراد می‌توانند نتیجه مناسب بگیرند. سازمانی که در آن هرکسی به هر جهتی که می‌خواهد می‌رود و به درودیوار می‌خورد، سازمان را هم به در و دیوار می‌زند. در نتیجه، یک‌پارچه نخواهد بود. بنابراین، هر چقدر زاویه سازمانی کم‌تر باشد، سازمان یک‌پارچه‌تر است.

◀ مشارکت

در مشارکت چند نکته مهم است:

اگر اعضای تیم نتوانند با هم مشارکت داشته باشند، تربیتی که برایش وقت گذاشته بودید، از بین می‌رود. مشارکت یعنی افزایش یافتن سرمایه اجتماعی یک سازمان. یعنی افزایش حس اعتماد، خلق مسئولیت‌پذیری و محیط حمایتی در سازمان. یعنی از آن امنیت و جایگاه و مقامی که دارند، از عمری که صرف می‌کنند، از هدفی که می‌خواهند به آن برسند و از ایده‌های درست، استقبال و حمایت می‌کنید. **در مشارکت، وظیفه‌تان تنظیم ارتباطات است.** ارتباطاتی که نه خیلی درهم‌تنیده باشند و نه خیلی از هم دور باشند. در سازمان‌های بوروکراتیک، به سبب تنظیم نبودن ارتباطات، مشارکت‌ها پایین است. درواقع، مدیران کارتابلی مشارکت ندارد. نه در سازمان می‌چرخند و نه در بیرون آن و در بازار. آن‌ها نمی‌دانند چه طور می‌توانند ارتباطات بهتری داشته باشند و این ارتباطات را تنظیم کنند.

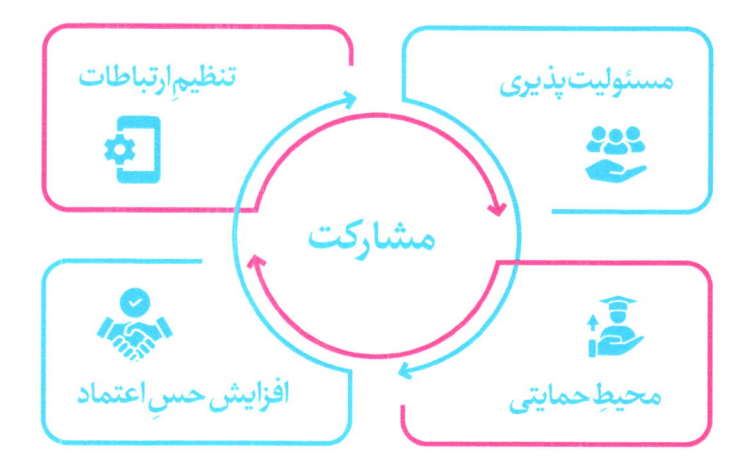

تنظیمِ ارتباطات
مسئولیت‌پذیری
مشارکت
افزایش حسِ اعتماد
محیطِ حمایتی

لازم است این نکته را عنوان کنم که مشارکت، همکاری و هماهنگی نیست. افراد فکر می‌کنند که اگر با هم هماهنگ هستند، یعنی مشارکت دارند. اصلاً این طور نیست. تعریف مشارکت مشخص است. مشارکت به این معناست که افراد برای خلق چیزی جدید با هم کار کنند و برای این هدف، به دیدگاه‌های مشترک برسند.

نکته کلیدی تلاش برای ایجاد دستاوردی جدید به‌صورت غیرفردی است. یعنی چیزی که متعلّق به همه است و همه افراد تیم را در کنار هم نگه می‌دارد. هماهنگی و همکاری زیرمجموعه مشارکت است.

هماهنگی، به‌اشتراک گذاشتن اطلاعات و منابع در راستای حمایت از هدف مشترک است. درحین مشارکت برای خلق یک چیز جدید، باید هماهنگی وجود داشته باشد و اطلاعات و منابع به‌اشتراک گذاشته شود تا آن هدف محقق شود. خیلی از سازمان‌ها با هم هماهنگ هستند، ولی مشارکت ندارند. اطلاعات بین همه می‌چرخد، ولی در جهت حمایت از هدف نیست.

فصل نهم: تیم‌سازی

کار کردن بـرای خلق دستاوردی جدید بـا داشتن دیدگاه و هدف مشترک

همکاری

مشارکت

کار گروهی

هماهنگی

استفاده از منابع و اطلاعات بدون داشتن هدف مشترک

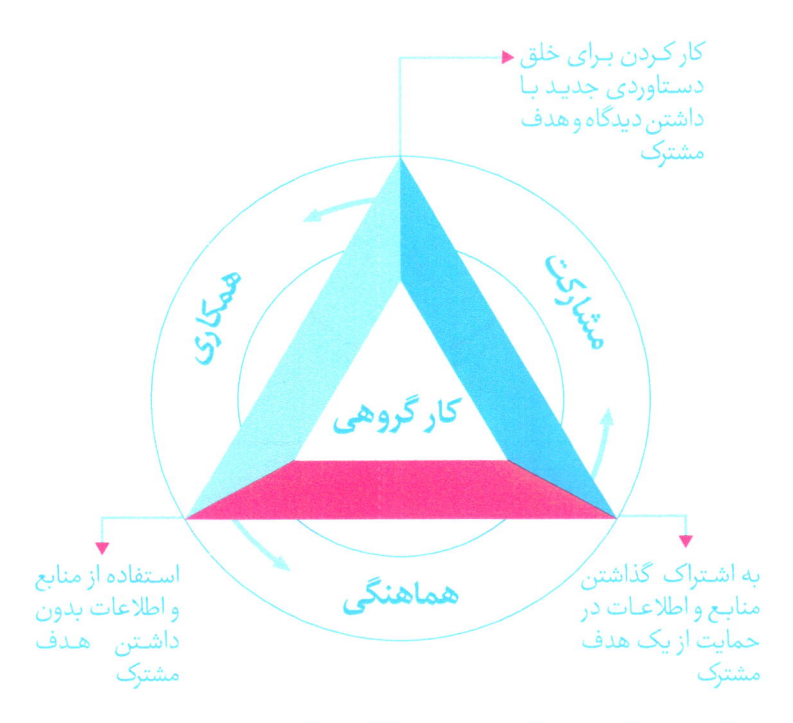

به اشتراک گذاشتن منابع و اطلاعـات در حمایت از یک هدف مشترک

در خیلی از سـازمان‌ها همکاری هست، امّا مشارکت نیست. منابع و اطلاعات بدون داشتن هدف مشترک به افراد داده می‌شود؛ ولی در همکاری حس اعتماد عمیق وجود ندارد، محیط حمایتی نیست، ارتباطات هم تنظیم نیست.

در هماهنگی، اشتراک‌گذاری اطلاعات و منابع صورت می‌گیرد، به‌گونه‌ای که هرکدام از افراد سازمان بتوانند نقش خـود را در حمایت از هدف سازمان پیدا کنند. هماهنگی درمورد کار گروهی در اجرای طرح است و برای ایجاد و خلق یک چیز جدید نیست.

در مشارکت، افراد با هم کار می‌کنند تا چیز جدیدی خلق کنند، امّا در هماهنگی فقط در اجرا با هم هماهنگ هستند. همکاری و هماهنگی و مشارکت، هرسه جنبه کار گروهی دارند، امّا با هم متفاوت هستند.

بالا بردن توان تیم

در سه ماه آینده تیم شما در بخش‌های مختلف چه مهارت‌هایی باید آموزش ببینند؟

تجربه‌هایی که در سازمان شما وجود دارد، چگونه مکتوب می‌شود و چگونه آن را به افراد منتقل می‌کنید؟

برای حذف دوباره‌کاری در سازمان چه اقداماتی انجام می‌شود؟

فصل نهم: تیم‌سازی

◀ پرسش‌نامه بلودورن
بررسی میزان مشارکت و درگیری افراد در سازمان

۱. ما دوست داریم در یک لحظه، چندین فعالیت را انجام دهیم:

کاملاً مخالفم	مخالفم	نظری ندارم	موافقم	کاملاً موافقم
☐	☐	☐	☐	☐

۲. ما ترجیح می‌دهیم به جای انجام یک پروژه به صورت کامل، بخش‌هایی از چندین پروژه را کامل کنیم:

کاملاً مخالفم	مخالفم	نظری ندارم	موافقم	کاملاً موافقم
☐	☐	☐	☐	☐

۳. ما معتقدیم افراد باید تلاش کنند که در یک لحظه کارهای زیادی را انجام دهند:

کاملاً مخالفم	مخالفم	نظری ندارم	موافقم	کاملاً موافقم
☐	☐	☐	☐	☐

۴. هنگامی که ما با خودمان کار می‌کنیم، معمولاً در یک زمان روی چند پروژه کار می‌کنیم:

کاملاً مخالفم	مخالفم	نظری ندارم	موافقم	کاملاً موافقم
☐	☐	☐	☐	☐

۵. ما ترجیح می‌دهیم که در یک لحظه از زمان، تنها یک کار را انجام ندهیم:

کاملاً مخالفم ☐   مخالفم ☐   نظری ندارم ☐   موافقم ☐   کاملاً موافقم ☐

۶. ما معتقدیم که افراد هنگامی بیشترین تلاش خود را صرف می‌کنند که وظایف زیادی برای انجام دادن داشته باشند:

کاملاً مخالفم ☐   مخالفم ☐   نظری ندارم ☐   موافقم ☐   کاملاً موافقم ☐

۷. ما معتقدیم که بهترین کار، کامل کردن چند وظیفه قبل از آغاز وظیفه دیگر است:

کاملاً مخالفم ☐   مخالفم ☐   نظری ندارم ☐   موافقم ☐   کاملاً موافقم ☐

۸. ما معتقدیم بهترین کار برای افراد این است که چندین وظیفه برای انجام دادن داشته باشند:

کاملاً مخالفم ☐   مخالفم ☐   نظری ندارم ☐   موافقم ☐   کاملاً موافقم ☐

۹. ما دوست داریم که در یک زمان، بر روی بیشتر از یک وظیفه کار کنیم:

کاملاً مخالفم	مخالفم	نظری ندارم	موافقم	کاملاً موافقم
☐	☐	☐	☐	☐

۱۰. ما ترجیح می‌دهیم در هر روز به کامل کردن بخش‌هایی از پروژه‌های مختلف بپردازیم، نه این‌که یک پروژه را به صورت کامل انجام دهیم:

کاملاً مخالفم	مخالفم	نظری ندارم	موافقم	کاملاً موافقم
☐	☐	☐	☐	☐

◀ نمره‌گذاری پرسش‌نامه

	کاملاً مخالفم	مخالفم	نظری ندارم	موافقم	کاملاً موافقم
امتیاز	۱	۲	۳	۴	۵

حد پایین نمره	حد متوسط نمره	حد بالای نمره
۲۰	۳۵	۵۰

◀ امتیاز بین ۳۵ تا ۵۰ نشان‌دهنده تمایل زیاد به انجام چندین وظیفه به طور هم‌زمان است و این‌که مشارکت‌طلبی بالایی وجود دارد.

◀ امتیاز بین ۲۰ تا ۳۵ نشان می‌دهد که تا حدودی تمایل به انجام چندین وظیفه به طور هم‌زمان و تمایل به مشارکت وجود دارد.

◀ امتیاز زیر ۲۰ نشان‌دهنده تمایل کم به انجام چندین وظیفه به طور هم‌زمان و ترجیح امور به صورت مستقل است.

◀ **چه تیم‌هایی باید بسازید؟**
پرسش اول این بود که چرا باید تیم بسازید و اکنون پرسش این است که چه تیم‌هایی باید بسازید؟

انواع تیم عبارتند از:

انواع تیم
چه تیم‌هایی باید بسازیم؟

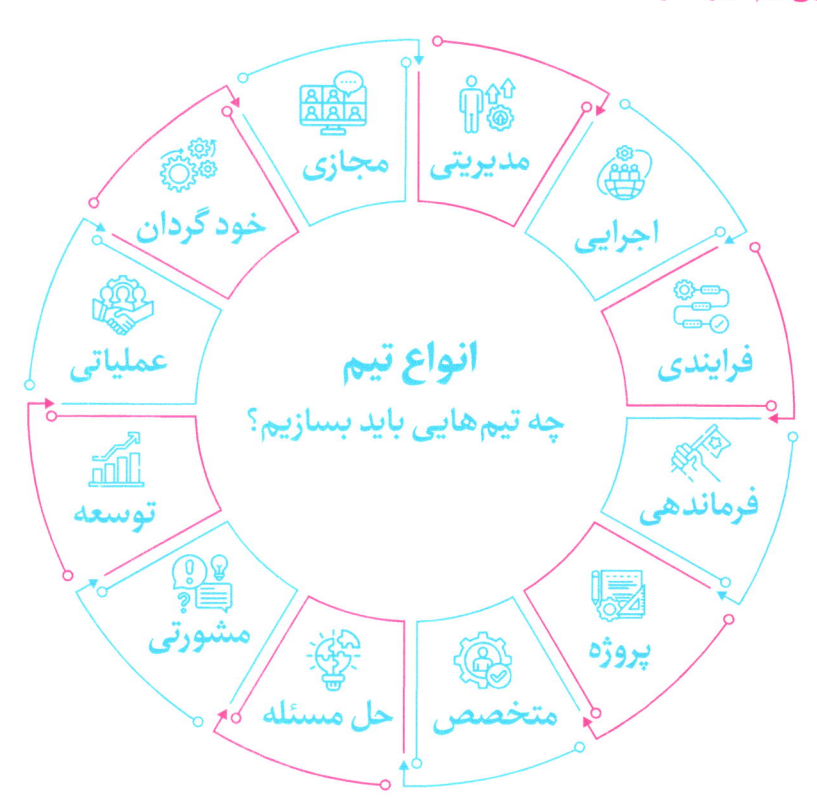

- مدیریتی
- مجازی
- خودگردان
- عملیاتی
- توسعه
- مشورتی
- حل مسئله
- متخصص
- پروژه
- فرماندهی
- فرایندی
- اجرایی

اکنون سؤال این است که به چه تیم‌هایی در کسب‌وکار نیاز داریم و چه تیم‌هایی باید بسازیم؟ چه تیم‌هایی باید تیم‌های درونی سازمان‌ها باشند و چه تیم‌هایی باید تیم‌های برون‌سپاری سازمان باشند؟

دوازده مدل تیم وجود دارد:

۱. تیم اجرایی

وظیفه‌شان اجرای کار است. در سازمان یک الی دو نفر را برای اجرای کاری تعیین می‌کنید.

۲. تیم فرایندی

فرایندها را اجرا می‌کنند. به این شکل که اعضای آن فرایندهای عمدهٔ سازمان‌ها را انجام داده و آن‌ها را پالایش می‌کنند. مثلاً افراد تیم IT جزو تیم‌های فرایندی، تیم‌های تخصصی و تیم‌های مجازی هستند. بنابراین، یک فرد می‌تواند در تیم‌های مختلفی حضور داشته باشد.

۳. تیم فرماندهی

وظیفه‌شان فقط فرماندهی و رهبری کردن است. به این شکل که با سایر اعضا، برنامه‌ها را پیش ببرند و آن‌ها را رهبری کنند.

۴. تیم پروژه

وقتی پروژه‌ای در سازمان تعریف می‌شود، افراد تیمِ پروژه روی آن کار می‌کنند. تیم‌های پروژه، اجرایی و فرایندی می‌توانند هم‌پوشانی داشته باشند.

۵. تیم متخصص

افراد این تیم‌ها در یک سطح هستند، امّا تخصص‌های گوناگون دارند و برای انجام کارهای تخصصی گردهم می‌آیند.

۶. تیم حل مسئله

اعضای تیم برای حل مسائل گردهم می‌آیند و به تبادل نظر دربارهٔ فرایند کار و ارائهٔ پیشنهاد می‌پردازند و باعث می‌شوند که روش انجام امور بهبود یابد. برای مثال، در پروژه‌ای در شهرداری به مشکل خورده‌اید. کار تیم حل مسئله این است که فقط همان مسئله را حل کند و این کار هرکسی هم نیست.

۷. تیم مشورتی
از جمله تیم‌های برون‌سازمانی است. به‌عنوان مثال، برای پیگیری امور مالیاتی نیاز به استخدام ندارید، بلکه می‌توانید از یک تیم متخصص برون سازمانی مشورت بگیرید.

۸. تیم توسعه
توسعهٔ بازار، توسعهٔ محصول، توسعهٔ منابع انسانی و توسعهٔ ارتباطات، از جمله وظایف این تیم است.

۹. تیم عملیاتی
درحالی‌که وظایف و نحوهٔ انجام کارها در تیم اجرایی به‌طور دقیق توسط مراجع بالاتر مشخص می‌شود، تیم عملیاتی خود وظایف و نحوهٔ انجام آن‌ها را تعیین می‌کند. به عبارت دیگر، تیم عملیاتی در انتخاب روش‌ها و ابزارهای مناسب برای انجام وظایف خود اختیار عمل بیشتری دارد.

۱۰. تیم خودگردان
مسئولیت انجام کارهایی مانند کارپردازی، خدمات و آبدارخانه برعهدهٔ این تیم است. از سازمان خودم مثال می‌زنم. از قبل به تیم خدمات تجربیات انتقال داده شده و گفته‌ایم که هرکجا استهلاک ساختمان مشاهده شد، خودت رفع کن و نیاز به پرسش و هماهنگی ندارد. درواقع، این را همیشه می‌گوییم که کار ارزشمند نیاز به هماهنگی ندارد. وقتی کاری انجام می‌شود که درست است، چه نیازی به تأیید مدیرعامل دارد؟ هدف از تربیت و یک‌پارچه‌سازی تیم این است که مشارکت افراد افزایش پیدا کند تا بدون نیاز به اعمال فشار از سوی مدیران، چرخ سازمان بچرخد.

۱۱. تیم مجازی
این تیم از افرادی تشکیل می‌شود که ممکن است از نظر موقعیت جغرافیایی از هم دور باشند. فعالیت آن‌ها شدیداً به اینترنت وابسته است. این تیم‌ها به کارفرمایان کمک می‌کنند تا بهترین متخصص‌ها را برای انجام یک پروژه به‌کار بگیرند، بدون درنظر گرفتن این موضوع که متخصص مدنظر کجا زندگی می‌کند. در تیم‌های مجازی، مانند

تیم تولید محتوا، می‌توان با تقویت برخی اعضا، وظایف دیگری مانند کارهای مالی و حسابداری را نیز به آن‌ها واگذار کرد. همچنین، در برخی موارد، امکان تبدیل تیم مجازی به یک تیم فرایندی و اجرایی وجود دارد.

۱۲. تیم مدیریتی

این نوع تیم‌ها شامل تیم تصمیم‌گیران اصلی سازمان است که آن را مدیرعامل، مدیران میانی و صاحب کسب‌وکار تشکیل می‌دهند. دغدغه‌های سازمان، مسائل مالی، تهدیدها و فرصت‌ها و مسائل مربوط به نیروی انسانی در این تیم‌ها موضوع بحث قرار می‌گیرد. درواقع، تیم مدیریت سازمانی کمک می‌کند که کارها به بهترین شکل ممکن انجام شود.

تیم‌سازی محدود به درون سازمان نیست؛ به معنی ساخت تیم‌هایی است که در درون و بیرون سازمان می‌توانید به‌کار بگیرید تا سازمان شما را رشد دهند، در جهت اهداف مشترک شما باشند و هم‌افزایی ایجاد کنند. فرقی ندارد که کسب‌وکارتان کوچک باشد یا بزرگ، شما باید تمام این دوازده تیم را داشته باشید. در برخی موارد، ممکن است وظایف مربوط به بخش‌های مالی، فروش و روابط عمومی در یک تیم واحد، مانند تیم توسعهٔ بازار، ادغام شوند. ممکن است بخش مالی و فروش برای گرفتن مطالبات، کاری تیمی انجام دهند. مگر می‌شود که بخش مالی به فروش کمک نکند؟ مگر می‌شود که یک واحد بازاریابی یا بازرگانی بخواهد در نمایشگاه شرکت کند، بعد واحد مالی در آن تیم نباشد و بگوید هر طور خواستی خرج کن؟ اصلاً شدنی نیست. این اسمش مسئولیت به معنای پاسخ‌گویی نیست، بلکه وظیفه است.

یکی از تیم‌هایی که همیشه باید در تیم‌سازی درنظر بگیرید، تیم مشاوره حقوقی است و با این دیدگاه که این یک تیم مشورتی است، از آن استفاده می‌کنید.

تیم‌ها و گروه‌ها از چه نظر متفاوت هستند؟

نیازها

در گروه: افراد به‌دنبال نیازهای مادی و فیزیکی خود هستند و برای همین کنار هم جمع می‌شوند. همین که نیازهای عاطفی‌شان کنار هم رفع شود، برای‌شان کافی است.

در تیم: افراد برای بقا، رقابت و ترس از قدرت بیرونی که در بیرون سازمان می‌تواند تیم را نابود کند، دور هم جمع می‌شوند. امنیت و وابستگی و حسّ تعلّق اهمیّت به‌سزایی دارند. چراکه تعلّق از عاطفه قوی‌تر است. شما ممکن است فردی را فقط دوست داشته باشید، امّا گاهی ممکن است به فردی اعتماد داشته باشید و در کنار او احساس امنیت کنید. درواقع، وقتی اعتماد دارید یعنی هم دوستش دارید و هم قبولش دارید. اعتماد یعنی حس تعلّق به دیگری و این اتفاقی است که تیم‌ها آن را محقق می‌کنند.

اهداف و آرمان‌ها

در گروه: گروهی که چشم‌اندازها و اهداف مشترکی را دنبال می‌کند، با تلاش و کوشش، می‌تواند به آن‌ها دست یابد، حتی اگر در مسیر با چالش‌ها و موانعی مواجه شود.

در تیم: فقط به اهداف و دورنماها نگاه نمی‌کنند، بلکه به‌دنبال پیشرفت و توسعه هستند. همچنین، آرمان‌گرا هستند و به اهداف‌شان پای‌بند.

اصول و ابتکار

در گروه: اصول و ارزش‌های مشترک دارند.

در تیم: ابتکار و سودمندی اجتماعی دارند. سودمندی اجتماعی یعنی کاری می‌کنند که دیگران هم سود ببرند.

ارتباطات

در گروه: ارتباطات خیلی کم و ناچیز است.

در تیم: ارتباطات گسترده است. هرچه هم بیشتر در این خصوص برنامه‌ریزی کنند، مشارکت تیمی در آینده افزایش می‌یابد، زیرا نیاز به هماهنگی کم‌تر می‌شود. برای مثال، اعضای یک تیم جراحی با هم بسیار گفت‌وگو می‌کنند، ولی وقتی وارد اتاق عمل شدند، مدام از هم نمی‌پرسند و با هم امور را چک نمی‌کنند. چراکه قبلاً هماهنگی‌ها انجام شده و حالا زمان اقدام است. پس جز اقدام کردن کار دیگری نمی‌کنند. این همان مشارکت است و تفاوت گروه و تیم.

گروه‌ها و ترکیب‌ها

در گروه: به سمت ایجاد گروه‌های کوچک‌تر می‌روند و گروه‌ها را خُرد می‌کنند.

در تیم: تا می‌توانند افراد و تیم‌ها را با هم ترکیب می‌کنند تا نتیجه‌های بهتری بگیرند.

	هویّت
در گروه	افراد خیلی سعی نمی‌کنند هویّت واقعی خود را نشان دهند. هویّت خودشان را پنهان می‌کنند تا اگر اشتباهی پیش آمد، مقصر مشخص نباشد.
در تیم	افراد هویّت شخصی و کاری خود را آشکار می‌کنند.

وقتی تمام این اتفاقات رخ می‌دهد، این تیم است که برنده می‌شود، نه فرد.

تیم	گروه
بقا، رقابت، ترس از قدرت بیرونی، امنیت، وابستگی، حس تعلق، پیشرفت، توسعه، آرمان‌گرایی،ابتکار، سودمندی‌اجتماعی، ارتباطات گسترده، راحت ترکیب شدن با هم، آشکار کردن هویت اجتماعی خود.	نیازهای مادی فیزیکی، نیازهای عاطفی اجتماعی، دورنما و اهداف مشترک، اصول و ارزش‌های مشترک، ارتباطات ناچیز، ایجاد گروه‌های کوچک، پنهان کردن هویّت خود.

فصل نهم: تیم‌سازی

▶ تیم‌سازی

برای تیم‌سازی لازم است به موارد زیر توجه شود:

۱. اثر تماشاگر

اولیـن کاری کـه لازم اسـت در تیم‌سـازی انجام دهیـد، پخش کـردن یا ویروسـی کردن مسئولیت اسـت. «اثر تماشـاگر» دقیقاً همین کار را می‌کند. به این شکل که وقتی وارد یک محیط کار می‌شوید، مشهود است که افراد مسئولانه درحال انجام کار هستند. برای مثال، در یکی از سـفرهایم به انزلی، روزی دیدم گروهی از افراد با لباس‌های یکسان، با دستکش‌های سفید و کیسه‌های زباله‌ای که در دست داشتند، درحال جمع‌آوری زباله‌ها از سـاحل بودند. مشـاهدۀ کار مسئولانه آن‌ها باعث شد تا حس مسئولیت‌پذیری من نیز بیدار شود. بنابراین، پلاستیکی از آن‌ها گرفتم و من هم شروع کردم به جمع‌آوری زباله‌ها.

وقتی خودتان به عنوان رهبر تیم، مسئولانه اتفاقات، مشکلات و بحران‌ها را می‌پذیرید، ایـن باعث می‌شـود کـه افراد بیشـتری در سـازمان ایـن کار را انجام دهند و هرچـه بیشـتر این مسئولیت‌پذیری در تیم دیده شـود، فرهنگ سـازمانی شما بر مبنای مسئولیت‌پذیری ساخته می‌شود.

من در سازمانم «تیم مسئول» پرورش داده‌ام. بر همین اساس، هر فرد جدیدی که به سیستم وارد می‌شود، با مشاهدۀ رفتار مسئولانۀ اعضای تیم، به طور ناخودآگاه این رفتار را یاد می‌گیرد و تکرار می‌کند. به این رویداد، اثر تماشاگر می‌گویند.

۲. کوره انضباط

دومین کار مهم شما، ایجاد کوره انضباط در سازمان است. انضباط یعنی انجام کار درست، در زمان درسـت و به دلیل درسـت. وقتی انضباط را در سازمان حکم‌فرما می‌کنید، استعداد به توانایی تبدیل شـده و مهارت ایجاد می‌شـود. افراد یاد می‌گیرند که از وقت و انرژی و زمان‌شان درست استفاده کنند.

گاهی خـود من در نقش رهبر سـازمان، سـاعت ۷:۳۰ در سـازمان حاضر می‌شـدم. به مرور زمان، کارکنان سازمان که سابقۀ ورود بین ۸ تا ۸:۳۰ صبح را داشتند، به طور منظم

رأس ساعت ۸ در محل کار حاضر می‌شدند. در کوره انضباط، استعداد به توانایی تبدیل می‌شود، همان‌طور که در کوره، گِل به آجر تبدیل می‌شود. توانایی، قـدرت و میزان استقامت یک سازمان است. تیم باید قدرت‌مند باشد. فردی را تصور کنید که استعداد داشته باشد، ولی هنوز گِل باشد، محکم نشده و در کوره انضباط نرفته باشد تا آجر شود. وقتی وارد تیمی شود که یک‌پارچه است و مشارکت دارد و درست تربیت شده است، چه اتفاقی می‌افتد؟ محکم می‌شود و استعدادش به توانایی تبدیل می‌شود.

۳. هم‌دستی و هم‌داستانی

آدم‌ها هــم هم‌دســت هســتند و هــم هم‌داستان. هم‌دســتند چـون مشارکت دارنـد و هم‌داستانند چون باید هم‌جهت باشند و همه به یک سـمت بروند. در یک تیم، اول باید با هم کار کنند تا بعد با هم برنده شـوند. تا زمانی‌که نتوانند با هم درسـت کار کنند، نمی‌توانند در کنار هم برنده شوند. پس همراهی و هم‌دستی یعنی مشارکت داشتن. هم‌داستانی یعنی به سمت یک هدف مشخص رفتن، برای رسیدن به جایگاهی که همه درمورد رسیدن به آن اتفاق نظر دارند.

بـه تیم‌هایـی کـه جام قهرمانـی را بالا می‌برند، نگاه کنید. همه حتـی از نظر زبان بدن یک‌پارچه‌اند و خوشحالی آن‌ها شبیه هم است. این‌ها هم در مسیر برنده شدن و هم در زمان برنده شدن هم‌داستانند. داستان برنده بودن و قهرمان شدن‌شان در تاریخ ماندگار می‌شود، زیرا توانسته‌اند با هم کار کنند و بعد با هم برنده شوند.

۴. مسئولیت‌پذیر کردن افراد

مسئولیت‌پذیری یعنی از لحظه‌ای که خود را به انجام کاری متعهد می‌کنید تا به انتها، رهایش نمی‌کنید. مسئولیت‌پذیری کیفیت است و کیفیت عمل ما را بالا می‌برد. عمل از تفکّر می‌آید. پس تفکّر و عمل مسئولانه، کیفیت روابط اعضای سازمان را ارتقا می‌دهند. به عبارتی، مسئولیت‌پذیری کیفیت قدرت تیمی را بالا می‌برد.

۵. فقدان صراحت

یکی از مسائلی که در کار تیمی مشکل ایجاد می‌کند، فقدان صراحت است. با صراحت به افراد بگویید که چه می خواهید و به کجا می خواهید برسید. به آن‌ها بگویید که از مشارکت و کار تیمی، چه منفعتی حاصل می‌شود. نبود صراحت عامل بی‌انگیزگی بسیاری از تیم‌هاست. بی‌انگیزگی به تیم آسیب می‌رساند.

با تیم‌تان گفت‌وگو کنید و شفاف به آن‌ها بگویید که می‌خواهید چه کنید و قرار است سازمان به کجا برسد. به آن‌ها بگویید که هرکس در رسیدن به آن جایگاه چه نقشی دارد.

مشخص کنید که رسیدن به آن جایگاه، برای شما و آن‌ها چه منفعتی دارد. وقتی صراحت کم باشد، تعارض به‌وجود می‌آید و مشارکت کم می‌شود. به این ترتیب، یک‌پارچگی آسیب می‌بیند. مانند تصویری که پیش از این دیدید و پیکان‌ها هرکدام به جهت دل‌خواه‌شان بودند. اگر افراد تیم یاد نگرفته باشند که شفاف باشند و کارها را پابه‌پای هم پیش ببرند، هرکس در جهتی که می خواهد حرکت می‌کند.

۶. احساس ارزشمند بودن

به تیم باید احساس ارزشمند بودن بدهید. کمک کنید تا تیم‌تان، قهرمان مشتریان‌تان باشد. کاری را که به آن‌ها می‌سپارید و تفویض می‌کنید، برای‌شان معنا کنید. به کار و عملکرد سازمان معنا ببخشید. به افراد تیم‌تان بگویید به‌واسطه کاری که در شرکت شما انجام می‌دهند، چگونه در بهبود زندگی مردم ایفای نقش می‌کنند. برای مثال، به آن‌ها بگویید که با بستن هر دوربین مداربسته، از دستاوردهای یک پدر و یک خانواده حفاظت می‌کنی. بگویید که با بسته‌بندی این آجیل، شادی خانواده‌ای را رقم می‌زنی که می‌خواهند آن را نوش‌جان کنند. بگویید که با طراحی یا اجرای خدمات گردش‌گری، کاری می‌کنی که به یک خانواده آن‌قدر خوش بگذرد که روابط‌شان پایدارتر شود. به همین زیبایی و سادگی می‌توان کارها را معنادار کرد و وقتی افراد کارشان معنادار می‌شود، احساس ارزشمندی می‌کنند.

پیش از این گفتیم یکی از دلایلی که افراد به تیم می پیوندند، همین است که می خواهند احساس ارزشمندی کنند. با معنادار کردن کارها، این احساس ارزشمندی را ایجاد کنید. به این ترتیب، تیم شما قهرمان زندگی مشتریان‌تان می‌شود و این برای هردو طرف لذّت‌بخش است.

۷. تنبلی گروهی

«تنبلی گروهی» را اصل کم‌کاری اجتماعی می‌گویند. از زیر کار در رفتن یک پدیده شخصی نیست، بلکه یک پدیده جمعی است. کسی‌که کنار ساحل آشغال می‌ریزد، چرا می‌ریزد؟ چون می‌بیند بقیه هم ریخته‌اند. کسی‌که جمع نمی‌کند، چرا جمع نمی‌کند؟ چون می‌بیند بقیه هم جمع نمی‌کنند. کسی‌که نشسته، چرا بلند نمی‌شود؟ چون می‌بیند بقیه هم نشسته‌اند. پس باید از آن جلوگیری شود.

همان‌طور که قبلاً گفتیم، استخدام صرفاً برای پر کردن موقعیت‌های خالی، مانع اجرای هم‌زمان استراتژی‌های مدنظر و عدم بهره‌مندی از مزایای هم‌افزایی آن‌ها می‌شود.

در یک مسابقه طناب‌کشی، آزمایشی انجام دادند. دو گروه انتخاب کردند و ابتدا از هر گروه یک نفر این طرف و یک نفر آن طرف طناب ایستادند. به افراد نیروسنج وصل کردند و هرکدام برای کشیدن طناب، تمام تلاش خود را به‌کار بستند. سپس تعداد افراد را بیشتر کردند و در هر طرف چند نفر دیگر برای کشیدن طناب اضافه شدند. نیروسنج نشان داد که با افزایش تعداد افراد، نیروی اعمالی توسط هر فرد به‌طور قابل‌توجهی کاهش می‌یابد، چراکه هر فرد به اتّکای حضور و فعالیت دیگران، از حداکثر توان خود استفاده نمی‌کند.

مثال دیگر وقتی است که می‌خواهید یک میز را جابه‌جا کنید. اگر ده نفر دور میز را بگیرند، میز درست جابه‌جا نمی‌شود. برخی فقط دست‌شان زیر میز است و اصلاً نیرو وارد نمی‌کنند. یعنی برایند نیروها، کم‌تر از میزان مورد انتظار است.

این پدیده فقط در کارهای فیزیکی رخ نمی‌دهد، بلکه در فکر کردن هم همین‌طور است. گاهی به‌دلیل تنبلی گروهی، در سازمان کار فکری صورت نمی‌گیرد، زیرا همه تصور می‌کنند که بقیه فکر می‌کنند و نیاز نیست که آن‌ها نیز فکر کنند.

۸. من یا ما یا آن‌ها؟

جایی که تیم باشد، «من» در کار نیست. اصلاً تیم قلمرو شخصی نیست. تیم ساخته می‌شود تا افراد بتوانند «ما» بودن خود را به نمایش بگذارند.

در همان شکل پیکان‌های هم‌جهت نمی‌توانید بگویید که کدام پیکان مهم‌تر است. همه یکسان هستند. در یک تیم ارکستر همه تمرین می‌کنند و اگر یک نفر فالش بنوازد، آهنگ به‌هم می‌ریزد. نمی‌توان گفت ساز یک فرد مهم‌تر از دیگری است. آن‌چه مهم است، تیم است.

هرکس در تیم می‌گوید «من»، از تیم کنارش بگذارید. تیم متعلّق به همه است، نه یک فرد خاص. زیرا هدف مشترکی که قرار است به آن برسند، متعلّق به همه است.

۹. پذیرش و تعدیل تعارض

در تیم تا می‌توانید تعارض‌ها را بپذیرید. بپذیرید که اختلاف نظر و تعارض وجود دارد و در جهت تعدیل تعارضات کار کنید. اختلاف و تعارض، بخش جدایی‌ناپذیر هر نوع اجتماع بشری است. شما عروسی یا پیک‌نیک خانوادگی هم که می‌روید، اختلاف نظر وجود دارد، چه برسد به تیم که در آن افراد با هم فامیل نیستند، از فرهنگ‌های متفاوت هستند و تربیت‌های متفاوت دارند. این‌که می‌گوییم تربیت شوند، یعنی براساس رفتار سازمانی و فرهنگ سازمانی تربیت شوند. خیلی مهم است که وقتی تعارض به‌وجود می‌آید، سعی کنید فضایی به‌وجود آورید که یک گفت‌وگوی بی‌طرفانه و غیرمغرضانه شکل بگیرد. از کسی دفاع نکنید و بگذارید تا افراد مسائل‌شان را خودشان با هم حل کنند. زیرا این مسئله‌ای که امروز به اتاق مدیریت کشیده شده است، همین امروز به‌وجود نیامده، بلکه در طی زمان به‌وجود آمده است و افراد درگیر با آن، تا الان نتوانسته‌اند با هم مسئله‌شان را حل کنند.

بنابراین، امروز وقت شما را می‌گیرند، امّا تا می‌توانید به آن‌ها آموزش دهید که چه‌طور خودشان مسائل‌شان را با هم حل کنند. چراکه زمان شما به‌عنوان یک مدیر و رهبر سازمان، ارزش زیادی دارد.

۱۰. هم‌افزایی

کار تیمی باید به اعضا کمک کند تا به اهدافی برسند که به‌تنهایی مقدور نیست. افراد در کنار تیم قرار می‌گیرند تا آن اهدافی را که پیش از این برای تشکیل تیم گفتیم، به‌دست آورند. پس باید فضایی ایجاد کنید که افراد احساس کنند در کنار شما می‌توانند به اهداف‌شان برسند و سهم‌شان را بگیرند. به این ترتیب، اعضای تیم‌تان شما را ترک نمی‌کنند. اگر هم ترک کنند، همیشه حسرت بودن در تیم شما را می‌خورند. با کارکنان و مشتریان‌تان هدف مشترک بسازید. اگر مشتری بداند که رشد و امنیت سیستمش در اختیار شماست، شما را ترک نخواهد کرد و به‌راحتی با هر موردی که داشته باشید، کنار می‌آید. یادتان باشد که هم‌افزایی یعنی یک کل، از تک‌تک اجزای تشکیل‌دهندهٔ آن باارزش‌تر است.

۱۱. فرهنگ بازخورد دادن

در تیم‌تان فرهنگ بازخورد دادن و بازخورد گرفتن ایجاد کنید. اگر به کارکنان بازخورد ندهید، بعد از مدّتی دچار دل‌شوره و اضطراب می‌شوند. از خودشان می‌پرسند که من واقعاً دارم کارم را خوب انجام می‌دهم؟ افراد دوست دارند بدانند که کارشان را درست انجام می‌دهند. این شما هستید که در این خصوص می‌توانید برای‌شان برنامه‌ریزی کنید. پس هرازگاهی از تیم‌تان بازخورد بگیرید یا به آن‌ها بازخورد بدهید.

سرعت یک کسب‌وکار، با فرهنگ بازخورد دادن افزایش پیدا می‌کند. اعضای تیم، احساس مهم بودن می‌کنند. برای این‌که این احساس مدام برای‌شان تکرار شود، بلافاصله کارهای بهتری انجام می‌دهند. این هم نوعی تعریف و تمجید است. در بخش تربیت درباره خودارزیابی گفتیم. بازخورد دادن و بازخورد گرفتن نیز نوعی ارزیابی است.

۱۲. از شرح وظایف تا تقسیم وظیفه

یک شرح وظیفه داریم و یک تقسیم وظیفه. وقتی شرح وظیفه را می‌نویسید، باید به اجرای باکیفیت وظیفه هم کمک کنید. تابه‌حال از خودتان پرسیده‌اید که چرا خیلی از شرح وظیفه‌هایی که در سازمان می‌نویسید، اجرا نمی‌شوند؟ زیرا با تیم‌تان درباره‌اش صحبت نمی‌کنید و بازخورد نمی‌گیرید. دربارهٔ وظایفی که برای تیم‌تان می‌نویسید، با آن‌ها به توافق برسید و سپس آن‌ها را به وظایف کوچک‌تر تقسیم کنید. **با اتکا به این روش، شاهد ارتقای فرهنگ وظیفه‌شناسی و توانمندی مدیریت اجرایی در سازمان خواهید بود.**

۱۳. فرهنگ سازمانی

فرهنگ سازمانی یعنی حد و مرزهای رفتارهای غیررسمی و شخصی را تعیین کنید. وقتی به استادیوم می‌روید، محیط و جو حاکم بر استادیوم باعث می‌شود که رفتار خاصی داشته باشید. وقتی به تئاتر می‌روید، محیط و جو حاکم بر سالن نمایش باعث می‌شود رفتار متفاوتی داشته باشید. در استادیوم، شما هم با صدا و حرکات ورزشگاه همراه می‌شوید، ولی در سالن نمایش، سکوت می‌کنید. فرهنگ سازمانی یعنی رفتار اعضای سازمان با هم، رفتار رهبر با کارمندان، ارزش‌ها، قانون‌ها و بایدها و نبایدها در کار تیمی و تیم‌سازی باید مشخص باشد.

همان‌طور که پیش‌تر گفتیم، یکی از اولویت‌های افراد، حفظ امنیت خودشان است. پس فرهنگ سازمانی باید به‌گونه‌ای باشد که حریم افراد و امنیت‌شان حفظ شود. محیط کاری می‌تواند رسمی، ولی شاد باشد.

۱۴. سیستم پاداش

در سیستم پاداش، هدف قدردانی از شایستگی‌هاست، نه باج‌دهی. در پاداش شما به افراد نشان می‌دهید که تلاش‌شان دیده می‌شود و حس دیده شدن، ارزشمندترین حس برای انسان است. حس دیده شدن، رابطه مستقیمی با احساس ارزشمندی دارد. سیستم پاداش، یکی از منابع قدرت سازمان به‌شمار می‌آید. سعی کنید پاداش‌های متنوع و برانگیزاننده داشته باشید، نه تکراری و قابل پیش‌بینی.

به‌طور کلی، پاداش‌ها به هفت دستهٔ زیر تقسیم می‌شوند:

انواع پاداش
نماد محیطی
تغییرِ دکوراسیونِ محیطِ کارِ فرد
پاداش آموزشی
رشد فردی و پرداخت هزینه‌های آموزش
پاداش مادی
پرداخت‌های نقدی و افزایش حقوق
مزایای کمکی
خودروی شرکتی، خانه‌سازمانی
پاداش اجتماعی
تمجید، تشویق و قدردانی در جمع
پاداش استراحتی
مرخصی با حقوق و فرستادن به‌سفر
حاصل از کار
احساس پیشرفت و رشد در زندگی

۱۵. ارتباطات منحصربه‌فرد

افراد دارای روحیات و ارتباطات متفاوتی هستند. سعی کنید با هرکسی رابطه منحصربه‌فرد داشته باشید. کارمندان از روی هم کپی نشده‌اند که با همه یکسان برخورد شود.

◀ ۵۵۰ ◀ فصل نهم: تیم‌سازی

◀ تست روحیه فردی

این تست برای سنجش روحیه فردی یا شخصیتی افراد است. می‌توانید این تست را برای تیم‌تان انجام دهید تا افراد شناخت بهتری نسبت به خودشان پیدا کنند. به شکل زیر نگاه کنید و بلافاصله از بین آن‌ها یکی را انتخاب کرده و رسم کنید.

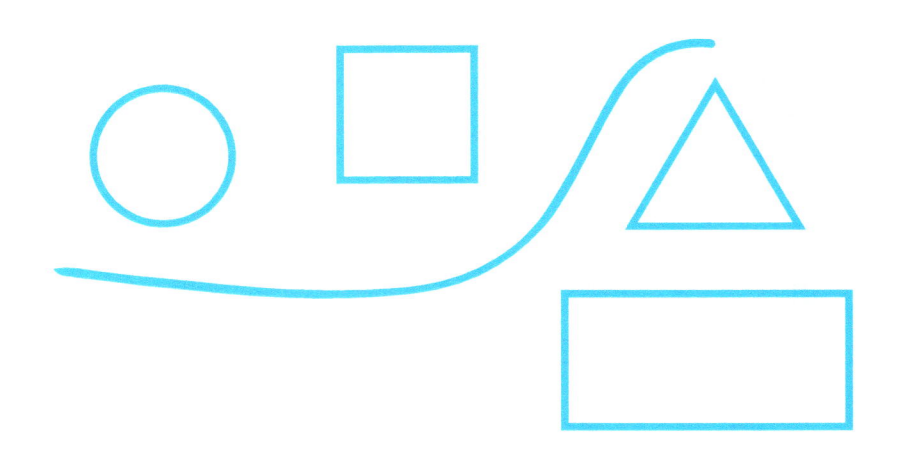

شکلی که شما رسم کرده‌اید:
دایره

- **ویژگی‌ها**
- کسانی که دایره را انتخاب کرده‌اند، افراد اجتماعی و خوش‌صحبت هستند؛
- لحن خشن ندارند. بسیار مهربانند و وقتی در ارتباط تیمی یا ارتباط با مشتریان به مشکلی برمی‌خورند، سعی می‌کنند اوضاع را با صحبت کردن و حرف زدن، تحت کنترل خود درآورند؛
- در زندگی، اولین اولویت‌شان ارتباطات است؛

- اگر وظیفه‌ای به آن‌ها محول شود، به عنوان مسئول یک کار آن‌قدر درباره‌اش صحبت می‌کنند تا هماهنگی لازم برقرار شود. در نتیجه، کارمندان خوبی هستند.
- **موقعیت‌های شغلی**
  - مسئولان پذیرش؛
  - منشی‌ها؛
  - خدمات مشتریان.

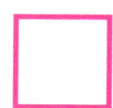

مربع

- **ویژگی‌ها**

◀ فقط در یک محیط پایدار احساس آرامش می‌کنند. یعنی به محض این‌که محیط به هم بریزد، آرامش آن‌ها نیز به هم می‌ریزد و می‌خواهند محیط را ترک کنند؛

- مسیر کاری آن‌ها کاملاً واضح است، زیرا برای خودشان بارها و بارها این مسیر را ترسیم کرده‌اند؛
- بسیار منطقی و به شدت محافظه‌کار هستند؛
- دوست دارند همه چیز مرتّب و منظم باشد؛
- بسیار وظیفه‌شناس هستند؛
- تمام‌کننده‌های خوبی هستند و برای کارهای خاص و کارهایی که باید بر مبنای اصول پیش بروند، مناسب هستند.

- **موقعیت‌های شغلی**
  - حسابرس‌ها؛
  - بازرس‌ها؛
  - مدیران پروژه؛
  - مدیران خرید.

مثلث
• ویژگی‌ها
- بسیار هدف‌گرا هستند و کارها را بسیار هدفمند انجام می‌دهند؛
- از این‌که پیش از شروع کارها برنامه‌ریزی کنند، لذّت می‌برند و همیشه یک دفتر دارند که مدام یادداشت می‌کنند؛
- به کارهای بزرگ و بلندمدّت یا کارهایی که در آن توسعه است، علاقه‌مندند؛
- اهل سازماندهی گروهی‌اند (مثلاً کارگردان یک فیلم)؛
- بهترین اجراکننده ایده‌ها هستند.

• موقعیت‌های شغلی
- مدیران تولید و تحقیق و توسعه؛
- تولیدکنندگان محتوا.

مستطیل
ویژگی‌ها:
- بسیار اصول‌گرا هستند؛
- برای‌شان مهم است که همه چیز همان‌طور که یاد گرفته‌اند اجرا شود؛
- نظم و ترتیب را دوست دارند، ولی بیشتر سعی می‌کنند کار را از طریق سازماندهی دقیق اجرا کنند. این باعث می‌شود که بیشتر راه‌های مناسبی که برای انجام یک کار وجود دارد، بررسی کنند؛
- اگر وظیفه‌ای به این افراد محول کنید، از ابتدا تا انتها به‌گونه‌ای سازماندهی می‌کنند که کسی نتواند ایرادی بگیرد. برای همین اگر سازماندهی‌اش به هم بخورد، مدام پیگیری می‌کنند؛
- هر کاری را که می‌خواهند انجام بدهند، توضیح می‌دهند.

بیزنس‌مَستری

- **موقعیت‌های شغلی**
  ◄ مدیران و تیم اجرایی.

منحنی

- **ویژگی‌ها**
  - خلاقیت ویژگی کلیدی آن‌هاست؛
  - اغلب اوقات سعی می‌کنند کارهای جدید را به شیوه‌ای متفاوت انجام دهند؛
  - نظم و ترتیب برای‌شان کسالت‌آور است؛
  - اگر برای‌شان تکلیفی درنظر بگیرید و ایده‌های مشخص به آن‌ها ارائه دهید، باز هم کار خودشان را می‌کنند و راه خودشان را می‌روند؛
  - دنبال ایده‌های تازه هستند.

- **موقعیت‌های شغلی**
  - کار در شرکت‌های تبلیغاتی؛
  - کار در سازمان‌هایی که نیاز به نوآوری و طراحی محصول و خدمت دارند.

بیشتر از هر عامل دیگری، موفقیت شما در کسب‌وکارتان توسط افرادی که برای شما کار می‌کنند مشخص می‌شود. تمام کارها را تیم‌ها انجام می‌دهند. کار مدیر، نتیجهٔ کار تیم‌هاست و موفقیت مستلزم عالی بودن عملکرد هریک از اعضای تیم است.

◀ ۵۵۴ فصل نهم: **تیم‌سازی**

◀ پنج نکته‌ای که از این فصل یاد گرفتم:

۱.

۲.

۳.

۴.

۵.

◀ سه گامی که باید بلافاصله شروع کنم:

۱.

۲.

۳.

◀ یک نکتهٔ طلایی که می‌توانم به دیگران یاد بدهم:

کلیهٔ جدول‌ها و تمرین‌های این فصل را
از سایت حسین طاهری و صفحهٔ زیر دانلود کنید:
hosseintaheri.ir/bmtools

مالی و سود

فصل دهم
مالی و سود

کار کردن، ثروت نمی‌سازد. مدیریت مالی است که آن را خَلق می‌کند.

📖 بعد از مطالعه این فصل شما مسلط خواهید بود بر:
- مفهوم و اهمیت مدیریت مالی
- اهمیت نقش و تأثیر نرم‌افزار مالی
- فرهنگ لغات بیزنس مستری در حسابداری مالی و مالیاتی
- الگوهای مالی
- دسته‌بندی نسبت‌های مالی

همهٔ ما در کسب‌وکارمان، زمان‌های زیادی دچار کمبود زمان و پول می‌شویم. بنابراین، باید یکی از اهداف اصلی تمام کسب‌وکارها، رسیدن به رشد مالی باشد. برای رسیدن به این هدف، صاحبان مشاغل باید پیامدهای بالقوهٔ تصمیمات مدیریتی خود را در رابطه با جنبه‌های مختلف مالی، از جمله سود، جریان‌های نقدی، ریسک‌های مالی و موارد دیگر درک کنند. وقتی صحبت از یک سیستم مالی می‌شود، یعنی سیستم مدیریت کارآمد منابع مالی که برای پول، اعتبارات، بدهی‌ها، سرمایه‌گذاری‌ها و دارایی‌ها شکل گرفته است تا سازمان در جهت رسیدن به اهداف ازپیش‌تعیین‌شده، به نتیجه برسد و بین درآمدها و هزینه‌هایش تعادل ایجاد شود.

هدف از طراحی سیستم مالی، ارائهٔ اطلاعات و ارقام دقیق، استخراج داده‌های مستند و پردازش آن‌هاست تا مدیران بتوانند براساس آن‌ها، تصمیمات مناسب و مطابق با شرایط اقتصادی موجود بگیرند. برای کسب درآمد باید موجودی لوازم، تجهیزات، امکانات، حقوق و دستمزد، میزان فروش، مدیریت خرید، مدیریت نقدینگی، بدهی‌ها و مطالبات، بودجهٔ موردنظر برای رشد و سود در هر لحظه قابل اندازه‌گیری و محاسبه باشد تا بتوان

فصل دهم: مالی و سود

برای تسلّط بر فضای حاکم بر سازمان و بازار برنامه‌ریزی کرد مهارت‌های مالی به مدیران کمک می‌کند تا از طریق مسیرهای کوتاه امّا امن، به موفقیت برسند.

سیستم مالی درواقع مدیریت روی بودجۀ یک کسب‌وکار است تا به ما نشان دهد که چگونه باید از آن استفاده کنیم تا تعادل بین سود و ضرر برقرار شود و هزینه‌ها کاهش یابد. مدیریت مالی صحیح کمک می‌کند تا شما از منابع مؤثرتری در کسب‌وکارتان استفاده کنید، تعهدات خود را به درستی انجام دهید و در بلندمدّت به ثبات مالی دست پیدا کنید. مدیریت مالی درواقع بر شیوه‌های مدیریت یک کسب‌وکار استوار است. این شیوه‌ها شامل اتخاذ سیاست‌هایی است که باعث می‌شود ضمن پیشرفت مالی یک سازمان، افراد و شرکت‌های ذی‌نفع هم از سود خوبی بهره‌مند شوند. **وارن بافت**،[1] یکی از سرمایه‌داران بزرگ آمریکایی، در یکی از سخنرانی‌های خود می‌گوید:

«هرگز فکر نکنید کار کردن می‌تواند شما را سرمایه‌دار کند، بلکه این مدیریت مالی است که می‌تواند شما را به ثروت برساند.»

هدف اصلی سیستم مالی، مدیریت منابع و مصارف یک سازمان به‌گونه‌ای است که ارزش، ثروت و سود سهامداران آن سازمان افزایش یابد. این هدف بر سه محور اصلی برنامه‌ریزی مالی، کنترل مالی و تصمیم‌گیری مالی استوار است. رعایت این سه محور، کسب‌وکار را در مسیر سوددهی و ماندگاری قرار می‌دهد. نگهداری اسناد، تحلیل جریان نقدینگی و برنامه‌ریزی برای ایجاد سرمایه، سه وظیفۀ اصلی کسب‌وکارهاست. بسیاری از سازمان‌ها، سیستم مالی را صرفاً ثبت و گزارش‌دهی مالی می‌دانند و تصور می‌کنند که با داشتن نرم‌افزارهای حسابداری، می‌توانند امور مالی خود را به طور کامل مدیریت کنند. سودآوری حقیقی کسب‌وکار شما بسیار بیشتر از نتایج فعلی است. تمام فعالیت‌های کسب‌وکارها را می‌توان با آمار بیان کرد. اعداد دروغ نمی‌گویند، چراکه موفقیت یا شکست را اندازه‌گیری می‌کنند و دقّت در این موضوع برای موفقیت یک کسب‌وکار ضروری است. این اعداد برای کسب‌وکار شما چیست؟

---

1. Warren Buffett.

ارقامی که در کسب‌وکارها برای رشد باید به آن‌ها توجه کرد، به شرح زیر هستند:

- میزان فروش محصولات و خدمات؛
- سایر درآمدها (تمام موارد)؛
- هزینهٔ تمام‌شدهٔ کالای فروخته‌شده (تمام موارد)؛
- مخارج (تمام هزینه‌های کسب‌وکار)؛
- دست‌مزدها (عموماً بیشترین هزینهٔ واحد هستند)؛
- هزینهٔ تولید لید (افرادی که ممکن است به مشتری تبدیل شوند)؛
- نرخ تبدیل (نرخ تبدیل از لید به مشتری)؛
- میانگین حجم فروش؛
- متوسط سود ناخالص در هر فروش؛
- میانگین حاشیهٔ سود ناخالص به درصد؛
- میانگین سود خالص هر فروش؛
- میانگین هزینهٔ هر فروش؛
- میانگین تعداد دفعاتی که مشتری خرید می‌کند؛
- ارزش طول عمر یک مشتری؛
- میانگین فروش به‌ازای هر کارمند؛
- فروش در روز، هفته و ماه؛
- فروش به‌ازای هر محصول یا خدمت خاص؛
- مقدار بیش‌فروشی یا فروش مکمل؛
- میانگین تعداد مراجعات دریافتی؛
- نرخ بازگشت سرمایه؛
- هزینهٔ سرمایه؛
- سود خالص (سود حاصل از فروش پس از کسر هزینه‌ها)؛
- مقدار مطالبات دریافتی و معوقه؛
- مبالغ پرداختی و سررسید؛
- مقدار سرمایه در بانک؛
- مقدار سرمایهٔ موجود در حد اعتبار؛

فصل دهم: مالی و سود

- مقدار بدهی یا کل بدهی کسب‌وکار؛
- روند کلی آمار فروش؛
- تعداد سفارشات آتی؛
- تعداد و بازهٔ بدهی‌های معوق و پرداخت‌های معوقه؛
- موجودی انبار به تفکیک گروه‌بندی محصولات؛
- فهرست دارایی‌های مشهود؛
- هزینهٔ استهلاک دارایی و سرمایه.

به این سؤالات پاسخ دهید:

سه آمار مهمی که در کسب‌وکارتان به آن توجه می‌کنید چیست؟

میانگین حجم فروش شما چقدر است؟

سود ناخالص فروش شما چقدر است؟

میانگین هزینه فروش شما چقدر است؟

مشتری معمولی کسب‌وکارتان هرچند وقت یک بار از شما خرید می‌کند؟

منابع اصلی و هزینه‌های تولید مشتری بالقوه شما چیست؟

سودآورترین محصولات یا خدمات شما چه هستند؟

کدام محصولات یا خدمات شما کم‌ترین سوددهی را دارند؟

سودآورترین فعالیت‌ها و وظایف شما چه هستند؟

فصل دهم: مالی و سود

کدام فعالیت‌ها و وظایف شما کم‌ترین سوددهی و بهره‌وری را دارند؟

سودآورترین فعالیت‌های بازاریابی و فروش شما چه هستند؟

کدام فعالیت‌های فروش و بازاریابی شما کم‌ترین سوددهی و بهره‌وری را دارند؟

سودآورترین افراد شما چه کسانی هستند؟ مشارکت چه افرادی بیش‌ترین ارزش را دارد؟

کدام افراد کم‌ترین سوددهی را برای شما دارند؟ مشارکت چه افرادی کم‌ترین ارزش را دارد؟

سودآورترین فعالیت‌ها یا وظایف شما چه هستند؟

نگاه دقیق به آمار و ارقام ارائه‌شده به مدیران و صاحبان کسب‌وکار کمک می‌کند تا با آگاهی بیشتر دربارهٔ مسائل زیر تصمیم بگیرند:

- برنامه‌ریزی مالی؛
- کسب سرمایه؛
- بهبود روند سودآوری، ایجاد ثبات اقتصادی و امنیت سرمایه‌گذاری؛
- استفادهٔ بهینه از منابع و تخصیص سرمایه؛
- افزایش بودجه؛
- افزایش ارزش شرکت؛
- افزایش میزان پس‌انداز؛
- حفظ نقدینگی؛
- مدیریت دارایی‌ها؛
- مدیریت هزینه‌های جاری؛
- مدیریت سد (صندوق ذخیرهٔ سازمان).

◀ نرم‌افزار مالی برای غلبه بر سوابق دستی

در کشور ما دو مغایرت درمورد استفاده از نرم‌افزار مالی وجود دارد:

۱. هنوز کسب‌وکارهایی هستند که از نرم‌افزار مالی برای حسابداری استفاده نمی‌کنند و از دفترنویسی دستی یا برنامه‌های عمومی، مانند اکسل، استفاده می‌کنند که با دفترنویسی سنتی و ثبت دستی حساب تفاوت زیادی ندارد.

۲. شرکت‌هایی هستند که علاوه‌بر نرم‌افزار مالی، بخشی از حساب‌های خود را جای دیگری ثبت می‌کنند که عمدتاً به‌دلیل مسائل مالیاتی است. آن‌ها تلاش می‌کنند که تمام اطلاعات را در یک جا ثبت نکنند و از دفترنویسی، فایل اکسل یا نرم‌افزار حسابداری دوم استفاده می‌کنند. **به‌خاطر مالیات، کسب‌وکارتان را کوچک نکنید!**

این دو مغایرت که ریشه در عرف بازار، مواجهه با تکنولوژی و سطح دانش مالی در کسب‌وکار دارد، باعث شده تا صاحبان کسب‌وکارها مزیّت استفاده از نرم‌افزار را به‌خوبی ندانند.

مزایای استفاده از نرم‌افزار حسابداری به‌جای حسابداری دستی برای واحد مالی یک کسب‌وکار عبارتند از:

- ثبت و جست‌وجوی اسناد فروش: **۳۸ درصد**
- درک سودآوری یا زیان شرکت: **۷۰ درصد**
- رصد جریان نقدی و تصمیم‌گیری: **۳۱ درصد**
- جلوگیری از ورشکستگی و شناسایی نقطه ضرر: **۶۰ درصد**
- جلوگیری از خطای دستی و انسانی: **۴۴ درصد**
- گزارش‌گیری و جست‌وجوی اسناد: **۶۵ درصد**
- صرفه‌جویی در وقت حسابدار: **۶۵ درصد**

اگر حتی جواب یکی از سؤالات چک‌لیست زیر «بله» باشد، شما به نرم‌افزار حسابداری نیاز دارید و اگر نرم‌افزار دارید، باید آن را ارتقا دهید.

چک‌لیست نیازسنجی (و عیب‌یابی) نرم‌افزار حسابداری در کسب‌وکار

- آیا تأمین‌کنندگان را به دلیل عدم پرداخت به‌موقع از دست می‌دهید؟ ☐ بله ☐ خیر
- آیا فاکتورهای پرداخت نشده‌ای از مشتریان‌تان دارید که فراموش می‌کنید پیگیری کنید؟ ☐ بله ☐ خیر
- آیا متوجه انجام برخی کارهای تکراری و زمان‌بر در حسابداری دستی که انجام می‌دهید شده‌اید؟ ☐ بله ☐ خیر
- آیا برای تصمیم‌گیری‌های بزرگ کسب‌وکارتان از گزارش‌ها و صورت‌های مالی استفاده می‌کنید؟ ☐ بله ☐ خیر
- آیا تا به حال رسید یا صورت حساب یا هر سند مالی را گم کرده‌اید؟ ☐ بله ☐ خیر
- آیا به سوابق مالی از شروع راه‌اندازی کسب‌وکار مراجعه می‌کنید؟ ☐ بله ☐ خیر
- آیا نمی‌توانید جریان پول در کسب‌وکارتان را ردیابی کنید؟ ☐ بله ☐ خیر
- آیا در کسب‌وکارتان ضایعات، کالای برگشتی و نارضایتی مشتری دارید؟ ☐ بله ☐ خیر

◀ آیا نرم‌افزارهای مالی فقط ابزاری برای ذخیره‌سازی داده‌ها هستند؟

نرم‌افزار مالی یکی از ابزارهای ذخیره‌سازی داده در کسب‌وکار است، ولی نحوهٔ ورود و استفاده از این داده‌ها براساس نوع کسب‌وکار متفاوت است. همواره ثبت داده‌های شرکت در نرم‌افزارها، یک فرایند بسیار وقت‌گیر است و غالباً شرکت‌ها تلاش می‌کنند که نرم‌افزارها را یک‌پارچه کرده یا از طریق api لینک‌سازی کنند تا وقت کم‌تری را صرف ثبت اطلاعات کنند. معمولاً نرم‌افزار مالی مرجع این پایگاه داده است. نرم‌افزارهای مالی و حسابداری مدرن، ورود اطلاعات را تا حد زیادی خودکار کرده‌اند. به عنوان مثال، با استفاده از درگاه

پرداخت، اطلاعات پرداخت مشتری به‌صورت خودکار در نرم‌افزار ثبت می‌شود. همچنین، با استفاده از بارکدخوان، اطلاعات کالاها و خدمات به‌صورت خودکار وارد نرم‌افزار می‌شود. این امر باعث می‌شود تا هم نیاز به وارد کردن مجدّد اطلاعات و هم خطاهای انسانی در ثبت اطلاعات کاهش پیدا کنند. البته در برخی موارد، داده‌های مربوط به مشتری در نرم‌افزارهای مالی و حسابداری با داده‌های دفترچه تلفن یا برنامه‌های CRM اشتباه گرفته می‌شوند. برای مثال، روال‌های پرداختی مشتری و تاریخ‌های هر خرید ممکن است به‌عنوان مرجع برای ردیابی در تیم بازاریابی مورد استفاده قرار گیرند. این امر می‌تواند ماهیت نرم‌افزار حسابداری را به خطر بیندازد. امّا نکتهٔ مهم دربارهٔ داده‌های ذخیره‌شده در نرم‌افزار مالی این است که تاریخچهٔ تمام تراکنش‌ها و معاملات بدون نیاز به ثبت دستی و جداگانه، در سیستم به‌طور خودکار ذخیره می‌شود. این روش نه‌تنها موجب صرفه‌جویی در وقت شما می‌شود، بلکه باعث حذف تمامی خطاهای ناشی از ثبت دستی اطلاعات نیز خواهد شد و این وجه تمایز استفاده از نرم‌افزار حسابداری برای امور مالی و سایر امور شرکت است.

◀ نقش نرم‌افزار در حسابداری و حسابرسی

حسابداری و حسابرسی هر دو برای یک کسب‌وکار لازم و مهم هستند و نرم‌افزار مالی می‌تواند در صحت و سرعت این دو فرایند اثرگذار باشد. حسابداری یک فرایند مستمر است که در شرکت توسط حسابدار و با استفاده از نرم‌افزار انجام می‌شود، امّا حسابرسی توسط یک شرکت خارجی و به‌صورت مقطعی در پایان ماه، فصل یا سال انجام می‌شود.

نرم‌افزار حسابداری می‌تواند زبان مشترک حسابدار و حسابرس در ثبت اسناد باشد تا گزارش‌گیری‌ها بهینه انجام شوند. همواره حسابداران می‌توانند از حسابرسان بیاموزند و در روند کار خود و استفاده از امکانات نرم‌افزار بهبود ایجاد کنند.

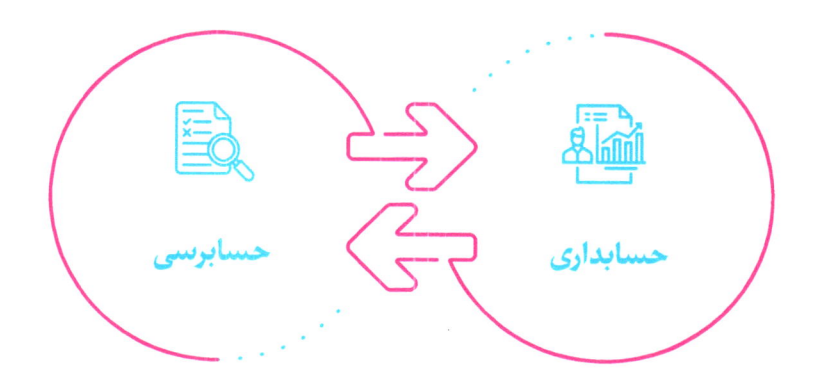

توصیـه می‌شـود حداقـل سـالی یک بـار کل سیسـتم حسـابداری کسب‌وکار خـود را حسابرسی کنید تا از صحت انجام فرایندها اطمینان یابید.

◀ تأثیر امکانات نرم‌افزار مالی روی گزارش‌گیری مدیران

تصور کنید که یک شرکت با مشکل نقدینگی مواجه شده و برای تأمین مبلغ چک روز بعد خود مشکل دارد. محل تأمین این چک از مطالبات مشتریان است که در قالب چک یا قسـط در نرم‌افزار مالی شـرکت ثبت شده است. مدیر شرکت باید در لحظه تصمیم‌گیری کند و برای پیگیری مطالبات از مشتریان، وقت زیادی ندارد. این‌جاست که نقش نرم‌افزار مالی و امکانات آن خود را نشان می‌دهد. اگر سیستم مالی شرکت یک‌پارچه و به‌روز باشد و حسابدار به‌راحتی بتواند در چند ثانیه گزارش مطالبات را آماده کند، سرعت تصمیم‌گیری مدیر برای حل مشکل به مراتب بیشتر خواهد شد.

ازاین‌رو، در محیط کسـب‌وکار امروزی، تصمیـم‌گیری‌های مدیران براسـاس اطلاعات دقیـق و تحلیل‌پذیـر انجام می‌شـود، که لازمهٔ آن ثبت درسـت اطلاعات پایـه در نرم‌افزار است. نرم‌افزار با تفکیک اطلاعات و سطح‌بندی آن‌ها، همواره به مدیران کمک می‌کند تا ریشه‌ای و عمیق‌تر تحلیل کنند و به اطلاعات سطحی و کلی کم‌تر بها بدهند.

با توجه به راه‌اندازی سامانه‌های جدید مالیاتی کشور، مثل مادهٔ ۱۶۹ گزارش‌های فصلی، گزارش‌های لیست بیمه و سامانهٔ مؤدیان، اهمیّت گزارش‌گیری با نرم‌افزار چند

برابر شده است. نرم‌افزارهای حسابداری به‌روز که با استانداردهای مالیاتی و بیمه‌ای کشور مطابقت دارند، می‌توانند اطلاعات مالی دقیقی را برای گزارش‌های مدیریتی فراهم کنند.

◀ شرایط موردنیاز برای راه‌اندازی نرم‌افزار

نرم‌افزارهای مالی را می‌توان براساس نحوهٔ دسترسی به آن‌ها، به دو دستهٔ «تحت وب» و «تحت شبکه» تقسیم کرد. نوع نرم‌افزاری که صاحب کسب‌وکار انتخاب می‌کند، بر نحوهٔ پیاده‌سازی آن تأثیر می‌گذارد.

نرم‌افزارهای تحت وب    نرم‌افزارهای تحت شبکه

- **نرم‌افزارهای تحت شبکه (ویندوز)**

نرم‌افزارهایی هستند که در قالب شبکهٔ داخلی (LAN) اجرا می‌شوند. پایگاه داده روی یک سیستم اصلی (که مجهز به ویندوز سرور است) نصب می‌شود و سایر کامپیوترها در شبکهٔ داخلی به آن متصل هستند. در این روش، هر کامپیوتر به طور مستقل نرم‌افزار خود را دارد، امّا پایگاه داده بین تمام کامپیوترها مشترک است.

- **نرم‌افزارهای تحت وب (web based)**

نرم‌افزارهایی که در فضای اینترنت اجرا می‌شوند. در این نوع، نرم‌افزارها مانند سایر وب‌سایت‌ها قابل استفاده هستند. این نرم‌افزارها نسبت به نرم‌افزارهای تحت شبکه قوی‌تر و به‌روزتر هستند. در این شیوه، نرم‌افزار حسابداری روی سرور نصب می‌شود، نه روی هر کامپیوتر و پایگاه دادهٔ اصلی نیز روی سرور است.

یکی از دلایل محبوبیت نرم‌افزارهای تحت وب، تهیهٔ زیرساخت سخت‌افزاری است. زمانی که یک کسب‌وکار از نرم‌افزار تحت وب استفاده می‌کند، در هر ساعت از شبانه‌روز و با هر کامپیوتری می‌تواند به اینترنت متصل شده و از نرم‌افزار استفاده کند. شرکت‌های فروشندهٔ نرم‌افزار، راهکارهای مختلفی را برای تأمین فضای سرور به کاربران خود ارائه می‌دهند تا کاربران بتوانند به راحتی از این سیستم استفاده کنند. با وجود این که امروزه نرم‌افزارهای حسابداری تحت وب محبوبیت بیشتری پیدا کرده‌اند، هنوز هم بسیاری از کسب‌وکارهای ایرانی از نرم‌افزارهای تحت شبکه برای حسابداری استفاده می‌کنند.

از الزامات سخت‌افزاری برای راه‌اندازی نرم‌افزارهای حسابداری، یک مانیتور مناسب و ترجیحاً بزرگ، حافظه‌های مستقل برای ذخیره‌سازی داده به صورت مستمر (back up)، چاپگرهای مناسب صدور فاکتور و اسناد و دستگاه‌های بارکدخوان و ترازو و سایر تجهیزات لازم است.

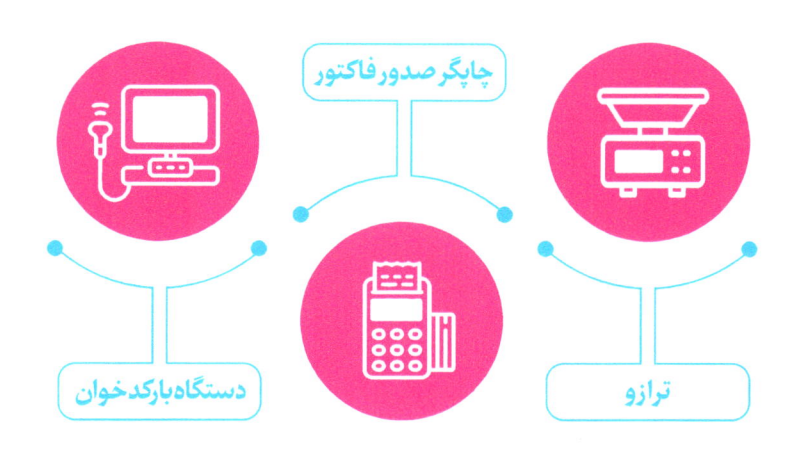

- چاپگر صدور فاکتور
- دستگاه بارکدخوان
- ترازو

• سؤالاتی که قبل از خرید نرم‌افزار باید به آن‌ها توجه کنید

توجه داشته باشید که این سؤالات با سؤالاتی که قبلاً تحت عنوان چک‌لیست نیازسنجی نرم‌افزار حسابداری در کسب‌وکار از خودتان پرسیدید، متفاوت هستند. این سؤالات

فصل دهم: مالی و سود

مربوط به زمانی است که شما متقاعد به خرید نرم‌افزار و راه‌اندازی سیستم شده‌اید. برای پاسخ به این سؤالات با شریک یا فردی که مسئول حسابداری کسب‌وکارتان است نیز مشورت کنید.

برای خرید نرم‌افزار حسابداری و اجرای سیستم حسابداری در کسب و کارم چقدر بودجه در نظر گرفته‌ام؟

راهنمای پاسخ: برخی از صاحبان کسب‌وکار ترجیح می‌دهند هزینه نرم‌افزار حسابداری را در دکور فروشگاه خرج کنند و نرم‌افزار حسابداری را با محدودترین حالت و ارزان‌ترین ورژن تهیه کنند. قلب یک کسب‌وکار، بخش مالی است و قطعاً می‌تواند بعدها هزینهٔ دکور فروشگاه را جبران کند.

پاسخ شما:

با چه کسانی برای خرید نرم‌افزار مشورت کنم؟

راهنمای پاسخ: بهتر است از مشاوران و متخصصان مالی و مالیاتی کمک بگیرید.

پاسخ شما:

آیا پس از خرید نرم‌افزار، نیاز به آموزش دیدن هم هست؟

راهنمای پاسخ: تمام افراد در یک کسب‌وکار با حسابداری و مفاهیم آن درگیر هستند. بهتر است آموزش‌های مرتبط به آن‌ها داده شود تا بتوانند بهتر و با آگاهی بیشتری کار کنند.

پاسخ شما:

آیا راه‌اندازی نرم‌افزار حسابداری سایر بخش‌ها در کسب و کارم را ارتقا می‌دهد؟

راهنمای پاسخ: یک کارگاه را با دو نفر کارگر و یک سرپرست تصور کنید که فقط کار بسته‌بندی لامپ‌ها را انجام می‌دهند. تمام کارهای کارگاه، مانند ثبت زمان ورود و خروج کارگران و کارکرد آن‌ها نیز دستی انجام می‌شود. همچنین، تعداد لامپ‌های بسته‌بندی‌شده و تعداد لامپ‌های شکسته هم به‌طور دستی نوشته می‌شود. با راه‌اندازی سیستم حسابداری و اتصال آن به دستگاه حضور و غیاب، این کارگاه می‌تواند تمام امور مربوط به حقوق کارگران و میزان ورود و خروج لامپ‌ها را فقط در عرض چند دقیقه محاسبه کند.

پاسخ شما:

فصل دهم: مالی و سود

• سؤالاتی که قبل از خرید نرم‌افزار باید از فروشنده بپرسید

برگهٔ زیر را جدا کنید و برای شرکتی که می‌خواهید از آن نرم‌افزار حسابداری بخرید، ارسال کنید تا برای شما تکمیل کنند. یا اگر از طریق شبکه‌های اجتماعی با آن‌ها در ارتباط هستید، تصویر این سؤالات را برای‌شان بفرستید. اگر در کسب‌وکارتان نرم‌افزار حسابداری دارید، یا اگر می‌خواهید از ابتدا نرم‌افزار داشته باشید نیز همین سؤالات را بپرسید.

به: شرکت محترم.................... نرم‌افزار حسابداری.................

از حسین طاهری

موضوع: سؤال دربارهٔ نرم‌افزار حسابداری

باسلام

احتراماً بدین‌وسیله سؤالاتی دربارهٔ نرم‌افزار حسابداری ارائه شده توسط آن شرکت محترم جهت بررسی و اعلام نیاز در این کسب‌وکار ارسال می‌گردد. بدیهی است پاسخ هر چه کامل‌تر می‌تواند به راه حل بهتری در تصمیم‌گیری و همکاری بینجامد.

لیست سؤالات:

۱. نحوه استقرار و راه‌اندازی نرم‌افزار چگونه است؟
۲. مدت زمان راه‌اندازی و پشتیبانی اولیه حداکثر چند روز است؟
۳. کدام ماژول‌های نرم‌افزار متناسب با کسب‌وکار ماست؟
۴. امکان انتقال داده‌ها از سایر بخش‌ها و نرم‌افزار قبلی یا اکسل از طریق api یا فایل وجود دارد؟
۵. آیا نرم‌افزار به‌روزرسانی می‌شود؟ آخرین نسخه مربوط به چه سالی است؟
۶. آیا نرم‌افزار تمام محاسبات تکالیف قانونی (مثلاً گزارش فصلی) را انجام می‌دهد؟
۷. هزینه پشتیبانی نرم‌افزار سالانه است یا موردی؟
۸. هزینه اضافه کردن کاربر در طول زمان چقدر است؟

خواهشمند است پاسخ به سؤالات فوق را از طریق.................... به شماره............... ارسال کنید.

◀ نمونه کدینگ حسابداری منطبق با صورت‌های مالی

در حقیقت به دسته‌بندی و مرتّب کردن عناوینی که با فعالیت‌های حسابداری در ارتباط هستند و موجب نظم‌دهی به این عملیات می‌شوند، کدینگ حسابداری گفته می‌شود. در این دسته‌بندی، عملیات مالی طبق موضوع فعالیت و سطوح مختلف فعالیت حسابداری به صورت‌های مختلف چینش می‌شوند.

کدینگ حسابداری جزو تخصص‌های هر حسابدار باید باشد. صاحب کسب‌وکار باید در تعاملات مالی خود، مانند یک مدیر، فکر و رفتار کند. این بدان معناست که باید متناسب با کدینگ کسب‌وکار خود، تصمیم‌گیری و عمل کند.

◀ تفکّر مالی
• **فرهنگ لغات بیزنس مستری در حسابداری مالی و مالیاتی**

شاید اصطلاحات و مفاهیم مالی و مالیاتی زیادی را شنیده باشید که معنی آن‌ها را نمی‌دانید. در این بخش با مفاهیم کاربردی مختلفی آشنا می‌شوید تا به عنوان یک بیزنس مستر، بتوانید به خوبی با حسابدار و مدیر مالی خود تعامل داشته باشید.

فرهنگ لغات بیزنس مستری در حسابداری مالی و مالیاتی

حساب دریافتنی	پولی است که بر اثر فروش کالا یا خدمات، در آینده از مشتری دریافت خواهد شد. اگر وصول مشکوک باشد، در قالب مشکوک‌الوصول در گزارش‌های حسابرسی درج می‌شود.
اسناد پرداختنی	منظور اسناد بدهی‌های یک بنگاه است که به صورت مکتوب، متعهد به پرداخت آن است.
اسناد دریافتنی	درآمدهایی است که وصول آن در آینده، از سوی فروشنده (متعهد)، تعهد شده است، مثل سود اوراق مشارکت.
حساب پرداختنی	حسابی که باید در آینده تسویه شود.
سرمایه	می‌تواند قابل لمس باشد، مثل کالا یا غیرقابل لمس مثل سهام یک بنگاه.
دارایی	جمع بدهی و سرمایه است.
دارایی بلندمدت	منظور هر نوع دارایی به جز دارایی جاری است.
بدهی بلندمدت	منظور هر نوع بدهی به جز بدهی جاری است.

نقدینگی	منظور قابلیت یک بنگاه در تبدیل یک کالا یا خدمت به وجه نقد است.
درآمد	منظور افزایش سرمایه است که در نتیجهٔ فروش کالا یا خدمات حاصل می‌شود.
بدهی	منظور تعهد یک بنگاه به شخص حقیقی یا حقوقی است.
ترازنامه	در ترازنامهٔ یک شرکت یا بنگاه، شما دارایی، بدهی و سرمایه را در یک بازهٔ زمانی مشاهده می‌کنید. درواقع، صورت‌وضعیت مالی است و همواره واقعیت‌ها را بیان نمی‌کند.
حسابداری مدیریت	تهیهٔ صورت‌های مالی برای مدیران ارشد بنگاه.
حسابداری مالی	یعنی فراهم کردن اطلاعات تجاری یک بنگاه برای بیرون بنگاه.
صورت مالی	یعنی مشخص کردن اطلاعات استخراج‌شده از عملکرد و گردش سود و زیان یک بنگاه که برای مخاطبان مستند و مستدل باشد.
اصول حسابداری	یعنی راهنمای پذیرفته‌شده که اصول تدوین صورت‌های مالی و نحوهٔ گزارش‌گیری و گزارش‌دهی را مشخص می‌کند.
پیش‌پرداخت هزینه	منظور یک دارایی است که در آیندهٔ نزدیک هزینه یا مصرف می‌شود، مثل گواهی شخص ثالث خودروها.

فصل دهم: مالی و سود

پیش‌دریافت درآمد	منظور یک بدهی است که گیرندهٔ وجه (فروشنده یا بنگاه)، متعهد می‌شود که کالا یا خدماتی را در آینده به پرداخت‌کنندهٔ وجه (خریدار یا مشتری) ارائه کند، مثل وجه حاصل از پیش‌فروش خودرو.
چرخهٔ حسابداری	منظور حسابداری صورت مالی در یک بازهٔ زمانی مشخص است.
دورهٔ مالی	بازهٔ زمانی‌ای که سود یا زیان یک بنگاه در آن مشخص می‌شود. در پایان هر دورهٔ مالی، وضعیت مالی بنگاه در گزارش‌ها درج می‌شود.
سال مالی	دورهٔ زمانی‌ای که در آن وضعیت مالی سالیانهٔ یک بنگاه محاسبه می‌شود.
استهلاک	مستهلک شدن دارایی ثابت در طول زمان.
دارایی ثابت	منظور دارایی بلندمدّت است، مثل مسکن.
دارایی جاری	نوعی دارایی که در عرض دوازده ماه، به وجه نقد تبدیل یا فروخته شود. شامل پول نقد، حساب‌های دریافتنی و موجودی انبار و سررسید اوراق بهادار است.
بستن حساب موقت	فرایندی که در آن ماندهٔ حساب‌های درآمد، هزینه و برداشت در پایان دورهٔ مالی، به حساب‌های دائمی منتقل می‌شود تا ماندهٔ این حساب‌ها صفر شود.
هزینه و درآمد معوق	هزینه و درآمدی که حصول آن به آینده موکول شده و پرداخت یا دریافت نشده است.

صورت سود و زیان	در یک بازهٔ زمانی معین، هزینه، درآمد، سود و زیان را به صورت عملیاتی و غیر عملیاتی مشخص می‌کند.
سود ویژه	مازاد درآمد بر هزینه که سود خالص هم نامیده می‌شود.
سود ناویژه	سود ناویژه یا ناخالص، تفاوت درآمد فروش کالا یا خدمات به بهای تمام‌شدهٔ فروش کالا یا خدمات یک بنگاه است (مبلغ حاصل از فروش منهای قیمت تمام‌شدهٔ کالا).
سود عملیاتی	سود ناویژه منهای هزینهٔ عملیاتی.
گردش موجودی کالا	نسبت بهای تمام‌شدهٔ کالا به متوسط موجودی کالا.
خرید خالص	خرید کالا یا خدمات منهای تخفیفات.
سایز هزینه‌ها و درآمدها	هزینه و درآمدی که مربوط به فعالیت اصلی یک بنگاه نباشد، مثل سود یا زیان فروش یک دارایی ثابت.
زیان ویژه	مازاد هزینه بر درآمد.
بدهی جاری	نوعی بدهی که انتظار می‌رود ظرف دوازده ماه یا کم‌تر، پرداخت شود.
نسبت جاری	حاصل تقسیم دارایی جاری بر بدهی جاری است و توانایی شرکت در بازپرداخت بدهی را نشان می‌دهد.
نسبت بدهی	نسبت کل بدهی به کل دارایی که هرچه بیشتر از عدد یک باشد، نشان می‌دهد که ریسک سرمایه‌گذاری در این بنگاه زیاد است و هرچه کم‌تر از عدد یک باشد، روشنگر این واقعیت است که دارایی یک شرکت از بدهی آن بیشتر است.

◀ بوم ۳ ت / TDA حسین طاهری در کسب‌وکار
تفکّر / تصمیم / تحلیل (Thinking, Decision Making, Analysing)

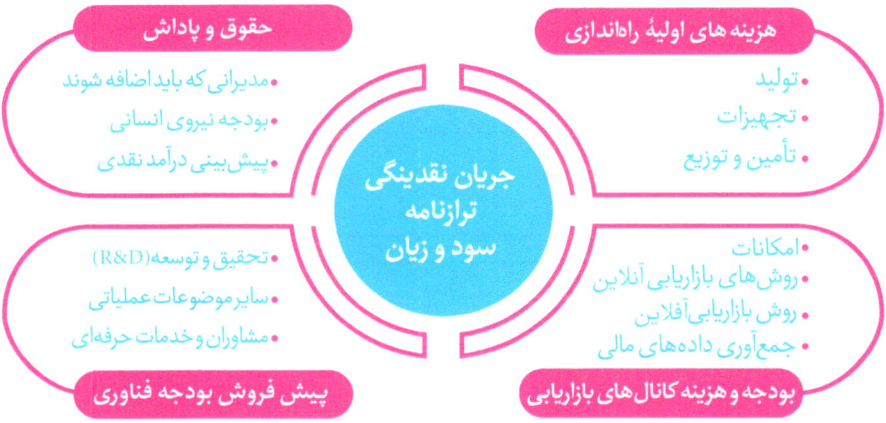

حقوق و پاداش
- مدیرانی که باید اضافه شوند
- بودجه نیروی انسانی
- پیش‌بینی درآمد نقدی

هزینه‌های اولیهٔ راه‌اندازی
- تولید
- تجهیزات
- تأمین و توزیع

جریان نقدینگی
ترازنامه
سود و زیان

- تحقیق و توسعه (R&D)
- سایر موضوعات عملیاتی
- مشاوران و خدمات حرفه‌ای

- امکانات
- روش‌های بازاریابی آنلاین
- روش بازاریابی آفلاین
- جمع‌آوری داده‌های مالی

پیش فروش بودجه فناوری

بودجه و هزینه کانال‌های بازاریابی

◀ الگوهای مالی

به کمک استانداردهای مالی متداول در حوزهٔ کاری خود، کاربرگ زیر را تکمیل کنید.

الگوهای مالی	
درصد افزایش قیمت برای خرده‌فروشی کالا	
درصد افزایش قیمت برای توزیع‌کننده کالا	
درصد حق‌العمل فروش	
شروط اعتباری	
کم‌ترین موجودی کالای موردنیاز برحسب روز	
درصد متوسط بازده فروش	
دیگر ملاحظات مالی	
سهم عوامل مختلف در قیمت نهایی	هزینه نیروی انسانی: هزینه‌های ثابت: هزینه مواد اولیه: حمل‌ونقل: انرژی: سایر:

۵۸۰ ◀ فصل دهم: مالی و سود

ابزار	جزئیات	تعداد دوره استفاده	هزینه سالانه
خرید تفکّرات حرفه‌ای (مشاوران)			
مشاوران بازاریابی روابط عمومی مؤسسات تبلیغاتی کارشناسان رسانه‌های اجتماعی کارشناس سئو (SEO) طراح وب/گرافیست			
بروشور / تراکت آگهی			
علائم تابلوهای تبلیغاتی			
نمایش‌های تجاری			
نمونه محصول/ جوایز			
تبلیغات رسانه‌ای			
چاپی (روزنامه و...) تلویزیونی و رادیویی آنلاین دیگر رسانه‌ها			
کارشناسان تبلیغات			

			خبرنامه ایمیلی
			پست
			وب‌سایت
			توسعه/برنامه‌نویسی نگهداری و میزبانی
			نمایشگاه‌های تجاری
			هزینه ثبت‌نام و راه‌اندازی سفر/ حمل‌ونقل علائم و ملزومات نمایشگاهی
			فعالیت‌ها و مطالب روابط عمومی
			شبکه‌سازی و بازاریابی غیررسمی
			عضویت/گردهمایی سرگرمی
			سایر
			جمع

روش‌های بازاریابی آفلاین

بازاریابی مشتری‌بنیان	فروش‌تان به مشتریان فعلی را چگونه افزایش می‌دهید؟
مشارکت‌های راهبردی	برای کمک به ترویج فروش یا توزیع کالا یا خدمت‌تان چه روابطی با دیگر شرکت‌ها دارید؟
فعالیت‌های ترویجی/ پیشنهادهای ویژه	از چه نوع تخفیف‌هایی برای افزایش فروش‌تان استفاده می‌کنید؟
جوایز	چه نوع هدیه یا جایزه‌ای برای نشان‌دادن حسن‌نیت‌تان و فروش بیشتر در نظر گرفته‌اید؟
دیگر روش‌ها	

روش‌های بازاریابی آنلاین

وب‌سایت	وب‌سایت‌تان چگونه کالاها یا خدمات‌تان را تبلیغ می‌کند یا اعتمادپذیری کسب‌وکارتان را افزایش می‌دهد؟ اهداف اصلی وب‌سایت‌تان در زمینه بازاریابی و فروش کالاها و خدمات‌تان چیست؟
SEO/SEM	آیا با استفاده از بازاریابی با موتور جست‌وجو با هزینه یا بدون هزینه، ترافیک وب‌سایت‌تان را افزایش می‌دهید؟ اگر آری، چه‌طور؟

خبرنامه ایمیلی	آیا برای ارتباط با مشتریان فعلی و بالقوه‌تان به تهیه خبرنامه ایمیلی اقدام می‌کنید؟ از چه محتوایی بهره می‌گیرید؟ فراوانی ارسال چگونه است؟ فهرست مخاطبان‌تان را چگونه تهیه می‌کنید؟
وبلاگ	آیا وبلاگ‌نویسی می‌کنید؟ برای بیشتر دیده‌شدن‌تان در چه وبلاگ‌هایی فعالانه شرکت می‌کنید؟

رسانه اجتماعی	آیا برای ارائهٔ اطلاعات دربارهٔ کالاها و خدمات و درگیر کردن مشتریان فعلی و بالقوهٔ خود، از شبکه‌های اجتماعی مثل فیس‌بوک، توییتر، یوتیوب، لینکدین، پینترست و... استفاده می‌کنید؟
دیگر تبلیغات آنلاین	آیا در سایر وب‌سایت‌ها یا درگاه‌ها تبلیغات می‌کنید؟
دیگر روش‌های آنلاین	آیا از دیگر ابزارهای آنلاین، همچون پادکست، ویدئوی معاملات روزانه یا سایت‌های نقد و بررسی استفاده می‌کنید؟ نحوهٔ استفاده‌تان چگونه است؟

◀ جمع‌آوری داده‌های مالی

	ماه اول	ماه دوم	ماه سوم	ماه چهارم	ماه پنجم	ماه ششم
مساعدت حرفه‌ای						
مشاوران بازاریابی						
روابط عمومی، برند و...						
مؤسسات تبلیغاتی						
کارشناسان رسانه اجتماعی						
کارشناسان SEO						
طراحی وب/گرافیک						
بروشور/تراکت/آگهی						
علائم بیلبوردها						
نمایش محصول						
نمونه جایزه						
تبلیغات رسانه‌ای						
چاپی (روزنامه و...)						
تلویزیون و رادیو						
آنلاین						
دیگر رسانه‌ها						
کارشناسان تبلیغات						

ماه هفتم	ماه هشتم	ماه نهم	ماه دهم	ماه یازدهم	ماه دوازدهم	جمع کل

◀ **پیش‌بینی فروش**

	ماه اول	ماه دوم	ماه سوم	ماه چهارم	ماه پنجم	ماه ششم
کالای شماره ۱						
حجم واحد						
قیمت واحد						
فروش ناخالص						
حق‌العمل‌ها						
برگشتی‌ها و تخفیف‌ها						
فروش خالص						
بهای تمام شده کالای فروخته شده						
سودآوری ناخالص						
کالای شماره ۲						
حجم واحد						
قیمت واحد						
فروش ناخالص						
حق‌العمل‌ها						
برگشتی‌ها و تخفیف‌ها						
فروش خالص						
بهای تمام شده کالای فروخته شده						

بیزنس مَستری ◀ ۵۸۹

ماه هفتم	ماه هشتم	ماه نهم	ماه دهم	ماه یازدهم	ماه دوازدهم	جمع کل

	ماه اول	ماه دوم	ماه سوم	ماه چهارم	ماه پنجم	ماه ششم
سودآوری ناخالص						
کالای شماره ۳						
حجم واحد						
قیمت واحد						
فروش ناخالص						
حق‌العمل‌ها						
برگشتی‌ها و تخفیف‌ها						
فروش خالص						
بهای تمام شده کالای فروخته شده						
سودآوری ناخالص						
مجموع همه کالاها						
جمع حجم واحد						
جمع فروش ناخالص						
جمع حق‌العمل‌ها						
جمع برگشتی‌ها و تخفیف‌ها						
کل فروش خالص						
کل بهای تمام شده کالای فروخته شده						
کل سودآوری ناخالص						

ماه هفتم	ماه هشتم	ماه نهم	ماه دهم	ماه یازدهم	ماه دوازدهم	جمع کل

فصل دهم: مالی و سود

قرارداد (های) اجاره

مدّت قرارداد	
میزان اجاره‌بها و شروط اجاره	
سایر شروط	
دیگر جوانب	
امتیازات	

آماده‌سازی

امکاناتی که اکنون وجود دارند	
امکاناتی که باید فراهم شوند	
موجر پرداخت می‌کند	
شرکت پرداخت می‌کند	

آب، برق، گاز و تعمیر و نگهداری

متوسط هزینهٔ ماهانه	
تغییر فصلی هزینه‌ها چگونه است؟	
ارتباط هزینه‌ها با میزان تولید چگونه است؟	
آیا برای صرفه‌جویی در انرژی روشی وجود دارد؟	
متوسط هزینهٔ تعمیر و نگهداری چقدر است؟	
آیا هزینه‌های تعمیر و نگهداری تغییر می‌کند؟	
سایر	

◀ ۵۹۴ فصل دهم: مالی و سود

عوامل اصلی تولید کالا یا خدمت‌تان را به غیر از ماشین‌آلات و تجهیزات شرح دهید:

فرایندها	
مراحل اصلی تولید چیست؟	
کالا چگونه از یک مرحله وارد مرحلهٔ دیگر می‌شود؟	
در فرایندها چگونه از فناوری‌های جدید استفاده می‌شود؟	
مزایای فرایند تولید چیست؟	
معایب فرایند تولید چیست؟	
کدام بخش از فرایند تولید، برون‌سپاری می‌شود؟	
هزینهٔ این خدمات بیرونی چقدر است؟	
شرکت‌های پیمانکاری را به طور خلاصه معرفی کنید.	
چه هزینه‌های دیگری با فرایند تولید ارتباط دارند؟	

نیروی کار

تعداد کل نیروی کار	
دائمی	تمام‌وقت ☐ پاره‌وقت ☐
موقت	تمام‌وقت ☐ پاره‌وقت ☐
در چه موقعیتی کارگران پاره‌وقت را به خدمت می‌گیرید؟	
تعداد شیفت	
مدت‌زمان هر شیفت	
ساعت کار	
شروط اولیه برای استخدام کارکنان چیست؟	
سازمان‌دهی کارکنان چگونه است؟	رویکرد تیمی (خط تولید) ☐ سایر ☐
نظارت بر کارکنان برعهدهٔ کیست؟	
سایر مسائل نیروی کار	

بهره‌وری

برای تولید هر واحد کالا یا خدمت، چه مدت‌زمان و چه تعداد کارگر نیاز است؟

هر کارگر در هر روز چه تعداد کالا تولید می‌کند؟

با چه روش‌هایی زمان لازم برای تولید را بدون کاستن از کیفیت کاهش می‌دهید؟

برای افزایش بهره‌وری از چه روش‌هایی کمک می‌گیرید؟

ظرفیت

با امکانات فعلی، چه تعداد کالا یا خدمتی را به طور روزانه، هفتگی و ماهانه تولید یا ارائه می‌کنید؟

هر کارگر به طور روزانه، هفتگی و ماهانه چه تعداد کالا یا خدمتی را تولید یا ارائه می‌کند؟

با توجه به نیروی انسانی، ماشین‌آلات و امکانات فعلی، با چند درصد ظرفیت کار می‌کنید؟

درحال حاضر از ظرفیت مازادتان چگونه بهره می‌گیرید؟

ظرفیت خود را برای دستیابی به رشد مدنظرتان چگونه افزایش می‌دهید؟

فصل دهم: **مالی و سود**

کنترل کیفی

مسئولیت کلی کنترل کیفی برعهدهٔ کیست؟

برای بازرسی کالا یا خدمت نهایی، چه اقداماتی انجام می‌دهید؟

برای اطمینان از کیفیت چه اقداماتی در طول فرایند انجام می‌دهید؟

آیا کالاها و خدمات از نظر کیفی ارزیابی می‌شوند؟

برای اطمینان از کیفیت، چگونه در کارکنان‌تان انگیزه ایجاد می‌کنید؟

از دیدگاه‌های مشتریان چگونه مطلع می‌شوید؟

برای کنترل کیفی به چه اقدامات دیگری دست می‌زنید؟

تجهیزات موجود و آتی خود را شرح دهید:

تجهیزات موجود

شرح (نام/مدل)	وضعیت	تاریخ خرید	بهای تمام‌شده	پرداخت‌ها

تجهیزات آتی

شرح (نام/مدل)	وضعیت	تاریخ خرید	بهای تمام‌شده	پرداخت‌ها

این پرسش‌ها به ارزیابی نیازهای تأمین و توزیع شما کمک می‌کنند.

تأمین‌کنندگان

تصمیمات خریدتان برعهدهٔ کیست؟

کالا یا مواد اولیهٔ اصلی‌ای که نیاز دارید، چیست؟

متوسط بهای تمام‌شدهٔ این اقلام چقدر است؟

منابع اصلی تأمین مواد اولیه‌تان را نام ببرید.

منابع جایگزین این اقلام را نام ببرید.

آیا کالای ورودی خاصی نیاز دارید که تنها یک یا دو تأمین‌کننده داشته باشد؟

اگر چنین است، چقدر می‌توان به این تأمین‌کنندگان اعتماد کرد؟

تأمین‌کنندگان

آیا تأمین‌کنندگان شما به‌محض دریافت سفارش یا در مدت‌زمان کوتاهی کالا و مواد اولیهٔ درخواستی را فراهم می‌کنند؟

اگر چنین است، هزینه‌های اضافی شما چقدر است؟

آیا با تأمین‌کنندگان خود قرارداد نقطهٔ تجدید سفارش دارید؟

شروط اعتباری تأمین‌کنندگان شما چیست؟

متوسط هزینهٔ اعتبارتان چقدر است؟

چه عواملی بر انتخاب تأمین‌کننده تأثیر می‌گذارد؟

دیگر مسائل مربوط به تأمین‌کننده را بیان کنید.

توزیع‌کنندگان

کالا یا خدمت شما چگونه به دست مصرف‌کنندگان می‌رسد؟

آیا بین شما و مصرف‌کنندگان، عمده‌فروش یا واسطه‌ای وجود دارد؟

اگر چنین است، با چند شرکت عمده‌فروش یا توزیع‌کننده همکاری می‌کنید؟

مشخصات، شروط و مزایای این شرکت‌ها چیست؟

معایب این شرکت‌ها چیست؟

اگر با یک یا دو توزیع‌کننده همکاری می‌کنید، آیا این توزیع‌کننده یا توزیع‌کنندگان قابل اعتماد هستند؟

شهرت و اعتبار این واحدها نزد مصرف‌کنندگان چگونه است؟

پرداخت یا حق‌العمل پرداختی به این واسطه‌ها چگونه است؟

دیگر روش‌های توزیعی خود را شرح دهید.

روش انجام سفارش‌ها و خدمات مشتریان شرکت خود را شرح دهید.

سفارش‌ها و خدمات مشتریان

پردازش سفارش‌ها برعهدهٔ کیست؟

نحوهٔ اطلاع‌رسانی سفارش‌ها از طرف فروشنده به بخش سفارش‌ها چگونه است؟

سفارش‌های اینترنتی چگونه به بخش سفارش‌ها ارجاع داده می‌شود؟

نحوهٔ کنترل سفارش‌ها از نظر سرعت و دقّت چگونه است؟

چند درصد سفارش‌هایی که انجام می‌شوند، اشکال دارند؟

کالاها چگونه برای ارسال آماده‌سازی می‌شوند؟

کالاها را چگونه می‌فرستید؟

هزینهٔ ارسال سفارش به‌طور متوسط چقدر است؟

آیا سفارش‌ها فوری یا در کم‌ترین زمان ممکن به دست مشتریان می‌رسد؟

سفارش‌ها و خدمات مشتریان
این هزینه را چه کسی پرداخت می‌کند؟   شما ☐   مشتری ☐
برای ارسال کالا چه گزینه‌های دیگری وجود دارد؟
برنامه‌های خدماتی شما برای مشتریان چیست؟
برنامه‌های تعمیر و نگهداری شما برای مشتریان چیست؟
چند درصد از سفارش‌ها به تعمیر نیاز دارد؟
متوسط بهای تمام‌شدهٔ هر فقره تعمیر برای شرکت چقدر است؟
سیاست مرجوعی شرکت چیست؟
متوسط مرجوعی چه تعداد است؟
بهای تمام‌شدهٔ مرجوعی به طور متوسط چقدر است؟
آیا بخش شکایات یا خدمات مشتریان دارید؟   بله ☐   خیر ☐
از مشتریان خود چگونه نظرخواهی می‌کنید؟

فصل دهم: **مالی و سود**

این کاربرگ به ارزیابی فعالیت‌های تحقیق و توسعه و هزینه‌های مربوط به آن کمک می‌کند.

تحقیق و توسعه
کالاهای جدیدی را که می‌خواهید تولید کنید، شرح دهید.
خدمات جدیدی را که می‌خواهید عرضه کنید، شرح دهید.
کدام یک از کارکنان مسئولیت تحقیق و توسعه را بر‌عهده دارند؟
از کارکنان چگونه برای تحقیق و توسعه کمک می‌گیرید؟
چند درصد وقت کارکنان‌تان را به تحقیق و توسعه اختصاص می‌دهید؟
هزینه‌ها:

تحقیق و توسعه

به چه روزنامه‌ها و مجله‌هایی نیاز است؟

برای تحقیق و توسعه به چه تجهیزات و ابزارهایی نیاز است؟

هزینه‌ها:

کارکنان برای اهداف تحقیق و توسعه در چه همایش‌هایی شرکت می‌کنند؟

هزینه‌ها:

هرگونه فعالیت تحقیق و توسعهٔ شرکت‌تان را شرح دهید.

هزینه‌ها:

فصل دهم: مالی و سود

◀ سایر موضوعات عملیاتی

پرسش‌های زیر برخی از نگرانی‌های کلیدی درمورد برنامه‌ها و شرکت را نشان می‌دهد. این پرسش‌ها سایر موضوعات عملیاتی مرتبط را نیز دربر می‌گیرد.

ایمنی و سلامت
برای ایمنی و سلامتی نیروی کارتان چه تمهیداتی اندیشیده‌اید؟
برای تشویق کارکنان به رعایت مسائل ایمنی، چه برنامه‌هایی را درنظر دارید؟
سایر موضوعات ایمنی:

بیمه و مسائل حقوقی
برای کسب‌وکارتان به چه بیمه‌ای نیاز دارید؟ (آتش‌سوزی، حوادث، مسئولیت، قصور، خودرو و...)؟
برای حفاظت کافی، به چه مبلغ پوشش بیمه‌ای نیاز دارید؟
در کسب‌وکارتان با چه مسائل حقوقی‌ای مواجه هستید؟
آیا شرکت‌تان به کمک و مشاورهٔ حقوقی نیاز دارد؟
سایر موضوعات حقوقی:

مقررات و مسائل زیست‌محیطی

از نظر قانونی به چه مجوزها یا پروانه‌هایی نیاز دارید؟

نوع کسب‌وکارتان تحت پوشش چه مقرراتی است؟

کدام مقررات زیست‌محیطی بر کسب‌وکارتان تأثیر می‌گذارد؟

شرکت‌تان برای حفاظت از محیط زیست چه اقدامات داوطلبانه‌ای انجام می‌دهد؟

شرکت‌تان برای حمایت از حقوق حیوانات، چگونه از کالاها و فرایندها استفاده می‌کند؟

سایر موضوعات قانونی یا محیطی:

سایر موضوعات عملیاتی:

فصل دهم: مالی و سود

◀ هزینه‌های راه‌اندازی اولیه

جزئیات نیازهای نقدی راه‌اندازی کسب‌وکارتان را بیان کنید. یادتان باشد این‌ها، هزینه‌هایی است که پیش از آغاز به فعالیت کسب‌وکارتان خرج می‌کنید. هزینه‌های شروع به کار، در صورت وضعیت درآمد آورده می‌شود.

	هزینه	
امکانات	خرید زمین	
	خرید ساختمان	
	اجاره اولیه	
	ودیعه (بابت ضمانت/آب، برق و گاز/غیره)	
	آماده‌سازی/بازسازی	
	سایر	
ماشین‌آلات و تجهیزات	مبلمان و اثاثیه	
	ماشین‌آلات و تجهیزات تولیدی	
	کامپیوتر/نرم‌افزار	
	صندوق پرداخت	
	تلفن/ارتباطات از راه دور	
	وسایل نقلیه	
	سایر	

	هزینه	
مواد اولیه و لوازم اداری	اقلام اداری	
	نوشت افزار/کارت ویزیت	
	بروشور/تراکت/سایر اقلام تبلیغاتی	
	سایر	
سایر هزینه‌ها	پروانه و مجوزهای قانونی	
	عضویت تجاری یا حرفه‌ای	
	هزینه های حقوقی	
	هزینه های حسابداری	
	هزینه های بیمه ای	
	مشاوره مدیریتی و بازاریابی	
	مشاوره فنی و طراحی	
	فعالیت های تبلیغاتی و ترویجی	
	سایر	

جمع کل:

بودجه فناوری

برای تعیین هزینه نیازهای جاری فناوری‌تان از این کاربرگ استفاده کنید.

		سال اول	سال دوم	سال سوم	سال چهارم	سال پنجم
نرم‌افزار	حسابداری					
	مدیریت ارتباط با مشتری					
	مدیریت منابع انسانی					
	مدیریت موجودی					
	نرم‌افزار اداری					
	نرم‌افزار سفارشی					
سخت‌افزار	کامپیوترهای رومیزی و همراه					
	تبلت و دستگاه‌های همراه					
	سرورها					
	سامانه‌های پشتیبان‌گیری					

		سال اول	سال دوم	سال سوم	سال چهارم	سال پنجم
سخت‌افزار	چاپگرها					
	تجهیزات شبکه					
	سایر					
ارتباط از راه دور	تلفن ثابت					
	تلفن همراه					
	نمابر					
	اینترنت					
	سایر					
مشاوران	طراحی و نگهداری سیستم‌ها					
	پشتیبانی فنی و اطلاعاتی					
	سایر					
جمع کل						

فصل دهم: مالی و سود

وضعیت حقوق و پاداش هریک از کارکنان اصلی خود را شرح دهید:

رئیس هیئت مدیره / مدیر عامل

- حقوق
- پاداش
- سایر مشوق‌ها

مدیر اجرایی

- حقوق
- پاداش
- سایر مشوق‌ها

مدیر مالی

- حقوق
- پاداش
- سایر مشوق‌ها

مدیر بازاریابی / فروش

- حقوق
- پاداش
- سایر مشوق‌ها

مدیر تولید

- حقوق
- پاداش
- سایر مشوق‌ها

مدیر منابع انسانی

- حقوق
- پاداش
- سایر مشوق‌ها

مدیر فنی/فناوری

- حقوق
- پاداش
- سایر مشوق‌ها

سایر کارکنان اصلی

- حقوق
- پاداش
- سایر مشوق‌ها

فصل دهم: **مالی و سود**

مشخصات مشاوران اصلی خود را بیان کنید:

وکیل

نام مؤسسه	
نام وکیل	
مشخصات	
حوزهٔ مشورتی وکیل	
حقوق سالانه	

حسابدار

نام مؤسسه	
نام حسابدار	
مشخصات	
حوزهٔ کاری حسابدار	
حقوق سالانه	

مشاور مدیریت/بازاریابی

نام مؤسسه	
نام مشاور	
مشخصات	
حوزهٔ مشورتی مشاور	
حقوق سالانه	

متخصص صنعت

	نام مؤسسه
	نام متخصص
	مشخصات
	حوزهٔ کاری متخصص
	حقوق سالانه

مشاور فناوری

	نام مؤسسه
	نام مشاور
	مشخصات
	حوزهٔ مشورتی مشاور
	حقوق سالانه

سایر

	نام مؤسسه
	نام شخص
	مشخصات
	حوزهٔ مشورتی
	حقوق سالانه

◀ ۶۱۸ فصل دهم: مالی و سود

◀ مدیرانی که باید اضافه شوند

مشخصات مدیرانی که قصد اضافه کردن‌شان را دارید، شرح دهید.

	مدیرانی که باید اضافه شوند	
سمت:	توانمندی‌های موردنیاز	
	تاریخ تقریبی اضافه‌شدن	
	سایر مزایای پرداختی	
سمت:	توانمندی‌های موردنیاز	
	تاریخ تقریبی اضافه‌شدن	
	سایر مزایای پرداختی	
سمت:	توانمندی‌های موردنیاز	
	تاریخ تقریبی اضافه‌شدن	
	سایر مزایای پرداختی	
سمت:	توانمندی‌های موردنیاز	
	تاریخ تقریبی اضافه‌شدن	
	سایر مزایای پرداختی	

بودجه نیروی انسانی	ماه اول	ماه دوم	ماه سوم	ماه چهارم	ماه پنجم	ماه ششم
مدیریت						
حقوق و دستمزد						
مزایای کارکنان						
مالیات حقوق						
هزینه کل						
اداری و پشتیبانی						
حقوق و دستمزد						
مزایای کارکنان						
مالیات حقوق						
هزینه کل						
فروش و بازاریابی						
حقوق و دستمزد						
مزایای کارکنان						
مالیات حقوق						
هزینه کل						

ماه هفتم	ماه هشتم	ماه نهم	ماه دهم	ماه یازدهم	ماه دوازدهم	جمع کل

فصل دهم: مالی و سود

	ماه اول	ماه دوم	ماه سوم	ماه چهارم	ماه پنجم	ماه ششم
عملیات و تولید						
حقوق و دستمزد						
مزایای کارکنان						
مالیات حقوق						
هزینه کل						
سایر						
حقوق و دستمزد						
مزایای کارکنان						
مالیات حقوق						
هزینه کل						
مجموع						
حقوق و دستمزد						
مزایای کارکنان						
مالیات حقوق						
هزینه کل						

ماه هفتم	ماه هشتم	ماه نهم	ماه دهم	ماه یازدهم	ماه دوازدهم	جمع کل

فصل دهم: مالی و سود

◀ **پیش‌بینی درآمد نقدی ماهانه**

ماه ششم	ماه پنجم	ماه چهارم	ماه سوم	ماه دوم	ماه اول		
						فروش ماه جاری	وجوه نقدی دریافتی فروش محصول #۱
						فروش ۳۰ روز قبل	
						فروش ۶۰ روز قبل	
						فروش ۹۰ روز قبل	
						فروش ۱۲۰ روز قبل	
						کل درآمد نقدی محصول #۱	
						فروش ماه جاری	وجوه نقدی دریافتی فروش محصول #۲
						فروش ۳۰ روز قبل	
						فروش ۶۰ روز قبل	
						فروش ۹۰ روز قبل	
						فروش ۱۲۰ روز قبل	
						کل درآمد نقدی محصول #۲	
						فروش ماه جاری	وجوه نقدی دریافتی فروش محصول #۳
						فروش ۳۰ روز قبل	
						فروش ۶۰ روز قبل	
						فروش ۹۰ روز قبل	
						فروش ۱۲۰ روز قبل	
						کل درآمد نقدی محصول #۳	
						فروش ماه جاری	وجوه نقدی دریافتی فروش محصول #۴
						فروش ۳۰ روز قبل	
						فروش ۶۰ روز قبل	
						فروش ۹۰ روز قبل	
						فروش ۱۲۰ روز قبل	
						کل درآمد نقدی محصول #۴	
						هزینه کل	

بیزنس‌مَستری ◀ ۶۲۵

ماه هفتم	ماه هشتم	ماه نهم	ماه دهم	ماه یازدهم	ماه دوازدهم	جمع کل

◀ نسبت‌های مالی ترازنامه

یکی از ابزارهای تعیین موقعیت مالی برای یک کسب‌وکار، نسبت‌های مالی است. نسبت‌های مالی با ایجاد تناسب بین شاخص‌های مهم مالی می‌توانند درک قوی و درستی از وضعیت مالی ونتایج عملیات در یک بازه زمانی در کسب‌وکار شما را نشان دهند. اولین اقدامی که بسیاری از صاحبان کسب‌وکار به‌واسطهٔ نسبت‌های مالی انجام می‌دهند، **آسیب شانسی** فعالیت‌هاست. در مرحله اول صاحب کسب‌وکار به همراه مشاوران و مدیران مالی و در مرحله بعد مشاوران بازاریابی، تولید و منابع انسانی از نسبت‌های مالی به تجزیه تحلیل انواع مختلف نسبت‌های مالی می‌پردازند تا عملکرد گذشته و راه‌کارهای آتی را بررسی کنند.

دسته بندی
نسبت های مالی
نسبت نقدینگی
نسبت سودآوری
نسبت فعالیت
نسبت اهرمی

نسبت‌های نقدینگی
شاخصی برای نشان دادن توانایی کسب‌وکار در پاسخ‌گویی به تعهدات کوتاه‌مدّت است.
- نسبت جاری؛
- نسبت آنی (سریع)؛
- نسبت وجه نقد.

نسبت‌های سودآوری
شاخصی برای نشان دادن بازده خالص فروش و دارایی‌ها در کسب‌وکار است.
- حاشیهٔ سود خالص؛
- حاشیهٔ سود عملیاتی؛
- حاشیهٔ سود ناخالص؛
- بازده حقوق صاحبان سهام؛
- بازده دارایی‌ها.

نسبت‌های فعالیت
شاخصی برای نشان دادن استفادهٔ درست از دارایی‌های یک کسب‌وکار است.
- دورهٔ وصول مطالبات؛
- دورهٔ پرداخت بدهی‌ها؛
- دورهٔ گردش موجودی کالا (میانگین سنی کالا)؛
- نسبت گردش دارایی.

نسبت‌های اهرمی (بدهی)

شاخصی برای نشان دادن استفادهٔ درست از دارایی‌های یک کسب‌وکار است.

- نسبت بدهی؛
- نسبت پوشش بهره؛
- نسبت کل بدهی به ارزش ویژه (حقوق صاحبان سهام)؛
- نسبت بدهی جاری به ارزش ویژه؛
- نسبت بدهی بلندمدّت به ارزش ویژه؛
- نسبت دارایی‌های ثابت به ارزش ویژه؛
- نسبت مالکانه؛
- نسبت حقوق صاحبان سهام به کل بدهی‌ها؛
- نسبت حقوق صاحبان سهام به دارایی‌های ثابت.

◀ نسبت‌های نقدینگی

از طریق تقسیم دارایی جاری بر بدهی جاری، نسبت جاری محاسبه می‌شود که هر دو عدد نیز از ترازنامه قابل برداشت هستند. بدهی‌های جاری آن دسته از بدهی‌ها را شامل می‌شود که سررسیدآن‌ها در دورهٔ مالی جاری باشد و در همین دورهٔ مالی باید بازپرداخت شوند. دارایی‌های جاری نیز دارایی‌هایی با نقدشوندگی بالا هستند که ظرف یک سال آینده توانایی تبدیل شدن به پول نقد را دارند.

اگر نسبت جاری کم‌تر از یک باشد، به‌معنای آن است که دارایی‌های جاری شرکت، توان پوشش بدهی‌ها و دیون کوتاه‌مدّت آن را ندارند. این می‌تواند نکتهٔ نامطلوبی تلقی شود.
البته این نکته را هم باید گفت که بزرگ‌تر بودن غیرمنطقی نسبت جاری نیز لزوماً امری مطلوب تلقی نمی‌شود، چراکه اساساً سودی که یک شرکت می‌تواند محقق کند، از طریق دارایی‌های بلندمدّت خود است. اگر شرکتی با تمرکز بر دارایی جاری خود، نسبت جاری بسیار بزرگی داشته باشد، عملاً فرایند سوددهی بلندمدّت خود را دچار آسیب خواهد کرد. بدین ترتیب، نوسان این نسبت، حول عدد یک و در برخی اوقات قدری بالاتر از یک، می‌تواند درکل مطلوب باشد.

$$\text{نسبت جاری} = \frac{\text{دارایی‌های جاری}}{\text{بدهی‌های جاری}}$$

نسبت آنی، دارایی‌های نقدشونده‌تری را در نظر می‌گیرد و برای این منظور میزان مبلغ موجودی کالا و پیش‌پرداخت‌ها را به علت پایین‌تر بودن سرعت نقدشوندگی آن‌ها، از میزان کل دارایی جاری کسر کرده، سپس عدد به‌دست‌آمده را بر بدهی جاری تقسیم می‌کند. **اگر این نسبت به‌دست‌آمده بالاتر از یک باشد، بدان معناست که شرکت از توانایی خوبی برای بازپرداخت دیون کوتاه‌مدّت خود برخوردار است.**

$$\text{نسبت آنی} = \frac{\text{دارایی‌های جاری} - (\text{موجودی کالا} + \text{پیش‌پرداخت‌ها})}{\text{بدهی‌های جاری}}$$

در محاسبهٔ نسبت وجوه نقد، مجموع موجودی نقد و سرمایه‌گذاری کوتاه‌مدّت را بر بدهی جاری تقسیم می‌کنیم. **نکته‌ای که باید به آن توجه کنید، این است که بالا بودن میزان وجه نقد و سرمایه‌گذاری کوتاه‌مدّت برای یک کسب‌وکار، چندان مطلوب نیست و تا حد ممکن باید در راستای مولدسازی وجوه نقد اقدام شود.** بنابراین، لازم است حد متوازنی برای این نسبت، به عنوان هدف‌گذاری شرکت انتخاب شود و سرمایه‌گذاران نیز برای داشتن سرمایه‌گذاری مطلوب حتماً باید به این نسبت توجه کنند.

$$\textbf{نسبت وجه نقد} = \frac{\text{موجودی نقدی} + \text{سرمایه‌گذاری کوتاه مدت}}{\text{بدهی‌های جاری}}$$

◂ نسبت‌های فعالیت

نسبت دورهٔ وصول مطالبات را نشان می‌دهد که به‌طور متوسط چند روز طول می‌کشد تا مطالبات شرکت وصول شود. معمولاً برای محاسبهٔ این نسبت، از فروش به جای «فروش نسیه» استفاده می‌شود. **بزرگ‌تر شدن این نسبت به‌معنای حرکت شرکت به سمت فروش نسیه است که اگر باعث تحمیل فشار نقدینگی بر شرکت شود، امری نامطلوب به‌شمار می‌رود.**

دورهٔ وصول مطالبات صدروزه به این معناست که به‌طور متوسط صد روز پس از فروش نسیهٔ محصولات، شرکت می‌تواند طلب خود را وصول کند.

$$\text{متوسط فروش نسیه روزانه} = \frac{\text{فروش نسیه سالانه}}{۳۶۵}$$

$$\text{دوره وصول مطالبات} = \frac{\text{حساب‌های دریافتنی}}{\text{متوسط فروش نسیه روزانه}}$$

نسبت دورهٔ پرداخت بدهی نشان‌دهندهٔ متوسط روزهایی است که طول می‌کشد تا بدهی به تأمین‌کنندگان بازپرداخت شود. معمولاً برای محاسبهٔ این نسبت، از بهای تمام‌شدهٔ کالای فروش‌رفته، به‌جای خرید نسیه استفاده می‌شود.
کم‌تر شدن این نسبت به‌معنای حرکت شرکت به سمت خرید نقدی است که اگر باعث تحمیل فشار نقدینگی بر شرکت شود، امری نامطلوب به‌شمار می‌رود. زیرا قدرت چانه‌زنی را بالا می‌برد و کالا با قیمت کمتری خریداری می‌شود.

$$\text{دوره پرداخت بدهی‌ها} = ۳۶۵ \times \frac{\text{متوسط حساب‌های پرداختنی}}{\text{خرید نسیه}}$$

دورهٔ گردش موجودی کالا (میانگین سنی کالا) نیز نشان‌دهندهٔ مدت‌زمانی است که طول می‌کشد تا مواد اولیه به کالا تبدیل شده و به فروش برسد. افزایش این نسبت در طول زمان به‌معنای طولانی‌تر شدن فرایند تولید و فروش شرکت است.
دورهٔ گردش کالای سی‌روزه به این معناست که شرکت به‌طور متوسط، سی روز پس از دریافت مواد اولیه، آن‌ها را به کالا تبدیل کرده و به فروش می‌رساند.

$$\textbf{دوره گردش موجودی کالا} = ۳۶۵ \times \frac{\text{متوسط موجودی مواد و کالا}}{\text{بهای تمام شده کالای فروش رفته}}$$

نسبت گردش دارایی، میزان درآمدزایی دارایی‌های یک شرکت را نشان می‌دهد. **بالاتر بودن این نسبت نشان‌دهندۀ درآمدزایی بیشتر** هر واحد از دارایی است که به‌معنای بهره‌وری بالاتر شرکت است.

$$\text{گردش کل دارایی‌ها} = \frac{\text{درآمد فروش}}{\text{میانگین کل دارایی‌های ابتدا و انتهای دوره}}$$

◀ نسبت‌های سودآوری

حاشیه سود خالص، میزان سودآوری هر واحد از فروش شرکت را نشان می‌دهد. برای مثال، حاشیۀ سود خالص ۲۰ درصد نشان می‌دهد که شرکت از هر ۱۰۰ تومان فروش، ۲۰ تومان سود کسب کرده است. نکتۀ قابل توجه این است که تمامی درآمدها و هزینه‌ها، اعم از عملیاتی و غیرعملیاتی، **در محاسبۀ سود خالص لحاظ می‌شوند.**

$$\text{حاشیه سود خالص} = \frac{\text{سود خالص}}{\text{فروش}}$$

حاشیه سود عملیاتی، نشان‌دهندۀ سودآوری هر واحد از فعالیت‌های عملیاتی شرکت است. حاشیه سود عملیاتی معیار قوی‌تری برای ارزیابی سودآوری و فروش شرکت است، **زیرا اقلام غیرعملیاتی و هزینه‌های مالی و مالیات در محاسبۀ سود عملیاتی منظور نمی‌شوند.**

$$\text{حاشیه سود عملیاتی} = \frac{\text{سود عملیاتی}}{\text{فروش}}$$

فصل دهم: مالی و سود

حاشیه سود ناخالص، از تقسیم سود ناخالص به فروش به‌دست می‌آید. حاشیه سود ناخالص بیست‌درصدی به این معناست که شرکت پس از کسر هزینه‌های تولید، **۲۰ درصد از فروش خود سود کسب می‌کند.**

$$\frac{\text{سود ناخالص}}{\text{فروش}} = \text{حاشیه سود ناخالص}$$

بازده حقوق صاحبان سهام، میزان موفقیت مدیریت را در حداکثر کردن بازده سهامداران عادی نشان می‌دهد. بازده حقوق صاحبان سهام سی‌درصدی نشان می‌دهد که سهامداران شرکت به‌ازای هر ۱۰۰ تومان سرمایه‌گذاری در شرکت، توانسته‌اند **۳۰ تومان سود کسب کنند.**

$$\frac{\text{سود ناخالص}}{\text{مجموع حقوق صاحبان سهام}} = \text{بازده حقوق صاحبان سهام}$$

بازده دارایی‌ها از تقسیم سود خالص بر جمع دارایی‌ها به دست می‌آید و معیار بهتری برای سنجش سودآوری شرکت در مقایسه با نسبت سود خالص به فروش و نسبت سود عملیاتی است، زیرا توان مدیریت را در به‌کارگیری مؤثر دارایی‌ها در ایجاد **سود خالص نشان می‌دهد.**

$$\frac{\text{سود خالص}}{\text{مجموع دارایی‌ها}} = \text{بازده دارایی‌ها}$$

◀ نسبت‌های اهرمی

نسبت بدهی، نشان‌دهندهٔ سهمی از منابع اقتصادی است که توسط اشخاصی غیر از صاحبان سهام تأمین شده است. برای مثال نسبت بدهی چهل‌درصدی به این معناست که از هر ۱۰۰ تومان منابع اقتصادی در اختیار شرکت، ۴۰ تومان آن از طریق اعتباردهندگان، از جمله بانک‌ها تأمین می‌شود.

$$\text{نسبت بدهی} = \frac{\text{کل بدهی‌ها}}{\text{کل دارایی‌ها}}$$

بالاتر بودن این نسبت نشانگر توانایی بیشتر شرکت در بازپرداخت دیون بانکی است. این نسبت برای بانک‌ها اهمیّت زیادی دارد و می‌تواند در تصمیم آن‌ها برای پرداخت یا عدم پرداخت اعتبار به یک شرکت بسیار مؤثر باشد. **این نسبت باید بالاتر از یک باشد. نسبت پوشش بهرهٔ برابر سه به معنای این است که شرکت توانایی پرداخت سه برابر بهرهٔ فعلی به بانک را دارد.**

$$\text{نسبت پوشش بهره} = \frac{\text{سود قبل از بهره و مالیات}}{\text{هزینه بهره}}$$

نسبت کل بدهی به ارزش ویژه (حقوق صاحبان سهام)، شاخصی برای سنجش توانایی شرکت در بازپرداخت بدهی‌های آن است. **هرچه این نسبت کوچک‌تر باشد، ریسک مالی شرکت کم‌تر خواهد بود و وام‌دهندگان نیز تمایل بیشتری به پرداخت وام خواهند داشت.**

$$\text{نسبت کل بدهی به ارزش ویژه} = \frac{\text{کل بدهی‌ها}}{\text{حقوق صاحبان سهام}}$$

این نسبت شاخصی برای سنجش توانایی شرکت در بازپرداخت بدهی‌های جاری (کوتاه‌مدت) است. بدهی‌های جاری معمولاً از محل دارایی‌های جاری پرداخت می‌شوند. **در صورتی که نسبت بدهی‌های جاری به ارزش ویژه بالا باشد، نقدینگی شرکت و در نتیجه سرمایه در گردش آن برای بازپرداخت این نوع از بدهی‌ها تحت تأثیر قرار گرفته و ممکن است فعالیت شرکت با مشکل روبه‌رو شود.**

$$\text{نسبت بدهی جاری به ارزش ویژه} = \frac{\text{بدهی جاری}}{\text{حقوق صاحبان سهام}}$$

نسبت بدهی بلندمدّت به ارزش ویژه، شاخصی برای سنجش توانایی شرکت در بازپرداخت بدهی‌های بلندمدّت است. **هرچه این نسبت بیشتر باشد، ریسک مالی شرکت بیشتر خواهد بود** و وام‌دهندگان نیز تمایل کم‌تری به پرداخت وام‌های بلندمدّت خواهند داشت.

$$\text{نسبت بدهی بلندمدّت به ارزش ویژه} = \frac{\text{بدهی‌های بلندمدت}}{\text{حقوق صاحبان سهام}}$$

نسبت بدهی بلندمدّت به ارزش ویژه، شاخصی برای سنجش توانایی شرکت در بازپرداخت بدهی‌های بلندمدّت است. **هرچه این نسبت بیشتر باشد، ریسک مالی شرکت بیشتر خواهد بود** و وام‌دهندگان نیز تمایل کم‌تری به پرداخت وام‌های بلندمدّت خواهند داشت.

$$\text{نسبت بدهی بلند مدّت به ارزش ویژه} = \frac{\text{بدهی‌های بلندمدت}}{\text{حقوق صاحبان سهام}}$$

نسبت دارایی‌های ثابت به **ارزش ویژه** نشان می‌دهد که چقدر از حقوق صاحبان سهام صرف خرید دارایی‌های ثابت شده است.

$$\text{نسبت دارایی ثابت به ارزش ویژه} = \frac{\text{دارایی‌های ثابت}}{\text{حقوق صاحبان سهام}}$$

نسبت مالکانه یا نسبت حقوق صاحبان سهام به کل دارایی‌ها نشان می‌دهد که چقدر از دارایی‌های شرکت از محل حقوق صاحبان سهام تأمین شده است. هرچه این **نسبت بزرگ‌تر باشد، ساختار دارایی شرکت مستحکم‌تر** خواهد بود. نکتهٔ مهم این‌که حاصل جمع **نسبت مالکانه و نسبت بدهی همواره برابر یک است.** بنابراین، هرچه نسبت مالکانهٔ شرکت بیشتر باشد، نسبت بدهی و در نتیجه سهم منابع اعتباری و وام در ساختار دارایی شرکت کم‌تر خواهد بود.

$$\text{نسبت مالکانه} = \frac{\text{حقوق صاحبان سهام}}{\text{کل دارایی‌ها}}$$

نسبت حقوق صاحبان سهام به کل بدهی‌ها، **وزن حقوق صاحبان سهام نسبت به وام‌های دریافتی** شرکت را نشان می‌دهد.

$$\text{نسبت حقوق صاحبان سهام به کل بدهی‌ها} = \frac{\text{حقوق صاحبان سهام}}{\text{کل بدهی‌ها}}$$

نسبت حقوق صاحبان سهام به دارایی‌های ثابت، **وزن حقوق صاحبان سهام را نسبت به کل دارایی‌های ثابت** شرکت نشان می‌دهد.

$$\text{نسبت حقوق صاحبان سهام به دارایی‌های ثابت} = \frac{\text{حقوق صاحبان سهام}}{\text{دارایی‌های ثابت}}$$

نکات مهم در مدیریت مالی و سودآوری
• ایجاد عادت‌های مالی مؤثر و صحیح

مقدار قابل‌توجهی از مخارج‌تان مربوط به رفتارها و عادت‌های اشتباهی است که در امور مالی خود دارید. همه‌چیز به قدرت کنترل شما روی هزینه‌هایتان بستگی دارد. تعریف پروتکل‌های مالی درون‌سازمانی، حتی اگر صرفاً به‌معنای صرف زمان برای بررسی و به‌روزرسانی اطلاعات مالی شما باشد، تأثیر زیادی بر حفظ سلامت مالی کسب‌وکارتان خواهد داشت.

• دستمزد خودتان را بپردازید

صاحبان کسب‌وکارهای کوچک باید ارزش کار خود را درنظر بگیرند. آن‌ها باید برای خود حقوق و مزایایی تعیین کنند که با میزان مسئولیت‌ها و زحمات‌شان متناسب باشد. همچنین، باید به‌صورت منظم وضعیت مالی شخصی و تجاری خود را بررسی کنند تا از ثبات آن اطمینان یابند. بسیاری از صاحبان کسب‌وکارها از نقش و وظیفهٔ خود غفلت می‌کنند، زیرا فکر می‌کنند رشد و پیشرفت کسب‌وکارشان و پرداخت دستمزد سایرین ارجحیت دارد. به یاد داشته باشید که شما نیز جزئی از این کسب‌وکار هستید و باید همان‌قدر که به دیگران دستمزد پرداخت می‌کنید، به دستمزد خودتان نیز توجه کنید.

• سرمایه‌گذاری در رشد

علاوه‌بر پرداخت دستمزد خودتان، باید مقداری پول را هم پس‌انداز کنید و به‌دنبال فرصت‌های رشد باشید. به این ترتیب، کسب‌وکارتان رشد کرده و در جهت مالی صحیحی حرکت می‌کند. صاحبان کسب‌وکارها همیشه باید به آینده توجه کنند. تمام کسب‌وکارها مایل به رشد، نوآوری و جذب بهترین کارکنان هستند. سرمایه‌گذاری، از مهارت‌های بسیار ضروری و ارزشمندی است که در بلندمدّت تأثیرات مفیدش را نشان می‌دهد و باعث می‌شود که مدیران، برنامه‌های بهتری برای آینده، به‌ویژه دوران بازنشستگی، درنظر بگیرند. هرچند مدیران، سرمایه‌گذاری برای دوران پس از بازنشستگی را نه‌تنها برای خود، بلکه برای تمام کارکنان خود باید درنظر داشته باشند. پس‌انداز کردن مبلغی معادل ده درصد درآمد ماهانه، قبل از هر کاری و به‌محض واریز پول به حسابتان باید انجام شود.

• **تمرکز بر نرخ بازگشت سرمایه**
سـنجش هزینه‌هـا و نـرخ بازگشـت سـرمایه، تصویـر شـفافی از اهـداف سـرمایه‌گذاری و سرمایه‌گذاری‌هایی که باید متوقف شوند، در اختیارتان قرار می‌دهد. صاحبان کسب‌وکار باید سـرمایۀ خود را بـه دقّت صرف کنند. روی نـرخ بازگشـت سـرمایۀ حاصل از تک‌تک هزینه‌هایتان تمرکز کنید. انجام ندادن این کار به‌معنای احتمال هدررفت سـرمایه در حوزه‌های نامربوط یا نامناسب است. باید بدانید پولی را که به‌سختی به‌دست آورده‌اید، کجـا خـرج می‌کنیـد و ایـن سـرمایه‌گذاری چقـدر سـودآور بوده اسـت. اگر سـرمایه‌گذاری انجام‌شده سودآور نباشـد، باید آن را متوقف کنید و بیشتر در زمینه‌هایی سرمایه‌گذاری کنید که برای شما و کسب‌وکارتان سودآور هستند.

• **بودجه‌بندی بهترین دوست شماست**
مهم‌ترین قسمت هر برنامۀ مدیریت مالی، بخش بودجه است. باید از بودجه به‌عنوان راهنما اسـتفاده کنید. باید این امکان را داشـته باشـید که در هر زمان و در صورت لزوم، بتوانید تغییراتی را در آن اعمال کنید. بنابراین، بودجۀ شـما باید انعطاف‌پذیر باشـد. امّا هرگز بودجه را رها نکنید. همیشـه از جریان‌های ورود و خـروج پول اطلاع داشـته باشـید. اطمینان حاصل کنید که هزینه‌های سربار شـما تحت پوشـش قرار می‌گیرند. همیشـه مسائل و مشکلاتی در کسـب‌وکارتان وجود دارد که باید امروز حل شود، امّا در زمینۀ امور مالی باید از قبل برای آینده برنامه‌ریزی کنید.

• **مدیریت سد یا صندوق اضطراری**
صندوق اضطراری، نوعی دارایی اسـت که به‌سـرعت (کم‌تر از سـه روز) قابل نقد شـدن است و برای چالش‌های مالی غیرمنتظره و اجتناب‌ناپذیر استفاده می‌شود. یک صندوق اضطراری می‌تواند به شما کمک کند تا خود را از شرایط سخت خارج کنید. بعد از این‌که فهمیدید بـرای تأمین هزینه‌های شـخصی و کاری خود به‌مدّت یک ماه به چه مقدار پول نیاز دارید، آن را در عدد شش ضرب کنید و مطمئن شوید که همیشه این مبلغ را در صندوق اضطراری خود دارید.

در دوره‌های رکود یا هنگامی که با هزینه‌های برنامه‌ریزی نشده روبه‌رو می‌شوید، ممکن است لازم باشد از صندوق اضطراری خود استفاده کنید. درواقع، این صندوق برای همین طراحی شده است. امّا اطمینان حاصل کنید که همیشه این صندوق را برای محافظت از خود در برابر هزینه‌ها یا شرایط پیش‌بینی‌نشدهٔ آینده، پر می‌کنید.

• همه‌چیز را حرفه‌ای درنظر بگیرید

برخی همیشه سعی می‌کنند برای کم کردن هزینه‌ها، تمام کارها را به‌تنهایی انجام دهند، امّا چنین کاری ممکن است هزینه‌های شما را بیشتر کند. استخدام یک حسابدار یا مدیر مالی باتجربه همواره می‌تواند شیوه‌ای برای پس‌انداز کردن به شما نشان دهد. از طرفی، شما را از دردسر جریمه‌های مالیاتی نیز نجات می‌دهد. داشتن یک نرم‌افزار حسابداری مناسب نیز می‌تواند در این زمینه تا حد زیادی به شما کمک کند.

• اطمینان از مطالبات مشتریان

هنگامی که کسب‌وکار شخصی خود را اداره می‌کنید، پرداخت‌های مشتری همچون جلیقهٔ نجات شماست. اگر فاکتورهای شما پرداخت نشوند، قبض‌های شما پرداخت نمی‌شوند و اگر قبض‌های شما پرداخت نشوند، کسب‌وکار شما نمی‌تواند به کار خود ادامه دهد. یکی از مهم‌ترین کارهایی که می‌توانید انجام دهید، این است که یک راهکار پرداخت مشخص داشته باشید. مشتریان شما باید از سررسید دقیق پرداخت‌ها و نحوهٔ پرداخت اطلاع داشته باشند. همچنین، باید بدانند که در صورت تأخیر در پرداخت، با چه واکنشی مواجه می‌شوند. جدول زمانی پرداخت را تنظیم کنید تا اطمینان حاصل شود که پرداخت‌ها فراموش نمی‌شوند. فاکتورهای ارسالی یا تأخیر در پرداخت‌ها را پیگیری کنید. سخت‌ترین قسمت ادارهٔ هر کسب‌وکاری از لحاظ اقتصادی، پیش‌بینی نکردن پرداخت مشتریان است. وقتی مشتریان پرداخت‌های خود را به‌موقع واریز نکنند، در ابتدا شما مجبورید بدهی‌های خود را به‌موقع پرداخت کنید. امّا پس از مدّتی متوجه می‌شوید که دیرکرد مشتریان روی پرداخت‌های شما نیز تأثیر گذاشته و شما قادر نیستید بدهی‌های خود، همچون اقساط وام یا صورت‌حساب‌ها، را به‌موقع پرداخت کنید. در نتیجه، درگیر بدهی می‌شوید. مطالبات معوق عامل اصلی آسیب به نقدینگی می‌شوند و این مسئله یکی از عوامل اصلی شکست کسب‌وکارهاست.

• به خاطر مالیات، کسب‌وکار خود را کوچک نکنید

مالیات، اصلی‌ترین منبع درآمد پایدار دولت محسوب می‌شود و در حقیقت انگیزهٔ اصلی وجود نظام مالیاتی در کشورهای گوناگون، تأمین مالی ادارهٔ عمومی کشور و تدارک خدمات اجتماعی و اقتصادی است. امّا بی‌اهمیّت جلوه کردن مالیات در کشور ما و اتکای دولت به درآمدهای ناپایدار و تأمین هزینه‌های عمومی از طریق منابع طبیعی، سبب شده که نرخ عدم تمکین مالیاتی افزایش یابد. در این میان، با توجه به جایگاه مالیات در بهبود شرایط اجتماعی و اقتصادی، پیشگیری از ارتکاب جرائم مالیاتی امری ضروری به‌نظر می‌رسد. امری که هزینه‌ای به‌مراتب کم‌تر از درمان یا برخورد با متخلفان دارد.

چراکه ما معتقدیم کسب‌وکارها به خاطر مالیات نباید سهم درآمد خود را کوچک کنند. حساب ادارهٔ مالیات را کنار بگذارید، شرکتی که یاد بگیرد مالیات پرداخت کند، رشد می‌کند.

مرتّب کردن اسناد و مدارک مالی یکی از مهم‌ترین کارها در فصول مالیاتی است. هیچ چیز به‌اندازهٔ یک صورت‌حساب یا رسید گم‌شده نمی‌تواند تأثیر مخرّبی بر روند تشکیل پروندهٔ مالیاتی شما داشته باشد و حتی ممکن است شما را با دردسر بزرگی روبه‌رو کند. هیچ‌کس پرداخت مالیات را دوست ندارد، امّا واقعیت این است که هیچ‌کس نیز نمی‌تواند از پرداخت آن سر باز زند. طبق قوانین مالیاتی، هر کسب‌وکاری باید بخشی از درآمد خود را به‌عنوان مالیات به دولت بدهد. پس هرگز از پرداخت مالیات غافل نشوید. شاید با خود بگویید که من تنها هزینه‌ها را یادداشت می‌کنم و همین برای پوشش مالیات کافی است، امّا همیشه این‌طور نیست. همیشه باید مبلغی را سوای هزینه‌های جاری برای مالیات کنار بگذارید.

◀ پیش‌بینی

پیش‌بینی در امور مالی، چیزی شبیه به حسابداری است که قطعاً افراد متخصصی در سازمان به این کار مشغولند. امّا مدیران نیز با تکیه بر این مهارت، کیفیت بهتری در مدیریت امور مالی خواهند داشت. درواقع، پیش‌بینی مهارتی جانبی محسوب می‌شود و به مدیران کمک می‌کند تا تصمیمات بهتری اتخاذ کنند. در این جا مدیران از اطلاعات و داده‌های پیشین سازمان جهت پیش‌بینی میزان فروش و حتی سوددهی در آینده استفاده می‌کنند. در نتیجه، می‌توانند بر امور غیرقابل پیش‌بینی هم تسلّط داشته باشند و بهترین راه را برای توسعهٔ سازمان انتخاب کنند.

۶۴۰ فصل دهم: **مالی و سود**

پنج نکته‌ای که از این فصل یاد گرفتم:

۱.

۲.

۳.

۴.

۵.

سه گامی که باید بلافاصله شروع کنم:

۱.

۲.

۳.

یک نکتهٔ طلایی که می‌توانم به دیگران یاد بدهم:

کلیهٔ جدول‌ها و تمرین‌های این فصل را
از سایت حسین طاهری و صفحهٔ زیر دانلود کنید:
hosseintaheri.ir/bmtools